관광자원해설

최기종 지음

Tourism RESOURCES

(주)백산출판사

사인암

錦堂 최기종

운계천 푸른 계류에
층층 쌓아올린
기암절벽 사인암
절묘한 풍광이로다

수직으로 치솟은
뾰족한 벼랑 위
풍상 겪은 노송老松
신비함을 더하고

석벽에 각자刻字한
묵객의 곧은 정신
영롱한 발자취에
풍류의 멋 흠모하다.

머리말

▲ 포천시 자일리/ 최기종 작

대한민국은 아시아 대륙 동북쪽에 자리 잡은 반도국가로서 일찍이 해상과 육상의 교통로로 이용되어 왔다. 대륙의 불교와 유교문화는 우리나라를 통하여 일본에 전해졌으며, 이러한 전달과정을 거치는 동안 고유한 우리 문화를 꽃피워 수천 년 동안 이를 발전시켜 왔다.

5천 년의 유구한 역사를 자랑하는 우리나라는 아름다운 금수강산과 문화유산, 관광자원이 풍부해 연중 많은 외국인 관광객이 찾아오고 있다. 특히 전국 곳곳에는 수려한 자연경관 · 명승지 · 고적이 조화를 이루고 있고, 복잡한 지형과 희귀한 동식물 그리고 뚜렷한 계절의 변화 등은 천혜의 관광지로서 매우 좋은 조건을 갖추고 있다.

관광자원은 국제적으로 관광객을 유치하는 세계문화유산, 국립공원의 독특한 자연경관, 국보급의 유물 · 건조물, 각 지역의 고적 및 문화시설에 이르기까지 매우 다양하다.

현대관광의 특징은 관광자원의 종류가 더욱 다양해지고 있다는 점과 인위적인 관광자원의 발굴 및 역할이 높아지고 있다는 점이다. 관광객은 보다 가치 있고 매력 있는 관광자원을 접하고자 하며, 또한 관광지는 매력 있는 관광자원을 발굴해 많은 관광객을 유치하려 노력하고 있다.

본 교재는 관광자원의 이론과 해설을 총망라하여 정리한 우리나라 '관광자원의 총서'로서 ① 관광자원의 개념, ② 자연적 관광자원, ③ 문화적 관광자원, ④ 사회적 관광자원, ⑤ 산업적 관광자원, ⑥ 위락적 관광자원 등의 6장으로 구성하여 서술하였다.

아무쪼록 본 교재가 대학 및 대학원의 관광관련 학과 학생들, 관광통역안내사 및 국내여행안내사 국가자격시험을 준비하는 분들, 지역의 문화관광해설사와 관광분야에 종사하는 분들께 다소나마 도움이 되었으면 하는 마음 간절하다.

끝으로 이 책이 나오기까지 귀중한 자료와 사진을 아낌없이 제공해 주신 문화재청 이상협 사무관님, 국가보훈처 박은성 사무관님, 문화체육관광부 이준규 · 이용미 주무관님, 경북도청 이용호 사무관님, 경남도청 유민아 · 강말님 주무관님, 강원 고성군청 김난영 팀장님, 남광렬 교장선생님, 청산 이혜영님, 송길자님, 박상무 대표님, 김진립 작가님, 박정희 화가님, 홍창해 작가님, 안후상 작가님, 정경훈 대표님, 박세련 부원장님, 양은영 선생님, 최정민님, 구자열 작가님 그리고 많은 조언을 해주신 백산출판사 진욱상 사장님, 편집부 직원 여러분께 감사드린다.

2018년

錦堂 최 기 종

차 례

제1장 관광자원의 개념 13

제1절 관광자원의 이해 …… 14

1. 관광자원의 정의 • 14
2. 관광자원의 특성 • 16
3. 관광자원의 요건 • 18

제2절 관광자원의 가치 …… 19

제3절 관광자원해설 및 안내 …… 22

1. 관광자원해설의 의미 • 22
2. 관광해설 기법 • 23
3. 관광자원해설의 질적 성장요인 • 26
4. 관광안내의 의미 • 27

제4절 관광자원의 분류 …… 30

● 연습문제 _ 36

제2장 자연적 관광자원 39

제1절 국립공원 …… 42

1. 국립공원의 의의 • 42
2. 국립공원 지정현황 • 43

제2절 도립공원 …… 74

1. 도립공원의 의의 • 74
2. 도립공원 지정현황 • 75

제3절 군립공원 …… 94

제4절 산 · 숲 …… 96

1. 산의 의의 • 96
2. 숲의 가치 • 98
3. 자연휴양림 • 100

제5절 온천 …… 102

1. 온천의 의의 • 102
2. 주요 온천 • 104

제6절 동굴 …… 109

1. 동굴의 의의 • 109
2. 주요 동굴 • 110

제7절 섬 · 해수욕장 …… 113

1. 섬 • 113
2. 해수욕장 • 121

제8절 강 · 댐 · 호수 …… 124

1. 강 • 125
2. 댐 • 127
3. 호수 • 129

제9절 관광지 · 관광단지 …… 132

1. 관광지 • 132
2. 관광단지 • 134
3. 관광특구 • 136

제10절 관동 · 단양8경 …… 139

1. 관동8경 • 139
2. 단양8경 • 143

● 연습문제 _ 144

제3장 문화적 관광자원 149

제1절 문화재의 정의 · 구분 …… 151

1. 문화재의 정의 • 151
2. 문화재의 구분 • 152

제2절 보물 …… 154

1. 보물의 지정기준 • 154
2. 주요 보물 • 156

제3절 국보 …… 159

1. 국보의 지정기준 • 159
2. 주요 국보 • 160

제4절 사적 …… 197

1. 사적의 지정기준 • 197
2. 주요 사적 • 199

제5절 명승 …… 208
1. 명승의 지정기준 • 208
2. 주요 명승 • 210

제6절 천연기념물 …… 214
1. 천연기념물의 지정기준 • 214
2. 천연기념물의 세분류 현황 • 216
3. 주요 천연기념물 • 219

제7절 국가무형문화재 …… 227
1. 국가무형문화재의 지정 • 227
2. 보유자 · 보유단체 등의 인정 • 227
3. 주요 국가무형문화재 • 228
4. 국가무형문화재 보유자 • 241

제8절 국가민속문화재 …… 241
1. 국가민속문화재 지정기준 • 241
2. 주요 국가민속문화재 • 243

제9절 유네스코 세계유산 …… 245
1. 세계문화유산 • 245
2. 인류무형유산 • 249
3. 세계기록유산 • 254

제10절 박물관 · 미술관 …… 258
1. 박물관의 정의 • 258
2. 국립박물관 • 259
3. 공립박물관 • 269
4. 미술관 • 272
5. 기념관 • 274

● 연습문제 _ 279

제4장 사회적 관광자원 287

제1절 도시 · 도시공원 …… 290
1. 도시관광 • 290
2. 도시공원 • 300

제2절 정치 · 교육 · 사회시설 …… 303
1. 정치 • 304
2. 교육 · 도서관 • 305
3. 사회시설 • 316

제3절 예술 · 문화시설 …… 318

1. 예술 · 문화 • 318

제4절 안보 · 관광전망대 ⋯⋯ 320

1. 안보관광 • 320
2. 관광전망대 • 323

제5절 전통문화 ⋯⋯ 324

1. 세시풍속 • 324
2. 차례 · 통과의례 • 328

제6절 향토음식 · 특산물 ⋯⋯ 329

1. 향토음식 • 329
2. 향토특산물 • 332

제7절 축제 · 이벤트 ⋯⋯ 334

1. 축제 • 334
2. 이벤트 • 342

● 연습문제 _ 346

제5장 산업적 관광자원 347

제1절 목장 · 농원 ⋯⋯ 349

1. 관광목장 • 349
2. 관광농원 • 351
3. 관광어업 • 352

제2절 공업 · 상업 ⋯⋯ 353

1. 공업관광 • 353
2. 상업관광 • 357

● 연습문제 _ 370

제6장 위락적 관광자원 371

제1절 테마파크 · 골프장 ⋯⋯ 373

1. 테마파크 • 373
2. 골프장 • 378

제2절 레저타운 · 카지노 ⋯⋯ 380

1. 레저타운 • 380
2. 카지노 • 381

제3절 스키장 · 아쿠아리움 …… 383
1. 스키장 • 383
2. 아쿠아리움 • 384

제4절 승마장 · 캠프장 …… 386
1. 승마장 • 386
2. 캠프장 • 387

제5절 수렵장 · 스포츠 …… 391
1. 수렵장 • 391
2. 스포츠 • 392

제6절 수영상 · 보트계류상 …… 395
1. 수영장 • 395
2. 보트계류장 • 395
● 연습문제 _ 397

참고문헌 • 398

제1장

관광자원의 개념

제1절 관광자원의 이해

제2절 관광자원의 가치

제3절 관광자원해설 및 안내

제4절 관광자원의 분류

제1절 관광자원의 이해

1. 관광자원의 정의

▲ 자주쓴풀(해발 1,005m 석병산)/ 최기종 작

자원(resources)이란 '자연에서 얻어지는 것으로서 인간 생활 및 경제생산에 이용되는 온갖 물건이나 노동력 · 기술 따위'를 의미한다(엣센스 국어사전, 2017). 즉 자원이라 하면 토지 · 물 · 광물 · 삼림 · 석탄 · 석유 · 해양 · 철광석 · 에너지 같은 천연자원(natural resources)만을 연상하기 쉬운데, 자원의 개념은 매우 포괄적이고 광범위하다.

자원은 인간에게 가치와 효용성(value and utility)이 있다고 간주되는 모든 것을 의미한다. 그러나 인간에게 이용 가치가 없는 것은 사물 그 자체에 해당하기 때문에 자원이라고 할 수 없다. 이러한 개념에서 볼 때 자원의 범주에는 ① 자연적 자원, ② 문화적 자원, ③ 사회적 자원, ④ 산업적 자원 등(小池洋一 外, 1988)이 포함된다.

또한 자원은 자연물과 인간 사이의 동적 상호작용(動的相互作用)에 의해 만들어지는 것이다. 즉 자원은 자연이 준 것을 인간이 솜씨나 기술적으로 이용할 수 있을 때, 그 목적물이 비로소 자원으로 바뀌게 된다.

채프만(Chapman)은 자연을 '물리적 세계의 전부도 아니고, 인간세계의 전부도 아니며, 이 두 가지의 상호작용의 결과이다'라고 주장하였다. 즉 자원은 공간 · 시간 · 기술 등에 의한 상호작용의 결과로 보고 있다(김정옥, 2009).

현대관광의 특징은 관광자원의 종류가 더욱 다양해지고 있다는 점과 인위적인 관광자원의 발굴 및 역할이 높아지고 있다는 점이다. 따라서 관광객은 보다 가치 있고 매력 있는 관광자원을 접하길 원하고, 관광지는 매력 있는 관광자원을 발굴해 많은 관광객을 유치하려 노력하고 있다.

관광자원(tourism resources)은 '관광객이 관광욕구를 가지고 특별히 마음을 먹고 찾아올 만큼의 목적물'을 말한다(山村, 1997). 즉 관광자원은 관광의 주체인 관광객으로 하여금 관광동기를 유발시켜 관광행동으로 나아가게 하는 목적물로서의 관광대상(tourist object : 관광객을 끌어들이는 대상이 되는 모든 것)을 말한다(長谷政弘, 1997).

관광자원은 관광의 경제적 측면에서 착안해 일반산업으로 이용되고 있다(塩田正志 外, 1999). 관광산업에 있어서 관광자원은 ① 경제적 가치를, 관광객에게는 ② 위락적 · 문화적 가치를 지닌 관광대상물이다. 그러나 지금까지는 관광자원을 경제적인 측면 위주로 강조해 왔지만, 미래는 ① 문화적, ② 교육적인 의식도 전면에 내세울 필요가 있다(山村, 1997).

관광자원에 대한 학자들의 견해를 살펴보면, ① 하세 마사히로(長谷政弘, 1997)는 관광자원을 '관광객이 관광욕구를 가지고 일부러 발걸음을 할 정도의 목적물이다'라고 주장하였고, 또한 '관광행동 측면에서의 대상으로 자연적인 것, 시간경과에 의한 인문적인 것, 양자의 복합적인 것'이라 하였다.

② 고다니 이시다(小谷達男, 1998)는 관광자원을 '관광의 제 효과를 창조하는 원천으로서 작용하는 대상의 실체'라 하였고, ③ 쓰다 노보루(津田昇, 1969)는 관광자원을 '관광객이 관광동기와 관광욕구의 목적물로 삼는 관광대상'이라고 강조하였다. ④ 시오다 마사시(塩田正志, 1991)는 관광자원을 '관광의 자연적 측면에서 착안하여 일반적인 산업에다 자원이란 말을 모방하여 사용된 것이다'라고 주장하였다.

관광자원은 관광객을 주체로 생각할 때 주체가 장소 이동의 목적물이 되는 객체, 즉 그 대상물을 관광자원이라고 볼 수 있다. 따라서 관광자원은 관광객의 관광욕구와 동기를 충족 · 유발시켜 줄 수 있는 ① 자연자원, ② 인문자원, ③ 유형자원, ④ 무형자원의 모든 자원을 말한다.

관광자원의 범위가 매우 복잡하고 다양하기 때문에 명확한 정의를 내리기는 어렵지만, 학자들의 정의를 〈표 1-1〉과 같이 요약해 볼 수 있다.

〈표 1-1〉 관광자원의 정의

학자명	정의
하세 마사히로 (長谷政弘)	-관광객이 관광욕구를 가지고 일부러 발걸음을 할 정도의 목적물 -관광행동 측면에서의 대상으로 자연적인 것, 시간경과에 의한 인문적인 것, 양자의 복합적인 것
고다니 이시다 (小谷達男)	-관광의 제 효과를 창조하는 원천으로서 작용하는 대상의 실체
쓰다 노보루 (津田昇)	-관광객이 관광동기와 관광욕구의 목적물로 삼는 관광대상
시오다 마사시 (塩田正志) 外	-관광의 자연적 측면에서 착안하여 일반적인 산업에다 자원이란 말을 모방하여 사용된 것

2. 관광자원의 특성

관광자원(tourism resources)은 관광의 주체인 관광객으로 하여금 관광동기와 의욕을 일으키게 하는 대상으로 유형이든 무형이든 관광객을 유치하고, 관광수입을 증대시킬 수 있는 경제적 자원을 말한다.

스에다케 나오시(末武直義)는 관광자원을 자연의 모습 그대로 가치를 지닌 ① 자연자원(관상관광자원, 잠재관광자원), 개발을 통하여 이루어지는 ② 인문자원(문화적 관광자원, 사회적 관광자원, 산업경제관계자원) 등으로 대별하였다.

관광자원은 '인간의 관광욕구와 동기를 충족시킬 수 있는 자연적 · 인문적 대상의 총체로서 매력성과 유인성을 지닌 제 자원'을 의미한다(김성태, 1995). 또한 관광자원은 '국제적으로 관광객을 유치하는 세계문화유산, 국립공원의 독특한 자연경관, 국보급의 유물 · 건조물, 각 지역의 다양한 관광자원에 이르기까지 매우 다양하며, 관광객의 지향성과 시대에 따라서도 그 의미는 변화'한다(山村, 1997).

사람의 관광욕구를 만족시키는 관광대상으로서의 관광자원은 목적과 형태 등에 따라 다종다양하게 존재한다. 종래까지 관광자원으로서 인정받지 못했던 자원도 관광객의 성별 · 연령별 · 시대별 · 개인의 관심도에 따라 많은 관광자원이 만들어지기도 하지만(小池洋一 外, 1988), 그와 반대로 매력을 상실해 가는 경우도 있을 수 있다.

관광자원으로서 갖추어야 하는 기본 특성은 ① 매력물 · 유인성, ② 개발성, ③ 다양성, ④ 가치변화, ⑤ 보존보호, ⑥ 상호작용 등을 들 수 있다(〈표 1-2〉참조).

〈표 1-2〉 관광자원으로서 갖추어야 하는 기본 특성

구분	내용
매력물 · 유인성	–관광객이 관광하고자 하는 욕구와 동기를 일으키는 현상을 말한다. 즉 자원의 매력성을 바탕으로 관광객을 움직이도록 하는 유인성(pull power)을 가져야 한다.
개발성	–관광자원은 관광가치를 지니고 있는 자연적 자원을 개발하여 관광객의 관광대상물이 되도록 하는 것이다. 즉 관광자원은 인위적인 개발을 통해서 관광대상이 된다.
다양성	–관광자원은 범위가 다양하고 자연 · 인문 등 우리가 관광자원으로 인식할 수 있어야 한다. 또한 인상적인 대상물도 개인의 관점에 따라 훌륭한 관광자원이 된다.
가치변화	–관광자원은 사회구조 · 시간과 장소 · 시대환경 등에 따라 가치를 달리한다. 즉 과거에는 자원으로서 가치가 없었는데, 기술의 발달 및 관광객의 생활변화 등으로 인하여 가치를 인정하는 경우도 생긴다.
보존보호	–관광자원은 보존보호를 필요로 한다. 보존은 '자원의 가치를 유지한다는 의미'이고, 보호는 '원형을 가능한 그대로 유지하는 것'을 뜻한다.
상호작용	–관광자원은 자연과 인간의 상호작용의 결과이다.

3. 관광자원의 요건

관광자원은 관광객의 욕구나 기대와 관계없이 존재하기도 하지만, 실제로는 관광객의 행동을 유발시키는 직접적인 원인이 되기도 한다. 인간의 삶에 있어 행복과 만족을 주고, 삶의 질에 긍정적인 영향을 미치(이경찬 외, 2016)는 현대사회의 관광현상은 그 자체가 경제적 · 사회적으로 큰 비중을 차지할 만큼 중요하다.

최근 우리나라를 방문한 외국인 관광객 수가 1,700만 명(2016년)을 넘어선 상황에서 지속적인 성장세를 이어가려면, 신규 방문객 유치와 함께 기존 방문객의 재방문을 유도하는 것이 필요하다(김진후, 2017).

지금의 관광개념만으로는 외국인은 물론 내국인 관광객도 충분히 만족시킬 수 없을 것이다. 따라서 관광객의 다양한 욕구에 부응하고, 대응하기 위해서는 관광자원의 요건들을 좀 더 폭넓은 관점에서 연구 · 관찰해야 할 것이다.

① 로빈슨(Robinson)은 관광자원의 중요한 구성요소로 기후 · 경관 · 위락시설 · 역사 · 문화유적 · 접근성 · 숙박시설을 들었고, ② 하티(Haahti)는 관광자원의 요건으로서 관광객에게 색다른 경험 · 접근성 · 경제성을 지적하고, 그 내용으로서 화폐가치 · 접근성 · 스포츠시설 · 심야유흥 · 오락 · 평화롭고 조용한 휴가 · 친근하고 친절한 사람들 · 자연공원 · 캠핑 · 문화적 경험 · 아름다운 풍경 · 새로운 목적지 등을 들고 있다. 관광자원으로서 갖추어야 할 요건은 〈표 1-3〉과 같다.

〈표 1-3〉 관광자원의 요건

구분	내용
색다른 경험	- 관광자원은 색다른 경험을 할 수 있는 여건을 갖추어야 한다. 즉 다양한 스포츠시설, 아름다운 풍경, 야간 활동 및 연회, 자연공원 및 캠핑, 문화적 경험, 조용하고 아늑한 분위기, 지역민의 친절 등 새로움을 추구할 수 있어야 한다.

구분	내용
접근성 · 경제성	– 관광자원은 관광가치를 지니고 있는 자연적 자원을 개발하여 관광객의 관광대상물이 되도록 하는 것이다. 즉 관광자원은 인위적인 개발을 통해서 관광대상이 된다.
혜택제공	– 관광객이 원하는 혜택을 제공할 수 있어야 한다. 관광활동은 관광객의 관광동기 또는 욕구를 충족시키는 과정으로서 관광객은 이러한 자신의 욕구를 충족시킬 수 있다고 생각되는 대상을 선택한다.

자료 : 김정옥(2009), 『관광자원관리론』, 서울 : 대왕사, p.28에서 인용 후 표로 재구성.

제2절 관광자원의 가치

관광자원은 원래부터 높은 견인력을 갖고 있는 것도 있으나, 시대의 흐름과 인지의 발달로 인하여 가치(value)를 새롭게 인정받는 것도 있고, 반대로 상실되는 경우도 있다. 따라서 관광자원은 자연 그대로의 상태만을 강조할 수 없으며, 인위적인 개발에 의해서 관광자원의 역할을 하게 된다.

▲ 공현진의 일출/ 안후상 작

관광자원은 관광목적의 대상이 될 수 있는 요소와 관광재화로서의 가치가 함유된 물질이어야 한다. 관광자원은 관광객의 소비에 의해서 그 가치가 결정되므로 이의 상관관계에 따라 한정되는 것이 바람직하다. 즉 경제적 측면에서 연구의 대상으로 결정되며, 자원 중에서도 관광가치가 내포된 경우에 한해서 관광자원으로 인정한다는 것이다.

관광객의 관광동기 유발과 욕구를 충족시켜 줄 수 있는 모든 대상물이 관광자원이 될 수 있으며, 또한 관광객의 개인적 · 주관적 가치기준에 따라 대상으로서의 가치를 부여할 수 있기 때문에 생활주변의 모든 객체들이 관광자원이 될 수 있다.

로키치(Rokeach, 1973)는 가치를 '어떤 구체적인 행동양식, 최종적인 존재상태로 다른 행동양식이나 최종 존재상태보다 개인적 또는 사회적으로 선호하는 신념(조명환 외, 2012)'이라고 강조하였다.

관광자원의 가치는 ① 시대와 시간의 변화, ② 지역의 변화, ③ 공간의 변화, ④ 기술의 변화에 따라 달라진다. 또한 ① 인종적 요소, ② 종교적 요소, ③ 역사적 요소, ④ 문화적 요소, ⑤ 국토적 여건 등에 의해서도 모두 다르게 나타날 수 있다.

관광자원의 가치로는 첫째, 매력성(attractiveness)을 들 수 있다. 매력성을 높이려면, 관광객의 마음을 끌어당기는 묘한 힘을 지니거나 유인할 수 있는 차별적이고 독특한 자원을 지녀야 한다. 즉 관광객의 관광욕구나 동기를 일으킬 수 있는 아름다운 풍경이나 다양한 자원이 집중되어 있으면 매력성이 높아지게 된다.

둘째, 접근성(accessibility)을 들 수 있다. 전술한 바와 같이 관광자원이 아무리 훌륭한 매력물을 갖추었다 할지라도 쉽게 접근할 수 없으면, 자원으로서의 가치를 지닐 수 없게 된다. 따라서 관광동기는 심리적 거리에 의해 접근하게 되므로 접근성은 관광객의 행동에 크게 영향을 미치게 된다.

셋째, 이미지(image)를 들 수 있다. 이미지는 한 사람 또는 집단이 어떤 대상에 대해 갖고 있는 일련의 신념이다. 관광객은 어느 한 사회의 상품화된 연출과 이미지를 소비한다(Pretes, 1995). 국가 및 지역의 관광 이미지 제고는 관광객을 여행에 참여시키는 데 중요한 역할을 하게 된다. 관광지 이미지의 여부에 따라 방문객 수의 증감이 달라질 수 있다.

넷째, 관광시설(tourism facilities)을 들 수 있다. 관광시설은 관광자원에 부과되어 이것을 관광대상으로서 기능하게 만든다(塩田正志 外, 1999). 즉 관광객이 목적으로 하는 ① 관광대상시설(테마파크 · 박물관 · 골프장 · 스키장 · 전망대 · 유람선 등)과 이용하는 ② 관광이용시설(숙박시설 · 레스토랑 · 토산품점 등)의 2가지가 있다. 관광시설은 관광객에게 직접적인 관광동기를 일으키지는 못하지만, 즐거움 · 편안함 · 안전 등의 요소를 제공하여 관광자원의 가치를 향상시키는 역할을 한다.

다섯째, 관광기반시설(infrastructure)을 들 수 있다. 관광기반시설은 관광객이 관광지나 관광자원에 접근하는 데 이용되는 ① 교통수단, ② 전기 및 통신시설, ③ 상하수도 시설, ④ 의료시설 등이 해당된다. 하부구조 역시 관광시설과 마찬가지로 여행의 주된 목적 대상은 아니지만, 관광객에게 가장 기초적인 편의를 제공한다.

특히 관광현상에 있어서 관광자원은 관광의 필수불가결한 요소로서 관광자원 없이는 관광이 성립할 수 없게 된다. 따라서 관광가치는 대단히 넓은 분야로 구성된다. 버가트와 메들릭(Burkart & Medlik)은 관광자원의 가치를 결정짓는 요인으로 ① 매력성, ② 접근성, ③ 이미지, ④ 관광시설, ⑤ 관광기반시설을 들고 있다. 관광자원의 가치를 정리하면 〈표 1-4〉와 같다.

〈표 1-4〉 관광자원의 가치

구분	내용
매력성	-관광객의 마음을 끌어당기는 묘한 힘이나 유인할 수 있는 차별적이고 독특한 자원을 지녀야 하고, 아름다운 풍경이나 다양한 자원이 집중되어 있으면 매력성이 높아진다.
접근성	-관광동기는 심리적 거리에 의해 접근하게 되므로 접근성은 관광객의 행동에 크게 영향을 미친다.
이미지	-국가 및 지역의 관광 이미지 제고는 관광객을 여행에 참여시키는 데 중요한 역할을 한다.

구분	내용
관광시설	– 관광객에게 즐거움 · 편안함 · 안전 등의 요소를 제공하여 관광자원의 가치를 향상시키는 역할을 한다.
관광기반 시설	– 관광객이 관광지나 관광자원에 접근하는 데 이용되는 교통수단 · 전기 및 통신시설 · 상하수도시설 · 의료시설 등이다.

제3절 관광자원해설 및 안내

1. 관광자원해설의 의미

▲ 종묘를 해설하고 있는 관광통역안내사/ 최기종 작

해설은 '단순한 설명이 아니라 대상이 지닌 의미를 연구하여 이를 쉽게 풀어 밝힌다'는 의미가 강하다(황금희 외, 2013). 즉 관광자원해설은 '관광자원의 의미를 해석하여 알 수 있도록 풀어서 밝힌다'는 의미로써(이병직, 1998), 자연생태계(natural ecosystem : 모든 생물체와 물리적 환경, 그리고 그들 간의 모든 상호관계를 포함하는 총체적인 개념)와 야생동물은 물론, 자원이 지니고 있는 문화적 · 역사적 가치 등을 관광객에게 알려주는 활동이다.

월즈(Wals)는 관광자원해설을 '① 정보서비스, ② 안내서비스, ③ 교육서비스, ④ 선전서비스, ⑤ 영감적 서비스 등이 적절히 조합된 것이다. 따라서 관광해설을 통해 관광객에게 새로운 이해, 새로운 통찰력, 새로운 열광과 흥미를 불러일으킬 수 있다'고 하였다.

관광자원해설이란 관광객이 방문하고 있는 국가나 지역에 대해 보다 깊은 인식과 감상 그리고 이해를 가질 수 있도록 돕는 것이다. 관광자원의 관리기관과 그들이 운용하고 있는 프로그램에 대해 관광객의 이해를 촉진시킬 수 있다. 그리고 자원관리의 목표를 달성하고, 관광객으로 하여금 방문지에서 적절한 행동을 하게 할 수 있다.

또한 과다이용으로 인해 훼손된 지역이나 위험성을 내포하고 있는 지역에서는 특정한 행동을 못하도록 안내함으로써 관광자원에 대한 인간의 영향을 최소화시킬 수 있다. 이렇듯 관광자원해설은 이용하는 관광객은 물론, 수용하는 관광대상지의 입장에서도 매우 의미 있는 일이다.

2. 관광자원해설 기법

▲ 최기종 교수 문화관광해설사 전국대회 특강/ 홍창해 작

관광지는 관광자원해설이 이루어지는 작은 공간인데, 이곳에서 이루어지는 관광자원해설 프로그램의 효과는 관광지 밖으로 확산되는 것이 바람직하다. 관광자원해설은 자연현상이나 문화적 사실에 대한 이해를 돕기 위해 필요하므로 일정한 원칙이 지켜져야 한다.

관광자원해설 프로그램은 관광객을 위해 필요한 것이지만, 관광객이 관광자원해설을 통해 얻은 지식과 정보를 그들의 일상생활에 관련시킬 수 있을 때 더욱 바람직해진다.

관광자원해설 기법에는 담화 · 재현 · 동행을 포함하는 ① 인적서비스기법(personal service), 관광객 스스로가 안내 자료와 각종 프로그램을 통하여 내용을 이해할 수 있게끔 하는 ② 자기안내기법(self-guiding program), 그리고 전자장치를 이용한 기법인 ③ 전자장치이용기법(electronic gadgetry) 등이 있다.

관광자원해설에 있어 공통적으로 중시되는 사항은 용모 · 성격 · 공손한 태도의 세 가지를 들 수 있다. 이 밖에 조직의 기능과 상대방에 대해 잘 알고 있고, 사무능력도 어느 정도 있으면서, 시간을 적절하게 배분해서 활용할 줄 알아야 하며, 언어 구사능력과 참을성이 있는 사람에게 적절한 직업이다.

1) 인적서비스기법

인적서비스기법(personal service)은 관광자원해설사가 현장에서 해설을 하거나, 정해진 프로그램을 가지고 상황을 재현해 보이는 등의 활동을 함으로써 관광객과 직접적으로 의사를 주고받는 것을 말한다. 이와 같이 관광객과의 의사소통을 효과적으로 하기 위해서는 일정한 자격을 갖춘 사람이 적절한 장소에서 효과적인 기법을 적용함으로써 가능하다. 인적서비스기법에는 ① 담화, ② 재현, ③ 동행 등이 있다.

(1) 담화

담화(talks)는 말하는 기능을 이용한 해설기법이다. 직접 말을 하거나 말을 대신할 수 있는 몸짓 등을 통하여 관광객을 이해시키고, 또 일정한 반응을 유도해 낸다. 소기의 목적을 달성하려면 관광자원해설사의 감수성과 이용자들의 이해정도가 높은 수준에 있을 때만 가능하다. 이를 위해서는 다음 몇 가지 사항이 요구된다.

첫째, 먼저 청중을 읽는 것이 중요하다. 즉 관광자원해설 중에 관광객이 무엇을 원하고 있는지를 파악하는 일이 가장 중요하다.

둘째, 관광자원해설사에 대해 갖게 되는 이미지에 따라 관광객의 반응이 달라지므로 항상 자신의 이미지를 좋게 만들어야 한다.

셋째, 담화의 골격을 구성해서 활용해야 한다. 관광자원해설 내용을 암기하여 기계적으로 외워 나가는 것도 중요하지만, 〈표 1-5〉와 같이 담화의 3단계를 활용해서 접근하는 것이 더욱 효과적이다.

〈표 1-5〉 담화의 3단계

구분	내용
담화 전 단계	해설 및 안내에 필요한 설비를 점검하고, 간단한 기능 테스트를 해보며, 도착하는 관광객을 맞으면서 가볍게 대화를 주고받는다.
준비단계	장소에 모인 관광객에게 인사를 하고, 자신의 이름을 알려줌과 동시에 간단히 소개한다.
담화단계	해설할 내용의 주제가 무엇인지를 알려주고 해설을 시작한다. 그리고 끝낼 때는 해설한 내용을 간략하게 정리해서 다시 한 번 알려준다.

(2) 재현

재현(demonstration)은 '다시 나타낸다'는 의미로서, 즉 다루고자 하는 주제를 보다 잘 이해시키고 인식시키는 방법으로 역사적 시기 · 생활 · 사건들을 다시 나타내 보는 것이다. 재현을 하면 역사적 · 물리적 · 인종적인 이해를 돕게 된다는 점에서 다른 기법보다 탁월한 효과가 있다. 그러나 프로그램을 준비하는 데 시간이 많이 소요된다.

(3) 동행

동행(walks)은 '길을 같이 간다'는 뜻으로 관광객과 함께 걸으면서 해설하는 방법을 말한다. 이 방법은 관광객이 직접 경험할 수 있고, 궁금한 사항은 바로 물어볼 수 있기 때문에 동기부여가 가장 잘 되는 형태이다. 주의사항은 관광자원해설사가 해설할 장소에 미리 도착해서 정시에 시작해야 한다는 것이다. 또한 해설내용을 정확하고, 명료하게 설명하여 내용을 주지시켜야 한다.

2) 자기안내기법

자기안내기법(self-guiding)은 관광자원해설사가 없는 경우를 말한다. 즉 특이한 자연경관이나 환경의 변화, 생물체 등에 대해 관광객이 스스로 읽어보고, 그 내용을 이해할 수 있도록 고안된 방법이다. 주로 유인물이나 종합관광 안내도 등을 이용한다.

3) 전자장치이용기법

전자장치에 관광자원해설 내용을 담아서 관광객에게 들려주는 방법이 전자장치이용기법(electronic gadgetry)이다. 이 기법을 제작하려면 시나리오의 작성은 물론 음향효과도 고려해야 하고, 충분한 연습을 거쳐 녹음을 해야 한다. 스미스 화이트(Smith White)는 이 방법의 장단점을 〈표 1–6〉과 같이 정리하였다.

〈표 1–6〉 전자장치이용의 장단점

구분	내용
장점	– 인쇄물이나 해설 간판보다는 미적 · 시각적 피해가 적다. – 관광객이 전시물 · 모형 · 풍경 등에 시선을 집중시킬 수 있게 해준다. – 소리의 크기나 장치의 모양을 다양하게 할 수 있다. – 자주 반복할 경우는 다른 기법보다 효과적이다. – 여러 가지 언어를 준비해 두면 관광객이 선택할 수 있다. – 음향효과를 잘 내게 하여 상황재현과 유사한 효과를 낼 수 있다. – 인쇄물보다 장시간 동안 주의를 집중시킬 수 있다.
단점	– 기계이기 때문에 고장 날 수 있으므로 정기적으로 보수를 하거나 예비품을 준비해 두어야 한다. – 반복되는 것이기 때문에 몇 번 들은 사람에게는 짜증스러울 수 있다. 특히 종업원들에게는 고통이 될 수 있다. – 전기를 이용하므로 야외에서는 사정이 허락되지 않을 수도 있다.

3. 관광자원해설의 질적 성장요인

관광자원해설은 관광객에게 관광에 대한 경험을 보다 풍부하게 해주고, 학습욕구를 충족시켜 주고, 또한 자원의 가치 및 보전 · 보호를 위한 해설도 병행해야 한다. 또한 관광해설을 하는 측에서는 자신이 제공하는 관광해설 서비스의 효과가 어느 정도인지를 반드시 평가해 보아야 한다.

▲ 서울 중심가를 안내하고 있는 관광통역안내사/ 최기종 작

특히 관광객에게 너무 많은 것을 전달하려고 욕심을 내다 보면, 오히려 역효과가 나타나거나, 그들의 즐거운 기분을 손상시킬 수도 있다. 따라서 관광해설은 관광객의 호기심을 불러일으켜 적극적인 관광동기를 유발하도록 해야 하고, 관광객에게 실제 도움이 되도록 해설해야 한다.

관광자원해설의 질적 성장을 위해서는 ① 해설의 목표의식이 뚜렷해야 하고, ② 기술적으로 잘 훈련되어 있어야 하고, ③ 해설 프로그램 · 시설 · 해설대상물 등 다양한 분야에서 뒷받침이 되어야 한다(박석희 외, 2013). 또한 ① 수요자의 인원 수가 적정해야 하고, ② 해설 수용자 및 해설 공간과의 상호작용과 역할, ③ 주변의 여건과 환경, ④ 해설사의 자질 수준도 중요하다(고동원 외, 2015 ; 황금희 외, 2013).

4. 관광안내의 의미

안내능력이라는 것은 우선 그 관광안내사(tour guide)가 관광 전반에 대한 풍부한 지식을 가지고 있어야 한다. 그러나 단순히 알고 있다는 것만으로 능력이 충분히 발휘되는 것은 아니다. 관광객이 요구하는 것이 무엇인지, 또한 관광객을 만족시킬 수 있는 방법은 무엇인지를 정확하게 파악하여, 그들에게 다양한 지식을 제공해야 실제상의 효과가 나타나게 된다.

그러면 관광객이 바라는 안내는 과연 무엇일까? 그것은 관광안내의 3원칙이라 할 수 있는 것으로 ① 친절한 안내, ② 정확한 안내, ③ 신속한 안내 등이다. 이와 같은 업무를 수행하는 관광안내사의 사명은 실로 크고 중대하다.

① 관광안내사는 고고한 인격과 풍부한 지식, 교양을 쌓아야 한다. ② 건강하고 단정한 용모의 소유자로서, 우리나라 관광산업의 중흥을 다지는 초석이 될 사명감에 불타야 한다. 또한 ③ 관광객에게 민족정기를 일깨우고, 국민적 긍지를 갖게 하는 임무를 항시 망각해서도 안 될 것이다.

관광안내사의 자세 여하에 따라 국내관광객은 물론 외국인 관광객이 한국 및 한국인에 대해 갖는 인식이 바뀔 수 있다. 따라서 관광안내사는 항시 국민을 대표하는 입장에 있다는 것을 잊지 말고, 한국인으로서의 확고한 좌표를 설정해서 안내에 임해야 한다. 또한 참되고 올바른 안내를 함으로써 국제 간의 상호이해와 친선도모에 일익을 담당하고 있다는 자부심을 가지고 있어야 한다.

1) 관광안내 시 주의사항

① 관광객 혹은 상급자를 안내할 경우에는 안내할 장소, 즉 목적지에 대한 전반적인 사항을 미리 습득해 두거나 메모를 하였다가 적당한 시기에 간략하게 설명할 수 있도록 한다.

② 단정하고 올바른 자세로 관광객이 도착할 지점에서 미리 대기하도록 하고, 관광객이 도착하면 밝은 미소로 인사한 후에 안내에 임해야 한다.

③ 안내할 때에는 관광객이 중앙에 오도록 하고, 관광안내사는 안내 방향에 따라 좌측 혹은 우측의 관광객보다 2~3보 앞쪽에 서서 목적지 방향을 손으로 가리키며 안내한다.

④ 관광객이 일정한 간격으로 안내받고 있는지 수시로 확인하고, 상황에 따라 적당한 인사말을 건네는 것도 좋다.

⑤ 관광객이 외국인일 경우에는 첫 인사만이라도 그 나라의 언어를 구사하는 것이 좋다. 왜냐하면 상대방에게 호감을 줄 수 있기 때문이다.

⑥ 안내할 장소에 도착하면 먼저 그곳에 대한 전반적인 내용을 소개한 다음 구체적으로 설명한다.

2) 안내의 원칙과 말씨

(1) 원칙

① 정보를 제공하는 것만이 관광해설은 아니다. 물론 관광해설은 정보를 기초로 이루어지지만, 그것은 별개의 것이다.

② 관광해설은 과학적 · 역사적 · 건축학적인 많은 소재를 결합시키는 기술이다.

③ 관광해설의 주요 목적은 교육이 아니라 자극에 있다.

④ 관광해설은 어느 한 부분보다는 전체를 나타내도록 해야 한다.

⑤ 관광해설은 연령층에 따른 별도의 프로그램을 준비해야 한다.

(2) 말씨

말은 그 사람의 인격이나 사회성을 나타내는 척도가 되므로 관광안내 및 해설을 할 때 다음 사항에 유념해야 한다.

① 말을 조리 있게 잘 하는 것도 중요하지만, 상황에 따라 순발력과 융통성을 발휘해야 한다.

② 말에는 맛과 멋이 있다. 같은 말을 하더라도 좀 더 호소력 있게 말할 수 있어야 한다.

③ 말의 흐름은 너무 빠르지 않고, 숨을 고르게 이어갈 정도의 속도를 유지하는 것이 좋다.

④ 목소리는 약간 낮은 톤이 좋다. 그리고 말의 끝부분을 애매하게 하지 말고, 정확하게 말하도록 한다.

⑤ 사투리나 억양이 강하면 관광객의 주의를 끄는 데 불리하다.

⑥ 이상한 발음은 말의 의미를 잘못 이해시킬 수 있으니 올바른 발음을 한다.

⑦ 너무 작은 목소리로 두런거리는 모양은 관광객이 설명을 듣는 데 어려움을 느끼게 할 수 있다.

제4절 관광자원의 분류

관광대상이 되는 관광자원은 관광대상시설의 여하에 의하여 관광지의 발전에 크게 좌우된다(長谷政弘, 1997). 관광자원은 다종다양하며, 그 한계를 정하기가 매우 어렵고 또 무엇을 기준으로 하느냐에 따라 달라진다.

즉 형태의 유무를 중심으로 하느냐 혹은 관광자원이 만들어지는 생성과정을 중심으로 하느냐에 따라 그 형태가 달라질 수 있다.

관광자원을 입지에 따라 분류하면 ① 이용자중심형 관광자원, ② 중간형 관광자원, ③ 자원중심형 관광자원으로 구분되며, 가시성에 따라 분류하면 ① 유형관광자원, ② 무형관광자원으로 구분된다.

자원의 생성과정을 중심으로 분류하면 ① 자연관광자원, ② 인문관광자원 등으로 구분하고, 관광객의 행동패턴에 따라 분류하면 ① 주유형 관광자원, ② 체재형 관광자원으로 구분된다.

시장의 특성에 따라 분류하면 ① 자원중심형, ② 이용자중심형, ③ 중간중심형으로 구분하며, 현대의 일반적인 분류방법에 따라 분류하면 ① 자연적 관광자원, ② 문화적 관광자원, ③ 사회적 관광자원, ④ 산업적 관광자원, ⑤ 위락적 관광자원으로 구분한다. 관광자원을 특성별로 분류하면 〈표 1-7〉과 같다.

▲ 미국 자이언캐년 국립공원/ 최기종 작

▲ 미국 브라이스캐년 국립공원/ 최기종 작

〈표 1-7〉 관광자원의 특성별 분류

분류방법	내용
입지에 따른 분류	이용자중심형 관광자원(도시공원 · 놀이터 등), 중간형 관광자원(도립공원 · 군립공원), 자원중심형 관광자원(국립공원 · 산림 등)
가시성에 따른 분류	유형관광자원(자연자원 · 문화자원 · 산업자원), 무형관광자원(인적자원 · 비인적자원)
자원의 생성과정에 따른 분류	자연관광자원(원형보존), 인문관광자원(인간의 노력과 지혜가 총합)
행동패턴에 따른 분류	주유형 관광자원(숙박하지 않고 이동하면서 보고 즐김), 체재형 관광자원(숙박하면서 그 지역 내에서 보고 즐김)
시장의 특성에 따른 분류	자원중심형, 이용자중심형, 중간중심형
현대의 일반적인 분류방법에 따른 분류	자연적 관광자원, 문화적 관광자원, 사회적 관광자원, 산업적 관광자원, 위락적 관광자원

관광자원의 분류방법도 학자에 따라 그 형태가 약간 다르게 나타나고 있으나, 그 내용은 거의 비슷하다. 쓰다 노보루(津田昇, 1969)는 관광자원을 〈표 1-8〉과 같이 자연 · 문화 · 사회 · 산업적 자원으로 분류하고 있다.

〈표 1-8〉 쓰다 노보루의 관광자원 분류

분류	내용
자연적 자원	① 천연자원 : 풍경, 온천, 동식물, 야생생물 ② 천연현상 : 기후, 풍토, 기상, 천체현상
문화적 자원	① 유형문화재, ② 무형문화재, ③ 민속문화재, ④ 사적, ⑤ 명승, ⑥ 천연기념물, ⑦ 전통적 건조물군, ⑧ 역사적 풍토, ⑨ 고장의 지형, ⑩ 역사적 항만환경

분류	내용
사회적 자원	① 유형사회자원 : 도시, 도시공원, 교육 · 사회 · 문화시설 ② 무형사회자원 : 인정, 풍속, 민속, 행사, 국민성, 민족성, 의 · 식주, 생활, 예술, 예능, 스포츠
산업적 자원	① 공장시설, ② 관광농림업, ③ 관광목장, ④ 관광어업, ⑤ 전시시설

*자료 : 津田昇(1969), 『國際觀光論』, 東洋經濟新報社; 小池洋 外(1988), 『觀光學概論』, ミネルヴァ書房, p.109.

마에다 이사무(前田勇, 1986)는 관광자원을 〈표 1-9〉와 같이 자연 · 인문 · 복합형 관광자원으로 분류하고 있다.

〈표 1-9〉 마에다 이사무의 관광자원 분류

분류	내용
자연관광자원	① 유형자연관광자원 : 산악, 고원, 해양, 하천, 호수와 늪, 동식물, 온천, 기상, 눈 ② 무형자연관광자원 : 기상(상쾌함)
인문관광자원	사적, 사찰, 성곽, 성지, 정원, 연중행사(축제, 연예)
복합형 관광자원	대도시, 농산어촌, 향토경관, 역사경관

*자료 : 前田勇(1986), 『觀光槪論』, 學文社刊, p.45.

시오다 마사시(塩田正志, 1999)는 관광자원을 〈표 1-10〉과 같이 자연 · 인문 · 복합자원으로 분류하고 있다.

〈표 1-10〉 시오다 마사시의 관광자원 분류

분류	내용
자연자원	① 유형자연자원 : 산악, 고원, 벌판, 습지, 호수, 협곡, 하천, 해안, 곶, 섬, 암석, 동굴, 자연현상, 온천, 동물, 식물, 기상, 눈 ② 무형자연자원 : 기상
인문자원	③ 유형인문자원 : 사적, 사찰, 성곽, 정원, 공원, 연중행사 등 ④ 무형인문자원 : 생활, 민속, 기술, 분위기
복합자원	⑤ 복합자원 : 대도시, 농산어촌, 향토경관, 역사경관, 자연경관

*자료 : 塩田正志 外(1999), 『觀光學』, 東京 : 同文舘, p.56.

〈표 1-11〉 스에다케 나오요시의 관광자원 분류

대분류	중분류	내용
자연자원	① 관상관광자원	–지형 : 산악, 구릉, 호수와 늪, 하천, 계곡, 폭포, 고원, 평원, 해안, 섬, 사구 등 –지질 : 화산, 간헐천 등 –생물 : 동물, 물고기, 새, 나무, 산림, 꽃 등 –기상 : 눈, 안개, 눈꽃, 설화 등 –천상 : 달, 별자리, 오로라, 신기루, 석양 등
	② 잠재관광자원	–기후 : 햇빛, 공기의 성분, 온도, 바람 등 –광천 : 온천, 냉천 등 –지형 : 산악, 하천, 구릉, 해안 등
인문자원	① 문화적 관광자원	–문화유산 : 유형문화재(역사적 · 예술적 건조물, 회화, 조각, 공예품, 서적, 고문서 등), 무형문화재(연극, 무용, 음악, 공예기술 등), 민속자료(의식주, 신앙, 연중행사, 풍속, 관습 등), 기념물(패총, 고분, 성지, 고택, 유적, 정원, 교량 등) 등 –문화적 전시건조물 : 박물관, 미술관, 과학관 등

대분류	중분류	내용
인문자원	② 사회적 관광자원	–사회형태 : 취락, 사회적 제도, 국민성, 민족성 등 –생활형태 : 인정, 풍속, 습관, 생활양식, 식사, 의복, 주거, 전통적 스포츠 등
	③ 산업 경제관계 관광자원	–산업관계 : 목장, 농원, 목장, 농산물, 생산기술, 재배법, 농산물가공시설 등 –임업관계 : 식수, 벌채, 제재, 채취, 삼림공간 등 –어업관계 : 수산물, 어획법, 양식법 및 양식시설, 해산물 가공시설 등 –공업관계 : 공장, 기계설비, 생산공정, 공업기술, 연구기관 등 –상업관계 : 각종 시장, 전시회, 상점가, 쇼핑, 유통기구 등

*자료 : 末武直義(1984),『觀光事業論』, 東京 : 法律文化社, pp.37~43.

▲ 참배암차즈기(해발 1,708m 대청봉)/ 최기종 작

▲ 투구꽃(해발 1,708m 대청봉)/ 최기종 작

그 밖에 건(Gunn)은 관광자원을 ① 관광의 유형, ② 토지이용 단위별로 분류하고 있고, 버가트와 메들릭(Burkart & Medlik)은 지리학자들의 자원분류 결과를 응용하여 관광자원을 ① 자원 중심형(자원의 질 : 절경 · 해안 · 산악 등), ② 이용자 중심형(접근성 : 도시공원 · 스포츠광장 등)으로 분류하고 있다.

그리고 매킨토시(McIntosh)는 관광공급 요소를 구성하는 관광자원을 크게 ① 자연자원, ② 환대 · 문화자원(예술 · 문학 · 쇼핑 · 무용 등) 등으로 분류하고 있다.

이상 여러 학자들의 관광자원의 분류방법은 각각 그들의 지론에 따라 독특한 성격을 가지고 있으나, 현대의 일반적인 분류방법은 〈표 1-12〉와 같이 자연 · 문화 · 사회 · 산업 · 위락적 관광자원으로 분류할 수 있다.

〈표 1-12〉 현대의 일반적인 관광자원 분류

분류	내용
자연적 관광자원	산악, 풍경, 온천, 동물, 식물, 생물, 기후, 풍토, 기상, 천체현상, 고원, 하천, 호수, 늪, 눈, 벌판, 습지, 협곡, 해안, 곶, 섬, 암석, 동굴, 자연현상, 지실, 기암, 구릉, 계곡, 폭포, 평원, 설경, 섬, 사구, 화산, 간헐천, 물고기, 새, 나무, 산림, 꽃, 눈꽃, 달, 별자리, 오로라, 신기루, 석양, 햇빛, 공기의 성분, 온도, 바람 등
문화적 관광자원	유형문화재, 무형문화재, 민속문화재, 천연기념물, 전통적 건조물, 역사적 풍토, 고장의 지형, 공예기술, 연중행사, 공예품, 고문서, 박물관, 미술관, 과학관, 사찰, 성곽, 성지, 정원, 사적, 명승, 생활, 민속, 기술, 회화, 조각, 서적, 연극, 무용, 음악, 신앙, 풍속, 관습, 배총, 고분, 고택, 유적 등
사회적 관광자원	도시구조, 사회시설, 사회적 제도, 생활양식, 국민성, 민족성, 인정, 풍속, 습관, 취락, 식사, 의복, 주거, 교육, 종교, 철학, 음식, 예절 등
산업적 관광자원	농산물가공시설, 해산물가공시설, 관광농림업, 관광목장, 관광어업, 공장시설, 양식시설, 생산기술, 기계설비, 생산공정, 공업기술, 삼림공간, 유통단지, 견본시, 백화점, 농산물, 수산물, 어획법, 재배법, 각종 시장, 전시회, 상점가, 농장, 농원, 목장, 식수, 벌채, 제재, 채취, 공장, 쇼핑 등
위락적 관광자원	테마파크, 골프장, 레저타운, 카지노, 스키장, 아쿠아리움, 승마장, 캠프장, 수렵장, 스포츠, 수영장, 보트계류장, 마리나, 트롤링낚시, 트레킹, 번지점프, 자동차경주, 래프팅, 패러글라이딩, 경마, 카누, 나이트클럽 등

연습문제

01. 관광자원의 특성으로 옳지 않은 것은?

① 관광객의 욕구나 동기를 일으키는 유인성을 지녀야 한다.
② 관광자원은 자연과 인간의 상호작용의 결과이다.
③ 관광객의 행동을 끌어들이는 환대성을 지녀야 한다.
④ 관광자원은 인위적인 개발을 통해서 관광대상이 된다.

02. 관광자원으로서 갖추어야 할 요건으로 옳지 않은 것은?

① 혜택 제공
② 사회성
③ 경제성
④ 색다른 경험

03. 관광자원의 가치를 결정짓는 요인으로 옳지 않은 것은?

① 관광시설
② 이미지
③ 매력성
④ 안내시설

04. 관광자원으로서 갖춰야 할 기본 특성으로 옳지 않은 것은?

① 공익성
② 개발성
③ 다양성
④ 유인성

05. 다음 설명에 해당하는 관광해설 기법은?

> 관광해설사가 현장에서 해설을 하거나, 정해진 프로그램을 가지고 상황을 재현해 보이는 등의 활동을 함으로써 관광객과 직접적으로 의사를 주고받는 것

① 셀프서비스기법
② 자기안내기법
③ 인적서비스기법
④ 전자장치이용기법

06. 관광안내의 3원칙으로 옳지 않은 것은?

① 친절한 안내
② 정확한 안내
③ 신속한 안내
④ 행복한 안내

07. 관광매체의 연결이 옳지 않은 것은?

① 환경적 관광자원
② 자연적 관광자원
③ 문화적 관광자원
④ 위락적 관광자원

정답

01 ③, **02** ②, **03** ④, **04** ①, **05** ③, **06** ④, **07** ①

제2장

자연적 관광자원

제1절 국립공원

제2절 도립공원

제3절 군립공원

제4절 산 · 숲

제5절 온천

제6절 동굴

제7절 섬 · 해수욕장

제8절 강 · 댐 · 호수

제9절 관광지 · 관광단지

제10절 관동 · 단양8경

▲ 관악산 연주대/ 최기종 작

▲ 양양 하조대의 기암괴석/ 최기종 작

자연적 관광자원(natural tourist resources)은 관광대상이 되는 자연 그 자체를 말하며, 독특한 자연경관(natural landscape : 기후 · 토양 · 지질 · 물 · 동식물 등 자연인자의 상호작용에 의해 형성된 경관)은 관광객을 자연지역으로 유인한다(山村, 1997; 横山, 1997).

자연적 관광자원의 속성은 우선 ① 아름다운 풍경 · 산수 등 경관미가 뛰어나야 하고, ② 관광객의 관광욕구를 충족시킬 수 있는 자연적인 대상이어야 하며, ③ 휴식 · 오락 · 스포츠 등 레크리에이션 기능을 고루 갖추고 있어야 한다.

사람이 살고 있는 지구상에는 여러 환경이 존재하지만, 모든 것이 자연적 자원의 범주에 포함된다. 즉 다양한 자연환경인 기후와 지형적인 요인에 의해 유기적으로 결합되어 국가와 지역마다 독특한 자연경관을 형성하게 된다.

자연의 상태에 따라 지역차가 이루어지고, 이러한 현상이 관광욕구를 충족시켜 줄 수 있는 관광대상으로서 자연적 관광자원이 된다. 또한 자연적 관광자원의 가치는 도로 · 교통수단 등의 개발조건과 결합되어 관광자원으로서의 가치를 발휘하게 된다. 오늘날 관광자원의 개발형태는 주로 자연자원을 대상으로 개발되고 있다.

특히 인적이 드문 자연환경은 일상적인 문제에서 벗어나 보다 근원적인 목적이나 의미를 생각해 볼 수 있는 기회를 제공하기도 한다(Kaplan and Kaplan, 1989).

따라서 자연환경은 관광자원의 성격상 매우 큰 범위를 차지하고 있고, 관광자원 중에서 가장 으뜸이자 원천적인 것이라 할 수 있다. 학자들이 주장한 자연적 관광자원의 범위를 정리하면 〈표 2-1〉과 같다.

〈표 2-1〉 자연적 관광자원의 범위

분류	범위
자연적 관광자원	산악, 풍경, 온천, 동물, 식물, 생물, 기후, 풍토, 기상, 천체현상, 고원, 하천, 호수, 늪, 눈, 벌판, 습지, 협곡, 해안, 곶, 섬, 암석, 동굴,자연현상, 지질, 기암, 구릉, 계곡, 폭포, 평원, 절경, 섬, 사구, 화산, 간헐천, 물고기, 새, 나무, 산림, 꽃, 눈꽃, 달, 별자리, 오로라, 신기루, 석양, 햇빛, 공기의 성분, 온도, 바람 등

*자료 : 津田昇(1969), 『國際觀光論』, 東洋經濟新報社; 小池洋 外(1988), 『觀光學槪論』, ミネルヴァ書房, p.109; 前田勇(1986), 『觀光槪論』, 學文社, p.45; 塩田正志 外(1999), 『觀光學』, 東京 : 同文舘, p.56; 末武直義(1984), 『觀光事業論』, 東京 : 法律文化社, pp.37~43.

한편, 자연공원은 '자연의 풍광과 야생 그대로의 자연지역을 대상으로 자연을 보호하면서 인간의 야외 레크리에이션 이용과 교화(敎化) 활용을 도모히기 위해 국가나 시 · 도 · 군이 일정한 지역을 구획하여 이를 지정하고 보호 · 관리하는 공원'을 말하며, ① 국립공원, ② 도립공원, ③ 군립공원 등이 있다. 우리나라의 자원공원을 정리하면 〈표 2-2〉와 같다.

〈표 2-2〉 자연공원

국립공원	국립공원은 한국을 대표할 만한 자연생태계 보유지역 또는 수려한 자연경관지로서 환경부 장관이 지정한 곳
도립공원	도립공원은 특별시 · 광역시 · 도의 자연경관을 대표할 만한 국립공원 이외의 수려한 자연경관지
군립공원	군립공원은 시 · 군의 자연경관을 대표할 만한 국립공원 및 도립공원 이외의 수려한 자연경관지

제1절 국립공원

1. 국립공원의 의의

▲ 설악산국립공원/ 사진제공 : 청산 이혜영

국립공원(國立公園)이란 한국의 자연생태계나 자연 및 문화경관을 대표할 만한 지역으로서 환경부 장관이 지정 · 관리하고, 지정대상지역의 자연생태계, 생물자원, 경관의 현황 · 특성, 지형, 토지이용상황 등 그 지정에 필요한 사항을 조사하여 지정된 공원을 말한다(자연공원법 제2조 2호 및 제4조).

국립공원을 지정하려는 경우에는 지정대상 지역의 조사결과 등을 토대로 관할 시 · 도지사 및 군수의 의견을 청취하고, 관계중앙행정기관의 장과의 협의를 거친 후 국립공원위원회의 심의를 거쳐 환경부 장관이 지정한다(자연공원법 제4조의 2).

국립공원을 설정하는 주요 목적은 ① 자연의 원형보존 및 후손에게 물려주기 위함이고, ② 학술적 연구를 통해 인류복지에 기여하기 위함이며, ③ 생태계의 균형을 유지하기 위함이다(이상춘, 2014).

세계 최초의 국립공원은 1872년에 지정된 미국 와이오밍(Wyoming)주의 옐로스톤 국립공원(Yellow Stone National Park : 온천 · 간헐천 · 계곡 · 다양한 식생이 있고, 그곳의 흙 · 돌 · 바위가 노란빛을 띠고 있어 Yellow란 이름이 붙여짐)이다.

한국에서 국립공원에 대한 논의가 본격화된 것은 1960년대 초이며, 그 후 1963년에 지리산지역개발위원회가 조직되었고, 이어 1966년에 공원법 초안을 마련하여, 지리산을 최초의 국립공원으로 지정하였다(이진형 외, 2012).

2. 국립공원 지정현황

국립공원은 1967년 12월에 '지리산국립공원'을 최초로 지정한 이래, 2017년 12월 31일 현재 22개소의 국립공원을 지정하였다. 한국의 국립공원 지정현황은 〈표 2-3〉과 같다.

〈표 2-3〉 국립공원 지정현황

지정	공원명	주봉우리(m)	위치	지정일	면적	비고
1	지리산	천왕봉(1,915)	전북/전남/경남	1967.12.29	483.022	
2	경주	단석산(827)	경북	1968.12.31	136.550	도시
3	계룡산	천황봉(845)	충남	1968.12.31	65.335	
4	한려해상		전남/경남	1968.12.31	535.676	해상
5	설악산	대청봉(1,708)	강원	1970.03.24	398.237	
6	속리산	천왕봉(1,058)	충북/경북	1970.03.24	274.766	
7	한라산	한라봉(1,950)	제주	1970.03.24	153.332	
8	내장산	신성봉(763)	전북/전남	1971.11.17	80.708	
9	가야산	상왕봉(1,430)	경북/경남	1972.10.13	76.256	
10	덕유산	향적봉(1,614)	전북/경남	1975.02.01	229.430	

지정	공원명	주봉우리(m)	위치	지정일	면적	비고
11	오대산	비로봉(1,563)	강원	1975.02.01	326.348	
12	주왕산	주왕산(721)	경북	1976.03.30	105.595	
13	태안해안		충남	1978.10.20	377.019	해상
14	다도해해상		전남	1981.12.23	2,266.221	해상
15	북한산	백운대(837)	서울/경기	1983.04.02	76.922	
16	치악산	비로봉(1,288)	강원	1984.12.31	175.668	
17	월악산	영봉(1,097)	충북/경북	1984.12.31	287.571	
18	소백산	비로봉(1,440)	충북/경북	1987.12.14	322.011	
19	변산반도	의상봉(510)	전북	1988.06.11	153.935	해상
20	월출산	천황봉(809)	전남	1988.06.11	56.220	
21	무등산	천왕봉(1,187)	광주/전남	2013.12.24	30.23	
22	태백산	함백산(1,572)	강원	2016.08.22	17.440	

*자료 : 국립공원관리공단, 2017년 12월 31일 기준.

〈국립공원 배치 지도〉

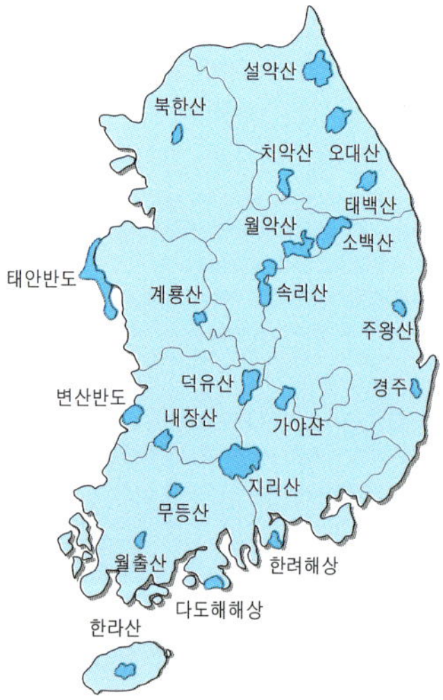

1) 지리산국립공원

▲▲ 사진제공 : 청산 이혜영

대한민국의 거대한 산국(山國), 지리산(智異山)은 소백산맥의 남쪽에 위치하고 있다. 북쪽으로 덕유산, 동쪽으로는 가야산과 연결된다. 천왕봉(1,915m)을 정점으로 수많은 능선과 계곡들이 교차되어 웅장한 산세를 이루고 있으며, 예로부터 삼신산(三神山)의 하나로 금강산 · 한라산과 함께 신성시되어 왔다. 백두산 정기가 남해로 흘러 내려오다 다시 솟았다 하여 '두류산'으로도 불리었다.

태고의 신비를 간직한 지리산은 갖가지 전설과 수많은 문화유산을 품고 있는 한국을 대표하는 명산이다. 천왕봉을 비롯해서 제석봉 · 반야봉 · 노고단 등의 고산준봉이 줄지어 있다. 또한 뱀사골계곡 · 피아골계곡 · 칠선계곡 · 한신계곡 등의 계곡과 구룡폭포 · 불일폭포 · 용추폭포 · 등선폭포 · 칠선폭포 등은 뛰어난 자연경관을 자랑하고 있다.

국보로는 ① 구례 화엄사 각황전 앞 석등, ② 구례 화엄사 사사자 삼층석탑, ③ 구례 화엄사 각황전, ④ 구례 연곡사 동 승탑, ⑤ 구례 연곡사 북 승탑, ⑥ 화엄사영산회괘불탱, ⑦ 하동 쌍계사 진감선사탑비 등이 있다.

보물로는 ① 구례 화엄사 동 오층석탑, ② 구례 화엄사 서 오층석탑, ③ 구례 화엄사 원통전 앞 사자탑 등이 있고, 천연기념물은 ① 화엄사 올벚나무나무가 있다.

지리산 10경으로는 ① 노고단 운해, ② 피아골 단풍, ③ 반야봉 낙조, ④ 섬진강 청류, ⑤ 벽소령 명월, ⑥ 불일폭포, ⑦ 세석 철쭉, ⑧ 연하 선경, ⑨ 천왕봉 일출, ⑩ 칠선계곡을 들 수 있다. 1967년 12월에 우리나라 제1호 국립공원으로 지정되었다. 지리산국립공원의 주요 관광자원현황은 〈표 2-4〉와 같다.

〈표 2-4〉 지리산국립공원의 주요 관광자원현황

분류	자원
자연자원	-산악 : 천왕봉(1,915m), 토끼봉, 제석봉, 반야봉, 노고단 등 -기암 : 문장대, 칼바위, 망바위, 용수바위 등 -계곡 : 뱀사골계곡, 피아골계곡, 칠선계곡, 한신계곡, 심원계곡, 대성계곡 등 -폭포 : 구룡폭포, 불일폭포, 용추폭포, 등선폭포, 칠선폭포 등 -식물 : 자리오갈피, 지리고들빼기, 히어리, 지리강활, 얼룩함박꽃나무, 정향나무, 화경버섯, 백두사초, 여우꼬리풀, 세석평전의 철쭉군락, 피아골의 원시림, 노고목과 고사목 등 -동물 : 반달가슴곰, 담비, 수달, 하늘다람쥐, 오소리, 붉은박쥐, 사향노루, 구렁이, 까치살무사, 솔부엉이, 산솔새, 큰유리새, 물까마귀, 오목눈이 등
유형문화재	-사찰 : 화엄사, 연곡사, 천은사, 쌍계사, 칠불사, 실상사 등 -국보 : 구례 화엄사 각황전 앞 석등(국보12호), 구례 화엄사 사사자 삼층석탑(국보35호), 구례 화엄사 각황전(국보67호), 구례 연곡사 동승탑(국보53호), 구례 연곡사 북 승탑(국보54호), 화엄사영산회괘불탱(국보301호), 하동 쌍계사 진감선사탑비(국보47호) 등 -보물 : 구례 화엄사 동 오층석탑(보물132호), 구례 화엄사 서 오층석탑(보물133호), 구례 화엄사 원통전 앞 사자탑(보물300호) 등
천연기념물	-화엄사 올벚나무(천연기념물38호)

2) 경주국립공원

경주(慶州)는 '동방에서 아침 햇볕이 가장 먼저 닿는 땅'을 의미하는 서라벌(경주의 옛 이름)이라는 이름대로 신라 천년의 영화를 말해 주듯 유물과 유적, 빛나는 불교예술의 완성인 불국사와 석

굴암 등 최고의 유물과 유적이 산재해 있다.

세계적으로도 놀라운 문화유산으로 이루어진 경주국립공원은 우리 조상이 남긴 찬란한 민족문화의 발자취와 삼국통일의 웅장한 기상이 서려 있다. 그리고 가는 곳마다 명승고적과 전설 등 수많은 문화유산을 보존하고 있다. 특히 경주는 도시 그 자체가 지붕이 없는 박물관, 벽이 없는 박물관 등으로 불릴 정도로 옛날의 찬란한 면모를 되새기게 한다.

경주시 남쪽에 솟은 남산에는 80구의 석불과 60기의 석탑, 100여 개의 절터가 남아 있다. 신라인들은 남산을 '불국토'라 여겼으며, 남산 자체가 그대로 신라의 절이며 신앙인 셈이다. 남산은 금오봉(468m)과 고위봉(494m)의 두 봉우리에서 뻗어 내린 40여 개의 계곡과 산줄기들로 구성되어 있다.

국보로는 ① 경주 불국사 다보탑, ② 경주 불국사 삼층석탑, ③ 경주 불국사 연화교 및 칠보교, ④ 불국사 청운교 및 백운교, ⑤ 불국사 금동비로자나불좌상, ⑥ 불국사 금동아미타여래좌상 등이 있다.

보물로는 ① 경주 불국사 사리탑, ② 경주 서악동마애여래삼존입상, ③ 경주 배동석조여래삼존입상 등이 있고, 천연기념물로는 ① 하늘다람쥐 등이 있다. 1968년 12월에 국립공원으로 지정되었다. 경주국립공원의 주요 관광자원 현황은 〈표 2-5〉와 같다.

〈표 2-5〉 경주국립공원의 주요 관광자원현황

분류	자원
자연자원	–산악 : 토함산, 단석산, 금오산 등 –식물 : 천연기념물인 등나무 · 주엽나무 · 왕버들과 방울소나무, 붉은 꽃 만병초, 비자나무, 주목 등
유형문화재	–사찰 : 불국사, 석굴암 등 –국보 : 경주 불국사 다보탑(국보20호), 경주 불국사 삼층석탑(국보21호), 경주 불국사 연화교 및 칠보교(국보22호), 불국사 청운교 및 백운교(국보23호), 불국사 금동비로자나불좌상(국보26호), 불국사 금동아미타여래좌상(국보27호) 등

분류	자원
유형문화재	–보물 : 경주 불국사 사리탑(보물61호), 경주 서악동 마애여래삼존입상(보물62호), 경주 배동 석조여래삼존입상(보물63호), 경주 보문사지 석조(보물64호), 경주 서악동 삼층석탑(보물65호), 경주 석빙고(보물66호), 경주 효현동 삼층석탑(보물67호), 경주 황남동 효자손시양 정려비(보물68호), 경주망덕사지 당간지주(보물69호), 경주 서악동 귀부(보물70호) 등 –왕릉 : 무열왕릉, 문무대왕 수중릉 등
천연기념물	–하늘다람쥐(천연기념물328호) 등

3) 계룡산국립공원

▲ 서선일 작

충남 제일의 명산 계룡산(鷄龍山)은 해발 845m로 산세가 수려하고 물이 맑으며, 정기를 간직한 산으로 널리 알려져 있다. 행정구역은 공주군 계룡면과 논산군 두마면에 걸쳐 있는 충남 제1의 명산이다. 멀리서 보면, 그 형상이 마치 닭의 볏을 쓴 용과 같다 해서 '계룡산'이라는 이름이 붙게 되었다.

주봉인 천황봉(845m)에서 쌀개봉으로 이어지는 능선은 타의 추종을 불허할 정도로 아름답다. 주변에는 연천봉 · 수정봉 · 삼불봉 · 황적봉 등이 자태를 뽐내며 우뚝 솟아 있다. 특히 갑사계곡과 동학사계곡의 수려한 경치와 용문폭포 · 은선폭포 · 암용추폭포 · 숫용추폭포가 절경을 이루고, 깊은 계곡과 골짜기마다 맑은 물이 넘쳐흘러 더위를 잊게 한다.

국보로는 ① 갑사삼신불괘불탱, ② 신원사노사나불괘불탱 등이 있고, 보물로는 ① 공주 갑사 철당간, ② 공주 갑사 승탑, ③ 갑사동종, ④ 월인석보목판 등이 있다. 그 외 신원사 오층석탑 등 지방문화재 9점이 있다. 천연기념물로는 ① 새매, ② 황조롱이매, ③ 수달 등이 있다.

계룡산 8경으로 ① 천황봉 일출, ② 삼불봉 설화, ③ 연천봉 낙조, ④ 관음봉 한운, ⑤ 동학사계곡 신록, ⑥ 갑사계곡 단풍, ⑦ 은선폭포 운무, ⑧ 남매탑 명월을 들 수 있다. 1968년 12월에 국립공원으로 지정되었다. 계룡산국립공원의 주요 관광자원현황은 〈표 2-6〉과 같다.

〈표 2-6〉 계룡산국립공원의 주요 관광자원현황

분류	자원
자연자원	-산악 : 천황봉(845m), 연천봉, 수정봉, 삼불봉, 황적봉 등 -기암 : 작바위, 쌀개바위, 마명굴, 고삼굴 등 -계곡 : 갑사계곡, 동학사계곡, 용화사계곡, 백암동계곡 등 -폭포 : 용문폭포, 은선폭포, 암용추폭포, 숫용추폭포 등 -식물 : 신갈나무군락, 졸참나무군락, 서어나무군락, 굴참나무군락, 상수리나무군락 등 -동물 : 삵, 담비, 고라니, 멧토끼, 너구리 등
유형문화재	-사찰 : 갑사, 동학사, 신원사, 용화사, 청학사, 동계사 등 -국보 : 갑사삼신불괘불탱(국보298호), 신원사노사나불괘불탱(국보299호) 등 -보물 : 공주 갑사 철당간(보물256호), 공주 갑사 승탑(보물257호), 갑사동종(보물478호), 월인석보목판(보물582호) 등
천연기념물	-새매(천연기념물323호), 황조롱이매(천연기념물323호), 수달(천연기념물330호)

4) 한려해상국립공원

한려해상(閑麗海上)은 맑은 물길을 따라 연속적으로 나타나는 크고 작은 섬과 기암괴석으로 유명하다. 1968년 12월에 국립공원으로 지정되었으며,

행정구역상 전남(여수시)과 경남(하동군 · 남해군 · 사천시 · 통영시 · 거제시) 등의 일부에 걸쳐 있다. 총면적은 535.676km²이다. 특히 해양과 도서, 육지가 빚어내는 아기자기한 지형경관이 매우 아름답다.

한려해상은 360여 개의 섬이 점점이 떠 있어, 해상경관이 아름다울 뿐만 아니라 어족자원 또한 풍부하다. 그리고 기후가 온화하여 난대성 식물인 동백나무 · 비자나무 · 치자나무 · 유자나무 · 춘란 · 풍란 등이 자생하고 있고, 이순신(李舜臣) 장군의 전승지와 유적지가 곳곳에 산재해 있다.

거제 해금강(명승2호)은 거제시 남부면의 갈곶도에 있는 경승지로 해식애 · 십자동굴과 같은 해식동굴이 절경을 이루며, 해안 곳곳에는 학동 · 구조라 · 명사해수욕장이 있다.

주요 천연기념물로는 ① 통영비진도 팔손이나무 자생지, ② 거제 연안 아비도래지, ③ 거제 학동리 동백나무숲 및 팔색조 번식지 등이 있다. 1968년 12월에 국립공원으로 지정되었다. 한려해상국립공원의 주요 관광자원현황은 〈표 2-7〉과 같다.

〈표 2-7〉 한려해상국립공원의 주요 관광자원현황

분류	자원
자연자원	–기암 : 해금강(우제봉, 사자바위, 신랑바위), 금산(쌍문봉, 팔선대, 대장봉과 형리암), 소매물도(등대섬, 열목개, 남매바위) 등 –식물 : 동백나무, 비자나무, 유자나무, 풍란 등
유형문화재	–국보 : 여수 진남관(국보304호), 통영 세병관(국보305호) 등 –보물 : 통제이공수군대첩비(보물1288호), 타루비(보물571호) 등
천연기념물	–통영비진도 팔손이나무 자생지(천연기념물63호), 거제 연안 아비 도래지(천연기념물227호), 거제 학동리 동백나무숲 및 팔색조 번식지(천연기념물233호)
명승	–거제 해금강(명승2호) 등

5) 설악산국립공원

▲▲ 사진제공 : 청산 이혜영

설악산(雪嶽山)은 태백산맥에서 가장 높은 해발 1,708m의 대청봉을 중심으로 울창한 숲과 맑은 계곡, 웅장한 폭포 등으로 천하의 절경을 이루고 있어 '제2의 금강산'이라 일컬어지고 있다. 특히 7백여 종의 고산식물과 산짐승, 곤충 등이 서식하고 있어 귀중한 학술연구 장소로도 이용되고 있다.

설악산은 외설악(外雪嶽)과 내설악(內雪嶽)으로 구분된다. 대청봉을 경계로 동쪽은 '외설악', 서쪽은 '내설악'이라 부르고 있다. 즉 ① 외설악에는 천불동계곡 · 울산바위 · 권금성 · 금강굴 · 비룡폭포 · 토왕성폭포 등의 기암절벽과 폭포가 많이 있다. ② 내설악은 백담계곡 · 수렴동계곡 · 백운동계곡 등이 있어 산세가 아름답고, 경치가 수려한 곳이 많다. 또한 ③ 남쪽의 오색약수와 오색온천 일대는 '남설악'이라 한다.

설악산은 한라산 · 지리산에 이어 남한에서는 세 번째, 그리고 태백산맥에서는 가장 높은 산으로 강원도 동북부의 금강산과 동남단의 오대산 사이에 위치하고 있다. 설악산은 아름다운 경치와 수려한 산세로 남한 제일의 산악미를 자랑하고 있으며, 면적은 398.237km²에 이른다.

설악산은 강수량과 강설량이 많고 수목이 울창하고 계곡이 깊어 각종 동식물이 서식하는 천혜의 생물보고이다. 특히 금강초롱, 투구꽃 등 총 1,199종의 식물과 원시림이 분포하고 있다. 또한 사향노루 · 크낙새 · 반달곰 같은 희귀동물을 포함하여 총 1,590종의 동물이 서식하고 있다.

1965년에는 '천연보호구역(천연기념물171호)'으로, 1970년 3월에는 국립공원으로, 1982년에는 유네스코 '세계생물권보전지역'으로 지정되었다. 설악산국립공원의 주요 관광자원현황은 〈표 2-8〉과 같다.

〈표 2-8〉 설악산국립공원의 주요 관광자원현황

분류	자원
자연자원	–산악 : 대청봉(1,708m), 중청봉, 소청봉, 화채봉, 한계령, 마등령, 가리봉, 점봉산 등 –기암 : 울산암, 비선대, 금강굴귀면암, 장수대 하늘벽, 망경대 등 –계곡 : 백담계곡, 수렴동계곡, 가야동계곡, 백운동계곡, 12선녀탕 계곡, 구곡담 등 –온천 : 오색온천, 척산온천 등 –약수 : 오색약수 –폭포 : 비룡폭포, 토왕성폭포, 대승폭포, 육담폭포, 용소폭포, 독주폭포, 양폭 등 –식물 : 금강초롱, 에델바이스, 큰앵초, 함박꽃, 물참개, 금낭화, 바람꽃, 꽃쥐손이, 대서호, 지빵나무, 눈잣나무, 노랑만병초, 눈잣나무, 털진달래, 눈향나무 가라목군, 설악조팝나무, 피나무, 때죽나무, 사람주나무, 오미자나무, 큰꽃긴잎여로, 세잎종덩굴, 큰바리 등 –동물 : 사향노루, 크낙새, 반달곰, 표범, 산양, 까막딱따구리, 잣까마귀, 쇠솔새, 흰배멧새 등
유형문화재	–사찰 : 신흥사, 백담사, 봉정암, 계조암, 오세암, 내원암 등 –보물 : 속초향성사지 삼층석탑(보물443호) 등
천연기념물	–설악산천연보호구역(천연기념물171호) 등

6) 속리산국립공원

속리산(俗離山)은 소백산맥의 지맥으로 원래 '구봉산' 또는 '소금강(小金剛)'이라고 칭하다가 신라시대에 비로소 속리산으로 불리었다. 주봉인 천왕봉(1,058m)을 위시하여 비로봉 · 문장대 · 관음봉 등 9개의 봉우리들이 병풍처럼 둘러쳐져 있어 장엄한 자연미를 자랑하고 있다.

지질은 화강암을 기반으로 하여 변성퇴적암이 군데군데 섞여 있다. 변성퇴적암은 깊게 파이고, 화강암은 날카롭게 솟아올라 깊은 계곡과 높은 봉우리를 이룬다. 특히 우뚝 솟은 산봉(山峰)과 수려한 계곡 등은 낙동강 · 금강 · 남한강의 발원을 이루며, 경북과 충북의 경계에 자리하고 있다.

▲ 송길자 작

예로부터 경치가 수려한 곳으로 널리 알려진 속리산은 역사적으로는 신라문화권에 속했고, 불교를 중심으로 한 문화관광자원과 자연경관을 간직하고 있다. 국보로는 ① 법주사(法住寺)의 보은 법주사 쌍사자 석등, ② 보은 법주사 팔상전, ③ 보은 법주사 석련지 등이 있다. 보물로는 ① 보은 법주사 사천왕 석등, ② 보은 법주사 마애여래의좌상 등이 있다.

주요 천연기념물로는 ① 보은 속리 정이품송(正二品松), ② 보은 속리산 망개나무 등 1,055종의 식물과 천연기념물 ① 까막딱다구리, ② 하늘다람쥐, ③ 수달 등 1,831종의 동물이 서식하고 있다. 1970년 3월에 국립공원으로 지정되었다. 속리산국립공원의 주요 관광자원현황은 〈표 2–9〉와 같다.

〈표 2–9〉 속리산국립공원의 주요 관광자원현황

분류	자원
자연자원	–산악 : 천왕봉(1,058m), 비로봉, 묘봉, 관음봉 등 –기암 : 문장대, 입석대, 경업대, 학소대, 산호대 등 –계곡 : 화양구곡, 선유동계곡 등 –폭포 : 오송폭포, 장각폭포 등 –온천 : 용화온천 / 약수 : 남산약수, 수영동약수
유형문화재	–사찰 : 법주사, 복천암, 상고암, 여숙암 등 –국보 : 보은 법주사 쌍사자 석등(국보5호), 보은 법주사 팔상전(국보55호), 보은 법주사 석련지(국보64호) 등 –보물 : 보은 법주사 사천왕 석등(보물15호), 보은 법주사 마애여래의좌상(보물216호) 등

분류	자원
천연기념물	-보은 속리 정이품송(천연기념물103호), 보은 속리산 망개나무(천연기념물207호) 등 -까막딱다구리(천연기념물242호), 하늘다람쥐(천연기념물328호), 수달(천연기념물330호) 등

7) 한라산국립공원

▲ 박상무 작

해발 1,950m의 한라산(漢拏山)은 화산작용으로 생긴 순상화산(완만한 경사면을 가진 밑바닥의 면적이 넓은 화산으로, 점성이 낮은 현무암질 용암의 분출 · 유동 · 퇴적에 의해 형성)이다. 현무암의 분출로 그 주변을 덮어 현재와 거의 같은 모습으로 변모했다. 한국에서 가장 높은 한라산은 봄 · 여름 · 가을 · 겨울 4계절의 다양한 모습과 매력을 갖추고 있다.

넓은 초원에 말과 소 그리고 양떼가 한가로이 풀을 뜯는 평화롭고 목가적인 봄이 지나면 짙은 녹음과 맑은 계곡, 온갖 새들의 지저귐과 함께 여름이 찾아든다. 우리의 선조들은 예로부터 ① 금강산, ② 지리산, ③ 한라산을 산신령이 있는 삼신산(三神山)이라 하여 숭배해 왔으며, 대한8경*의 하나로 꼽아왔다. 한라산을 중심으로 총면적 133km²의 전역이 한라산천연보호구역(천연기념물182호)으로 되어 있다.

한라산의 맥은 제주도의 중앙에서 동서로 뻗어 있고, 남쪽은 경사가 심한 반면 북쪽은 완만한 편이다. 정상에는 화산의 분화구에 생긴 천연의 화구호 백록담(둘레 : 2km)이 있다. 백록담은 '신선들이 흰 사슴을 타고 노닐던 곳으로

* **대한8경(大韓八景)** 또는 조선8경(朝鮮八景)은 금강산, 백두산, 한라산, 압록강, 부전고원, 지리산, 경주, 모란봉 또는 금강산, 한라산, 석굴암, 해운대, 부전고원, 평양, 백두산, 압록강을 말한다.

사슴들이 이 물을 먹었다'고 해서 이런 이름이 붙여졌다고 한다.

고산식물의 보고인 한라산에는 ① 천연기념물191호인 제주의 한란을 비롯해 1,800여 종이나 되는 식물과 울창한 자연림과 더불어 광대한 초원이 장관을 이룬다. 무엇보다 이곳 식물은 높이에 따라 달라지는 수직적 변화로 초원지대 · 수림지대 · 관목초림지대가 뚜렷하게 나타난다. 1970년 3월에 국립공원으로 지정되었다. 한라산국립공원의 주요 관광자원현황은 〈표 2-10〉과 같다.

〈표 2-10〉 한라산국립공원의 주요 관광자원현황

분류	자원
자연자원	–산악 : 한라봉(1,950m), 백록담, 사제비동산, 만세동산, 어승생오름, 윗세오름, 성널오름, 사라오름, 삼각봉 등 –기암 : 영실기암, 왕관능 서부벽, 루리굴, 용진굴 등 –계곡 : 개미계곡, 어승생계곡, 영실계곡, 성판악계곡, 탐라계곡, 구구곡 등 –식물 : 동충하초, 한라생등지난, 흰노루오줌, 오징어버섯, 흰방울꽃, 연분홍한라부추, 섬바위장대, 푸른구상남, 들쭉나무, 돌매화나무 등
유형문화재	–사찰 : 관음사, 천왕사, 석굴암 등
천연기념물	–한라산천연보호구역(천연기념물182호), 제주의 한란(천연기념물191호)

8) 내장산국립공원

▲ 박상무 작

내장산(內藏山)은 우리나라에서 단풍나무의 종류가 많기로 이름나 있다. 호남지역의 '금강'이라 불리는 내장산은 수려한 경관과 빼어난 산세를 자랑한다. 게다가 규모가 큰 단풍 숲이 곳곳에 널려 있고, 백송과 잡목 등이 우거져 있어 심산유곡의 선경을 이루고 있다. 행정구역으로는 전북 정읍

군 · 순창군과 전남 장성군의 백양사가 포함되어 있다.

원래 내장산은 가을 단풍으로 유명한 곳이지만, 봄의 철쭉과 벚꽃, 여름의 울창한 숲과 계곡, 겨울의 설경 또한 빼어난 곳이다. 노령산맥 중남부에 속하는 내장산은 해발 763m의 신선봉을 비롯하여 왼쪽으로는 까치봉 · 연지봉 · 망해봉 · 불출봉 · 서래봉이 있고, 오른쪽 위로는 연자봉 · 장군봉이 기이한 바위를 드러내고 있다.

특히 760여 종의 자생식물과 숲, 그리고 천연기념물을 비롯한 다양한 야생동물이 숨 쉬고 있다. 소백산맥에서 갈라진 노령산맥이 호남평야의 한가운데 이르러서 다시 한 번 빚어낸 우리나라 최고의 가을 산이다. 천연기념물은 ① 내장산 굴거리나무군락, ② 장성 백양사 비자나무숲 등이 있다.

현재 '멸종위기 야생식물 서식지 보호를 위해 정읍시 내장동 원적계곡 일원을 국립공원 특별보호구역으로 지정'하였다. 국립공원 특별보호구역은 법적 보호종 및 중요 동 · 식물 자원과 서식지를 특별 관리하여 공원자원 및 생태계 보전을 위해 해당지역을 보호구역으로 지정 · 관리하는 제도이다. 또한 이곳은 멸종 위기종 2급인 '대흥란'이 서식하고 있다. 1971년 3월에 국립공원으로 지정되었다. 내장산국립공원의 주요 관광자원현황은 〈표 2-11〉과 같다.

〈표 2-11〉 내장산국립공원의 주요 관광자원현황

분류	자원
자연자원	–산악 : 신선봉(763m), 까치봉, 연지봉, 망해봉, 불출봉, 서래봉, 연자봉, 장군봉 등 –계곡 : 금선계곡, 백암계곡, 남창계곡 등 –폭포 : 도덕폭포, 용수폭포, 금강폭포 등 –식물 : 멸종위기종 2급 대흥란 등
유형문화재	–사찰 : 내장사, 백양사, 구암사, 약사암, 백련암 등
천연기념물	–내장산 굴거리나무군락(천연기념물91호), 장성 백양사 비자나무숲(천연기념물153호)

9) 가야산국립공원

▲ 송길자 작

산봉 · 계곡미 · 문화를 갖춘 가야산(伽倻山)은 경남 합천군과 거창군, 경북 성주군의 경계에 위치해 있다. 상왕봉(象王峯, 1,430m)을 비롯해서 두리봉 · 깃대봉 · 마령 · 단지봉 · 남산제1봉 · 매화산 등 1천m 내외의 연봉과 능선이 둘러 있다.

가야산을 만드는 산맥은 태백산맥과 소백산맥이 덕유산(1,614m)에 이르러 원줄기는 남쪽의 지리산으로 향한다. 특히 가야산 일대에서 해인사가 있는 치인리에 모이는 물은 급경사의 홍류동계곡을 이룬다. 그리고 동남방으로 흘러 내려와 가야면 황산리에서 낙동강의 작은 지류인 가야천이 된다.

가야산에는 홍류동의 빼어난 경치와 한국 화엄종의 근본 도량으로 팔만대장경을 봉안한 해인사(海印寺)가 자리 잡고 있다. 특히 우리나라 3대 사찰 가운데 하나인 해인사는 역사가 깊은 절이며, 법보(法寶)사찰이라 불리기도 한다.

팔만대장경은 몽골의 침입을 부처의 힘으로 물리치기 위해 고려 고종 23년부터 38년까지 16년에 걸쳐 만들어졌다. 처음에는 강화도 선운사에 있었는데, 조선 태조 7년에 지천사로 옮겼고, 다시 그 이듬해인 정종 1년에 해인사로 옮기게 되었다.

국보로는 ① 합천 해인사 대장경판, ② 합천 해인사 장경판전, ③ 합천 해인사 고려목판-묘법연화경 등이 있고, 보물로는 ① 합천 반야사지 원경왕사비, ② 합천 월광사지 동 · 서 삼층석탑, ③ 합천 치인리 마애여래입상, ④ 합천 해인사 석조여래입상 등이 있다. 1972년 10월에 국립공원으로 지정되었다. 가야산국립공원의 주요 관광자원현황은 〈표 2-12〉와 같다.

〈표 2-12〉 가야산국립공원의 주요 관광자원현황

분류	자원
자연자원	-산악 : 상왕봉(1,430m), 두루봉, 두리봉, 남산, 단지봉, 남산 제1봉, 매화산 등 -계곡 : 홍류동계곡, 가야계곡 등 -폭포 : 용문폭포, 용기폭포 등
유형문화재	-사찰 : 해인사, 청량사 등 -국보 : 합천 해인사 대장경판(국보32호), 합천 해인사 장경판전(국보52호), 합천 해인사 고려목판-묘법연화경(국보206호) 등 -보물 : 합천 반야사지 원경왕사비(보물128호), 합천 월광사지 동 · 서 삼층석탑(보물129호), 합천 치인리 마애여래입상(보물222호), 합천 해인사 석조여래입상(보물264호), 합천 해인사 원당암 다층석탑 및 석등(보물518호), 합천 해인사 고려목판(보물734호) 등 -사적 : 고령 지산동 고분군(사적79호)

10) 덕유산국립공원

덕유산(德裕山)의 주봉인 향적봉(1,614m)을 중심으로 삼봉산 · 수령봉 · 대봉 · 지봉 · 거봉 · 무룡산 · 삿갓봉 · 남덕유산 등 1천m가 넘는 장중한 능선이 남서쪽으로 장장 30km나 이어진다. 덕유산은 전북 무주군, 장수군과 경남 거창군, 함양군 등 2개 도 4개 군에 걸쳐 있다.

특히 덕유산은 무주군 설천면의 나제통문에서 백련사에 이르는 30km의 구천동계곡으로 더욱 유명하다. 또한 이곳은 화강암 지역인데다 물 또한 급경사를 이루며, 꼬불꼬불 흐르기 때문에 오랜 세월을 거쳐 기이하고 아름다운 바위와 동굴, 폭포 등이 곳곳에 만들어졌다.

식물은 신갈나무군락 · 구상나무군락 · 주목군락 · 졸참나무군락 · 서어나무군락 등이 있다. 그리고 천연기념물인 하늘다람쥐 · 수달 · 고슴도치 · 담비 · 삵 · 오소리 등이 있고, 조류는 지빠귀 · 휘파람새 · 원앙 · 황조롱이 등이 있다. 1975년 2월에 국립공원으로 지정되었다. 덕유산국립공원의 주요 관광자원현황은 〈표 2-13〉과 같다.

〈표 2-13〉 덕유산국립공원의 주요 관광자원현황

분류	자원
자연자원	–산악 : 향적봉(1,614m), 삼봉산, 수령봉, 대봉, 지봉, 거봉, 무룡산, 삿갓봉, 남덕유산 등 –계곡 : 구천동계곡, 마학동계곡, 상여덤계곡, 송계사계곡 등 –폭포 : 칠연폭포, 용추폭포, 구천폭포 등 –식물 : 신갈나무군락, 구상나무군락, 주목군락, 졸참나무군락, 서어나무군락 등 –동물 : 천연기념물인 수달과 고슴도치, 담비, 삵, 오소리 등 –조류 : 지빠귀, 휘파람새, 원앙, 황조롱이 등
유형문화재	–사찰 : 백련사, 송계사, 인월암, 염불암, 대원정사, 원통사, 안국사 등
천연기념물	–하늘다람쥐(천연기념물328호), 멸종위기 야생동식물 2급

11) 오대산국립공원

▲ 서선일 작

태백산맥의 중핵을 이루는 오대산(五臺山)은 강원도의 명주군 · 홍천군 · 평창군 등 3개 군에 걸쳐 있다. 주봉인 비로봉(1,563m)을 정점으로 다섯 개의 봉우리가 U자형으로 되어 있어 '오대산'이라 부르고 있다.

또한 노인봉을 시발로 동쪽으로 펼쳐진 소금강(小金剛)은 기암괴석의 모습이 금강산을 보는 듯하다고 해서 '소금강'이라 부르고, 또 학의 날개를 펴는 형상을 하고 있다고 해서 일명 '청학산(靑鶴山)'이라고도 불린다.

월정사 지역에는 오대산계곡 · 신선계곡 · 동피골 · 조계골 · 작은북대골 · 동역골 등이 있으며, 소금강 지역에는 청학동계곡 · 구룡폭포계곡이 있다. 또한 주변에는 송천계곡과 안개자니계곡이 있다.

특히 월정사(月精寺) 입구와 상원사(上院寺) 입구에는 수령 500년의 노거수인 전나무를 비롯해서 온 산이 아름드리나무로 빽빽이 들어차 있어 수목군락의 절경을 이룬다. 국보는 ① 상원사 동종, ② 평창 월정사 팔각 구층석탑 등이 있다. 1975년 2월에 국립공원으로 지정되었다. 오대산국립공원의 주요 관광자원현황은 〈표 2-14〉와 같다.

〈표 2-14〉 오대산국립공원의 주요 관광자원현황

분류	자원
자연자원	-산악 : 비로봉(1,563m), 호령봉, 상왕봉, 두로봉, 동대산, 노인봉, 백마봉, 황병산, 매봉, 천마봉 등 -계곡 : 오대산계곡, 신선계곡, 동피골, 조계골, 작은북대골, 동역골, 청학동계곡과 구룡폭포계곡, 송천계곡, 안개자니계곡 등 -폭포 : 낙연폭포, 구룡폭포, 이연폭포, 천폭포, 삼폭포, 세심폭포 등 -식물 : 전나무 · 분비나무 · 신갈나무 · 자작나무 등 -조류 : 박새, 노랑턱멧새 등
유형문화재	-사찰 : 월정사, 상원사, 영감사 등 -국보 : 상원사 동종(국보36호), 평창 월정사 팔각 구층석탑(국보48호), 평창 월정사 석조보살좌상(보물139호) 등 -기타 : 적멸보궁, 아미산성 등

12) 주왕산국립공원

한반도의 등뼈인 태백산맥이 동해를 바라보며 남쪽으로 뻗어 내려오다가 경상북도 땅에서 그 여세를 몰아 하나의 거대한 자연수석 작품을 빚어 놓은 것이 주왕산(周王山)이다. 또한 주왕산은 동북쪽의 영덕군과 남서쪽의 청송군 사

이에 끼어 있는 우리나라 3개 기산(奇山) 가운데 하나로 손꼽히는 명산이다.

▲ 사진제공 : 경북도청

북쪽에는 설악산과 오대산, 남쪽에는 경주, 서쪽에는 속리산 · 덕유산 등과 인접해 있다. 주왕산에는 태행산 · 관음봉 · 촛대봉 외에도 주왕굴 · 무장굴 · 절골계곡 · 내원계곡 · 월외계곡 · 구룡소 등이 유명하다.

예전에는 기암괴석이 병품처럼 늘어서 있다 하여 '석병산'이라고 불리던 것을 신라시대 왕자 주원왕이 이곳에서 수도생활을 한 후 '주왕산'으로 불리었다.

대표 식물로는 희귀식물인 망개나무와 내주왕계곡의 산티나무, 복장나무 · 자작나무의 군락이 유명하다. 또한 4대 명물인 수달래 · 천년이끼 · 솔이 · 회양목 등이 있다. 1976년 3월 30일에 국립공원으로 지정되었다. 주왕산국립공원의 주요 관광자원현황은 〈표 2-15〉와 같다.

〈표 2-15〉 주왕산국립공원의 주요 관광자원현황

분류	자원
자연자원	−산악 : 주왕산(721m), 태행산, 관음봉, 촛대봉, 연화봉, 장군봉, 시루봉 등 −기암 : 석병암, 급수대, 쟁암 등 −동굴 : 주왕굴, 무장굴, 연화굴 등 −계곡 : 절골계곡, 내원계곡, 월외계곡, 구룡소 등 −폭포 : 제1폭포, 제2폭포, 제3폭포, 주산폭포, 월외폭포 등 −약수 : 달기약수 −식물 : 회양목, 망개나무, 산티나무, 복장나무 · 자작나무의 군락 등
유형문화재	−사찰 : 대전사, 백련사, 주왕암, 광암사, 연화사, 청연사 등
천연기념물	−솔부엉이(천연기념물324호)

13) 태안해안국립공원

태안해안(泰安海岸)은 서해의 가장 아름다운 낙조를 볼 수 있는 곳이다. 이곳은 충남 태안군 안면도에서 원북면에 이르는 해안과 보령군 오천면 장고도, 고대도 등 서해안 2개 면을 포함한 바다와 육지 328.99km² 지역의 자연경관을 보호하고, 국민휴양을 위해 해상국립공원으로 지정하였다.

특히 태안은 하계휴양지로써 각광받고 있는 곳이다. 주요 해수욕장은 학암포해수욕장 · 백리포해수욕장 · 천리포해수욕장 · 만리포해수욕장 · 연포해수욕장 등과 안면도의 몽산포해수욕장 · 방포해수욕장 · 꽂지해수욕장 등 10개가 넘는다. 1978년 10월에 국립공원으로 지정되었다. 태안해안국립공원의 주요 관광자원현황은 〈표 2-16〉과 같다.

〈표 2-16〉 태안해안국립공원의 주요 관광자원현황

분류	자원
자연자원	-산악 : 국사봉, 북국사봉, 남국사봉 등 -기암 : 학암, 먹바위, 옹기바위 등대석, 거북바위, 남매바위, 할미바위, 할아비바위 등 -기타 : 학암포해수욕장, 백리포해수욕장, 천리포해수욕장, 만리포해수욕장, 연포해수욕장, 몽산포해수욕장, 방포해수욕장 등
유형문화재	-사찰 : 태국사, 안면암, 송림사, 수도사, 일월정사, 백합사 등
천연기념물	-태안 신두리 해안사구(431호)

14) 다도해해상국립공원

다도해(多島海)는 전남 신안군과 서쪽의 홍도 · 흑산도 · 완도 · 진도 그리고 여수의 거문도를 중심으로 해남 · 고흥 · 여수 등에 면해 있다. 총 8개 지구(금

▲ 홍도 사진제공 : 문화재청

오도지구 · 거문도 및 백도지구 · 나로도지구 · 소안도 및 청산도지구 · 조도지구 · 도초도지구 · 흑산도 및 홍도지구 · 만재도지구)에 약 1,700개의 섬으로 이루어져 있다.

이 지역은 특유의 풍경을 갖고 있다. 기암괴석이 산재한 해안에는 오랜 세월 동안 해수에 의한 해식애(海蝕崖)가 전개되어 있는가 하면, 구례의 화엄사를 비롯해서 승주의 송광사 · 무등산 · 유달산 등의 관광명소가 있다.

천연기념물로는 ① 홍도천연보호구역, ② 진도 쌍계사 상록수림, ③ 진도의 진돗개, ④ 흑비둘기 등이 있다. 1981년 12월에 해상국립공원으로 지정되었다. 다도해해상국립공원의 주요 관광자원현황은 〈표 2-17〉과 같다.

〈표 2-17〉 다도해해상국립공원의 주요 관광자원현황

분류	자원
자연자원	-기암 : 거북암, 흔들바위, 신선바위, 백도바위, 남문바위 등 -도서 : 홍도, 백도, 거문도, 조도, 완도, 자금도, 대서도, 만재도 등 -조류 : 휘파람새, 팔색조 등 -식물 : 소엽풍란, 눈향나무, 원추리 등 -기타 : 예송리해수욕장, 명사십리해수욕장, 관매도해수욕장, 진리해수욕장, 목동리해수욕장, 유림해수욕장 등
천연기념물	-홍도천연보호구역(천연기념물170호), 진도 쌍계사 상록수림(천연기념물107호), 진도의 진돗개(천연기념물53호), 흑비둘기(천연기념물215호) 등

15) 북한산국립공원

아름다운 바위의 성채 북한산(北漢山)은 우이령을 경계로 서남쪽의 북한산과 동북쪽의 도봉산 지역으로 크게 나뉜다. 행정적으로는 서울의 도봉구 · 은평구 · 성북구, 경기도의 고양시 · 양주시 · 의정부시에 걸친 넓은 지역이 해당된다. 지질은 화강암이며 오랫동안의 침식으로 암석이 지표에 노출되고, 산세가 험준하고 경사가 심하며 암벽과 암봉이 주축을 이룬다.

북한산은 백운대(837m)를 비롯하여 인수봉과 만경대의 3봉이 3각으로 솟아 있어 일명 '삼각산(三角山)'이라 부르고 있다. 그 밖에 자운봉 · 문수봉 · 노적봉 등 많은 산정들이 우뚝 솟아 있다. 철 따라 변하는 자연경관으로 인하여 등산객으로부터 각광받고 있다.

천연기념물로는 참매 · 붉은배새매 · 새매 · 황조롱이매 · 수리부엉이 · 소쩍새 · 솔부엉이 · 올빼미 등이 있다. 국보는 ① 서울 북한산 신라 진흥왕 순수비, 보물은 ② 서울 북한산 구기동 마애여래좌상 등이 있다. 1983년 12월에 국립공원으로 지정되었다. 북한산국립공원의 주요 관광자원현황은 〈표2-18〉과 같다.

▲▲ 최기종 작

〈표 2-18〉 북한산국립공원의 주요 관광자원현황

분류	자원
자연자원	–산악 : 백운대(837m), 인수봉, 만경대, 자운봉, 노적봉, 용암봉, 일출봉, 월출봉, 기룡봉, 반룡봉, 시단봉, 덕장봉, 석가봉, 성덕봉, 화룡봉, 점룡봉, 보현봉, 문수봉, 나한봉, 나월봉, 증취봉, 용혈봉, 용출봉 등 –식물 : 신갈나무, 굴참나무, 상수리나무, 당단풍, 노랑제피꽃, 금붓꽃, 애기붓꽃, 복수초, 고란초, 꽃창포, 쥐방울덩굴 등 –조류 : 붉은머리오목눈이, 박새, 멧비둘기, 직박구리, 쇠박새 등

분류	자원
유형문화재	–사찰 : 망월사, 회룡사, 삼천사, 진관사 등 –국보 : 서울 북한산 신라 진흥왕 순수비(국보3호) –보물 : 서울 북한산 구기동 마애여래좌상(보물215호) 등 –기타 : 북한산성
천연기념물	–천연기념물323호(참매, 붉은배새매, 새매, 황조롱이매) –천연기념물324호(수리부엉이, 소쩍새, 솔부엉이, 올빼미)

16) 치악산국립공원

▲ 서선일 작

장벽처럼 솟은 치악산(雉岳山)은 차령산맥 남쪽 끝에 위치하고 있다. 해발 1,288m의 비로봉을 정점으로 동쪽은 횡성군, 서쪽은 원주시와 원주군에 접하고 있다. 남북으로 뻗어 내린 치악산맥은 비로봉 · 남대봉 · 매화산 등 높은 봉우리들이 연이어 솟구쳐 있고 사이사이로 가파른 계곡이 자리 잡고 있다.

예로부터 치악산은 '동악명산', '적악산'으로 불리었으나 꿩의 보은 전설로 인하여 치악산이 되었다. 춘하추동 계절에 따라 경치가 변화무쌍하며, 또한 장엄하고 험준한 산세를 이루고 있다.

그리고 기암괴석과 폭포로 이루어진 계곡과 한데 어울려 아름답고 특이한 경관을 빚어내고 있다. 특히 큰골 · 영원골 · 입석골 · 범골 · 사다리골 · 상원골 등의 기암괴석과 층암절벽의 아름다운 골짜기가 있다. 그 밖에 세존대 · 신선대 · 아들바위 · 구룡폭포 · 세렴폭포 · 영원폭포 등의 명소가 있다.

사찰은 구룡사 · 상원사 · 석경사 · 국향사 · 보문사 · 입석사가 남아 찬란했던 불교문화의 명맥을 이어가고 있다. 구룡사는 신라 문무왕 때 의상이 창건한 고찰로 거북바위와 구룡소 등의 경승지가 있다.

남대봉 아래의 상원사는 우리나라에서 가장 높은 곳에 자리 잡은 절이다. 용마바위와 계수나무 고목이 위엄을 자랑하는 이곳은 꿩의 보은설화로 더욱 유명하다. 천연기념물로는 ① 원성 성남리 성황림이 있고, ② 구룡사 사찰림에는 파랑새 · 호반새 · 오색딱다구리 · 청딱다구리 · 꾀꼬리 등 희귀한 조류가 서식하고 있다. 1984년 4월에 국립공원으로 지정되었다. 치악산국립공원의 주요 관광자원현황은 〈표 2-19〉와 같다.

〈표 2-19〉 치악산국립공원의 주요 관광자원현황

분류	자원
자연자원	-산악 : 비로봉(1,288m), 남대봉, 매화산, 안봉, 천지봉, 투구봉, 토끼봉, 향로봉 등등 -계곡 : 구룡사계곡, 입석대, 상원사 금대리, 태종대계곡 등 -폭포 : 구룡폭포, 세렴폭포, 영원폭포 등 -식물 : 황장금표 소나무, 전나무, 들참나무, 층층나무, 피나무, 가래나무, 들매나무, 귀등나무, 느릅나무 등 -조류 : 파랑새, 호반새, 오색딱다구리, 청딱다구리, 꾀꼬리 등
유형문화재	-사찰 : 구룡사, 상원사, 석경사, 국향사, 보문사, 입석사 등
천연기념물	-원성 성남리 성황림(천연기념물93호)

17) 월악산국립공원

▲ 서선일 작

충주 호반과 어우러져 사계절 관광지로 각광받고 있는 청풍명월 월악산(月岳山)은 행정적으로는 충북의 중원군 · 제원군 · 단양군, 그리고 남쪽으로는 괴산군과 경북의 문경에 걸쳐 넓게 흩어져 있다. 월악

산 일대는 태백산맥의 중간부분인 태백산 부근에서 동서로 달리는 소백산맥의 지맥으로 산세가 험준하고 폭포와 소(沼)를 이루고 있다.

특히 송계계곡과 용하구곡 등의 빼어난 경승지와 미륵사지, 덕주사 등의 문화유적들이 곳곳에 흩어져 있어 산행의 재미와 휴식을 즐길 수 있다. 또한 송계계곡은 30리 길에 걸친 물줄기와 기암괴석으로 유명하다.

월악산에는 보물로 ① 충주 미륵리 오층석탑, ② 충주 미륵리 석조여래입상이 있고, 천연기념물로는 ① 제원 송계리 망개나무, 환경부 지정 멸종위기 야생식물 2급인 ② 솔나리와 왕제비 등을 포함하여 총 1,200분류군이 있다. 포유류는 멸종위기 1급인 수달과 산양, 2급인 하늘다람쥐와 삵이 서식하고 있다.

월악산의 명소 단양8경은 ① 하선암, ② 중선암, ③ 상선암, ④ 사인암, ⑤ 구담봉, ⑥ 옥순봉, ⑦ 도담삼봉, ⑧ 석문을 일컫는다. 주요 보물급 문화재는 ① 미륵시지 오층석탑, ② 석불입상 등이 있다. 1984년 12월에 국립공원으로 지정되었다. 월악산국립공원의 주요 관광자원현황은 〈표 2-20〉과 같다.

〈표 2-20〉 월악산국립공원의 주요 관광자원현황

분류	자원
자연자원	-산악 : 영봉(1,097m), 갈미봉, 월악산, 만수봉, 메밀봉, 픠꼬리봉, 대미산, 황장산, 문수봉, 하설산 등 -계곡 : 송계계곡, 덕주계곡, 신록사계곡, 만수계곡, 용하구곡 -폭포 : 월악폭포, 수문동폭포, 수옥폭포, 월광폭포, 병풍폭포 등 -동굴 : 고수동굴, 천동굴, 노동굴 등 -식물 : 멸종위기 야생식물 2급인 솔나리와 왕제비 등 -동물 : 멸종위기 1급인 수달과 산양, 2급인 하늘다람쥐와 삵이 서식
유형문화재	-사찰 : 덕주사, 보덕암, 포암사, 관음사, 대덕사 등 -보물 : 충주 미륵리 오층석탑(보물95호), 충주 미륵리 석조여래입상(보물96호) 등
천연기념물	-제원 송계리 망개나무(천연기념물337호) 등

18) 소백산국립공원

▲ 사진제공 : 청산 이혜영

여성미를 갖춘 소백산(小白山)은 한반도의 등뼈와도 같은 태백산맥의 줄기가 서남쪽으로 뻗어 내려 강원도 · 충청도 · 전라도 · 경상도를 경계로 큰 산계를 이루고 있다. 가장 높은 봉우리인 비로봉(1,440m)을 중심으로 국망봉 · 제1연화봉 · 제2연화봉 · 도솔봉 등 많은 영봉들이 어울려 웅장하면서도 부드러운 산세로 수려한 경관을 보여주고 있다.

특히 소백산은 부석사 등 한국불교의 천년 고찰을 그대로 간직하고 있다. 그리고 사액서원의 효시가 되는 소수서원도 있어 한국의 유학과 불교의 중심지 역할을 하고 있다.

국보로는 ① 영주 부석사 무량수전 앞 석등, ② 영주 부석사 무량수전, ③ 영주 부석사 조사당, ④ 영주 부석사 소조여래좌상, ⑤ 부석사 조사당벽화 등이 있고, 보물로는 ① 영주 부석사 삼층석탑, ② 영주 부석사 당간지주 등이 있다. 1987년 12월에 국립공원으로 지정되었다. 소백산국립공원의 주요 관광자원현황은 〈표 2-21〉과 같다.

〈표 2-21〉 소백산국립공원의 주요 관광자원현황

분류	자원
자연자원	–산악 : 비로봉(1,440m), 국망봉, 제1연화봉, 제2연화봉, 도솔봉 등 –계곡 : 월전계곡, 석륜암계곡, 죽계구곡, 어의계곡, 천동계곡 등 –폭포 : 제1 · 2 · 3폭포, 석천폭포, 연화폭포, 희방폭포 등 –동굴 : 고수동굴, 노동동굴, 천동동굴 등
유형문화재	–사찰 : 부석사, 희방사, 초암사, 성혈사, 보국사 등 –국보 : 영주 부석사 무량수전 앞 석등(국보17호), 영주 부석사 무량수전(국보18호), 영주 부석사 조사당(국보19호), 영주 부석사 소조여래좌상(국보45호), 부석사 조사당벽화(국보46호)

분류	자원
유형문화재	–보물 : 영주 부석사 삼층석탑(보물249호), 영주 부석사 당간지주(보물 255호) 등
천연기념물	–소백산 주목군락(천연기념물244호)

19) 변산반도국립공원

▲직소폭포/ 박상무 작

▲ 채석강/ 최재우 작

서해안 최고의 경치를 자랑하는 변산반도는 바다와 맞닿은 외변산(外邊山)과 기암 · 계곡을 두루 품고 있는 뭍 쪽 내변산(內邊山)으로 나뉜다. 외변산은 변산해수욕장 · 격포해수욕장 그리고 채석강 · 적벽강 등이 유명하고, 왕포의 까마득한 절벽, 곰소만 일대의 염전 등이 볼 만하다.

최고봉인 의상봉(510m)은 그다지 높지 않지만, 기암절벽으로 이루어져 있다. 주요 봉우리로는 쌍선봉 · 옥녀봉 · 관음봉이 있고, 폭포와 계곡은 직소폭포 · 분옥담 · 선녀탕 · 와룡소 등 산악지형과 하상지형이 어우러져 있다.

보물로는 ① 부안 내소사 동종, ② 부안 내소사 대웅보전, ③ 부안 개암사 대웅전 등이 있고, 천연기념물로는 ① 부안 도청리 호랑가시나무군락, ② 부안 격포리 후박나무군락, ③ 부안 중계리 꽝꽝나무군락 등이 있다.

변산반도는 1988년 6월에 국립공원으로 지정되었다. 변산반도국립공원의 주요 관광자원현황은 〈표 2–22〉와 같다.

〈표 2-22〉 변산반도국립공원의 주요 관광자원현황

분류	자원
자연자원	–산악 : 의상봉(510m), 쌍선봉, 옥녀봉, 삼신산, 관음봉, 상여봉 등 –계곡 : 중계계곡, 희양계곡, 봉래계곡 등 –폭포 : 직소폭포, 가마소, 선녀탕, 분옥담, 와룡소 등 –기타 : 변산해수욕장, 격포해수욕장, 채석강, 적벽강 등
유형문화재	–사찰 : 내소사, 개암사 등 –보물 : 부안 내소사 동종(보물277호), 부안 내소사 대웅보전(보물291호), 부안 개암사 대웅전(보물292호) 등
천연기념물	–부안 도청리 호랑가시나무군락(천연기념물122호), 부안 격포리 후박나무 군락(천연기념물123호), 부안 중계리 꽝꽝나무군락(천연기념물124호) 등

20) 월출산국립공원

▲ 사진제공 : 청산 이혜영

돌 불꽃처럼 치솟은 남도의 석화성 월출산(月出山)은 1988년 6월에 국립공원으로 지정되었다. 면적은 41.9km² 로 다른 국립공원에 비해 넓지는 않지만, '작은 것이 아름답다'라는 말이 있듯이 천황봉(809m)을 중심으로 구정봉 · 국사봉 · 가지산 · 삼계봉 · 주지봉 · 노적봉 · 마봉 · 석교산 · 서일봉 · 도갑산 · 백마산 등에서 펼쳐지는 경치는 천하의 절경을 이루고 있다.

아름다운 자연경관과 유수한 문화자원, 그리고 남도의 향토적 정서가 골고루 조화를 이룬 한반도 최남단의 산악형 국립공원이다. 백제의 왕인(王仁) 박사와 신라 말 도선(道詵) 국사의 탄생지이기도 하며, 호남의 '소금강산'이라 불린다.

월출산은 서해와 인접해 있어 달을 제일 먼저 맞는다고 해서 달과 관련된 이름으로 불리게 되었다. 신라시대에는 '월좌산'이라 불리었고, 고려시대에는 '월생산'이라 불리었으며, 조선시대부터 '월출산'이라 불렸다.

국보로는 ① 강진 무위사 극락보전, ② 장흥 보림사 남 · 북 삼층석탑 및 석등, ③ 영암 도갑사 해탈문, ④ 장흥 보림사 철조비노사나불좌상 등이 있다.

보물로는 ① 영암 도갑사 석조여래좌상, ② 장흥 보림사 동 승탑, ③ 장흥 보림사 서 승탑, ④ 장흥 보림사 보조선사탑, ⑤ 장흥 보림사 보조선사탑비, ⑥ 강진 월남사지 삼층석탑, ⑦ 강진 무위사 선각대사탑비 등이 있다. 월출산 국립공원의 주요 관광자원현황은 〈표 2-23〉과 같다.

〈표 2-23〉 월출산국립공원의 주요 관광자원현황

분류	자원
자연자원	-산악 : 천황봉(809m), 구정봉, 국사봉, 가지산, 삼계봉, 주지봉, 노적봉, 마봉, 석교산, 서일봉, 도갑산, 백마산 등 -기암 : 귀뜰바위, 산성대, 연친바위, 돔바위, 가세바위, 봉바위, 유황바위, 망바위, 졸바위 등 -계곡 : 도갑사계곡, 무위사계곡, 금릉경포대, 천황사계곡, 은천계곡, 바람계곡, 상촌계곡, 반월계곡, 봉덕계곡, 조양계곡 등 -폭포 : 대통폭포, 칠치폭포, 은천폭포, 용추폭포, 바람폭포, 구절폭포, 용수폭포, 노릿재폭포 등
유형문화재	-사찰 : 도갑사, 무위사, 천황사 등 -국보 : 강진 무위사 극락보전(국보13호), 장흥 보림사 남 · 북 삼층석탑 및 및 석등(국보44호), 영암 도갑사 해탈문(국보50호), 장흥 보림사 철조비노사나불좌상(국보117호) -보물 : 영암 도갑사 석조여래좌상(보물89호), 장흥 보림사 동 승탑(보물155호), 장흥 보림사 서 승탑(보물156호), 장흥 보림사 보조선사탑(보물157호), 장흥 보림사 보조선사탑비(보물158), 강진 월남사지 삼층석탑(보물298호), 강진 무위사 선각대사탑비(보물507호) 등
천연기념물	-붉은배새매 · 황조롱이매(천연기념물323호) -올빼미 · 솔부엉이(천연기념물324호)

21) 무등산국립공원

▲▲ 사진제공 : 청산 이혜영

계곡미가 빼어난 무등산(無等山)은 광주와 전남 담양군·화순군의 경계에 있다. 천왕봉은 높이 1,187m로 소백산맥에 솟아 있으며, 산세가 웅대해 성산(聖山)으로 알려져 있다.

백제 때는 무진악(武珍岳), 신라 때는 무악, 고려 때는 서석산(瑞石山), 그 밖에 무정산·무당산·무덕산 등으로도 불렸다. 능선을 따라 천왕봉·지왕봉·인왕봉·안양산 등이 북동–남서 방향으로 이어져 있으며, 주위에는 신성봉·수래바위산·지장산 등이 있다.

산 북부에는 중생대에 관입한 화강암, 남부에는 신라층군 퇴적암이 분포한다. 산정 부근의 암석 노출지를 제외하면 산 전체가 완경사의 토산(土山)을 이루고 있다. 산기슭에는 900여 종의 식물이 분포하고 있다.

세계적으로도 보기 드문 고산지대(1천m 이상)에 위치한 ① 무등산 주상절리대(입석대·서석대·광석대)는 천연기념물465호로 지정되었다. 또한 수달·삵 등 멸종위기종 8종, 원앙·두견이·황조롱이매 등 천연기념물 8종 등 총 2,296종의 동식물이 서식하고 있다.

보물로는 ① 광주 증심사 철조비로자나불좌상, ② 광주 약사암 석조여래좌상 등을 비롯해서 오백나한전, 삼층석탑, 오층석탑 등이 있다. 2013년 3월에 도립공원에서 국립공원으로 승격되었다. 무등산국립공원의 주요 관광자원현황은 〈표 2–24〉와 같다.

〈표 2-24〉 무등산국립공원의 주요 관광자원현황

분류	자원
자연자원	–산악 : 천왕봉(1,187m), 지왕봉, 인왕봉, 안양산 등 –폭포 : 용추계곡 등
유형문화재	–사찰 : 증심사, 천문사, 미력사, 동국사, 약사암, 보덕사 등 –보물 : 광주 증심사 철조비로자나불좌상(보물131호), 광주 약사암 석조여래좌상(보물600호) 등
천연기념물	–무등산 주상절리대(천연기념물465호) 등 –수달(천연기념물330호), 하늘다람쥐(천연기념물328호) 등

22) 태백산국립공원

예로부터 '민족의 영산'이라 일컫는 태백산(太白山)은 우리나라를 대표하는 명산 중 하나로 기록되어 있을 만큼 장엄한 산이다. 신라시대부터 성스러운 산으로 섬김을 받아온 태백산은 일명 '북악(北岳)'이라 부르며, 강화도의 마니산과 같이 하늘에 제사를 올렸던 곳이다. 최고봉 함백산(1,572m)을 중심으로 장군봉(1,567m) · 영봉 · 부쇠봉 · 문수봉 등의 봉우리가 있다.

백두대간 중심부에 위치한 태백산은 2016년 8월에 한국의 22번째 국립공원으로 지정되었다. 총면적은 70.1km²에 이르며, 태백산을 중심으로 강원 태백시 · 영월군 · 정선군, 경북 봉화군에 걸쳐 있다.

정상에는 환웅천왕 · 단군왕검을 모신 성왕당이 있고, 돌로 쌓은 ① 태백산 천제단(중요민속문화재228호 ; 상고시대부터 하늘에 제사를 올리던 곳)이 있다. 사찰은 망경사 · 유일사 · 청원사 등이 있으며, 해발 1,500m 부근에는 단종 비각과 용정이라는 우물이 있다.

특히 대덕산에서 금대봉에 이르는 '금대봉야생화군락지'는 480여 종의 식물이 자생하는 국내 최대의 야생화 군락지로 함백산 · 금대봉 · 대덕산 등의 지역에서 다양한 야생화를 만날 수 있다. 2,800여 그루의 주목나무를 비롯해서 전나무 · 백양나무군락 · 기생꽃 · 개병풍 등 2,637종의 야생 동식물이 서식한다.

그 밖에 ① 붉은배새매, ② 소쩍새, ③ 하늘다람쥐 등 천연기념물 10종이 서식하고 있고, 약 2억 5천만 년 전에 살았던 삼엽층 화석이 산재해 있다. 태백산국립공원의 주요 관광자원현황은 〈표 2-25〉와 같다.

〈표 2-25〉 태백산국립공원의 주요 관광자원현황

분류	자원
자연자원	-산악 : 함백산(1,572m), 장군봉, 영봉, 문수봉 등 -식물 : 주목나무, 전나무, 백양나무 군락, 기생꽃, 개병풍, 한계령풀, 금대봉야생화 군락지 등
유형문화재	-사찰 : 정암사, 망경사, 유일사 등
중요민속 문화재	-태백산 천제단(중요민속문화재228호)
천연기념물	-소백산 주목군락(천연기념물244호)

제2절 도립공원

1. 도립공원의 의의

도립공원(道立公園)은 ① 특별시, ② 광역시, 특별자치시 · 도 및 특별자치도(이하 "시 · 도"라 한다)의 자연생태계나 자연 및 문화경관을 대표할 만한 지역으로서 특별시장 · 광역시장 · 특별자치시장 · 도지사 또는 특별자치도지사(이하

▲ 남한산성 도립공원/ 최기종 작

"시 · 도"라 함)가 지정한 공원을 말한다.

시 · 도지사가 도립공원을 지정하고자 하는 때에는 관할 군수(시장 · 군수 또는 자치구의 구청장)의 의견을 청취하고, 관계 중앙행정기관의 장과의 협의를 거친 후 도립공원위원회의 심의를 거쳐야 한다.

2. 도립공원 지정현황

국내의 도립공원현황을 보면, 1970년 6월에 경상북도 금오산을 최초의 도립공원으로 지정한 이래, 2017년 12월 31일 현재 30개소의 도립공원을 지정하였다. 도립공원 지정현황은 〈표 2-26〉과 같다.

〈표 2-26〉 도립공원 지정현황

지정	공원명	위치	지정일	면적	비고
1	금오산	경북 구미 · 칠곡 · 김천	1970.06.01	37.290	
2	남한산성	경기 광주 · 하남 · 성남	1971.03.17	35.166	
3	모악산	전북 김제 · 완주 · 전주	1971.12.02	42.220	
4	덕산	충남 예산 · 서산	1973.03.06	21.045	
5	칠갑산	충남 청양	1973.03.06	32.542	
6	대둔산	전북 완주, 충남 논산 · 금산	1977.03.23	62.960	
7	마이산	전북 진안	1979.10.16	16.900	
8	가지산	울산 · 경남 양산 · 밀양	1979.11.05	105.463	
9	조계산	전남 순천	1979.12.26	27.380	

지정	공원명	위치	지정일	면적	비고
10	두륜산	전남 해남	1979.12.26	33.390	
11	선운산	전북 고창	1979.12.27	43.700	
12	팔공산	대구 · 경북 칠곡 · 군위 · 경산 · 영천	1980.05.13	122.080	
13	문경새재	경북 문경	1981.06.04	5.300	
14	경포	강원 강릉	1982.06.26	1.689	해상
15	청량산	경북 봉화 · 안동	1982.08.21	48.760	
16	연화산	경남 고성	1983.09.29	22.260	
17	천관산	전남 장흥	1998.10.13	7.594	
18	연인산	경기 가평	2005.09.15	37.445	
19	신안증도갯벌	전남 신안	2008.06.05	144.000	해상
20	무안갯벌	전남 무안	2008.06.05	37.123	해상
21	마라해양	제주 서귀포	2008.09.19	49.755	해상
22	성산일출해양	제주 서귀포	2008.09.19	49.755	해상
23	서귀포해양	제주 서귀포	2008.09.19	16.156	해상
24	추자	제주 제주	2008.09.19	95.292	해상
25	우도해양	제주 제주	2008.09.19	25.863	해상
26	수리산	경기 군포 · 안양 · 안산	2009.07.16	6.963	
27	제주곶자왈	제주 서귀포	2011.12.30	1.547	
28	고복	세종 연서	2013.01.07	1.949	
29	벌교갯벌	전남 보성	2016.01.28	23.068	해상

*자료 : 환경부, 2017년 12월 31일 기준.
*낙산도립공원 : 2016년에 해제.

1) 금오산도립공원

금오산(金烏山, 977m)은 경북 구미시 금릉군 · 칠곡군의 경계에 위치해 있다. 산정에는 길이 2km의 금오산성이 있고, 북쪽 산록에는 채미정(금오서원)이 있다. 조선 초기에 무학대사가 이곳 금오산을 보고 '왕기(王氣)가 서려 있구나'라고 했다고 한다.

특히 금오산성은 험준한 금오산의 정상부와 계곡을 감싸 내 · 외성의 2중으로 쌓아 만들었다. 내성은 정상부에 테를 두른 모양으로 쌓아 둘레가 10리에 이르는데, 험한 절벽에는 따로 성벽을 쌓지 않았다. 외성은 계곡을 감쌌는데 둘레가 5리에 이르며, 내 · 외성벽의 길이는 6.3km에 이른다.

주요 문화자원은 ① 구미 금오산 마애여래입상(보물40호), ② 금오산성, ③ 채미정(백이숙제의 고사에서 이름을 딴 것으로, 이곳에는 숙종이 야은 길재를 읊은 5언시가 보존), ④ 약사암, ⑤ 해운사, ⑥ 도선굴(의상대가 수도를 했던 굴) 등이 있다. 1970년 6월에 우리나라 도립공원 제1호로 지정되었다.

2) 남한산성도립공원

남한산성(南漢山城)은 천혜의 요새를 이루고 있어 백제 초기에는 왕도(王都)가 자리하였다. 특히 조선시대 때 일어난 병자호란(1636년 병자년 12월에 청나라 태종이 2만 명의 대군을 이끌고 조선을 침략한 사건)의 한이 서린 산성으로 널리 알려져 있다. 당시 왕은 이곳으로 피난했지만, 결국 45일 만에 굴욕의 항복을 하고 말았다. 지금 남아 있는 성곽은 조선 인조 4년(1626)에 청나라의 침입을 막기 위해 쌓은 것으로 정상에는 길이 4.5km의 산성이 있다.

주요 문화자원으로는 ① 수어장대(2층의 기와집 누각), ② 청량대(남한산성 성축의 총감독을 맡았던 이회의 혼을 위로하기 위해 세운 것), ③ 숭렬전(백제의 시조 온조왕이 초혼각으로 지은 것), ④ 현절사(홍익환 · 윤집 · 오달재 등 3학사의 충절을 기리기 위해 세운 사우), ⑤ 연무관(무예의 길을 닦아 인재를 양성하던 곳) 등이 남아 있다.

1971년 3월에 도립공원으로 지정되었고, 2014년 6월에는 세계문화유산으로 등재되었다.

3) 모악산도립공원

이름처럼 포근한 어머니산 모악산(母岳山, 793.5m)은 전북 김제군 금산면과 완주군 구이면 경계에 위치해 있다. 이 산에는 25교구 본사의 하나인 금산사가 있으며, 모악산 서쪽 사면에는 금산사의 말사인 심원사 · 청련암 · 학선암이 있다. 동쪽 사면에는 대원사 · 귀신사 등이 있다.

원래 모악산은 엄뫼 · 큼뫼에서 유래된 '어머니의 산'이라는 뜻이다. 그런 연유로 모악산은 계룡산 다음가는 종교의 집합소가 되었다. 국보와 보물 등 많은 문화재가 산재해 있고, 경관이 매우 빼어나 1971년 2월에 도립공원으로 지정되었다.

백제 법왕 원년(599년)에 세운 금산사에는 국보 ① 미륵전이 있고, 보물은 ① 김제 금산사 노주, ② 김제 금산사 석련대, ③ 김제 금산사 혜덕왕사탑비, ④ 김제 금산사 오층석탑, ⑤ 김제 금산사 금강계단, ⑥ 김제 금산사 육각 다층석탑, ⑦ 김제 금산사 당간지주, ⑧ 김제 금산사 대장전, ⑨ 김제 금산사 석등 등이 있다. 모악산도립공원의 주요 관광자원현황은 〈표 2-27〉과 같다.

〈표 2-27〉 모악산도립공원의 주요 관광자원현황

구분	내용
유형 문화재	–사찰 : 금산사, 심원사, 청련암, 학선암 등 –국보 : 미륵전(국보62호) –보물 : 김제 금산사 노주(보물22호), 김제 금산사 석련대(보물23호), 김제 금산사 혜덕왕사탑비(보물24호), 김제 금산사 오층석탑(보물25호), 김제 금산사 금강계단(보물26호), 김제 금산사 육각 다층석탑(보물27호), 김제 금산사 당간지주(보물28호) 등

4) 덕산도립공원

덕산은 1973년 3월에 도립공원으로 지정되었다. 주봉인 가야산(伽倻山, 678m)과 주변의 덕숭산 · 용봉산 · 수암산 일대의 자연경관과 온천 · 사찰 · 사적지 등을 중심으로 지정된 공원이다. 즉 덕산면의 충의사 지역, 덕산온천 지역, 가야산 · 덕숭산 수덕사 지역 그리고 용봉산 · 수암산 지역 등을 포함하고 있다.

특히 수덕사에는 현존하는 우리나라 최고의 목조건물의 하나인 국보 ① 예산 수덕사 대웅전, 그리고 보물 ① 수덕사 노사나불괘불탱, ② 예산 수덕사 목조석가여래 삼불좌상 및 복장유물 등이 있다. 덕산도립공원의 주요 관광자원현황은 〈표 2-28〉과 같다.

〈표 2-28〉 덕산도립공원의 주요 관광자원현황

구분	내용
유형문화재	-사찰 : 수덕사 -국보 : 예산 수덕사 대웅전(국보49호) -보물 : 수덕사 노사나불괘불탱(보물1263호), 예산 수덕사 목조석가여래 삼불좌상 및 복장유물(보물1381호) 등

5) 칠갑산도립공원

1973년 3월에 도립공원으로 지정된 일곱 명당 칠갑산(七甲山)은 청양군 대치면 · 정산면 · 적곡면 경계에 위치해 있다. 해발 561m의 낮은 산이지만, 99개의 봉우리를 거느리고 있는 명산이다. 산세가 거칠고 비탈진 곳이 많아 사람의 발길이 별로 닿지 않은 자연 그대로의 울창한 숲을 이루고 있다.

당시 백제는 이 산을 사비성 정북방의 진산(鎭山)으로 여겨 제천의식을 행하였다. 그래서 산 이름을 만물의 생성 '7대 근원 七자'와 '싹이 난다는 뜻의 甲자'를 써서, 생명의 시원(始源) 칠갑산(七甲山)이라 경칭하여 왔다.

신라 천년의 사찰 장곡사가 소장하고 있는 국보는 ① 청양 장곡사 철조약사여래좌상 및 석조대좌가 있고, 보물은 ① 청양 장곡사 상 대웅전 등이 있다.

칠갑산도립공원의 주요 관광자원현황은 〈표 2-29〉와 같다.

〈표 2-29〉 칠갑산도립공원의 주요 관광자원현황

구분	내용
유형문화재	–사찰 : 장곡사 –국보 : 청양 장곡사 철조약사여래좌상 및 석조대좌(국보58호) –보물 : 청양 장곡사 상 대웅전(보물162호) 등

6) 대둔산도립공원

전북 금산군 진산면과 논산군 벌곡면, 전북 완주군 운주면에 걸쳐 있는 대둔산(大芚山, 878m)은 정상인 마천대를 비롯해 사방으로 뻗은 능선들이 기암괴석과 수목으로 얽혀 있어 산세가 수려하다.

또한 심산유곡에는 태고사 · 안심사 · 화암사 등의 사찰이 자리하고 있다. ① 충청남도 대둔산도립공원, ② 전라북도 대둔산도립공원으로 나뉘어 각각 지정되어 있다. 대둔산의 상징이면서 매력적인 출렁다리를 건너면 약수정이 있고, 다시 약수정에서 왕관바위로 가는 곳에 삼선구름다리가 놓여 있다.

안심사는 6 · 25전쟁으로 소실되었고, 지금은 석종계단과 부도전중건비만 남아 있다. 특히 화암사에는 ① 보물662호 완주 화암사 우화루(雨花樓)와 명부전 · 극락전 · 대불각 등이 있다. 1977년 3월에 도립공원으로 지정되었다.

7) 마이산도립공원

전북 진안군 진안읍과 마령면의 경계에 위치한 마이산(馬耳山)은 이름 그대로 신기루처럼 솟은 '말의 귀 형상'을 하고 있는 두 개의 바위 봉우리로 이루어진 산이다. 마이산의 동쪽 봉우리는 '숫마이봉(673m)', 서쪽 봉우리는 '암마이봉(673m)'이라 부른다. 2개의 암산으로 이루어진 마이산은 사시사철 경치가 빼어나기로 유명하다.

그리고 마이산 남쪽 절벽 아래에 위치한 ① 마이탑사는 마이산 산신령을 비롯해서, 여러 신을 모신 탑이라고 전한다. 지금으로부터 약 1백 년 전에 이갑용이라는 사람이 10년에 걸쳐 축조한 것인데, 탑 수는 모두 80여 개에 이른다. 이 탑은 전국 명산의 돌과 이곳의 돌을 함께 쌓은 것이라고 한다. 그 밖에 은수사 · 금당사 등의 고찰이 있다. 마이산은 1979년 10월에 도립공원으로 지정되었다.

8) 가지산도립공원

영남 알프스의 최고봉 가지산(迦智山, 1,240m)은 일명 '석남산'이라고도 부르며, 서남쪽으로는 밀양의 천황봉 · 고헌산, 동남쪽으로는 신불산과 이웃하면서 태백산맥의 남단을 형성하고 있다. 특히 태백산맥 줄기에 솟은 영취산 · 원효산 · 천성산 등은 자연경관이 빼어나기로 유명하다.

산지에는 통도사를 비롯해서 석남사 · 보덕사 등이 있다. 특히 우리나라 3대 사찰(통도사 · 송광사 · 해인사) 중 하나로 꼽히는 통도사에는 국보 ① 양산 통도사 대웅전 및 금강계단, 보물 ② 양산 통도사 국장생 석표, ③ 통도사 청동 은입사 향완, ④ 양산 통도사 봉발탑을 비롯해서 석가여래가사, 자장율사가사, 청동소탑 등 문화재로 지정되지 않은 많은 유물들이 성보박물관에 소장되어 있다. 1979년 11월에 도립공원으로 지정되었다. 가지산도립공원의 주요 관광자원현황은 〈표 2-30〉과 같다.

〈표 2-30〉 가지산도립공원의 주요 관광자원현황

구분	내용
유형문화재	-사찰 : 석남사, 보덕사 등 -국보 : 양산 통도사 대웅전 및 금강계단(국보290호) -보물 : 양산 통도사 국장생 석표(보물74호), 통도사 청동 은입사 향완(보물334호), 양산 통도사 봉발탑(보물471호)

9) 조계산도립공원

전남 승주군 소백산맥 끝자락에 대가람을 둔 조계산(曹溪山, 887m)은 비교적 낮은 산이지만, 산세가 부드럽고 아늑하다. 동쪽에는 선암사, 서쪽에는 송광사가 있다.

만수봉이 송광사 일대를 병풍처럼 둘러싸고 있고, 선암사 둘레에는 월출봉·장군봉 등이 줄지어 솟아 있다. 또한 조계산은 울창한 숲, 폭포 등 아름다운 자연경관을 간직한 명산이다.

특히 국내의 사찰 중 규모가 가장 큰 송광사는 16국사를 배출한 곳으로 유명하며, 통도사·해인사와 더불어 우리나라 3대 사찰의 하나로 손꼽힌다. 국보로는 ① 순천 송광사 목조삼존불감, ② 혜심고신제서, ③ 순천 송광사 국사전이 있다.

보물은 ① 대반열반경소 권9~10, ② 송광사 경패, ③ 송광사 금동 요령, ④ 묘법연화경관세음보살 보문품삼현원찬과문, ⑤ 대승아비달마잡집론소 권13~14, ⑥ 묘법연화경찬술 권1~2, ⑦ 금강반야경 소개현초 권4~5 등이 있다. 1979년 12월에 도립공원으로 지정되었다. 조계산도립공원의 주요 관광자원현황은 〈표 2-31〉과 같다.

〈표 2-31〉 조계산도립공원의 주요 관광자원현황

구분	내용
유형문화재	-사찰 : 송광사 -국보 : 순천 송광사 목조삼존불감(국보42호), 혜심고신제서(국보43호), 순천 송광사 국사전(국보56호) -보물 : 대반열반경소 권9~10(보물90호), 송광사 경패(보물175호), 송광사 금동 요령(보물176호), 묘법연화경관세음보살 보문품삼현원찬과문(보물204호), 대승아비달마잡집론소 권 13~14(보물205호), 묘법연화경찬술 권1~2(보물206호), 금강반야경 소개현초 권4~5(보물207호) 등

10) 두륜산도립공원

우리나라 육지의 최남단에 솟은 두륜산은 소백산맥의 남단인 전남 해남군 · 삼산면 · 현산면 · 북평면에 걸쳐 있다. 두륜산에는 가련봉(迦蓮峰, 703m)을 비롯하여 두륜봉 · 고계봉 · 노승봉 · 도솔봉 · 혈망봉 · 향로봉 · 연화봉 등 여덟 봉우리에 아홉 골짜기가 있고, 여기에 아홉 개의 다리가 있어서 '구곡구교'라 부른다.

또한 장춘동 골짜기의 동백꽃은 아름답기로 유명하며, 동백나무군락 외에도 천연기념물로 지정된 왕벚나무가 있다. 서사면의 대흥사(대둔사)는 신라 진흥왕 5년(514년)에 아도화상이 세운 사찰로서 서산대사와도 관련이 있는 유서 깊은 곳이다.

보물은 ① 대흥사 북미륵암 마애여래좌상, ② 탑산사명 동종, ③ 해남 대흥사 삼층석탑이 있고, ④ 해남 대흥사 북미륵암 삼층석탑 등 수많은 유물들이 보존되어 있다. 1979년 12월에 도립공원으로 지정되었다. 두륜산도립공원의 주요 관광자원현황은 〈표 2-32〉와 같다.

〈표 2-32〉 두륜산도립공원의 주요 관광자원현황

구분	내용
유형문화재	-사찰 : 대흥사 등 -보물 : 대흥사 북미륵암 마애여래좌상(보물48), 탑산사명 동종(보물88), 해남 대흥사 삼층석탑(보물320), 해남 대흥사 북미륵암 삼층석탑(보물301) 등

11) 선운산도립공원

호남의 '금강산'이라 불리는 선운산(禪雲山)은 전북 고창군 아산면에 위치해 있다. 품고 있는 문화유적과 수려한 산세를 보면, 어느 곳에 내놓아도 전혀 손색이 없다. 선운산은 높지는 않지만, 봉우리 하나하나가 범상치 않다.

신선이 학을 타고 내려왔다는 선학암, 봉황 머리 모양의 봉수암, 사찰을 굽어보는 독수리 모양의 수리봉, 일몰이 장관인 낙조대, 진흥왕이 수도했다는 진흥굴, 검단선사에 쫓긴 이무기가 당황하여 바위를 뚫고 도망갔다는 용문굴 등이 빼어난 자태를 뽐내고 있다.

선운산도립공원 내에 있는 선운사는 대한불교 조계종 제24교구의 본사이다. 삼국시대 신라 진흥왕이 세웠다는 설과 577년(백제 위덕왕 24)에 검단선사가 창건했다는 설이 각각 전해지고 있다. 고려시대에는 호남지방에서 가장 큰 사찰이었다.

천연기념물로는 ① 고창 선운사 동백나무숲, ② 고창 선운사 도솔암 장사송, ③ 고창 삼인리 송악이 있다. 1979년 12월에 도립공원으로 지정되었다. 선운산도립공원의 주요 관광자원현황은 〈표 2-33〉과 같다.

〈표 2-33〉 선운산도립공원의 주요 관광자원현황

구분	내용
유형문화재	-사찰 : 선운사
천연기념물	-고창 선운사 동백나무숲(천연기념물184호), 고창 선운사 도솔암 장사송(천연기념물354호), 고창 삼인리 송악(천연기념물367호)

12) 팔공산도립공원

대구의 진산 팔공산(八公山)은 대구와 경북 영천군 신녕면, 군위군 부계면, 칠곡군 가산면에 걸쳐 있다. 최고봉인 비로봉(1,192m)을 중심으로 동봉과 서봉의 양 날개를 펴고 우뚝 솟아 있다. 특히 팔공산에는 은해사 · 동화사 · 파계사 등의 유명한 사찰이 있고, 원효 · 의상 · 윤필 등이 이곳에서 수도하였다.

팔공산도립공원 내의 국보로는 ① 은해사 거조암 영산전이 있고, 보물로는 ① 은해사 백흥암 극락전 수미단, ② 영천 은해사 운부암 금동보살좌상, ③

은해사 백흥암 극락전, ④ 수도사 노사나불괘불탱 등이 있다.

팔공산은 1980년 5월에 도립공원으로 지정되었다. 팔공산도립공원의 주요 관광자원현황은 〈표 2-34〉와 같다.

〈표 2-34〉 팔공산도립공원의 주요 관광자원현황

구분	내용
유형문화재	–사찰 : 은해사, 동화사, 파계사 등 –국보 : 은해사 거조암 영산전(국보14호) –보물 : 은해사 백흥암 극락전 수미단(보물486호), 영천 은해사 운부암 금동보살좌상(보물514호), 은해사 백흥암 극락전(보물790호), 수도사 노사나불괘불탱(보물1271호) 등

13) 문경새재도립공원

문경새재는 '새도 쉬었다 간다' 하여 조령새재라 했다. 조령산(1,026m)을 중심으로 하늘재 · 이화령 · 주흘산 · 부봉 등이 있다. 그리고 심산유곡에는 여궁폭포 · 용추폭포 · 조곡폭포를 비롯해서, 기름틀바위 · 마당바위, 조령약수 · 조곡약수 등이 곳곳에 흩어져 있다.

산적과 맹수가 득실대 사람들은 꼭 무리를 지어 넘어 다녔다. 그러나 언제부터인지 맹수는 자취를 감췄고, 한적한 나들이 길로 변한 문경새재, 가끔 운무에 뒤덮여 아름다운 경치를 연출한다.

문경새재는 충북 괴산군 연풍면 연풍리와 경북 문경군 문경읍 상촌리 간의 낮은 고개를 이용해 쌓은 산성으로서, 1925년 당시 일제(일본)가 경성(서울) 가기 편하려고, 그 아래 이화령에 신작로를 뚫은 것이다.

문화유적으로는 ① 조령산 불됴심표석, ② 옥소권섭영정 등이 있고, 그 밖에 조령원터 · 동화원터 · 해국사 · 용화사지 · 보제사지 · 안정암지 · 은선암지 · 충렬사 · 교귀정 · 대궐터 · 군막터 등이 있다. 1981년 6월에 도립공원으로 지정되었다.

14) 경포도립공원

1982년 6월에 도립공원으로 지정된 경포도립공원의 대표 관광지로는 경포해수욕장 · 경포호 · 경포대를 꼽을 수 있다. 경포호는 이름 그대로 '거울처럼 맑은 수면을 지닌 호수'로 해수가 흘러 들어와 연중 낚시꾼들이 모인다. 그리고 연꽃과 갈대가 무성해 또 다른 풍치를 보여준다. 특히 고려 숙종 13년에 창건된 경포대는 관동8경 중 으뜸으로 경포호의 가장자리 언덕 위에 있다.

경포대 입구의 ① 강릉 선교장(중요민속문화재5호)은 조선 후기 상류층 주택으로 행랑 · 내당 · 사랑 · 별당 · 정자가 남아 있는데, '중요민속자료5호'로 지정되어 있다. 이 선교장은 효령대군의 11대손인 전주사람 이내번이 1703년 이곳으로 이주하면서 지은 집이다. 99칸 집을 '선교장(船橋莊)'이라 부르는 이유는, 뱃머리와 같은 형태의 터에 자리를 잡았기 때문이라고 한다.

② 강릉 오죽헌(보물165호)은 경포대 서북방에 있는 사적으로 이이(李珥)가 태어난 신사임당의 친정이다. 별당인 몽룡실과 영정을 모신 문성사 · 자경문 · 사주문 · 기념관이 있으며, 사임당의 글씨와 그림, 이이와 그 일가의 유품이 소장되어 있다. 국보인 ③ 강릉 임영관 삼문(국보51호)은 중후하고 정교한 고려시대의 목조건물이다. 경포도립공원의 주요 관광자원현황은 〈표 2-35〉와 같다.

〈표 2-35〉 경포도립공원의 주요 관광자원현황

구분	내용
유형문화재	-국보 : 강릉 임영관 삼문(국보51호) -보물 : 강릉 오죽헌(보물165호)
중요민속문화재	-강릉 선교장(중요민속문화재5호)

15) 청량산도립공원

1982년 8월에 도립공원으로 지정된 청량산(清凉山, 870.4m)은 경북 봉화군 명호면 · 재산면, 안동시 도산면 · 예안면에 위치하고 있다. 아름다운 단풍과 자연경관이 수려하고 기암괴석이 장관을 이루어 예로부터 '소금강'으로 부르고 있다. 고대에는 '수산(水山)'으로 부르다가 조선시대에 이르러 '청량산'으로 바뀌게 되었다.

주요 문화재는 청량사 유리보전과 응진전이 있다. 그리고 퇴계 이황이 공부한 장소에 세운 청량정사와 통일신라시대 서예가 김생(金生)이 공부한 곳으로 알려진 김생굴(金生窟), 대문장가 최치원이 수도한 풍혈대 등이 있다.

2007년 3월에 ① 봉화 청량산(명승23호)이 국가지정문화재로 지정되었고, 그밖에 ② 청량정사, ③ 청량사유리보전의 문화재가 있다.

16) 연화산도립공원

1983년에 도립공원으로 지정된 연화산(528m)은 태백산맥의 최남단, 경남 고성군 개천면 · 영현면을 포함한 연화산 일대에 지정되었다. 연화산은 옥녀봉 · 선도봉 · 망선봉의 세 봉우리로 이루어져 있고, 북쪽 기슭에는 유서 깊은 옥천사 · 백련암 · 청연암 · 연대암 등의 암자가 있다.

특히 연화산은 울창한 송림과 계곡이 깊고 아름답다. 주요 문화재는 옥천사 대웅전 · 옥천사 자방루 · 옥천사 향로 등이 각각 경상남도 유형문화재로 지정되었고, 보물은 고려 때 동으로 만든 ① 고성 옥천사 청동북이 있다. 연화산도립공원의 주요 관광자원현황은 〈표 2-36〉과 같다.

〈표 2-36〉 연화산도립공원의 주요 관광자원현황

구분	내용
유형문화재	–사찰 : 옥천사, 백련암, 청연암, 연대암 등 –보물 : 고성 옥천사 청동북(보물495호) –기타 : 고성 옥천사 대웅전 · 고성 옥천사 자방루 · 고성 옥천사 향로(경상남도유형문화재) 등

17) 천관산도립공원

1998년 10월에 도립공원으로 지정된 천관산(天冠山, 723m)은 전남 장흥군 관산읍과 대덕읍 경계에 위치해 있다. 주변의 지리산 · 월출산 · 내장산 · 내변산과 함께 호남의 5대 명산 중 하나로 꼽고 있다.

거대한 돔을 이루는 천관산은 아기바위 · 사자바위 · 종봉 · 천주봉 · 관음봉 · 선재봉 · 대세봉 · 석선봉 · 돛대봉 · 구룡 · 갈대봉 · 독성암 · 아육탑 등의 기암괴석이 솟아 있는데, 그 모습이 주옥으로 장식된 천자의 면류관 같다 하여 '천관산'이라 불렀다고 한다.

정상 부근에는 40만 평의 억새밭이 장관을 이루는데, 매년 가을 억새평원에서 '천관산억새재'가 열린다. 산 중턱에는 신라 애장왕 때 영통화상이 세운 천관사가 있었으나, 지금은 법당 · 칠성각 · 요사 등이 남아 있다. 보물로는 ① 장흥 천관사 삼층석탑(보물795호)이 있고, 그 밖에 석등 · 오층석탑 등이 있다.

18) 연인산도립공원

'사랑과 소망이 이루어진다'는 연인산(戀人山, 1,068m)은 특별한 이름이 없어 경기도 가평군 지명위원회에서 이 산을 '연인산'이라 명명하였다. 명지산에서 남쪽으로 이어진 승안리 · 상판리 · 백둔리 경계에 위치하고 있으며, 용추구곡 발원지의 최고봉이다.

연인산 철쭉은 산철쭉으로 해발 700m 이상 능선에 군락으로 자생하고 있는데, 정상으로 올라갈수록 나무가 굵고 꽃 색깔이 곱다. 5월 중 · 하순쯤에 만개한다. 그리고 연인 · 우정 · 장수 · 청풍 능선에서는 철쭉이 군락으로 자생하고 있다.

연인산 계곡은 골이 깊고 능선의 경사가 완만하여 누구나 쉽게 갈 수 있다. 용추구곡은 '용이 하늘로 날아오르며, 아홉 굽이의 그림 같은 경치를 수놓았다'는 데서 유래되었다. 2005년 9월에 도립공원으로 지정되었다.

19) 신안증도갯벌도립공원

2008년 6월에 전국 최초로 전남지역 갯벌이 도립공원으로 지정되었다. 전남도는 갯벌을 체계적으로 관리하고, 지역의 관광브랜드로 개발하기 위해 신안증도와 무안갯벌을 도립공원으로 지정 · 고시하였다. 전남지역은 6,400km의 해안선과 2천여 개의 섬으로 되어 있어, 전국 갯벌의 절반에 가까운 44%를 점유하고 있다.

특히 전국 연안습지 6개소 가운데, 무안 · 진도 · 보성 · 순천 등 4개소가 전남에 있다. 신안증도갯벌은 길이가 4km에 이르고, 갯벌이 아름다워 학술적 연구 가치가 높이 평가되고 있다. 또한 이곳은 동물 153종이 서식하는 등 생물종 다양성이 뛰어나 ① 국가지정 연안습지 1호이자 ② 람사르(Ramsar Convention : '람사르 조약'은 물새들의 서식지로 국제적으로 중요한 습지에 관한 조약을 밀함)에 등록된 습지이다.

이들 갯벌은 전국 최대의 태평염전 등 다양한 해양문화자원이 산재되어 있어, 갯벌 생태관광 개발에 탄력을 받고 있다. 갯벌에서는 섬 문화 체험, 갯벌 체험, 천일염 등 다양한 체험을 즐길 수 있다.

20) 무안갯벌도립공원

2008년 6월에 도립공원으로 지정된 무안군은 한국 서남단에 위치하며, 3면이 바다로 둘러싸여 있어 갯벌이 잘 발달되어 있다. 무안갯벌도립공원은 109.2km의 해안선과 수려한 경관을 자랑하고 있다. 특히 천혜의 자연적인 해안선을 비롯해서 자연 침식된 황토와 사구의 영향으로 형성된 특수한 지질을 가지고 있다.

세계적인 갯벌로 손꼽히는 무안갯벌에는 멸종위기동식물 2급 생물인 ① 대추귀고둥(대추귀고둥과의 연체동물), 멸종위기 야생생물 2급인 ② 흰발농게(십각목 달랑게과의 절지동물)를 비롯한 245종의 저서생물(바다 밑에 사는 생물의 총칭)과 칠면초갯잔디 등 45종의 염생식물, 혹부리오리와 알락꼬리마도요 등 약 52종의 철새 등 많은 생명체가 있다.

특히 ① 람사르 습지, ② 국내 최초 습지보호지역으로 지정되어, 생태환경 교육과 갯벌에 대한 다양한 지식을 전달하는 공간으로 활용되고 있다.

21) 마라해양도립공원

마라도(馬羅島)는 한국 최남단에 있는 타원형의 섬으로 행정구역상 제주 서귀포시 대정읍 가파리에 속해 있다. 면적은 0.3km²이며, 약 140여 명의 주민이 거주하고 있고, 주변 일대는 ① 마라도 천연보호구역(천연기념물423호)으로 지정되어 있다.

이곳에는 세계 해도에 표시된 등대가 있고, 섬 전체를 뒤덮은 천연잔디가 육지와는 사뭇 색다른 느낌을 준다. 이 섬은 해안이 가파른 절벽으로 이루어져 있어 자연풍광이 수려하다. 교통편은 모슬포항과 산수이수동 선착장에서 정기여객선과 관광유람선이 왕복으로 운항한다.

22) 성산일출해양도립공원

성산일출해양도립공원(면적 : 16,156km²)은 제주 서귀포시 성산 일출봉에서 고성리의 터진목, 신양리의 섭지코지를 포함한다. 성산일출봉(182m)은 10만 년 전에 제주도의 수많은 분화구 중에서는 드물게 바닷속에서 수중 폭발한 화산체이다.

원래 성산일출봉은 화산섬이었지만, 신양해수욕장 쪽 땅과 섬 사이에 모래와 자갈이 쌓여 육지와 연결된 것이다. 일출봉 정상에는 지름 600m, 바닥면의 높이 90m에 면적 8만여 평이나 되는 분화구가 자리하고 있다. 분화구 안에는 풍란 · 야고 · 부처솔 · 사철쭉 · 갯장대 등 희귀식물 150여 종이 분포하고 있다. 2000년 7월에 ① 성산 일출봉 천연보호구역(천연기념물420호)으로 지정된 뒤, 2007년 6월에 다시 ② 세계자연유산으로 등재되었다.

도립공원의 건립경위는 수려한 자연경관과 청정해양을 영구적으로 보전하고, 생태관광지로 개발하여 관광산업의 발전과 지역주민의 소득증대를 도모하기 위해, 2007년 1월에 군립공원에서 다시 해양도립공원으로 지정하였다.

23) 서귀포해양도립공원

2008년 9월에 도립공원으로 승격된 서귀포해양도립공원은 서귀포시를 중심으로 동서 약 70리를 에워싸고 있는 웅장한 해안절벽과 섬, 아름다운 경관을 자랑하는 해안 경승지이다. 특히 이곳은 천연기념물 흑비둘기가 서식하는 남쪽 한계지역으로 세계적 희귀종인 후박나무가 자라고 있다.

또한 아름다운 일출과 일몰을 자랑하고 있으며, 제주도 생물보전지역으로 지정되었다. 그리고 ① 제주 천지연 담팔수 자생지는 천연기념물163호로, ② 문섬 · 범섬은 천연보호구역(천연기념물421호)으로 지정되었다.

24) 추자도립공원

제주 제주시 추자면 대서리에 위치한 추자도는 면적 약 7.03km²로 6개 리(理)에 9개의 자연부락이 있다. 추자도는 한반도와 제주 본섬의 중간지점에 위치한 섬으로 상추자도 · 하추자도 · 추포 · 횡간도 등 4개의 유인도와 38개의 무인도로 이루어져 있다.

이곳은 어종이 풍부한 지역이며, 바다 낚시터로도 널리 알려져 있어 많은 낚시꾼들이 즐겨 찾는다. 특히 ① 대서리에는 최영장군 사당(지방기념품11호)이 있고, ② 영흥리에는 박처사각(제주도 유형문화재9호)이 있다.

추자 10경으로는 ① 우두일출, ② 직구낙조, ③ 신데어유, ④ 수덕낙안, ⑤ 석두청산, ⑥ 장작평사, ⑦ 망도수향, ⑧ 횡간추범, ⑨ 추포어화, ⑩ 곽게창파가 있다.

25) 우도해양도립공원

제주 제주시 우도면에 위치한 우도는 구좌읍 종달리에서 동쪽으로 약 2.8km 지점에 있으며, 북동쪽에는 부속섬인 비양도가 있다. 섬 모양이 마치 '물소가 머리를 내밀고 누워 있는 것과 같다'하여 소섬, 즉 우도라 하였다.

사람이 처음 살게 된 것은 1698년(숙종 24)에 방목이 이루어지면서부터이다. 우도는 신생대 제4기 화산활동으로 형성된 한라산의 기생화산 가운데 하나로 최고지점은 분석구(噴石丘)인 남쪽 소머리오름(133m)이다.

섬의 면적은 6km², 해안선 길이는 17km에 이른다. 해안 곳곳에는 소규모의 갑과 만이 발달해 있다. 우도는 대부분 암석해안을 이루며, 섬의 남쪽에 해식애와 해식동굴이 발달하였다. 온화한 해양성기후로 인해 겨울철 강설량이 많은 편이다.

해수욕장으로는 산호모래가 펼쳐진 ① 산호사해수욕장, 고운 모래가 펼쳐진 ② 하고수동해수욕장이 있다. 기타 주변에 성산일출봉, 섭지코지, 혼인지 등이 있다. 2000년 9월에 도립공원으로 지정하였다.

26) 수리산도립공원

수리산(修理山)은 경기 안양시 만안구와 군포시, 그리고 안산시 상록구의 경계에 있는 산이다. 봉우리와 절벽은 규암으로 이루어져 있고, 계곡은 안구상편마암이 많고, 부분적으로 백운모 · 흑운모 편암이 협재되어 있다.

산악은 태을봉(489m)을 비롯해서 관모봉 · 슬기봉 · 수암봉 등이 있다. 특히 수리산의 숲은 2002년에 생명의 숲 및 산림청에서 주최한 '제3회 아름다운 숲' 전국대회에서 우수상을 수상할 정도로 푸르고 아름답다. 2009년 7월에 도립공원으로 지정되었다.

27) 제주곶자왈도립공원

곶자왈(Jeju Gotjawal)은 숲을 뜻하는 제주의 사투리 '곶', 자갈을 의미하는 '자왈'을 합쳐 만든 제주도 고유어이다. 곶자왈은 화산이 분출할 때 용암이 크고 작은 바윗덩어리로 쪼개져 요철(凹凸)지형이 만들어지면서, 나무나 덩굴식물 등이 뒤섞여 원시림의 숲을 이룬 곳을 말한다.

수풀이 우거져 원시림지대를 형성하면서 빗물이 지하로 흘러들어 지하수를 만들기 때문에 제주 생태계의 '허파'로 불린다. 규모는 서귀포시 대정읍 4개

마을(무릉리 · 신평리 · 보성리 · 구억리)에 걸쳐 있고, 약 154만 6,757m²에 이른다.

곶자왈은 제주도의 동부 · 서부 · 북부에 걸쳐 원시림의 모습으로 넓게 분포하며, 지하수 함량이 풍부하고 보온 · 보습 효과가 뛰어나 북방한계 식물과 남방한계 식물이 공존하는 세계 유일의 독특한 숲으로 알려져 있다.

특히 용암제방 · 용암수형 · 용암돔 · 부가용암구 등 특이한 지질구조들이 다양하게 분포하여 제주도만의 특색을 이루고 있다. 2011년 12월에 도립공원으로 지정되었다.

28) 고복도립공원

오봉산에서 바라본 고복자연공원은 한반도를 빼닮았다. 원래 고복(1.95km²)은 대규모 농업용 저수지로 농업용수를 공급하기 위해 만든 것이다. 이곳에는 가물치 · 붕어 · 잉어 · 메기 등 풍부한 어종이 서식하고 있어, 주말이면 전국에서 많은 낚시꾼들이 몰려드는 유명한 낚시터였다.

그러나 세종시는 2014년부터 생태공원 추진사업에 착수하여 수변을 따라 수변관찰로(데크) 등을 설치하여 자연공원으로 조성하였다. 관광명소는 오봉산의 자연림, 용굴, 신흥사, 야외조각 전시장 등이 있고, 주변에는 포도, 복숭아, 배를 재배하는 과수단지가 조성되어 있다. 2013년 1월에 군립공원에서 도립공원으로 승격되었다.

29) 벌교갯벌도립공원

전국 최대의 꼬막 생산지인 벌교갯벌을 생태적으로 복원하고, 명성을 높이고, 소득을 후대에 이어갈 수 있도록 하기 위해 도립공원으로 지정하였다. 벌교갯벌은 전남 보성군 벌교읍 장도 · 장암 · 대포리 일대로 면적(해면)은 23km²에 이른다. 벌교갯벌은 2008년 12월 람사르협약에 따른 습지보전지역으로 지정될 만큼 생태가치가 높은 곳이다.

이곳의 광활한 자연생태계는 원시성을 그대로 간직하고 있으며, 조류의 이동으로 만들어진 갯골들도 많아서 갯벌의 생성과 소멸을 연구하는 데 적지로 알려져 있다. 특히 저서생물(바다의 밑바닥에서 사는 생물)인 꼬막과 재첩을 비롯해 천연기념물인 ① 저어새, ② 재두루미, ③ 흑두루미를 비롯해서 염생식물(염분이 많은 토양에서 자라는 식물)인 갯잔디 · 갯질경 · 칠면초 등 310종의 동식물이 서식하고 있다. 벌교갯벌도립공원의 주요 관광자원현황은 〈표 2-37〉과 같다.

〈표 2-37〉 벌교갯벌도립공원의 주요 관광자원현황

구분	내용
자연자원	-저서생물(꼬막 · 재첩), 염생식물(갯잔디 · 갯질경 · 칠면초 등)
천연기념물	-저어새(천연기념물205호) · 재두루미(천연기념물203호) · 흑두루미(천연기념물228호) 등
습지보호지역	-람사르 습지보전지역 지정

제3절 군립공원

군립공원(郡立公園)은 시 · 군 및 자치구의 자연생태계나 경관을 대표할 만한 지역으로서, 시장 · 군수 및 자치구의 구청장이 각각 지정 · 관리하는 공원을 말한다. 군립공원을 지정할 때는 군립공원위원회의 심의를 거쳐 시 · 도지사의 승인을 얻어야 한다.

군립공원현황을 보면, 1981년 1월에 전북 순창군의 강천산이 최초의 군립공원으로 지정된 이래, 2017년 12월 31일 현재 27개소의 군립공원을 지정하였다. 군립공원 지정현황은 〈표 2-38〉과 같다.

▲ 강천산 군립공원

〈표 2-38〉 군립공원 지정현황

지정	공원명	위치	면적	지정일
1	강천산	전북 순창군 팔덕면	15.844	1981.01.07
2	천마산	경기 남양주시 화도읍, 진천면, 호평면	12.461	1983.08.29
3	보경사	경북 포항시 송라면	8.510	1983.10.01
4	불영계곡	경북 울진군 울진읍, 서면, 근남면	25.140	1983.10.05
5	덕구온천	경북 울진군 북면	6.060	1983.10.05
6	상족암	경남 고성군 하일면, 하이면	5.106	1983.11.10
7	호구산	경남 남해군 이동면	2.869	1983.11.12
8	고소성	경남 하동군 악양면, 화개면	3.177	1983.11.14
9	봉명산	경남 사천시 곤양면, 곤명면	2.645	1983.11.14
10	거열산성	경남 거창군 거창읍, 마리면	3.271	1984.11.17
11	기백산	경남 함양군 안의면	2.013	1983.11.18
12	황매산	경남 합천군 대명면, 가회면	21.784	1983.11.18
13	웅석봉	경남 산청군 산청읍, 금서 · 삼장 · 단성	17.960	1983.11.23
14	신불산	울산 울주군 상북면, 삼남면	11.585	1983.12.02
15	운문산	경북 청도군 운문면	16.173	1983.12.29
16	화왕산	경남 창녕군 창녕읍	31.283	1984.01.11
17	구천계곡	경남 거제시 신협읍, 동부면	5.871	1984.02.04
18	입곡	경남 함양군 산인면	0.995	1985.01.28
19	비슬산	대구 달성군 옥포면, 유가면	13.382	1986.02.22
20	장안산	전북 장수군 장수읍	6.200	1986.08.18
21	빙계계곡	경북 의성군 춘산면	0.880	1987.09.25
22	아미산	강원 인제군 인제읍	3.160	1990.02.23

지정	공원명	위치	면적	지정일
23	명지산	경기 가평군 북면	14.027	1991.10.09
24	방어산	경남 진주시 지수면	2.588	1993.12.16
25	대이리	강원 삼척시 신기면	3.660	1996.10.25
26	월성계곡	경남 거창군 북상면	0.650	2002.04.25
27	병방산	강원 정선군 정선읍	0.500	2011.09.30

자료 : 환경부, 2017년 12월 31일 기준.

제4절 산 · 숲

1. 산의 의의

▲ 팔봉산

산(山)은 '둘레가 땅보다 훨씬 높이 우뚝하게 솟은 땅덩이'를 말하며, 관광의 일차적인 자원이 된다. 즉 관광의 대상 가운데 가장 원천적인 것이 자연관광자원이다. 특히 산은 웅장한 기암절벽, 아름다운 계곡, 울창한 산림, 사계절의 변화 그리고 그 속에서 살아가는 동식물의 형태 등 관광자원의 대표적인 형태로 관광자원의 압권이라 할 수 있다.

최근에는 자연의 신비성을 경험하기 위하여 많은 관광객이 산을 찾는다. 일반적으로 산악관광자원의 기능은 ① 등산, ② 하이킹, ③ 캠프, ④ 스키, ⑤ 피서, ⑥ 보건, ⑦ 휴양, ⑧ 종교, ⑨ 레크리에이션, ⑩ 경관감상, ⑪ 생태계관찰, ⑫ 수련, ⑬ 숲 치유 등의 다양한 목적으로 이용된다.

일반적인 시설로는 호텔 · 별장 · 스키장 · 캠프장 · 온천장 등을 갖추고 있다. 한국의 대표 명산은 〈표 2-39〉와 같다.

〈표 2-39〉 한국의 대표 명산

지역	대표 명산
강원	설악산(국립공원), 오대산(국립공원), 치악산(국립공원), 태백산(국립공원), 병방산(군립공원), 아미산(군립공원), 삼악산, 오봉산, 매화산, 점봉산, 제왕산, 황병산, 두타산, 청옥산, 석병산 등
서울	북한산 · 도봉산(국립공원), 수락산, 관악산, 인왕산, 백악산, 아차산 용마산, 남산, 안산 등
경기	천마산(군립공원), 명지산(군립공원), 수리산(도립공원), 감악산, 명성산, 백운산, 광덕산, 소요산, 운악산, 용문산, 유명산, 마니산, 청계산, 팔봉산, 소리산, 석룡산, 왕방산, 호명산, 어비산 등
충청	계룡산(국립공원), 속리산(국립공원), 월악산(국립공원), 덕산(도립공원), 칠갑산(도립공원), 대둔산(도립공원), 민주지산, 서대산, 부소산 등
전라	내장산(국립공원), 덕유산(국립공원), 월출산(국립공원), 지리산(국립공원), 무등산(국립공원), 대둔산(도립공원), 두륜산(도립공원), 마이산(도립공원), 강천산(군립공원), 장안산(군립공원), 백암산, 불갑산, 운정산, 유달산, 적장산, 영취산, 회문산 등
경상	모악산(도립공원), 선운산(도립공원), 조계산(도립공원), 천관산(도립공원),소백산(국립공원), 주왕산(국립공원), 가야산(국립공원), 금오산(도립공원), 청량산(도립공원), 팔공산(도립공원), 호구산(군립공원), 봉명산, (군립공원), 기백산(군립공원), 황매산(군립공원), 신불산(군립공원), 운문산(군립공원), 화왕산(군립공원), 비슬산(군립공원), 가지산(도립공원), 금산, 금정산, 내연산, 백암산, 수도산, 천황산 등
제주	한라산(국립공원), 성산일출봉(도립공원), 산방산 등

2. 숲의 가치

최근 웰빙에 대한 관심이 높아지면서 매년 숲(수풀의 준말)을 찾는 사람이 늘고 있다. 숲은 콘크리트와 회색빛 도시생활에 찌든 우리들의 ① 심성을 맑게 해주고, ② 심리적 안정과 ③ 정신적 치유 등 재충전의 효과를 준다. 그래서 숲은 새로운 관광자원으로 부각되고 있다.

대도시의 녹지비율이 30% 이하로 떨어지면 사람은 불안감을 느끼고, 심리적인 변화를 겪게 된다는 조사결과가 있다. 그러나 숲을 찾으면 혈압과 스트레스 호르몬수치가 낮아지고, 뇌의 활동이 안정되는 이유는 숲이 가지고 있는 정신적 치유효과 때문이다(권은오, 2011).

학자들은 흔히 숲을 '살아 있는 병원'이라고도 부른다. 숲을 볼 수 있는 환자가 그렇지 못한 환자보다 입원기간이 훨씬 짧았고, 진통제의 투여와 부정적인 측면도 적었다고 한다.

특히 숲의 이용 빈도가 증가할수록 학습능력이 증진되고, 학교나 교사에 대한 자세가 호의적으로 변한다는 보고도 있다.

주변이 숲으로 둘러싸인 곳에 사는 주민은 숲이 없는 곳에 사는 사람보다 더 우호적이었다고 한다. 즉 주변에 숲이 많은 곳에 사는 주민들은 이웃과 더 잘 어울리고, 서로 잘 뭉쳤으며, 강한 소속감을 가지고 있었다고 한다. 또한 그들은 나무가 없는 곳에 사는 사람들보다 더 안전함을 느낀다고 한다.

숲은 치유적 효과와 더불어 숲이나 녹지공간을 빈번하게, 그리고 충분히 접촉하는 사람일수록 자아실현의 욕구가 강한 것으로 조사되었다. 자아실현욕구는 심리적 효용 중에서 가장 빈번히 거론되는 효용이며, 최상의 효용으로 인정받는 욕구이다(전영우 외, 1999).

1) 삼림욕

삼림욕(forest bath)은 '치료나 건강을 위하여 숲속에 들어가 숲의 공기와 향기를 쐬는 일'을 말한다(엣센스 국어사전, 2017). 요즘 녹지가 줄어든 도시 생활자에게 야외에서 풍성한 산소를 마시며 활기를 되찾는 일은 가장 좋은 레크리에이션이 된다(德久, 1997). 숲속엔 대도시보다 최고 200배나 맑은 공기와 피를 맑게 하는 음이온이 풍부하다.

또한 ① 나쁜 병균을 죽여 숲속의 공기를 더욱 깨끗하게 하는 피톤치드(Phytoncide : 식물이 스스로를 보호하기 위해 내보내는 항균기능을 하는 물질), ② 마음을 안정시키고 기분을 좋게 하여 혈압을 낮춰주는 테르펜(terpene : 2개의 아세트산 분자가 결합하여 메발론산을 만들고, 이것이 피로인산의 소펜테닐로 전환되어 테르펜과 테르페노이드를 만듦)으로 가득 차 있다.

삼림욕이란 이처럼 '숲이 가지고 있는 여러 가지 보건 기능을 이용하여 심신을 건강하게 하는 휴양법'을 말한다. 대기 중에는 각종 오염물질이 먼지 알갱이 상태로 떠다니는데, 이 알갱이들이 풀잎이나 나뭇잎, 줄기 등에 붙게 되어 주변의 공기를 정화한다.

농경지가 먼지를 흡착하는 능력을 1로 보았을 때 잔디밭은 그 2배, 키 작은 나무로 이뤄진 덤불숲은 20배, 그리고 울창한 숲은 농경지의 200배에 이른다. 이것은 숲속의 공기가 다른 지역의 공기보다 그만큼 더 맑다는 것을 뜻한다.

2) 음이온

음이온(陰ion)은 '음전기를 띠고 있는 이온'을 말한다. 1950년대 프랑스의 메타디에 교수는 공기 중에 있는 음전하(음전기를 띤 전하)를 띤 미립자인 음이온이 인체조직과 정신상태에 영향을 줄 수 있다는 것을 발견하였다.

음이온은 ① 태양의 자외선, ② 폭포, ③ 계곡의 물가, ④ 분수, ⑤ 물 분자가 격렬하게 운동하는 곳, ⑥ 비 올 때 빗방울이 튀는 곳, ⑦ 산림, ⑧ 식물의 광합성 작용이 왕성한 곳에 많다.

공기 중에 음이온이 증가하면 인체 건강치료에 대단히 유익하다. 음이온은 자율신경을 진정시키고 불면증을 없앤다. 또한 신진대사를 촉진하고, 혈액을 정화한다. 그 밖에 세포의 기능을 강화하고, 얼굴색을 아름답게 한다. 결국은 우리의 건강을 증진시켜 무병장수하게 만드는 셈이다.

음이온은 활엽수로 이루어진 숲보다 특히 ① 소나무나 ② 삼나무 등 침엽수로 이루어진 숲에 더 많이 포함되어 있는 것으로 보고되고 있다. 숲에는 음이온이 풍부해서 몸을 보양하는 경우 다른 환경보다 훨씬 더 좋은 곳이라고 할 수 있다.

3. 자연휴양림

전국에는 ① 국가가 운영하는 국립자연휴양림이 약 38개가 있고, ② 지방자치단체가 운영하는 지자체자연휴양림이 약 67개가 있다. 그리고 ③ 개인이 조성해서 운영하는 개인휴양림이 약 14개 정도가 있다.

본 절에서는 국가와 지방자치단체에서 운영하는 자연휴양림을 중심으로 서술하고자 한다. 국립자연휴양림 현황은 〈표 2-40〉, 지자체자연휴양림 현황은 〈표 2-41〉과 같다.

〈표 2-40〉 국립자연휴양림 현황

구분	휴양림
울산	신불산폭포자연휴양림
경기	산음자연휴양림, 운악산자연휴양림, 유명산자연휴양림, 중미산자연휴양림
강원	가리왕산자연휴양림, 검봉산자연휴양림, 두타산자연휴양림, 대관령자연휴양림, 미천골자연휴양림, 방태산자연휴양림, 백운산자연휴양림, 복주산자연휴양림, 삼봉자연휴양림, 용화산자연휴양림, 용대자연휴양림, 청태산자연휴양림
충북	속리산말티재자연휴양림, 황정산자연휴양림

구분	휴양림
충남	오서산자연휴양림, 희리산해송자연휴양림, 용현자연휴양림
전북	덕유산자연휴양림, 운장산자연휴양림, 회문산자연휴양림
전남	낙안민속자연휴양림, 방장산자연휴양림, 천관산자연휴양림
경북	검마산자연휴양림, 대야산자연휴양림, 운문산자연휴양림, 통고산자연휴양림, 칠보산자연휴양림, 청옥산자연휴양림
경남	남해편백자연휴양림, 지리산자연휴양림
제주	서귀포자연휴양림, 제주절물자연휴양림

〈표 2-41〉 지자체자연휴양림 현황

구분	휴양림
인천	석모도자연휴양림
대구	비슬산자연휴양림, 화원자연휴양림
경기	강씨봉자연휴양림, 칼봉산자연휴양림, 축령산자연휴양림, 초부리자연휴양림, 용문산자연휴양림
강원	가리산자연휴양림, 광치자연휴양림, 망경대산자연휴양림, 집다리골자연휴양림, 안인진임해자연휴양림, 춘천숲자연휴양림, 태백고원자연휴양림, 치악산자연휴양림, 하추자연휴양림
충북	계명산자연휴양림, 문성자연휴양림, 민주지산자연휴양림, 봉황자연휴양림, 좌구산자연휴양림, 조령산자연휴양림, 옥화자연휴양림, 수레의산자연휴양림, 소선암자연휴양림
충남	금강자연휴양림, 남이자연휴양림, 만수산자연휴양림, 봉수산자연휴양림, 성주산자연휴양림, 안면도자연휴양림, 용봉산자연휴양림, 영인산자연휴양림, 태학산자연휴양림, 칠갑산자연휴양림
전북	고산자연휴양림, 남원흥부골자연휴양림, 무주자연휴양림, 방화동자연휴양림, 와룡자연휴양림, 세심자연휴양림

구분	휴양림
전남	가학산자연휴양림, 백아산자연휴양림, 백운산자연휴양림, 유치자연휴양림, 제암산자연휴양림, 주작산자연휴양림, 팔영산자연휴양림, 한천자연휴양림
경북	계명산자연휴양림, 구수곡자연휴양림, 군위장곡자연휴양림, 금봉자연휴양림, 불정자연휴양림, 성주봉자연휴양림, 송정자연휴양림, 안동호반자연휴양림, 옥녀봉자연휴양림, 운주산승마자연휴양림, 청송자연휴양림, 토함산자연휴양림
경남	거제자연휴양림, 금원산자연휴양림, 대운산자연휴양림, 오도산자연휴양림, 용추자연휴양림

제5절 온천

1. 온천의 의의

▲▲ 일본 벳푸온천/ 최기종 작

온천(hot spring)은 탕치의 신성한 공간으로서 '지하에서 솟아나온 따뜻한 물', '지열로 땅속에서 25℃ 이상으로 데워져 솟는 지하수'를 말한다(엣센스 국어사전, 2017 ; 山村, 1997). 즉 '주변의 대기온도보다 높은 온도의 물을 뿜어내는 샘의 한 종류로서 화산활동 또는 높은 지열의 영향으로 데워진 지하수가 지표위로 드러난 것'을 말한다.

원래 17~18세기에 영국 등 유럽에서는 병의 치료를 목적으로 온천에서 장기 체류(中川, 1997)를 하였으나, 오늘날 온천은 입욕의 대상 또는 국민의 보건 휴양 등을 위해 중요한 역할을 하고 있다(德久球雄, 1999). 보통 온천은 지하의 여러 광물을 포함하고 있는 경우가 많아 입욕을 하면, 건강에 도움이 되는 것으로 알려져 있다.

일반적으로 온천은 화산지대 및 화산활동이 있는 지역에 많이 분포한다. 주로 화산대를 따라 분포하며, 환태평양 지진대가 지나는 일본의 경우에도 수많은 온천이 분포하고 있다(德久球雄, 1999).

온천은 성인(成因)에 따라 ① 열수형(고온의 수용액과 보통의 지하수가 혼합), ② 지하수형(지하수가 지열에 데워짐), ③ 분기형(지하수에 분기가 혼입), ④ 화석수형(열수가 해수와 혼합)으로 분류하고, 천온(泉溫)에 따라 ① 냉천(25도 미만), ② 미온천(25~35도), ③ 온천(35~42도), ④ 고온천(42도 이상)으로 분류한다.

국가별로 온천에 대한 정의는 다소 차이가 있지만, 한국은 ① 섭씨 25도 이상(일본 · 남아공)을 온천으로 규정하고 있다. 그리고 ② 영국 · 독일 · 프랑스 등 서유럽에서는 섭씨 20도 이상, ④ 미국은 섭씨 21.1도 이상을 온천으로 정의하고 있다(山村, 1997). 온천의 성분별 특징은 〈표 2-42〉와 같다.

〈표 2-42〉 온천의 성분별 특징

성분	특징
단순천	–온천수 1kg에 이산화탄소 또는 그 증발 잔재물이 1g 이상 함유된 천으로 무색 · 투명하다. –우리나라에서 가장 많이 볼 수 있는 온천으로 주로 신경통 · 불면증 · 생식기질환 · 류머티즘 관절염 등에 효험이 있다. 대표적인 온천은 척산 · 덕산 · 이천 · 수안보 · 동래온천 등이다.
라듐천	–일명 '방사능천'으로도 불리며, 온천수 1g당 1억분의 1mg이라는 아주 적은 양의 라듐이 함유되어 있다. –주로 부인병 · 저혈압 · 갱년기장애 · 피부병에 효험이 있다. 대표적인 온천으로는 백암 · 덕산 · 유성온천 등이 있다.

성분	특징
알칼리천	–주성분은 탄산수소나트륨이며, 끓이면 알칼리성을 나타낸다.
명반천	–주성분은 황산알루미늄이다.
산성천	–수소이온이 1kg 중 1mg 이상으로 산성을 나타낸다.
유황천	–물빛이 노르스름하고 달걀 썩은 냄새가 나지만, 유황천 특유의 향내와 효험으로 일석이조의 효과를 얻을 수 있다. –비누거품이 잘 일지 않는 것이 특징이며, 특히 음용하면 생식기질환 및 빈혈증 환자에게 좋고, 담즙의 왕성한 분비로 장운동과 호흡상태를 고르게 해준다. –주로 부인병 · 불임증 · 천식 · 당뇨병 · 동맥경화 등에 효험이 있다. 대표적인 온천으로는 부곡 · 백암 · 도고온천 등이 있다.
식염천	–온천수 1kg당 염분이 5~15kg 정도면 식염천으로 보며, 마시면 짠맛이 난다. 주로 염증 · 빈혈 · 생식기질환 · 요통 · 만성류머티즘 등에 효험이 있다. –우리나라에서는 보기 드문 온천이며, 해운대와 동래온천 등이 식염천의 성분을 약간 띤다.

2. 주요 온천

온천이 갖추어야 할 자연적 조건은 ① 용출량이 풍부하고, ② 탕치의 효과가 크고, ③ 온도가 적정해야 하고, ④ 편의시설을 갖추어야 하고, ⑤ 교통편과 주변의 경관이 좋아야 한다.

한국의 대표적인 온천은 ① 척산온천, ② 오색온천, ③ 일동하와이유황천, ④ 이천온천, ⑤ 북한산온천, ⑥ 수안보온천, ⑦ 도고온천, ⑧ 온양온천, ⑨ 유성온천, ⑩ 덕산온천, ⑪ 화순온천, ⑫ 덕구온천, ⑬ 백암온천, ⑭ 경주온천, ⑮ 상대온천, ⑯ 용화온천, ⑰ 부곡온천, ⑱ 마금산온천, ⑲ 동래온천, ⑳ 해운대온천 등이 있으며, 주요 온천의 성분별 특징은 〈표 2–43〉과 같다.

〈표 2-43〉 온천의 성분별 특징

지역	온천명	온도	주요 성분
강원 속초	척산온천	53℃	−1973년 지하 450m 지점에서 53℃의 온천수가 용출되고 있다. −무취 · 무미의 단순천으로 매끄러우며 물빛이 약간 푸르다. −방사성물질인 라돈(Rn)이 함유되어 있어 피부병 · 신경통 · 류머티즘 등에 효험이 있고, 불소 함유로 충치 · 위장병 · 외상에도 특효가 있다. −유황 · 나트륨 · 리튬 등 10여 종의 광물질이 함유되어 있어 소화기 질환 · 각종 피부질환에 효험이 있다.
강원 양양	오색온천	25℃	−유황성분이 많은 단순천으로, pH 8.9인 알칼리성 온천이다. −규산 · 나트륨 이온 · 칼슘 이온과 약간의 마그네슘 이온이 포함되어 있다. −피부병 · 신경통 · 고혈압 · 당뇨병에 효과가 있으며, 특히 피부미용에 특효가 있다.
경기 포천	일동 하와이 유황천	36℃	−일동하와이 온천수는 유황온천의 특색인 삶은 달걀 냄새를 맡을 수 있다. −또한 독소의 배설을 항진시키고, 항알레르기 작용과 함께 식용하면 장의 활동이 촉진되어 변비를 없애주고 간기능이 개선된다. −유화수소는 말초모세혈관 · 관상동맥 · 뇌동맥에 도움을 주며, 당뇨병에도 효과가 있다. −유황천 성분으로 모세혈관 · 관상동맥 · 만성피부병 · 만성관절염 · 신경통 · 동맥경화 · 만성기관지염 · 외상후유증 등에 효험이 있다.
경기 이천	이천온천	30℃	−예로부터 '온천매미'로 불리던 곳으로, 안질을 앓던 농부가 논에서 솟아나오는 온수로 세수를 하고 나서 병을 고치자 널리 알려지기 시작하였다. −수온 30℃, pH 8.3인 알칼리성 단순천으로, 나트륨 이온이 많이 함유되어 있다.

지역	온천명	온도	주요 성분
경기 이천	이천온천	30℃	-수질은 규산 성분 · 나트륨 이온 · 칼슘 이온 · 마그네슘 이온이 포함되어 있다. -나트륨 함량이 많아 각종 피부질환 · 피부미용 · 신경통 · 부인병 · 산후조리 등에 효험이 있다.
경기 고양	북한산 온천	37℃	-북한산 일대의 유일한 온천으로, pH 9.1의 알칼리성 온천 · 게르마늄천 · 셀레늄천 · 칼슘천이다. -온천물에 다량 함유된 셀레늄은 비타민의 1,970배에 달하는 천연 황산화제 성분으로 류머티즘에 탁월한 효능이 있다. -게르마늄은 모든 암 예방과 치료에도 도움이 된다.
충북 증원	수안보 온천	53℃	-약알칼리성(pH 8.6) 단순유황 라듐천으로, 국내 최고의 수질을 자랑한다. -단순 유황 라듐천으로 무색 · 투명하고, 냄새가 없이 매끄러운 게 특징이다. -신경통 · 피부병 · 충치예방에 효험이 있다.
충남 아산	도고온천	24℃	-신라시대에는 약수로, 조선시대부터 온천으로 이용하였다. -온천수의 성분은 유황성 식염천으로 pH 8.7의 알칼리성이며, 규산 · 나트륨 이온 · 칼슘 이온 · 마그네슘 이온을 포함하고 있다. -단순 유황천으로 신경통 · 피부병 · 위장병 · 관절염 · 류머티즘 · 부인병 · 당뇨병 · 생식기질환 · 소화기질환 · 피부미용에 효험이 있다.
충남 온양	온양온천	58℃	-조선시대의 왕이 주로 이용한 온천이다. 이 온천은 질병치료에 효험이 있어 태조를 비롯하여 세종 · 세조가 어실(御室)을 짓고 유숙하였다. -세조는 임금이 잠깐 머무는 동안에 새로 솟은 샘이라 하여 주필신정(駐蹕神井)이란 이름을 하사하였다. -라듐 및 약알칼리성을 가진 온천으로 수질이 좋고 수량이 풍부해 신경통 · 관절염 · 피부병 · 위장병 · 고혈압 등 각종 성인병 등에 효험이 있다.

지역	온천명	온도	주요 성분
충남 대전	유성온천	50℃	–수온 42~55℃, pH 9.0인 무색 · 무취 · 무미의 알칼리성 라듐 방사능천이다. –주요 성분은 규산 · 나트륨 이온 · 칼슘 이온 등이며, 마그네슘 이온이 약간 포함되어 있다. –피부병 · 위장병 · 류머티즘 · 신경통 · 당뇨병 등에 효험이 있다.
충남 덕산	덕산온천	44℃	–온천의 수온은 최고 47.7℃이고, 수질은 약알칼리성 중탄산 나트륨천이다. –게르마늄 함량이 0.017㎎/ l 로, 근육통 · 관절염 · 신경통 · 혈관순환촉진 등에 특효가 있다.
전남 화순	화순온천	34℃	–호남지방 유일의 온천으로, 1982년에 처음으로 발견되었다. –수온은 34℃ 내외로 알칼리성 중탄산 라듐온천이다. –만성피부염 · 류머티즘 · 위장병 · 만성신장염, 신경계통에 효험이 있다.
경북 울진	덕구온천	41℃	–온천수는 철천으로 pH 9.03의 강한 알칼리성이며, 중탄산 · 나트륨 이온 · 마그네슘 이온 · 불소 등이 주성분이다. –온도는 41.8℃이며, 피부병 · 신경통 · 당뇨병 · 소화불량 · 빈혈 · 류머티즘 등에 효과가 있다. –알칼리성 단순천으로, 특히 피부병에 탁월한 효과가 있어 마을 주민들이 병원처럼 애용하고 있다.
경북 울진	백암온천	52℃	–라돈(Rn)이 포함된 방사능 유황천으로 무색 · 무취이며, 수질이 매끄러운 것이 특징이다. –수온은 40~52℃이며, pH 9.35의 최강의 알칼리성으로 상급의 온천수로 평가되고 있다. –온천수에는 철 · 나트륨 · 칼슘 · 마그네슘 이온 및 염소 · 플루오르 · 황산 등이 비교적 풍부하게 포함되어 있다. –음용 가능하며, 피부병 · 신경통 · 위장병 · 류머티즘 · 만성관절염 · 금속중독증 · 동맥경화 · 당뇨병 · 간질환 등의 치료에 효과가 있다.

지역	온천명	온도	주요 성분
경북 경주	경주온천	32℃	–천연나트륨 · 염소 · 유화 성분이 함유된 수소이온 농도(pH) 9.12의 천연 알칼리성 온천이다. –약알칼리성 온천으로 나트륨 · 황산 · 염소 · 칼슘이온 등 이온이 다량 함유되어 있다.
경북 경산	상대온천	40℃	–조선시대부터 온수골 · 온암정이라 하여 한겨울에도 얼지 않아 빨래터로 이용되고 있다. –수온이 25℃ 정도여서 40℃까지 가열해서 이용하고 있다. 알칼리성 단순천으로 무색 · 투명하다. –피부병 · 신경통 · 위장병 · 비뇨기질환 · 만성변비 · 고혈압 · 동맥경화 등에 효험이 있다.
경북 상주	용화온천	28℃	–현재 수온이 25~28℃로 상승되었고, 온천은 약한 유황분과 라듐질이 포함되어 있다. –알칼리성 단순천으로 무색 · 투명하다. 위장병 · 신경통 · 소화불량 · 피부병 등에 효험이 있다.
경남 창녕	부곡온천	75℃	–pH 9.16으로 강알칼리성의 한국 최고의 유황온천이다. –수온은 50~75℃로 개발된 온천 중 온도가 가장 높아 42~43℃ 정도로 식혀서 사용하고 있다. –라듐 유황천으로 규소 · 염소 · 칼슘 · 칼륨 등 20여 종의 무기질이 함유되어 있다. –피부병 · 신경통 · 류머티즘 · 부인병 · 호흡기질환 등에 효험이 있다.
경남 의창	마금산온천	45℃	–수질은 pH 7.84로 약알칼리성 식염천이며, 무색 · 무미 · 무취이며, 수온은 탕 내에서 40~45℃ 정도를 유지하고 있다. –규산 · 나트륨 이온 · 망간 · 중탄산 · 염소 · 칼슘 이온 · 황산염 등의 성분을 포함하고 있다. –알칼리성 식염으로 잠수병 · 류머티즘 · 피부병 · 습진 · 부인병 · 비만증 · 빈혈 · 간질환 · 내외과 수술 후 회복 · 피로회복 · 고혈압 · 부인병 등에 효험이 있다.

지역	온천명	온도	주요 성분
부산 동래	동래온천	63℃	–알칼리성 식염천으로 음용 가능하며, 염소 · 나트륨이온 · 황산염 · 칼슘이온 · 중탄산 · 규산을 포함하고 있다. –수온은 38~64℃이며, 만성류머티즘 · 관절염 · 신경통 · 말초혈액순환장애 · 요통 · 근육통 · 외상후유증 등에 효과가 있다.
부산 해운대	해운대온천	61℃	–바닷가에 위치하여 해수욕과 온천욕을 즐길 수 있는 한국 유일의 임해 온천지이다. –보통 수온은 45~65℃이며, 무색투명한 알칼리성으로 나트륨 · 염소 성분이 다량 함유되어 있다. –알칼리성 식염천으로 라듐성분 등 방사성 성분이 섞여 있어 호르몬 분비의 촉진과 노화방지에 효력이 있다. –호르몬 분비 촉진 · 피부미용 · 통풍 · 동맥경화증 · 고혈압 · 좌골신경통 등에 효험이 있다.

제6절 동굴

1. 동굴의 의의

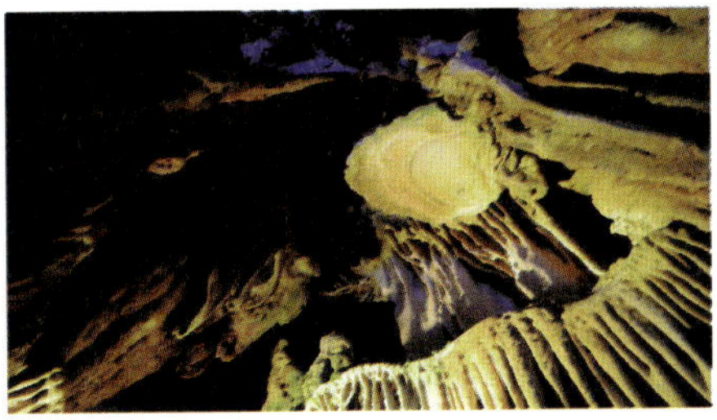

▲▲ 중국의 양삭 은자암 동굴/ 최기종 작

동굴(cave)은 '자연적으로 형성된 지하의 공동(空洞)'을 말한다. 동굴은 일련의 동굴로 된 여러 개의 지하공동으로 구성된다. 이러한 동굴은 작은 통로로 서로 연결되어 하나의 동굴계(洞窟系)를 이룬다. ① 1차 동굴은 모암이 고화(固化)되는 동안에 형성된 것이고, ② 2차 동굴은 모암이 침적하거나 고화된 후에 형성된 것이다.

대부분의 동굴은 대체로 후자에 속하지만, 어떤 경우는 1차 동굴이 2차 동굴 형성에 관여한 방법으로 오랜 지질시대를 거치면서 더 발달하거나 확장된다.

우리나라에는 약 1천 개가 넘는 자연동굴이 석회암지대와 제주도 현무암지대에 분포하고 있으며(김원진, 2009), 그중 규모가 가장 큰 것은 3백여 개에 이르고, 현재 16개의 동굴이 개방되어 있다.

2. 주요 동굴

국내의 대표적인 동굴관광자원은 ① 고씨동굴, ② 용연동굴, ③ 대이리동굴, ④ 고수동굴, ⑤ 노동굴, ⑥ 천동굴, ⑦ 성류굴, ⑧ 천호동굴, ⑨ 만장굴, ⑩ 김녕굴, ⑪ 협재굴 등이 있다. 전국의 주요 동굴현황은 〈표 2-44〉와 같다.

〈표 2-44〉 전국의 주요 동굴현황

지역명	동굴명	해설
강원 영월	고씨동굴 (석회암동굴)	-1969년 6월에 천연기념물219호로 지정된 고씨동굴(高氏洞窟)은 우리나라에서 가장 오래된 석회암동굴이다. -총 길이 6.3km로 굴 안으로 들어갈수록 길이 좁아지므로 구경하기기 쉽지 않다. -동굴 내부에는 약 4억 년 전부터 형성된 종유석과 4개의 호수, 3개의 폭포 및 6개의 광장이 있으며, 모양이 다른 종유석과 석순, 돌기둥의 조화가 극치를 이루고 있다.

지역명	동굴명	해설
강원 태백	용연동굴 (석회암동굴)	–용연동굴은 해발 920m에 위치하며, 코끼리 열차를 타고 올라가야 한다. 이 동굴은 약 3억 년에서 1억 5천만 년 전에 생성된 것으로 동굴산호, 종유석, 석순 등이 있으며, 길이는 830m에 이른다. –이 동굴의 석순은 다른 동굴과 달리 무시무시한 모양을 한 것들이 많은데, 그 중에서 조스의 무덤, 박쥐의 고성, 드라큘라성이 대표적이다. 동굴 안에는 폭 50m, 길이 130m의 내형광장이 있다.
강원 삼척	대이리동굴 (석회암동굴)	–대이리동굴은 1996년 10월에 천연기념물178호로 지정되었으며, '큰 귀의 형상'이라 하여 이름도 대이리(大耳里)로 명명되었다. –석회암은 백색, 회색을 띠고 있으며, 탄산염 광물인 얇은 돌로마이트(dolomite)층이 협재되어 있는 것이 특징이다.
충북 단양	고수동굴 (석회암동굴)	–고수동굴은 대강면 고수리에 있는 종유동굴로 길이 600m, 지굴의 길이 700m, 수직고도 50m인 동양 최대의 굴이다. –임진왜란 때 한양을 떠나 피난길에 오른 밀양 박씨 형제 중 아우는 청주에 정착하고, 형은 남하 중 이곳에 도착하였다. –당시 이곳은 덩굴과 잡초가 무성해 길을 찾기가 어려운 곳이었다. 그래서 고수라 부른 것이 고수리가 된 모양이다. –동굴 내부에는 석순 · 석주 · 종유석 · 종유관 · 점적석 · 유석 · 석회구 · 석회소 · 동굴산호 등이 있다. –특히 산석 결정체는 세계적으로도 자랑할 만하며, 석회암의 연륜은 고생대(약 5억 년)이다. 천연기념물 256호로 지정되었다.
	노동굴 (석회암동굴)	–노동굴은 충북 단양군 대강면에 위치해 있다. 이 동굴은 약 5억 년 된 수직 석회암 동굴(경사 40~60°)로 5개의 지굴이 있다. 총 길이는 1km이며, 천연기념물262호로 지정되었다.

지역명	동굴명	해설
충북 단양	노동굴 (석회암동굴)	–구조상으로 볼 때 크게 상 · 중 · 하의 3부분으로 나누는데, 주굴의 경사는 30~60° 정도이며, 연꽃종유석 · 손가락석순 · 석주 · 석화 · 폭포 등이 신비로운 경관을 이룬다.
	천동굴 (석회암동굴)	–지방기념물19호로 지정된 천동굴은 석회암층 천연동굴로, 1977년 2월 마을 주민에 의해 발견되었다. –약 4억 5천만 년 전부터 생성된 470m의 동굴로서 석순이 매우 정교하고 각양각색의 종유석과 석순 · 석주가 있어 아기자기한 분위기를 느낄 수 있다. –또한 천동굴은 계류 수면보다 약 50m 정도 높기 때문에 지하수의 침투량이 적어 천장에서 떨어지는 낙수도 소량이어서 종유석과 석순의 생성이 매우 느리게 이루어지고 있다.
경북 울진	성류굴 (석회암동굴)	–성류굴(聖留窟)은 천연기념물155호로 지정된 석회암 종유굴이다. –신라 31대 신문왕의 아들 보천태자가 굴 속에서 수도를 하고 사찰을 지어 '성류사'라 이름 붙인 데서 유래하였다. –굴 내부는 5개의 못과 12개의 크고 작은 광장으로 구성되어 있다. –종유석 · 석순 · 석주 등이 잘 발달된 동굴로 신비로운 경관을 이루고 있다. 굴의 생성시기는 약 2억 5천만 년 전으로 추정된다.
전북 익산	천호동굴 (석회암동굴)	–1966년 2월에 천연기념물177호로 지정된 천호(天壺)동굴은 석회동굴이다. –굴의 모양은 입구에서 안으로 약 50m까지는 석회암층의 절리에 따라 용식되어 천장이 V형을 이루고 있다. –안으로 들어가면 '수정궁'이라는 넓은 광장이 있고, 동굴은 모두 대리석화되어 있어 암질이 결정질을 이루고 있는 것이 특징이다.
제주 북제주	만장굴 (용암동굴)	–만장굴(萬丈窟)은 폭 5~6m, 높이 5~10m, 길이 1만 3,522km에 달하는 세계 최대의 용암동굴이다.

지역명	동굴명	해설
제주 북제주	만장굴 (용암동굴)	–특히 정교한 조각품같이 생긴 돌거북은 제주도 모양처럼 생겨 인기가 높다. –동굴 천장의 종유석과 벽의 용암 날개 등도 신비로움을 더하고 있다. 내부 온도는 항상 16~17℃가 유지된다. –현재 이 굴은 출입구에서부터 600m 거리인 거북바위에서 400m 더 들어간 돌기둥까지만 공개되고 있고, 금녕굴과 함께 천연기념물98호로 지정되어 있으며, 세계자연유산에 등록되어 있다.
	김녕굴 (용암동굴)	–김녕굴(金寧窟)은 현무암 동굴로 제주 일주도로에서 남쪽으로 약 600m 정도 떨어진 모랫길 평원 한가운데 위치해 있다. –이 굴은 형태가 뱀을 닮았다 하여 '사굴(蛇窟)'이라 부른다. 굴의 길이는 600m, 높이 19m, 너비 10m에 이른다.
	협재굴 (용암동굴)	–협재굴(俠才窟)은 북제주군 한림읍 협재리에 있으며, 종유석이 생성과정에 있는 동굴로 총 길이는 100m, 높이는 3m이다. –주변의 쌍룡굴 · 소천굴 · 황금굴 등과 함께 용암동굴 지대를 형성하여 천연기념물236호로 지정되어 있다. –동굴 주변은 패사층에 의해 형성된 하얀 모래 해변과 까만 현무암이 어우러져 있으며, 특히 주위의 아열대식물이 장관을 이룬다.

제7절 섬 · 해수욕장

1. 섬

섬은 '사면이 물로 둘러싸인 육지'를 말한다. ① 바다 위에 길게 줄을 지은 모양으로 늘어서 있는 여러 개의 섬을 '열도(列島)', ② 어떤 해역에 흩어져 있는 많은 섬을 '제도(諸島)', ③ 무리를 이루고 있는 크고 작은 섬을 '군도(群島)'라고 한다. 그리고 섬이 생긴 원인에 따라 화산도 · 산호도 · 육계도 등으로 나뉜다.

▲ 태국 푸켓의 제임스본드섬/ 최기종 작

바다에 있는 섬은 '육도'와 '양도'로 나누어진다. 육도는 대륙의 일부였던 한 부분이 여러 가지 원인에 의하여 바다에 잠겨 생긴 것을 말한다. 대표적인 국가는 일본 열도와 영국, 파푸아뉴기니의 뉴기니섬, 뉴질랜드 · 오스트레일리아의 태즈메이니아섬 등이다. 그리고 육도 가운데서 본토와 사주로 이어진 것을 육계도라고 한다.

양도는 육지와 관계없이 바다 밑에서 솟아올라 이루어진 섬으로 화산섬과 산호섬이 있다. 화산섬은 '화산이 분출하여 생긴 섬'으로 주로 하와이제도와 아이슬란드 등이 대표적이다. 산호섬은 '산호초가 수면 위로 5m 이상 노출되어 형성된 섬'으로 웨이크섬 · 비키니섬 등이다.

세계에서 가장 큰 섬은 북대서양에 있는 그린란드이고, 다음으로는 열대지방에 있는 뉴기니섬과 보르네오섬 등이다. 우리나라에서 가장 큰 섬은 화산섬인 제주도이다. 서해안과 남해안에는 매우 많은데, 대부분 육도이다. 우리나라의 대표적인 섬은 다음과 같다.

1) 백령도

서해 북단의 5도 가운데 가장 북쪽 끝, 인천 옹진군 백령면에 위치한 백령도(면적 : 51.086km^2)는 북한과의 거리가 불과 17km밖에 떨어져 있지 않을 정도로 뭍 쪽으로는 오히려 북한과 더 가까이에 있다. 과거에는 검문검색이 까다롭고

▲ 안후상 작

뱃길이 멀어 일반인의 발길이 드물었으나, 최근에 쾌속선이 취항하면서 4시간 30분으로 단축되었다.

대표적인 명소는 ① 마치 장군들이 회의하는 모습 같다고 해서 붙여진 '두무진 기암괴석', ② 천연비행장으로 유명한 '사곶해수욕장', ③ 콩만 한 돌이 1km나 이어지는 '콩돌해수욕장' 등을 들 수 있다.

2) 강화도

▲ 남광렬 작

39년 동안 천도한 고려의 도읍지, 그리고 조선왕실의 피난처였던 강화도(면적 : 305.75km²)는 우리나라에서 4번째로 큰 섬으로 해안선의 길이는 106.5km이다. 대한제국 말기에는 일본의 강압에 못 이겨 '강화도조약'을 맺었던 역사의 땅으로 산과 바다가 지척에 있고, 도처에 명소가 널려 있어 관광명소로 각광받고 있다.

강화도의 관광명소는 몇 개의 권역으로 나누어서 돌아보는 것이 편리하다. 즉 ① 덕진진(사적226호) · 광성보(사적227호) · 초지진(사적225호) 등 고려와 조선시대의 대외 항쟁지를 돌아보는 전적지 코스, ② 전등사와 마니산으로 이어지는 산행코스, ③ 고인돌 및 선사시대 유적지를 비롯해서 오층석탑, 고려궁터, 강화성 등을 한 코스로 묶어 돌아볼 수 있다.

3) 홍도

목포에서 130km 지점에 위치한 '홍도'는 전남 신안군에 속해 있으며, 남한

▲ 사진제공 : 문화재청

에서는 가장 서쪽 바다에 면해 있다. 목포항에서 쾌속정으로 2시간 30분 정도면 섬에 다다를 수 있다.

홍도는 '1년 내내 붉은 동백꽃이 섬을 뒤덮고, 석양에 물든 적갈색의 암벽들이 더욱 붉게 보인다'는 데서 유래하였다. 섬 전체가 천연기념물170호로 지정되어 있다.

대표명소는 ① 아름다운 바다와 어우러진 홍도의 신비로운 정취를 만끽 할 수 있는 '홍도33경', ② 크고 작은 자갈로 이루어진 '빠돌해수욕장', ③ 홍도 500여 종의 자생란 '전시실', ④ 홍도의 바다 지킴이 '홍도등대', ⑤ 어린성황당 등을 들 수 있다.

4) 흑산도

흑산도는 우리나라 최서 남단에 위치하고 있으며, 목포와의 거리는 92km 정도 떨어져 있다.

이곳은 유인도 11개, 무인도 89개로 총 100여 개의 섬으로 형성되어 있다.

대흑산도를 중심으로 한 인근 도서는 천혜의 관광보고로 특유의 문화유적이 많이 산재해 있다.

대표명소는 ① TV드라마 전설의 고향으로 자주 등장하는 '진리성황당', ② 일명 귀신나무로 불리는 천연기념물361호 '진리초령목', ③ 선사시대의 것으로 추정되는 '궤석지 지석묘군', ④ 깨끗한 모래와 경사가 완만한 '배낭기미해수욕장', ⑤ 바닥바위로 불리는 '지장암', ⑥ 반달모양을 하고 있는 '반월성 성터' 등을 들 수 있다.

5) 완도

'완도'는 전라남도의 서남쪽 끝에 위치한 유·무인도 200여 개로 구성되어 있으며, 장보고·윤선도·이순신 장군 등의 유적과 천혜의 경승지를 자랑하고 있다. 특히 완도의 주봉인 상황봉(644m)은 동백꽃으로 절경을 이루며, 정상에 오르면 남해의 다도해가 한눈에 들어온다. 이곳은 겨울이 짧고 기후도 그다지 춥지 않아 아열대식물이 자라고 있어 나무의 전시장을 방불케 한다.

대표명소는 ① 황칠나무, 후박나무, 굴거리나무, 호랑가시나무 등 희귀식물 680여 종이 자생하고 있는 '완도수목원'을 비롯해서, ② 온대지방의 구슬잣나무, 메밀잣밤, 육박나무, 생달, 감탕나무 등 130여 종의 수목이 우거진 '주도' 등을 들 수 있다.

6) 보길도

보길도(면적 : 32.436km^2)는 다도해 해상국립공원에 속하며, 전남 완도 남서쪽 노화도에서 약 3.8km 떨어진 곳에 위치해 있다. 일찍이 고산 윤선도가 배를 타고 제주도로 가던 중 태풍을 피하기 위해 이곳에 들렀다가 수려한 산수에 매료되어 10여 년을 머물면서 세연정·낙선재 등 건물 25동을 짓고, 전원생활을 즐겼던 곳이다. 그의 유명한 작품인 '어부사시사'가 이곳 부용동세연정에서 집필되었다.

이 섬에는 은빛모래와 자갈밭이 펼쳐진 예송리해수욕장·통리해수욕장·

중리해수욕장이 있다. 특히 ① 예송리해수욕장은 자갈밭과 천연기념물40호인 예송리 상록수림과 감탕나무가 어우러져 더욱 아름답다. ② 유물 · 유적은 부용동세연정, 송시열비, 조개더미 등이 있다. 해남과 완도에서 출발하는 정기 여객선이 운항된다.

7) 진도

▲ 사진제공 : 문화재청

진도(면적 : 363.94km²)는 전남 진도군에 있는 섬으로 우선 진돗개를 연상케 한다. 그리고 해남과 연결되는 진도 연육대교가 개통되면서부터 진도 회동 앞바다가 해마다 갈라져 뭍사람들이 이 섬을 찾게 되어, 신비의 섬으로도 알려지게 되었다. 진도의 관광권은 크게 6개 지역으로 나뉘며, 해안선의 길이는 306km이다.

우리나라 최초의 사장교인 연육대교를 건너면 ① 진도 관광이 시작되는 '녹진권', ② 바닷물이 갈라지는 현상을 볼 수 있는 '회동권', ③ 천연기념물107호 상록수림이 있는 '쌍계사권', ④ 천연기념물53호 진돗개를 사육하는 '접도권', ⑤ 사적127호로 지정된 '서망권', ⑥ 진도에서 으뜸가는 경승지로 이름난 '조도권'을 들 수 있다.

8) 거문도

'거문도'는 전남 여수 서남쪽에 자리 잡은 고도 · 동도 · 서도의 3개 섬으로 이루어져 있어 과거에는 '삼도'라고 하였다.

이곳은 ① 동양 최대의 '거문도 등대', ② 수백 년 묵은 동백나무가 빽빽하게 들어찬 '수월산의 동백나무 숲길', ③ 남해안 최고의 절경에 속하는 '백도' 등이 있다.

특히 백도는 거문도에서 동방 28km 지점에 위치하며, 39개의 크고 작은 무

인도로 이루어졌다.

섬 안에는 천연기념물215호로 지정된 흑비둘기 등 뭍에서는 보기 힘든 30여 종의 조류와 120여 종의 희귀동물을 비롯해서 소엽풍란 · 눈향나무 · 원추리 등 40여 종의 야생식물과 들꽃이 서식하고 있다.

9) 울릉도

울릉도(면적 : 72.9km²)는 경북 포항에서 동쪽으로 약 217km, 강원 묵호에서 161km, 강릉에서 178km, 경북 울진군 죽변에서 130.3km 지점에 위치해 있다.

▲ 사진제공 : 경북도청

뱃길로 5시간 걸리는 동해의 금강으로 해안선의 길이는 64.43km에 이른다. 해발 984m의 성인봉을 중심으로 산줄기가 사방으로 퍼진 아름다운 섬으로 섬 전체가 화산 용암의 바위산이며 해송 · 향나무 · 잣나무 · 대나무 · 동백 등의 상록수로 된 밀림지대이다.

대표명소는 ① 울릉도 유일의 평야지대인 '나리분지', ② 철분이 함유되어 있는 '도동약수', ③ 3단폭포로 유명한 '봉래폭포', ④ 사자의 형상을 닮은 '사자암과 투구봉', ④ 바위틈에서 찬바람이 나오는 '풍혈', ⑤ 울릉도 한가운데 우뚝 솟은 '성인봉', ⑥ 울릉도 3경으로 불리는 '관음도' 등을 들 수 있다.

10) 독도

경상북도 울릉군에 속한 독도(면적 : 187,554m²)는 서기 512년(신라 지증왕 13)

▲ 사진제공 :경북도청

이래 울릉도와 함께 우산국의 영토로서 우리의 역사와 문화권에 편입된 후 지금까지 면면히 이어져 온 우리의 고유 영토이다.

과거의 독도는 바다 가운데의 작은 외딴섬으로 크게 주목받지 못했지만, 해양에 대한 의존도가 점차 높아지고 있는 오늘날에는 정치 · 경제 · 군사 · 학술 등 다방면에서 매우 중요한 위치를 가지게 되었다.

특히 독도박물관은 독도 및 동해를 둘러싼 관련 자료를 발굴 · 수집 · 연구하며, 그 결과를 바탕으로 전시 · 관리 · 교육 · 홍보함으로써 일본의 독도영유권 주장을 반박할 수 있는 자료와 이론의 토대를 구축하는 동시에 국민의 영토의식과 민족의식을 고취시키는데 건립목적을 두고 있다.

동도와 서도 외에 89개의 부속도서로 구성된 독도는 1982년에 천연기념물 336호 '독도천연보호구역'으로 지정되어 있다.

11) 소매물도

▲ 사진제공 : 경남도청

경남 통영시에서 27km 떨어진 매물도(면적은 2.4km²)는 대매물도 · 소매물도 · 등대도 등 세 개의 섬으로 이루어져 있다. 이곳에는 옛날 중국 진시황의 사자 서불이 불로초를 구하러 여기까지 왔다가 동굴 천장 위에 '서불과차'라고 새겨 지금까지 그 흔적이 있다 하여 '글씽이섬'이라 부르기도 한다.

글씽이섬 부근에는 부처바위 · 병풍바위 · 촛대바위 · 거북바위 · 글씽이굴 등 비경을 더해주는 바위들이 즐비하고 바다안개가 일어나면서 바위층의 허리를 휘감아 용트림하는 모습은 일대 장관이며, 특히 일출과 일몰 때의 경관이 매우 빼어나다. 또한 1910년에 세워진 등대는 이 섬의 명물 중 하나이다.

12) 거제도

▲ 사진제공 · 경남도청

한려해상국립공원에 속하는 거제도(면적 : 379.5km²)는 경남 남부 해상에 있는 섬으로 우리나라에서 제주도 다음으로 큰 섬이다.

2010년 거가대교의 개통으로 부산 · 통영으로의 육로 교통편이 더욱 편리해졌다. 섬에는 최고봉인 계룡산(566m)을 비롯해서 높은 산이 많고, 해안선이 복잡하다.

섬 주변에는 가조도 · 산달도 · 칠천도 · 이수도 등의 유인도와 무인도를 포함해서 60여 개의 작은 섬들이 흩어져 있고, 동백나무 · 소철 · 석란 · 풍란 · 팔손이나무 등 아열대식물이 많다. 특히 ① 해금강의 아름다운 경관을 비롯해서 ② 구조라해수욕장, ③ 국사봉장관대, ③ 동백터널 등이 유명하다.

2. 해수욕장

1) 해수욕장의 의의

해안(coast)은 '바다와 맞닿은 넓은 육지'를 말한다. 전 세계 해안선의 총길이는 31만 2천km에 이른다. 해안선은 전 지질시대에 걸쳐 육지와 바다의 상대적 높이가 크게 바뀜에 따라 달라져왔다. 연구에 따르면, 빙하가 전진할 때 바닷물이 밀려남으로써 모든 해안지역이 바뀌게 되었다고 한다.

지구표면의 약 70%를 차지하는 바다는 그 광대함과 심오함으로 인하여 인

▲ 강원 송지호해수욕장/ 사진제공 : 고성군청

류과학의 끊임없는 도전을 받아왔으나, 아직까지는 미지의 것으로 남아 있다. 오늘날 해운 · 관광 · 레저 등 해안에서 이루어지는 인간 활동의 배경이 되는 해안공간 자원은 해상 · 해중 · 해저의 모든 공간을 의미한다.

특히 해수욕장(sea bathing place)은 '해수욕을 하도록 개설된 장소', '바닷물에 들어가거나, 해안에서 일광욕을 하여, 레크리에이션을 즐기는 장소'를 말한다(엣센스 국어사전, 2017 ; 山村, 1997).

온대지방은 기온 때문에 여름에만 개장한다. 열대 지방은 기온이 높아 언제나 개장이 가능하지만 날씨의 영향으로 건기에는 피서객이 많은 반면, 우기에는 피서객이 적은 편이다. 한대 지방은 늘 기온이 낮아 해수욕장 개장이 불가능하다. 우리나라는 여름에만 개장이 가능하며, 해수욕장으로서 갖추어야 할 구비조건과 주요 시설은 〈표 2-45〉와 같다.

〈표 2-45〉 해수욕장의 구비조건과 주요 시설

구분	내용
구비조건	① 백사장의 길이는 500m 이상일 것, ② 수심은 깊이 1m 이내로서 해저지역은 50m 이상일 것, ③ 모래와 수질은 소금기가 적고 깨끗할 것, ④ 해수욕 시즌(7~8월) 동안 수온은 섭씨 25도 이상일 것, ⑤ 여름철 쾌청일수가 통상 2주일 이상의 기록일 것, ⑥ 위험요소가 없는 안전한 지역일 것, ⑦ 배후지에 수림(樹林)이 소재하여 피서객에게 편의를 제공할 수 있을 것
주요시설	① 교통수단이 편리하고 주차시설을 갖출 것, ② 샤워시설 · 보안 및 관리 시설 등을 갖출 것, ③ 안전한 물놀이시설을 갖출 것, ④ 다양하게 접할 수 있는 건전한 운동시설과 오락시설을 갖출 것, ⑤ 문화 · 전시 · 강연 · 이벤트 · 공연 등을 할 수 있는 공간을 갖출 것, ⑥ 양질의 숙박시설을 갖출 것, ⑦ 식음료 판매대 및 휴게시설을 갖출 것, ⑧ 기타 자동차 및 유람선의 주유를 위한 주유시설 등을 갖출 것

2) 전국의 주요 해수욕장

해수욕장은 주로 강원도의 동해안 지역에 많이 분포하고 있고, 그 밖에 전남 · 충남 · 인천 지역 순으로 되어 있다. 전국의 주요 해수욕장현황은 〈표 2-46〉과 같다.

〈표 2-46〉 전국의 주요 해수욕장현황

지역	해수욕장
강원	명파, 마차진, 대진, 초도, 화진포, 거진, 반암, 가진, 공현진, 송지호, 봉수대, 삼포, 자작도, 백도, 문암, 교암, 아야진, 청간, 천진, 봉포, 등대, 속초, 외옹치, 물치, 정암, 설악, 낙산, 오산, 동호, 하조대, 38, 잔교, 동산, 동산포, 죽도, 인구, 광진, 갯마을, 남애, 원포, 지경, 향호, 주문진, 소돌, 영진, 연곡, 사천진, 하평, 사천, 순긋, 사근, 경포, 사근, 강문, 송정, 안목, 남항진, 염전, 안인, 등명, 정동진, 금진, 옥계, 도직, 망상, 노봉, 대진, 어달, 하평, 가세, 고불개, 한섬, 감추사, 추암, 증산, 삼척, 작은후진, 오분, 한재밑, 상맹방, 하맹방, 맹방, 덕산, 부남, 궁촌, 원평, 문암, 용화, 장호, 임원, 호산, 고포 등
울산	일산, 진하 등
부산	임랑, 일광, 송정, 해운대, 광안리, 송도, 다대포 등
인천	사곶, 사탄, 지두리, 소청예동, 구리동, 진촌, 옹암, 한들, 수기, 민머루, 동막, 왕산, 을왕리, 실미, 하나개, 송도, 밧지름, 서포리, 떼뿌리, 굴업, 문갑, 벌안, 큰풀안, 계넘어, 이일레, 큰말, 장골, 장경리, 십리포 등
충남	난지도, 꾸지나무골, 사목, 학암포, 구례포, 신두리, 구름포, 의항, 방주골, 천리포, 만리포, 어은돌, 파도리, 통개, 갈음이, 연포, 몽산포, 달산포, 청포대, 마검포, 곰섬, 백사장, 삼봉, 기지포, 안면, 두여, 밧개, 방포, 꽂지, 샛별, 장삼, 장돌, 바람아래, 호도, 당산, 진너머, 거멀너머, 밤섬, 당너머, 명장, 오봉산, 사창, 원산도, 저두, 명덕, 대천, 용두, 무창포, 독산, 장안, 춘장대 등
전북	선유도, 위도고슴도치, 변산, 고사포, 격포, 상록, 모항갯벌, 구시포 등
전남	가마미, 송이도, 안락, 돌머리, 홀통, 조금나루, 톱머리, 외달, 대광, 우전, 백길, 분계, 추포, 하트, 원평, 시목, 돈목, 신도, 황성금리, 진리, 홍도,

지역	해수욕장
전남	관매도, 신전, 금갑, 가계, 송평, 송호땅끝, 사구미, 예송리, 통리, 중리, 청송, 신흥, 명사십리, 동고, 가사동백숲, 금곡, 금일해당화, 수문, 율포, 대전, 풍류, 용동, 소록도, 연소, 익금, 금장, 발포, 덕흥, 나로우주, 염포, 남열해돋이, 장등, 난도, 사도, 만성리, 모사금, 신덕, 무술목, 방죽포, 안도, 정강, 대풍, 손죽, 서도, 유림 등
경남	사촌, 선구, 월포두곡, 상주은모래, 송정솔바람, 설리, 남일대, 통영공설, 연대, 사량도, 덕동, 봉암몽돌, 비진도, 옆개, 황포, 농소몽돌, 흥남, 덕포, 와현, 구조라, 덕원, 학동몽돌, 함목, 여차몽돌, 명사, 죽림 등
제주	하고수동, 산호, 모진이, 종달, 김녕성세기, 함덕서우봉, 삼양검은모래, 이호테우, 곽지과물, 협재, 금능으뜸원, 하모, 하순금모래, 중문색달, 하효쇠소깍, 표선해비치, 신양섭지코지 등

제8절 강 · 댐 · 호수

▲ 영월 서강과 청령포/ 최기종 작

물(water)은 '산소와 수소의 화합물로 무색 · 무취 · 무미의 액체, 공기와 더불어 생물이 살아가는데 없어서는 안 되는 물질로 ① 액체인 물, ② 고체인 얼음, ③ 기체인 수증기의 3가지 형태'를 가진다.

물은 가장 풍부한 자연물 가운데 하나로 화합물의 기본요소이다. 모든 동식물 조직의 세포와 많은 광물 결정의 성분이며, 생물계에서는 동식물의 영양섭취를 비롯해 모든 생명현상에 필수적이고 중요한 역할을 하고 있다.

따라서 물은 인간생활에 그 쓰임의 폭과 양, 그리고 긴요성에 있어서 가장 중요한 자원 중 하나이다.

오늘날에는 물의 용도가 다양해져 가정 · 도시 · 농업 · 공업 · 교통 · 관광 · 레저스포츠 등 다방면에 걸쳐서 인간생활에 이용된다. 주로 ① 강, ② 호수, ③ 인공 댐 등이 대표적인 내수면 관광자원이 된다.

1. 강

1) 임진강

임진강(272.4km)은 강원 법동군 두류산에서 발원하여, 북한 개성시 판문군과 경기 파주시 사이에서 한강으로 흘러드는 강이다. 유역면적은 8,129.5km^{2}로서 한강의 제1지류이다. 주요 지류는 강원 고미탄천, 한탄강 등이다.

상류는 전형적인 산지하천으로 강바닥의 경사가 심하고, 중 · 하류 연안에는 임진강 어구평야 등 비교적 넓은 충적평야들이 분포하고 있다.

상류 일대에는 석회암 · 규암 · 점판암 · 결정편암이 분포하고 있다. 관광기반시설로 번지점프와 캠핑장 등 각종 레포츠 시설을 갖추어 놓고 관광객을 유치하고 있다.

2) 한강

한강(482km)은 국내에서 가장 많은 수량을 갖는 강으로 압록강 · 두만강 · 낙동강(525km) 다음으로 길다. 한강의 발원지는 태백산맥이며, 강원 · 충북 · 경기 · 서울을 동서로 흘러 황해로 흘러 들어가는 강이다.

서울로 유입된 한강변에는 광나루지구 · 잠실지구 · 뚝섬지구 · 잠원지구 · 반포지구 · 이촌지구 · 여의도지구 · 양화지구 · 망원지구의 총 9개 지구로 나누어 시민공원으로 조성하였다.

관광기반시설은 지구별로 환경에 맞게 모형비행기 등 항공스포츠 장소로 이용되는 곳도 있고, 관광명소가 자리한 곳도 있으며, 또한 조깅과 하이킹 코스, 선상 레스토랑과 수영장 · 캠프장 등 각종 운동시설을 갖춘 곳도 있다.

3) 낙동강

낙동강(525km)은 영남지방 전역을 유역권으로 하여, 그 중앙 저지대를 남류하여 남해로 흘러드는 하천이다. 유역면적은 23,860km²로서 압록강 다음가는 한국 제2의 강이다. 낙동강 하구부에 형성된 김해삼각주는 전국적으로 보기 드문 대충적 평야를 이룬다.

특히 김해삼각주 말단부에 있는 을숙도 일대는 세계적으로 알려진 철새도래지이다. 현재는 을숙도철새공원과 낙동강하구 에코센터가 설치돼 생태교육 장소로 활용되고 있고, 낙동강 레저스포츠 축제를 개최해 관광객에게 다양한 경험을 제공하고 있다.

4) 금강

금강(401km)은 전북 장수군 소백산맥 서사면에서 발원하여, 충북과 충남을 거쳐 강경에서부터 충남 · 전북의 도계를 이루면서 군산만으로 흘러드는 강이다. 유역면적은 9,858km²에 이른다. 강의 상류부는 무주구천동과 양산8경 등 아름다운 계곡미를 이루고 있다.

최근 국토교통부 후원으로 한국해양소년단연맹이 주최하는 '수상레포츠 체험교실'은 시민과 청소년에게 다양한 수상레포츠 체험의 기회를 제공할 목적으로 행사를 개최하고 있다. 또한 금강 변에서는 다양한 수상레포츠와 래프팅 등을 즐길 수 있다.

5) 섬진강

섬진강(212.3km)은 전북 남동부와 전남 북동부를 흐르는 강이다. 유역면적은 4,896km²에 이른다. 전북 진안군과 장수군의 경계인 팔공산에서 발원하여 진안군 백운면과 마령면 등에 충적지를 만들고, 임실군 운암면에서 갈담 저수지로 흘러들고 있다.

최근 순창군은 섬진강 카누체험교실을 운영해 많은 관광객을 유치하고 있다. 특히 국비 12억원을 확보해 순창의 섬진강 일대를 농촌문화와 수상레저 스포츠가 공존하는 특색 있는 수상레저단지로 변모시킬 계획에 있다.

6) 영산강

영산강(115.5km)은 전남 담양군에서 남서쪽으로 흘러 황해로 흘러드는 강이며, 유역면적은 3,371km²에 이른다. 담양군 용추봉에서 발원하여, 담양 · 광주 · 나주 · 영암 등지를 지나 영산강 하구 둑을 통하여 황해로 흘러든다.

전남도와 영암군은 인근 대학과 협력해서 영산강 종합 수상레저 스포츠 대회 및 체험행사를 개최하는 등 다양한 프로그램을 개발해 관광객을 유치하고 있다. 주요 프로그램은 래프팅 · 윈드서핑 · 제트스키 · 카약 등이다.

2. 댐

▲ 미국의 후버댐/ 최기종 작

댐은 '발전 · 수리 등의 목적으로 강이나 바닷물을 막아두려고 쌓은 둑'을 말한다. 즉 산간 계곡이나 하천을 가로막아 물을 저장하고, 흙과 모래가 쓸려가거나 무너지는 것을 방지하기 위하여 만든 축조물이다.

일반적으로 이용 목적에 따라 ① 다목적댐, ② 용수댐, ③ 사방댐 등으로 구분한다.

댐은 우리에게 많은 이익을 준다. 수력발전소는 가정과 공장에 전기를 공급해 주고, 농사 짓는 데 필요한 물을 대준다. 그리고 폭우가 내리면 강물을 저장하여 홍수를 막아 주고, 상수도는 우리에게 식수를 공급해 준다. 이처럼 다양한 목적으로 사용하기 위해 만든 댐을 '다목적댐'이라고 한다.

우리나라에는 ① 화천댐, ② 청평댐, ③ 춘천댐, ④ 의암댐 등 많은 댐이 있다. 근래에는 국토종합개발계획사업의 하나로 ① 대청댐, ② 안동댐, ③ 소양강댐, ④ 남강댐 등 대규모의 다목적댐을 건설하였다.

세계적인 규모의 댐으로 ① 미국의 후버댐, ② 이집트의 아스완하이댐, ③ 스위스의 그랑딕스댐 등이 있다.

우리나라는 삼국시대부터 저수지를 만들었는데, 백제 비류왕 때 만들어진 김제의 벽골제가 유명하다. 또한 냇물을 가로막아 논으로 물길을 끌어들이는 보도 쌓았다. 오늘날처럼 과학적인 계획에 따라 댐을 건설하게 된 것은 19세기 중기부터이다.

특히 다목적댐은 1930년대에 미국이 테네시강 유역을 개발하면서 처음으로 만들었다. 오늘날 세계 각국에서 커다란 댐들을 건설하는데, 하나의 댐이 만들어지기까지는 엄청난 비용과 많은 시간이 든다. 우리나라의 대표적인 댐 현황은 〈표 2-47〉과 같다.

〈표 2-47〉 우리나라의 대표적인 댐 현황

용도	댐 현황
다목적댐	소양강댐(강원 춘천), 충주댐(충북 충주), 횡성댐(강원 횡성), 대청댐(대전), 용담댐(전북 진안), 섬진강댐(전북 임실), 주암댐(전남 순천), 안동댐(경북 안동), 임하댐(경북 안동), 합천댐(경남 합천), 남강댐(경남 진주), 밀양댐(경남 밀양), 부안댐(전북 부안), 보령댐(충남 보령), 장흥댐(전남 장흥)
용수댐	선암댐(울산 남구), 사연댐(울산 울주), 대암댐(울산 울주), 안계댐(경북 경주), 수어댐(전남 광양), 연초댐(경남 거제), 영천댐(경북 영천), 구천댐(경남 거제), 광동댐(강원 삼척), 달방댐(강원 동해), 운문댐(경북 청도), 대곡댐(울산 울주), 감포댐(경북 경주), 평림댐(전남 장성)
기타 댐	평화의 댐(강원 화천)

3. 호수

▲ 화진포 전경/ 사진제공 : 고성군청

▲ 송지호 전경/ 사진제공 : 고성군청

1) 화진포

강원 고성 거진읍에서 4km 북쪽에 위치한 '화진포'는 풍경이 수려하고, 면적 72만 평, 둘레 약 16km에 이르는 거대한 호수이다. 호수와 바닷가 주변엔 울창한 송림이 병풍처럼 둘러싸여 있고, 포구의 기암괴석이 해변의 흰 백사장과 어울려 한 폭의 그림 같은 아름다운 경관을 자아내고 있다.

특히 화진포는 수심이 얕고 오염되지 않아 여름철 피서지로서 으뜸이라 할 수 있다. 고성군은 이승만 · 이기붕 전 대통령, 김일성 별장을 역사안보전시관으로 탈바꿈시켜 1999년 7월부터 일반에 개방되었다. 그리고 대통령 별장에는 침실, 서재가 당시 모습대로 재현됐고, 대통령이 입었던 옷과 사진, 친필 휘호 등이 전시되어 있다.

2) 송지호

송지호는 강원 고성군 죽왕면 7번 국도변에 위치한 호수로 총면적 20만 평, 둘레 약 4km 가량 되는 아담한 자연호수이다. 호수 주변에 송림이 울창해서 붙여진 이름으로 먼 옛날에는 호수가 아닌 바다였다고 한다. 지금도 동해바다와 물길이 이어져 있어 바닷물고기와 민물고기가 함께 서식하고 있다.

이곳은 호수로는 유일한 '재첩 서식지'로 인근 인정리 · 오호리 · 오봉리 주민들은 매년 5월 1일부터 10월 31일까지 재첩을 채취한다. 호수 바닥의 경사가 완만하고, 한복판의 수심도 어른 키를 넘지 않을 정도여서 배를 타지 않고도 호수 곳곳을 돌아다니며 재첩을 잡을 수 있다.

3) 영랑호

강원 속초시 영랑동 · 장사동 · 금호동 일대에 자리하고 있는 '영랑호'는 웅장한 설악의 비경과 잘 다듬어진 정원 같은 주변 풍경, 탁 트인 호수가 조화를 이룬 아름다운 호수이다. 호수를 따라 산책길이 길게 나 있어 산책하기에 그만이다.

영랑호는 신라시대 화랑 영랑이 이 호반에 오랫동안 머물면서 자연을 즐겼다는 『삼국유사』 기록에 근거를 두어 명명되었다. 호수 둘레는 7.8km, 면적 1.19km, 수심 8.5km에 이른다. 주변에는 콘도 · 호텔 · 골프장 · 수영장 · 승마장 등 스포츠 레저타운이 들어서 있다.

4) 청초호

청초호는 영랑호와 함께 강원 속초시의 대표적인 호수이다. 아름다운 항구 호수로 본래 바다와 접한 부분이 좁았지만, 어선들이 드나들 수 있도록 넓혀 바다의 출입구로 만들었다. 호수 북쪽은 속초시 중심가인 청학동과 중앙동, 서쪽은 교동, 남쪽과 동쪽은 청호동이 자리하고 있으며, 둘레는 5km에 이른다.

조선시대 때는 그 지형적 특징을 이용하여 수군 만호영(萬戸營)을 두어 병선을 정박하고, 바다로 호구를 넓히고, 깊이 파서 호수의 동쪽 청호동을 자연 방파제로 삼아 속초 내항을 삼기도 했다.

5) 소양댐 · 소양호

소양댐과 소양호는 강원 춘천시 서북방 12km 지점, 북한강 본류에 댐을 축조하여 이루어진 곳이다. 소양댐의 높이는 1백 23m로 압록강 수풍댐보다

17m나 높다. 특히 충주호와 더불어 우리나라에서 가장 큰 인공호수인 소양호는 동양에서 가장 크고, 세계에서 4번째로 큰 사력댐이다. 소양댐 선착장에서는 관광유람선을 운항하고 있다.

6) 의암호

물의 도시 강원 춘천은 안개의 도시이기도 하다. 사흘 중 하루는 안개가 낀다. 오봉산자락에 걸쳐 있는 구름 사이로 장렬한 아침 해가 떠오르면, 의암호를 가득 메운 새벽안개는 붉은 옷으로 갈아입는다.

춘천 의암호에는 소양강 · 모진강 · 시연강이 흘러든다. 그중 소양강가는 관광명소가 밀집돼 있어 춘천의 대표적인 관광코스라 할 수 있다. 소양2교 남단에서 바라보는 의암호의 새벽은 온통 안개 일색이다.

7) 대청호

대전시와 충북 청주시 · 옥천군 · 보은군에 걸쳐 있는 인공호수로 1980년에 공사가 완료되었다. 주변지역에 식수 · 생활용수 · 공업용수를 공급하고 있다. 저수면적은 72.8km^2, 호수의 길이는 80km, 저수량은 15억 톤으로 한국에서 3번째로 큰 호수이다.

전망대에 오르면 주변 경관이 한눈에 내려다보이며, 1998년에 개관한 물홍보관은 입체 영상관과 수족관 등을 갖추고 있다. 주변에 금강유원지 · 장계관광지(대청비치랜드) · 문의문화재단지 등이 있어 4계절 연계관광이 가능하다.

8) 충주호

충북 충주시 종민동과 중원군 동량면에 걸쳐 있는 충주호는 종민동과 동량면 사이의 계곡을 막아 만든 다목적 호수로 주변에는 많은 관광명소가 산재해 있다. 다목적댐으로는 우리나라에서 여섯 번째로 만들어졌지만, 남한강 수계에서는 처음 건설되어 총 저수량이 27억 5천만 톤에 달한다.

충주댐 좌우로는 관광도로가 개설되어 있고, 휴식공간이 마련되어 있다. 댐의 상류 호숫가에는 충주에서 신단양까지 운항하는 유람선 선착장이 있는데, 이 유람선을 이용하면 주변의 관광은 물론 수려한 비경을 즐길 수 있다.

제9절 관광지 · 관광단지

1. 관광지

▲ 송지호 관광지/ 안후상 작

관광지란 '자연적 또는 문화적 관광자원을 갖추고 관광객을 위한 기본적인 편의시설을 설치하는 지역으로서 「관광진흥법」에 따라 지정된 곳'을 말한다. 그러므로 관광객이 이용하는 지역이라고 해서 무조건 관광지가 되는 것은 아니고, 「관광진흥법」에 의하여 관광지로 지정받지 않으면 관광지라고 할 수 없고, 개발의 대상이 될 수 없다.

시 · 도지사는 '지정등'의 신청을 받은 경우에는 관광지 등의 개발필요성, 타당성, 관광단지의 구분기준, 그리고 관광개발기본계획 및 권역별 관광개발계획에 적합한지 등을 종합적으로 검토하여야 한다(박상수 외, 2016). 관광지 지정현황은 〈표 2-48〉과 같다.

〈표 2-48〉 관광지 지정현황

지역	관광지명
부산	기장도예촌, 태종대, 황령산, 해운대, 용호씨사이드

지역	관광지명
인천	서포리, 마니산
경기	공릉, 내리, 대성, 용문산, 소요산, 신륵사, 산장, 한탄강, 산정호수, 수동, 장흥, 백운계곡, 임진각
강원	춘천호반, 고씨동굴, 무릉계곡, 망상해수욕장, 화암약스, 고석정, 송지호, 장호해수욕장, 팔봉산, 삼포 · 문암, 옥계, 맹방해수욕장, 구곡폭포, 속초해수욕장, 주문진해수욕장, 삼척해수욕장, 간현, 연곡해수욕장, 청평사, 초당, 화진포, 오색, 광덕계곡, 홍천온천, 후곡약수, 식현, 등명, 방동약수, 용대, 영월온천, 어답산, 구문소, 직탕, 아우라지, 유현문화, 동해 추암, 영월 마차, 탄광촌, 평창 미탄마하 생태, 속초 척산온천, 인제 오토테마파크
충북	천동, 다리안, 송호, 무극, 장계, 칠금, 충온온천, 능암온천, 교리, 온달, 수옥정, 능강, 금월봉, 속리산레저, 계산, 괴강, 제천온천, KBS제천촬영장, 민님의 광장, 충주호체험, 구병산, 늘미니과일랜드
충남	간월도, 구드래, 난지도, 신정호, 삽교호, 대천해수욕장, 예당, 무창포, 덕산온천, 곰나루, 용연저수지, 죽도, 안면도, 아산온천, 마곡온천, 금강하구둑, 마곡사, 칠갑산도림온천, 천안종합휴양, 공주문화, 춘장대해수욕장, 태조산, 왜목마을, 남당, 서동요역사, 만리포
전북	곰나루, 금마, 남원, 은파, 사선대, 방화동, 운일암 · 반일암, 석정혼천, 금강호, 위도, 마이산회봉, 모악산, 내장산리조트, 김제온천, 웅포, 모항, 왕궁보석테마, 백제가요정읍사, 미륵사지, 오수의견, 벽골제, 변산해수욕장
전남	나주호, 담양호, 장성호, 영산호, 화순온천, 우수영, 땅끝, 성기동, 회동, 녹진, 지리산온천, 도곡온천, 도림사, 대광해수욕장, 율포해수욕장, 대구도요지, 불갑사, 한국차소리문화공원, 마한문화공원, 회산연 · 방죽, 홍길동테마파크, 아리랑마을, 정남진 우산도-장재도, 신지명사십리, 해신장보고, 운주사, 영암 바둑테마파크, 사포
경북	고령부례, 고래불, 경산온천, 가산산성, 경천대, 백암온천, 성류굴, 오전약수, 문장대온천, 울릉도, 장사해수욕장, 청도온천, 치산, 용암온천, 탄산온천, 문경온천, 순흥, 호미곶, 풍기온천, 선바위, 상리, 하회, 다덕약수, 포리, 청송 주왕산, 대가야 역사테마관광지, 영주 부석사, 청도 신화랑, 울릉 개척사, 고령부례, 회상나루, 문수

지역	관광지명
경남	금서, 거가대교, 가조, 곽지, 농월정, 부곡온천, 도남, 당항포, 표충사, 미숭산, 마금산온천, 수승대, 오목내, 합천호, 합천보조댐, 중산, 송정, 벽계, 장목, 실안, 산청전, 통한방휴양, 사등, 하동 묵계(청학동), 사천, 비토
제주	김녕해수욕장, 금악, 돈내코, 용머리, 함덕해안, 협재해안, 제주남원, 봉개휴양림, 토산, 모산봉, 미천굴, 오라, 수망, 표선, 제주돌문화공원

2. 관광단지

▲ 제주 서귀포시 중문관광단지

관광단지는 '관광객의 다양한 관광 및 휴양을 위하여 각종 관광시설을 종합적으로 개발하는 관광거점지역으로서 「관광진흥법」에 따라 지정된 곳'을 말한다. 관광지 및 관광단지는 시장 · 군수 · 구청장의 신청에 의하여 시 · 도지사가 지정한다. 다만, 특별자치도의 경우에는 특별자치도지사가 지정한다(동법 제52조 1항). 관광단지 지정현황은 〈표 2-49〉와 같다.

〈표 2-49〉 관광단지 지정현황

지정	단지명	위치
1	보 문	경북 경주시 신평동, 천군동 일원
2	중문	제주 서귀포시 중문동, 색달동 일원
3	해남 오시아노	전남 해남군 화원면 주광리, 화봉리 일원
4	감포	경북 경주시 감포읍, 대본리, 나정리 일원
5	강동	울산 북구 산하동, 무룡동, 정자동 일원

지정	단지명	위치
6	안동문화	경북 안동시 성곡동 일원
7	동부산	부산 기장군 기장읍 시랑리 일원
8	알펜시아	강원 평창군 도암면 수하리, 용산리 일원
9	광주 어등산	광주 광산구 운수동 어등산 일원
10	신화역사공원	제주 서귀포시 안덕면 서광리 일원
11	여수경도 해양	전남 여수시 경호동 대경도 일원
12	제주헬스케어타운	제주 서귀포시 동홍동
13	창원 구산해양	경남 창원시 마산합포구 구산면 구복 · 심리 일원
14	송도	인천 연수구 동춘동, 옥련동, 학익동 일원
15	여수 화양	전남 여수시 화양면 장수리, 화동리, 안포리
16	원주 오크밸리	강원 원주시 지정면, 월송리 일원
17	김천 온천	경북 김천시 부항면 파천리 일원
18	휘닉스파크	강원 평창군 봉평면 면온리, 무이리, 진조리 일원
19	평창 용평	강원 평창군 도암면 용산리, 수하리 일원
20	웰리힐리파크	강원 횡성군 둔내면 두원리, 우용리, 조항리 일원
21	홍천비발디파크	강원 홍천군 서면 팔봉리, 대곡리 일원
22	팜파스종합휴양	제주 서귀포시 표선면
23	고흥 우주해양	전남 고흥군 영남면 남열리 일원
24	무릉도원	강원 춘천시 동산면 조양리, 홍천군 북방면 전치곡리 일원
25	마우나오션	경북 경주시 양남면 신대리 일원
26	신영	강원 춘천시 동산면 군자리
27	설악 한화리조트	강원 속초시 장사동

지정	단지명	위치
28	골드힐카운티 리조트	충남 천안시 서북구 입장면 기로리 일원
29	성산포해양 관광단지	제주 서귀포시 성산읍 고성리
30	예래휴양형 주거단지	제주 서귀포시 상예동
31	고성 델피노골프 앤리조트	강원 고성 토성면 원암리
32	한원 춘천	강원 춘천 신동면 혈동리
33	강화종합리조트	인천 강화군 길상면 선두리
34	평택호	경기 평택시 현덕면 권관리
35	록인제주 체류형 복합관광단지	제주 서귀포시 표선면 가시리
36	백제문화	충남 부여군 규암면 합정리, 신리, 호암리, 오수리 일원
37	원주 더네이쳐	강원 원주시 문막읍 궁촌리
38	양양 국제공항	강원 양양군 손양면 동호리
39	횡성 드림마운틴	강원 횡성군 서원면 석화리

*자료 : 2017년 문화체육관광부.

3. 관광특구

관광특구는 '관광지 가운데에서 일정한 범위를 정하여 특권을 부여하는 제도'를 말한다(엣센스 국어사전, 2017).

즉 관광특구는 '1993년에 도입된 제도로서 외국인 관광객의 유치촉진 등을 위하여 관광활동과 관련된 관계법령의 적용이 배제되거나 완화되고, 관광활동과 관련된 서비스 안내체계 및 홍보 등 관광여건을 집중적으로 조성할 필요가 있는 지역으로 시장 · 군수 · 구청장의 신청에 따라 도지사가 지정한 곳'을 말한다.

▲ 남대문 관광특구/ 최기종 작

관광특구 안에서는 기존의 「식품위생법」(제43조)에 따른 영업제한에 관한 규정을 적용하지 아니한다(박상수 외, 2016). 관광특구 지정현황은 〈표 2-50〉과 같다.

〈표 2-50〉 관광특구 지정현황

시 · 도	특구명	지정지역	지정일
서울(6)	명동 · 남대문 · 북창	명동, 회현동, 소공동, 무교동 · 다동 각 일부지역	00.03.30
	이태원	용산구 이태원동 · 한남동 일원	97.09.25
	동대문 패션타운	중구 광희동 · 을지로5~7가 · 신당1동 일원	02.05.23
	종로 · 청계	종로구 종로1~6가 · 서린동 · 관철동 · 관수동 · 예지동 일원, 창신동 일부 지역 (광화문 빌딩~숭인동 4거리)	06.03.22
	잠실	송파구 잠실동 · 신천동 · 석촌동 · 송파동 · 방이동	12.03.15
	강남 마이스	강남구 삼성동 무역센터 일대	14.12.18
부산(2)	해운대	해운대구 우동 · 중동 · 송정동 · 재송동 일원	94.08.31
	용두산 · 자갈치	중구 부평동 · 광복동 · 남포동 전 지역, 중앙동 · 동광동 · 대청동 · 보수동 일부 지역	08.05.14

시 · 도	특구명	지정지역	지정일
인천 (1)	월미	중구 신포동 · 연안동 · 신흥동 · 북성동 · 동인천동 일원	01.06.26
대전 (1)	유성	유성구 봉명동 · 구암동 · 장대동 · 궁동 · 어은동 · 도룡동	94.08.31
경기 (4)	동두천	동두천시 중앙동 · 보산동 · 소요동 일원	97.01.18
	평택시 송탄	평택시 서정동 · 신장1 · 2동 · 지산동 · 송북동 일원	97.05.30
	고양	고양시 일산 서구, 동구 일부 지역	15.08.06
	수원 화성	경기도 수원시 팔달구, 장안구 일대	16.01.15
강원 (2)	설악	속초시 · 고성군 및 양양군 일부 지역	94.08.31
	대관령	강릉시 · 동해시 · 평창군 · 횡성군 일원	97.01.18
충북 (3)	수안보온천	충주시 수안보면 온천리 · 안보리 일원	97.01.18
	속리산	보은군 내속리면 사내리 · 상판리 · 중판리 · 갈목리 일원	97.01.18
	단양	단양군 단양읍 · 매포읍 일원(2개읍 5개리)	05.12.30
충남 (2)	아산시온천	아산시 음봉면 신수리 일원	97.01.18
	보령해수욕장	보령시 신흑동, 웅천읍 독산 · 관당리, 남포면 월전리 일원	97.01.18
전북 (2)	무주 구천동	무주군 설천면 · 무풍면	97.01.18
	정읍 내장산	정읍시 내장지구 · 용산지구	97.01.18
전남 (2)	구례	구례군 토지면 · 마산면 · 광의면 · 신동면 일원	97.01.18
	목포	북항 · 유달산 · 원도심 · 삼학도 · 갓바위 · 평화광장 일원(목포해안선 주변 6개 권역)	07.09.28
경북 (3)	경주시	경주 시내지구 · 보문지구 · 불국지구	94.08.31
	백암온천	울진군 온정면 소태리 일원	97.01.18
	문경	문경시 문경읍 · 가은읍 · 마성면 · 농암면 일원	10.01.18

시 · 도	특구명	지정지역	지정일
경남 (2)	부곡온천	창녕군 부곡면 거문리 · 사창리 일원	97.01.18
	미륵도	통영시 미수1 · 2동 · 봉평동 · 도남동 · 산양읍 일원	97.01.18
제주 (1)	제주도	제주도 전역(부속도서 제외)	94.08.31
13개 시 · 도 31개소		–	

*자료 : 2017년 문화체육관광부.

제10절 관동 · 단양8경

1. 관동8경

▲ 청간정 전경/ 안후상 작

관동8경은 강원도를 중심으로 한 동해안의 여덟 명승지를 말한다. 즉 ① 통천의 총석정, ② 고성의 삼일포, ③ 간성의 청간정, ④ 양양의 낙산사, ⑤ 강릉의 경포대, ⑥ 삼척의 죽서루, ⑦ 울진의 망양정, ⑧ 평해의 월송정을 일컫는다.

흰 모래사장과 우거진 소나무숲, 끝없이 펼쳐진 동해의 조망, 해돋이 풍경 등 바다와 호수 및 산의 경관이 잘 어우러진 빼어난 경승지로 이곳에 얽힌 전설 · 노래 · 시 등이 많다.

특히 고려말 안축이 지은 〈관동별곡〉에서는 총석정 · 삼일포 · 낙산사 등의 절경을 노래하였고, 조선 선조 때 정철이 지은 〈관동별곡〉에서는 관동8경과 금강산 일대의 산수미(山水美)를 노래하였다.

1) 통천의 총석정

총석정은 강원도(북한) 동부에 위치해 있다. 군산리의 학호는 석호로서 소나무숲이 울창하고 백사장이 긴 유명한 관광지이며, 앞바다의 국도(북한 천연기념물213호)는 기암절벽으로 이루어진 바위섬이다.

금란리에 있는 금란굴(북한 천연기념물215호)은 해안절벽에 형성된 천연동굴로 유명하다. 특히 시중호(북한 천연기념물212호)는 '시중호 감탕치료'로 유명하며, 그 남쪽에는 송전해수욕장 · 시중대가 있다.

또한 총석정(북한 천연기념물214호)도 관동8경의 하나이며, 각 섬들은 바다새 보호구역(북한 천연기념물21호)으로 지정되어 있다. 시중호에는 관광호텔과 휴양소가 있다.

2) 고성의 삼일포

삼일포는 강원 고성군 삼일포리(북한)에 있는 호수를 말한다. 면적은 0.79km², 둘레는 5.8km, 길이는 1.8km, 수면이 맑고 기괴한 암석과 36봉이 호수에 비쳐 절경을 이룬다. 예로부터 우리나라 호수 중 경치가 제일 아름다운 호수로 꼽고 있다.

삼일포라는 이름은 신라의 4명의 신선(영랑 · 술랑 · 안상 · 남랑)이 3일간 이곳에서 놀았다는 데서 비롯되었다. 주변은 36봉우리로 둘러싸여 있으며, 호수 안에 4개의 섬이 있다. 북한 천연기념물218호로 지정되었다.

3) 간성의 청간정

청간정(清澗亭)은 강원도유형문화재32호이며, 고성군 토성면 청간리에 소재하고 있다. 창건연대나 창건자는 미상이다. 산록에 위치하여 성악산 골짜기에서 흘러내리는 청간천과 만경청파가 넘실거리는 기암절벽 위에 팔각지붕의 중층누정으로 아담하게 세워져 있다.

조선조 중종 15년(1502)에 간성군수 최청이 중수한 기록으로 보아 정자의 건립은 그 이전으로 추측된다. 1884년 갑신정변으로 소실되었다가 1928년에 재건하였고, 1980년 정자를 완전 해체 복원하였다. 청간정의 현판은 조선시대 현종 때 우암 송시열이 좌상으로 재직 시 이곳에 들러 친필로 썼고, 그 후 1953년 고 이승만 대통령이 친필로 쓴 현판이 현재까지 걸려 있다.

4) 양양의 낙산사

강원 양양군 강현면 전진리 낙산에 있는 사찰이다. 대한불교조계종 제3교구 본사인 신흥사(神興寺)의 말사로서 해변에 위치하며 관동8경의 하나로 꼽힌다. 낙산은 산스크리트의 보타락가(補陀洛伽 Potalaka)에서 유래한 말이며, 관세음보살이 항상 머무는 곳을 뜻한다. 우리나라 3대 관음기도 도량의 하나인 낙산사는 671년(문무왕 11) 의상(義湘)이 창건했다고 전한다.

의상대(義湘臺)는 낙산사에서 홍련암의 관음굴로 가는 해안 언덕에 있는 정자이며, 강원도유형문화재48호로 지정되었다. 신라의 고승 의상이 낙산사를 창건할 때 좌선하였던 곳으로서, 1925년 8각형 정자를 짓고 '의상대'라 명명하였다.

5) 강릉의 경포대

강원 강릉시 저동의 경포호수 북안(北岸)에 있는 조선시대 누대(樓臺)이며, 강원도유형문화재6호로 지정되었다. 관동8경의 하나로 1326년(충숙왕 13)에 지추부학사(知秋部學士) 박숙(朴淑)이 현재의 방해정(放海亭) 북쪽에 세웠는데, 1508년(중종 3) 부사 한급(韓汲)이 현 위치로 이건(移建)한 후 현재까지 7차에 걸쳐 중수했다.

이곳에는 율곡(栗谷) 선생이 10세 때 지었다는 〈경포대부 鏡浦臺賦〉를 판각(板刻)한 것과 숙종(肅宗)의 〈어제시 御製詩〉를 비롯하여 여러 명사들의 기문(記文)과 시판(詩板)이 걸려 있다.

6) 삼척의 죽서루

죽서루(竹西樓)는 강원 삼척시에 위치한 누각으로 보물213호로 지정되었다. 다른 관동8경이 바다를 끼고 있는 것과 달리 죽서루만이 유일하게 강을 끼고 있다. 창건자 및 건립연대는 미상이나, 이승휴의 『동안거사집』에 의하면, 1266년(고려 원종 7)에 이승휴가 안집사(安集使)였던 진자후와 서루에 올라 시를 지었다는 기록이 남아 있다.

죽서루란 이름은 누의 동쪽에 대나무숲이 있었고, 그 죽림 안에 죽장사란 절이 있었다는 이유로 '죽서루'로 명명되었다. 또한 죽서루 동편에 죽선녀의 유희소가 있었다는 데서 유래한다는 설도 전한다.

누각 내에 걸려 있는 '제일계정'이라는 현판은 1662년(조선 현종 3)에 삼척부사 허목의 글씨이며, 전면에서 보이는 '죽서루'와 '관동제일루'라는 현판은 1715년(조선 숙종 41)의 삼척부사 이성조의 글씨이다.

7) 울진의 망양정

망양정(望洋亭)은 경북 울진군에 위치해 있다. 건물은 정면 3칸, 측면 2칸의 겹처마 팔작지붕 구조를 한 정자이다. 고려시대에 경북 울주군 기성면 망양리 해안가에 처음 세워졌으나, 1471년(조선 성종2) 평해군수 채신보가 현종산 남쪽 기슭으로 이전하였다. 2005년 기존 정자를 완전 해체하고 새로 건립하였다.

망양해수욕장 남쪽의 바닷가 언덕 위에 자리 잡고 있어 동해를 한눈에 굽어볼 수 있다. 정자에서 바라보는 경치가 관동8경 가운데 으뜸이라 하여 조선 숙종이 '관동제일루(關東第一樓)'라는 현판을 하사하였다.

8) 평해의 월송정

월송정(越松亭)은 경북 울진군 평해읍에 위치한 정자로 고려시대 때 처음 만들어졌다. 『울진군지』의 기록에 의하면, '신라시대의 네 화랑인 영랑 · 술랑 · 남석랑 · 안상의 유람지였다'고 한다. '달밤에 솔밭에서 놀았다'고 하여 '월송정(月松亭)'이라는 이름을 붙였으며, 월국(越國)에서 소나무 묘목을 가져다 심었다 하여 '월송(越松)'이라고도 하였다.

1326년 고려 충숙왕 13년에 박숙이 처음 지었고, 조선 연산군 때 관찰사 박원종이 중건하였다. 1969년 오랜 세월이 지나 퇴락한 것을 재일교포들이 신축하였지만, 옛 모습과 같지 않아 해체하였다. 1980년 7월에 현재 정면 5칸, 측면 3칸의 고려양식으로 복원하였다. 현판에는 최규하 전 대통령의 친필이 새겨져 있다.

2. 단양8경

월악산의 명소 단양8경(丹陽八景)은 단양의 남쪽 소백산맥에서 내려오는 계류를 따라 펼쳐지는 ① 하선암, ② 중선암, ③ 상선암, ④ 사인암, ⑤ 구담봉, ⑥ 옥순봉, ⑦ 도담삼봉, ⑧ 석문을 일컫는다. 단양8경은 〈표 2-51〉과 같다.

〈표 2-51〉 단양8경

단양8경	해설
하선암	제1경인 단양천 골짜기에 위치한 '하선암'은 3층의 넓은 바위와 옥 같은 물이 인상적이다.
중선암	제2경 '중선암'은 세 개의 바위 중 가장 수려한 것으로 수정 같은 맑은 물에 씻긴 흰색 바위가 층층대를 이루고 있다.
상선암	제3경 '상선암'은 암벽으로 둘러싸인 계곡을 말한다.
사인암	제4경 '사인암'은 대강면에서 꺾어 들어간 계곡에 위치해 있다.
구담봉	제5경 구담봉은 모양이 마치 거북이 같아서 '구담봉'이라 붙여졌다.
옥순봉	제6경 '옥순봉'은 구담봉에서 배를 타고 강줄기를 따라 약 1km쯤 내려가면 있다. 비 온 뒤 죽순같이 솟았다 해서 '옥순봉'이라 붙여졌다.
도담삼봉	제7경 '도담삼봉'은 단양8경 중 가장 으뜸가는 절경을 자랑하고 있다.
석문	제8경 '석문'은 도담삼봉에서 배를 타고 500m쯤 가면 언덕에 위치해 있다. 석주가 좌우로 대립해 있고, 그 위에 무지개 모양의 석교가 놓여 있다.

연습문제

01. 한국의 자연공원으로 옳지 않은 것은?

① 국립공원　　② 도립공원
③ 시립공원　　④ 군립공원

02. 한국 최초로 국립공원으로 지정된 곳은?

① 설악산　　② 지리산
③ 한라산　　④ 속리산

03. 해상형 국립공원으로 지정된 곳이 아닌 것은?

① 한려해상국립공원　　② 태안해안국립공원
③ 무안갯벌국립공원　　④ 변산반도국립공원

04. 다음 강원도 지역에 있는 국립공원을 모두 고른 것은?

ㄱ. 설악산 ㄴ. 소백산 ㄷ. 태백산 ㄹ. 오대산 ㅁ. 치악산 ㅂ. 덕유산

① ㄴ, ㄷ, ㅁ, ㅂ　　② ㄴ, ㄹ, ㅁ, ㅂ
③ ㄱ, ㄴ, ㄹ, ㅁ　　④ ㄱ, ㄷ, ㄹ, ㅁ

05. 단풍나무의 종류가 많기로 소문난 국립공원은?

① 내장산국립공원
② 치악산국립공원
③ 북한산국립공원
④ 소백산국립공원

06. 다음 설명에 해당하는 관광해설 기법은?

① 덕유산국립공원 ② 가야산국립공원
③ 월출산국립공원 ④ 주왕산국립공원

07. 다음 설명에 해당하는 국립공원은?

> 정상에는 환웅천왕 · 단군왕검을 모신 성황당이 있고, 돌로 쌓은 천제단이 있다.

① 계룡산국립공원 ② 무등산국립공원
③ 태백산국립공원 ④ 지리산국립공원

08. 한국 최초의 도립공원으로 지정된 곳은?

① 모악산도립공원 ② 마이산도립공원
③ 팔공산도립공원 ④ 금오산도립공원

09. 다음 설명에 해당하는 도립공원은?

> 전라북도에서는 1977년 3월에, 충청남도에서는 1980년 5월에 도립공원으로 각각 지정 · 공포하였다.

① 대둔산도립공원 ② 칠갑산도립공원
③ 연인산도립공원 ④ 청량산도립공원

10. 대한민국 최남단에 위치한 도립공원은?

① 우도해양도립공원 ② 벌교갯벌도립공원
③ 마라해양도립공원 ④ 무안갯벌도립공원

11. 한국 최초의 군립공원으로 지정된 곳은?

① 천마산군립공원 ② 강천산군립공원
③ 보경사군립공원 ④ 아미산군립공원

12. 한국의 온천은 섭씨 몇 도를 규정하고 있는가?

① 19도 이상 ② 21도 이상
③ 23도 이상 ④ 25도 이상

13. 경상북도 지역에 있는 온천이 아닌 것은?

① 백암온천 ② 상대온천
③ 유성온천 ④ 덕구온천

14. 강원도 지역에 있는 동굴이 아닌 것은?

① 고수동굴 ② 고씨동굴
③ 용연동굴 ④ 대이리동굴

15. 지역과 해수욕장명의 연결이 옳지 않은 것은?

① 강원–하조대해수욕장
② 부산–해운대해수욕장
③ 제주–경포해수욕장
④ 충남–만리포해수욕장

16. 다목적댐으로 옳지 않은 것은?

① 소양강댐 ② 평화의 댐
③ 충주댐 ④ 섬진강댐

17. 북한 지역에 위치한 관동8경은?

① 평해–월송정 ② 삼척–죽서루
③ 간성–청간정 ④ 고성–삼일포

18. 다음 단양8경에 해당하는 지역을 모두 고른 것은?

ㄱ. 천황봉 ㄴ. 옥순봉 ㄷ. 대청봉 ㄹ. 하선암 ㅁ. 구담봉 ㅂ. 울산암

① ㄴ, ㄹ, ㅁ

② ㄴ, ㄷ, ㄹ

③ ㄱ, ㄴ, ㄷ

④ ㄱ, ㄷ, ㄹ

정답

01 ③, **02** ②, **03** ③, **04** ④, **05** ①, **06** ②, **07** ③, **08** ④, **09** ①, **10** ③, **11** ②
12 ④, **13** ③, **14** ①, **15** ③, **16** ②, **17** ④, **18** ①

제3장

문화적 관광자원

제1절 문화재의 정의 · 구분

제2절 보물

제3절 국보

제4절 사적

제5절 명승

제6절 천연기념물

제7절 국가무형문화재

제8절 중요민속문화재

제9절 유네스코 세계유산

제10절 박물관 · 미술관

우리 선조들이 물려준 문화유산은 '다음 세대에게 물려줄 과학 · 기술 · 관습 · 규범 등의 민족 또는 인류사회의 문화적 소산'을 말한다(엣센스 국어사전, 2017). 문화유산은 국내외의 여러 민족이나 국가의 문화와 서로 연관을 맺으며 생산된 것이므로 문화재는 국제성을 띤다.

▲ 경복궁 광화문/ 최기종 작

문화적 관광자원(cultural tourist resources)은 크게 ① 문화재자원과 ② 박물관자원으로 나눌 수 있다. 우리 조상들의 슬기 · 예술성 · 민족정신 · 철학 등이 담긴 역사의 실증자료는 다른 어떤 기록물보다 많은 의미를 함축하고 있다.

문화적 관광자원은 관광대상이 되는 문화유산 그 자체를 말하며, '인문관광자원'이라고도 한다. 여기에는 사적 · 사찰 · 문화재 등의 특이한 문화경관이 포함된다(山村, 1997). 즉 문화적 관광자원은 민족문화의 유산으로서 국민이 보존할 만한 가치가 있고, 관광매력을 지니고 있는 자원을 말한다.

특히 문화재는 민족의 유구한 문화정신과 지혜가 담겨 있는 역사적 소산이므로, 우리의 전통문화와 민족의 위상을 소개할 수 있는 훌륭한 관광자원이 된다. 학자들이 주장한 문화적 관광자원의 범위를 정리하면 〈표 3-1〉과 같다.

〈표 3-1〉 문화적 관광자원의 범위

분류	범위
문화적 관광자원	유형문화재, 무형문화재, 기념물, 민속문화재, 천연기념물, 전통적 건조물, 역사적 풍토, 고장의 지형, 공예기술, 연중행사, 공예품, 고문서, 박물관, 미술관, 과학관, 사찰, 성곽, 성지, 정원, 사적, 명승, 생활, 민속, 기술, 회화, 조각, 서적, 연극, 무용, 음악, 신앙, 풍속, 관습, 패총, 고분, 고택, 유적 등

*자료 : 末武直義(1984), 『觀光事業論』, 東京 : 法律文化社, pp.37~43 ; 津田昇(1969), 『國際觀光論』, 東洋經濟新報社; 小池洋 外(1988), 『觀光學概論』, ミネルヴァ書房, p.109 ; 塩田正志 外(1999), 『觀光學』, 東京 : 同文舘, p.56 ; 足場洋保(1997), 『觀光資源論』, 東京 : 中央經濟社.

제1절 문화재의 정의 · 구분

1. 문화재의 정의

1) 문화재보호법의 목적

▲ 덕수궁 대한문/ 최기종 작

「문화재보호법」은 '문화재를 보존하여 민족문화를 계승하고, 이를 활용할 수 있도록 함으로써 국민의 문화적 향상을 도모함과 아울러 인류문화의 발전에 기여함을 목적으로 한다'라고 하였다.

2) 문화재의 정의 · 유형

「문화재보호법」은 '문화재'를 '인위적 · 자연적으로 형성된 국가적 · 민족적 또는 세계적 유산으로서 역사적 · 예술적 · 학술적 · 경관적 가치가 큰 것'으로 규정하면서 문화재를 성격에 따라 유형화하고, 각 유형에 대해 정의하고 있다.

문화재의 유형은 다시 ① 유형문화재, ② 무형문화재, ③ 기념물, ④ 민속문화재 등으로 구분한다(문화재청, 2017). 문화재의 유형을 정리하면 〈표 3-2〉와 같다.

〈표 3-2〉 문화재의 유형

유형	내용
유형문화재	건조물, 전적, 서적, 고문서, 회화, 조각, 공예품 등 유형의 문화적 소산으로서 역사적 · 예술적 또는 학술적 가치가 큰 것과 이에 준하는 고고자료

유형	내용
무형문화재	여러 세대에 걸쳐 전승되어 온 무형의 문화적 유산 중에 ① 전통적 공연 · 예술, ② 공예, 미술 등에 관한 전통기술, ③ 한의약, 농경 · 어로 등에 관한 전통지식, ④ 구전 및 표현, ⑤ 의식주 등 전통적 생활관습, ⑥ 민간신앙 등 사회적 의식, ⑦ 전통적 놀이 · 축제 및 기예 · 무예
기념물	① 절터, 옛 무덤, 조개무덤, 성터, 궁터, 가마터, 유물포함층 등의 사적지와 특별히 기념이 될 만한 시설물로서 역사적 · 학술적 가치가 큰 것, ② 경치가 좋은 곳으로서 예술적 가치가 크고 경관이 뛰어난 곳, ③ 동물(서식지, 번식지, 도래지 포함), 식물(자생지 포함), 지형, 지질, 광물, 동굴, 생물학적 생성물 또는 특별한 자연현상으로서 역사적 · 경관적 또는 학술적 가치가 큰 것
민속문화재	의식주, 생업, 신앙, 연중행사 등에 관한 풍속이나 관습에 사용되는 의복, 기구, 가옥 등으로서 국민생활의 변화를 이해하는 데 반드시 필요한 것

*자료 : 문화재청(2017), 『문화재관계법령집』, 문화재청, pp.17~18에서 인용 후 표로 재구성.

2. 문화재의 구분

문화재는 행정주체(지정권자)의 지정여부에 따라 '지정문화재'와 '비지정문화재'로 구분되며, ① 지정문화재는 「문화재보호법」에 따라 국가(문화재청장)가 지정하는 '국가지정문화재', ② 지방자치단체(특별시장 · 광역시장 · 도지사)가 지정하는 '시 · 도지정문화재' 및 '문화재자료'로 구분된다. 또한 ③ 지정문화재가 아닌 문화재로 '등록문화재'가 있다(문화재청, 2017). 지정문화재를 정리하면 〈표 3-3〉과 같다.

〈표 3-3〉 지정문화재

구분	내용
국가지정 문화재	문화재청장이 「문화재보호법」 제23조부터 제26조까지의 규정에 따라 지정한 문화재
시도지정 문화재	특별시장 · 광역시장 · 특별자치시장 · 도지사 또는 특별자치도지사(이하 '시 · 도지사'라 한다)가 「문화재보호법」 제70조제1항에 따라 지정한 문화재
문화재자료	「문화재보호법」 제1호나 제2호에 따라 지정되지 아니한 문화재 중 시 · 도지사가 「문화재보호법」 제70조2항에 따라 지정한 문화재

*자료 : 문화재청(2017), 『문화재관계법령집』, 문화재청, pp.17~18에서 인용 후 표로 재구성.

1) 국가지정문화재

전술한 바와 같이 국가지정문화재(보물 · 국보 · 사적 · 명승 · 천연기념물 · 국가무형문화재 · 국가민속문화재)는 문화재청장이 「문화재보호법」 제23조부터 제26조까지의 규정에 따라 지정한 문화재를 말한다.

국가지정문화재는 ① 보물, ② 국보, ③ 사적, ④ 명승, ⑤ 천연기념물, ⑥ 국가무형문화재, ⑦ 국가민속문화재, ⑧ 기타 등록문화재 등으로 구분한다(문화재청, 2017).

2) 시도지정문화재

전술한 바와 같이 시도지정문화재는 특별시장 · 광역시장 · 특별자치시장 · 도지사 또는 특별자치도지사(이하 '시 · 도지사'라 한다)가 「문화재보호법」 제70조제1항에 따라 지정한 문화재를 말한다.

시도지정문화재는 ① 시도유형문화재, ② 시도무형문화재, ③ 시도기념물, ④ 시도민속자료, 기타 ⑤ 문화재자료 등으로 세분한다(문화재청, 2017).

제2절 보물

1. 보물의 지정기준

문화재청장은 문화재위원회의 심의를 거쳐 ① 유형문화재 중 중요한 것을 '보물'로 지정할 수 있고, ② 보물에 해당하는 문화재 중 인류문화의 관점에서 볼 때 그 가치가 크고 유래가 드문 것을 문화재위원회의 심의를 거쳐 '국보'로 지정할 수 있다(「문화재보호법」 제23조).

2017년 12월 31일 현재 보물은 '제1호 서울 흥인지문(동대문)'을 지정한 이래, '제1967호 오대진언 목판'까지 지정되었다. 보물의 세부적인 지정기준은 〈표 3-4〉와 같다.

〈표 3-4〉 보물의 지정기준

구분	지정기준
건조물	① 목조건축물류 – 당탑, 궁전, 성문, 전랑, 사우, 서원, 누정, 향교, 관아, 객사 등으로서 역사적 · 학술적 · 예술적 · 기술적 가치가 큰 것
	② 석조건축물류 – 석굴, 석탑, 승탑 및 석종, 비갈, 석등, 석교, 계단, 석단, 석빙고, 첨성대, 당간지주, 석표, 석정 등으로서 역사적 · 학술적 · 예술적 · 기술적 가치가 큰 것
	③ 분묘 – 분묘 등의 유구 또는 건조물, 부속물로서 역사적 · 학술적 · 예술적 · 기술적 가치가 큰 것
	④ 조적조 및 콘크리트조 건축물류 – 청사, 학교, 병원, 역사, 성당, 교회 등으로서 역사적 · 학술적 · 예술적 · 기술적 가치가 큰 것

구분	지정기준
전적 · 서적 · 문서	① 전적류 – 사본류 : 한글서적, 한자서적, 저술고본, 종교서적 등의 원본이나 우수한 고사본 또는 이를 계통적, 역사적으로 정리한 중요한 것 – 판본류 : 판본 또는 판목으로서 역사적 또는 판본학적 가치가 큰 것 – 활자본류 : 활자본 또는 활자로서 역사적 또는 인쇄사적 가치가 큰 것 ② 서적류 – 사경, 어필, 명가필적, 고필, 묵적, 현판, 주련 등으로 서예사상 대표적인 것이거나 금석학적 또는 사료적 가치가 큰 것 ③ 문서류 – 역사적 가치 또는 사료적 가치가 큰 것
회화 · 조각	– 형태 · 품질 · 기법 · 제작 등에 현저한 특이성이 있는 것 – 우리나라의 문화사적으로 각 시대의 귀중한 유물로서 그 제작기법이 우수한 것 – 우리나라의 회화사적으로나 조각사적으로 특히 귀중한 자료가 될 수 있는 것 – 특수한 작가 또는 유파를 대표한 중요한 것 – 외래품으로서 우리나라 문화에 중요한 의의를 가진 것
공예품	– 형태 · 품질 · 기법 또는 용도에 현저한 특성이 있는 것 – 우리나라의 문화사적으로나 공예사적으로 각 시대의 귀중한 유물로서 그 제작기법이 우수한 것 – 외래품으로서 우리나라의 공예사적으로 중요한 의의를 가진 것
고고자료	– 선사시대 유물로서 특히 학술적 가치가 큰 것 – 고분(지석묘 등을 포함한다) · 패총 또는 사지 · 유적 등의 출토품으로서 학술적으로 중요한 자료가 될 수 있는 것 – 전세품으로서 학술적 가치가 큰 것 – 종교 · 교육 · 학예 · 산업 · 정치 · 군사 · 생활 등의 유적 출토품 또는 유물로서 역사적 의의가 크거나 학술적 자료로서 중요하거나 제작상 가치가 큰 것
무구	– 우리나라 전사상 사용된 무기로서 희귀하고 대표적인 것 – 역사적인 명장이 사용하였던 무구류로서 군사적으로 그 의의가 큰 것

*자료 : 문화재청(2017), 『문화재관계법령집』, 문화재청, p.128에서 인용 후 표로 재구성.

2. 주요 보물

1) 목조건축

(1) 서울 흥인지문

▲ 최기종 작

보물1호 '서울 흥인지문'은 조선시대 한양도성의 동쪽 문으로 일명 '동대문'이라고 한다. 1397년(태조 6)에 도성을 쌓을 때 함께 짓기 시작하여 이듬해에 세워졌다. 지금의 흥인지문은 1869년(고종 6)에 전반적인 개축이 이루어져 오늘에 이르고 있다.

석축 중앙에는 홍예문을 두고, 그 위에 정면 5칸, 측면 2칸의 중층 문루를 세웠으며, 지붕은 우진각*이다. 기둥 위의 공포는 다포식**이며, 세부기법이 연약하고 장식 위주로 되어 있어, 조선 후기의 전형적인 양식을 잘 나타내고 있다. 1963년 1월에 보물1호로 지정되었다.

(2) 강릉 오죽헌

▲ 사진제공 : 문화재청

보물165호 '강릉 오죽헌'은 강원 강릉시 경포대에서 약 4km 남짓 떨어진 곳에 위치해 있으며, 지금도 조선시대의 99칸 한옥이 그대로 보존되어 있다. 1536년(조선 중종 31)에

* **우진각 지붕** : 일자형 평면의 지붕형태로 초가지붕에서 흔히 볼 수 있으며, 추녀가 네 귀의 처마에 의해 구성된다. 지붕 좌우에 합각이 없는 형태이다.

** **다포식 지붕** : 주로 장중하고 위엄 있는 목조양식으로, 궁궐의 정전(正殿), 주요 건물, 사찰의 법당에 주로 사용된다. 조선 중기 이후에 더욱 널리 사용되었다.

유학자 율곡 이이가 태어난 유서 깊은 곳이다. 강릉의 대표적 문화재로서 조선 초기의 목조건물이다.

오죽헌은 원래 1452년(문종 2)에 등제하여 대사헌을 지낸 최응현의 집이었다고 하며, 주변에 오죽(烏竹)이 무성해 '오죽헌'이라 불렀다고 한다. 건물은 정면 3칸, 옆면 2칸으로 된 일자집이며, 대청 · 온돌방 · 툇마루로 이루어져 있다. 기념관 내에는 율곡의 저서『격몽요결』과 벼루를 비롯해서 신사임당의 유품인 〈초충도병〉과 글씨 등 30점이 소장되어 있다.

2) 석조건축

(1) 여주 고달사지 원종대사탑

▲ 사진제공 : 문화재청

보물7호 '여주 고달사지 원종대사탑'은 고려시대의 화강석 석탑이다. 8각 원당(圓堂)의 형식을 따르면서 부분적으로 시대적인 특징이 나타나 있다. 4각형 지대석 위에는 1면에 다섯 잎씩, 각 우각(隅角)에 1엽씩, 모두 24잎의 홑잎 연꽃무늬가 얹혀 있다.

상대석은 8잎의 커다란 홑잎앙련(위로 향한 연꽃)이 있다. 그리고 바닥면에는 잘록한 받침이 있고, 상면에는 탑신 받침의 몰딩이 있다. 8각 탑신은 4면에 문비형이, 다른 4면에는 사천왕상입상이 조각되었다. 옥개도 8각이며, 추녀는 수평이나 전각에 이르러 위로 뻗어 있다.

3) 석비

(1) 서울 원각사지 대원각사비

보물3호 '서울 원각사지 대원각사비'는 원각사의 창건 내력을 적은 비(碑)이다. 1471년(조선 성종 2)에 건립되었고, 그 후 1465년(세조 11)에 흥복사 터에 원각사를 짓고 10층 사리탑을 세웠다.

높이 494cm의 화강암에 머릿돌은 따로 얹지 않고, 비의 몸돌 위를 두 마리의 용이 감싼 듯 표현하고 있다. 중앙에는 연잎조각, 꼬리와 다리에는 물고기 비늘을 섬세하게 조각해 놓아 조선시대 조각미의 형태를 보여주고 있다. 조각 아래 가운데 '대원각사지비'라는 이름이 강희맹(조선시대의 뛰어난 문장가)의 글씨로 새겨져 있다.

▲ 사진제공 : 문화재청

4) 금속공예

(1) 서울 보신각종

보물2호 '서울 보신각종'은 본래 원각사에 있던 종으로 1469년(세조 14)에 주조한 것이다. 높이 318cm, 입지름 228cm인 보신각종은 성덕대왕신종 다음으로 크다. 1536년(중종 31)에 숭례문 안으로 옮겨 놓았다가, 1597년(선조 30)에 종각을 복구하면서 이전하였다.

▲ 사진제공 : 문화재청

당시 종은 파루에 33번, 인정에 28번 울려 도성의 문을 여닫고, 하루의 시각을 알리는 데 사용하였으나, 오랜 세월 동안 많은 병화와 화재로 인하여 몸통에 균열이 생겨 더 이상 타종할 수 없게 되었다. 지금은 국립중앙박물관에 소장되어 있다.

5) 회화

(1) 단원풍속화첩

보물527호 '단원풍속화첩'은 조선 후기를 대표하는 단원 김홍도가 그린 작품이다. 풍속화첩 속에는 서민사회의 일상생활 모습과 생업에 종사하는 모습들이 구수하고 익살스럽게 표현된 그림들이 실려 있다.

풍속화첩에 소개되고 있는 25점의 풍속화는 〈기와이기〉, 〈주막〉, 〈빨래터〉, 〈자리 짜기〉, 〈벼 타작〉, 〈점심〉, 〈대장간〉, 〈논갈이〉, 〈서당〉, 〈무동〉,〈점괘〉, 〈고누놀이〉, 〈씨름〉, 〈서화감상〉, 〈길쌈〉, 〈담배썰기〉, 〈편자박기〉, 〈활쏘기〉, 〈우물가〉, 〈고기잡이〉, 〈장터길〉, 〈나루터〉, 〈신행〉, 〈노중상봉〉, 〈행상〉 등이며, 현재는 낱장의 형태로 떨어져 있다.

▲ 사진제공 : 문화재청

제3절 국보

1. 국보의 지정기준

문화재청장은 문화재위원회의 심의를 거쳐 ① 유형문화재 중 중요한 것을 '보물'로 지정할 수 있고, ② 보물에 해당하는 문화재 중 인류문화의 관점에서 볼 때 그 가치가 크고 유래가 드문 것을 문화재위원회의 심의를 거쳐 '국보'로 지정할 수 있다(「문화재보호법」 제23조).

2017년 12월 31일 현재 국보는 '제1호 서울 숭례문(남대문)'을 지정한 이래, 제321호 '문경 대승사 목각아미타여래설법상'까지 지정되었다. 국보의 세부적인 지정기준은 〈표 3-5〉와 같다.

〈표 3-5〉 국보의 지정기준

구분	지정기준
국보	– 보물에 해당하는 문화재 중 특히 역사적, 학술적, 예술적 가치가 큰 것

구분	지정기준
국보	- 보물에 해당하는 문화재 중 제작연대가 오래되었으며, 그 시대의 대표적인 것으로서, 특히 보존가치가 큰 것 - 보물에 해당하는 문화재 중 제작의장이나 제작기술이 특히 우수하여 그 유례가 적은 것 - 보물에 해당하는 문화재 중 형태 · 품질 · 제재 · 용도가 현저히 특이한 것 - 보물에 해당하는 문화재 중 특히 저명한 인물과 관련이 깊거나 그가 제작한 것

*자료 : 문화재청(2017), 『문화재관계법령집』, 문화재청, p.128에서 인용 후 표로 재구성.

2. 주요 국보

보물과 국보로 지정된 문화재 중에는 석탑 · 승탑 · 석등 · 석조불상 · 석비 등의 석조물이나 금동불 · 동종 · 금제장신구 · 동기류 등의 금속제품이 많고, 회화나 목조건축은 그 수가 적은 편이다.

본 절에서는 주요 국보 중에서도 ① 목조건축, ② 석조건축, ③ 석비, ④ 승탑, ⑤ 석등, ⑥ 불상, ⑦ 금속공예, ⑧ 도자기, ⑨ 회화 등을 중심으로 서술하고자 한다.

1) 목조건축

(1) 서울 숭례문

▲ 최기종 작

국보1호 대한민국의 상징 '서울 숭례문'은 조선시대 서울도성 성곽의 정문으로 일명 '남대문'이라고 한다. 1396년(태조 5)에 축조되어, 1398년(태조 7) 2월에 준공되었고, 그 뒤 1447년(세종 29)에 개축하였다.

건물은 정면 5칸, 측면 2칸의 중층 건물이다. 화강암으로 구축한 무지개 모양의 누기(樓基)와 마름석축으로 이루어진 기층(基層)의 중앙에 홍예문이 있고, 두 짝의 문이 달려 있다. 서울에 남아 있는 목조건물 가운데 가장 오래되었으나, 2008년 2월에 방화사건으로 건물이 붕괴되었다. 2013년에 다시 완공되어 새로운 모습으로 공개되었다.

(2) 강진 무위사 극락보전

▲ 사진제공 : 문화재청

국보13호 '강진 무위사 극락보전'은 조선 초기의 대표적인 주심포식* 건물이다. 물론 세부적 특징은 부석사무량수전의 양식보다는 후대의 것으로 보고 있나. 정면과 측면이 모두 3칸이고, 공포는 안팎 2출목이다. 두공(頭工) 위의 첨차(공포를 구성하는 기본 부재료)가 좌우로 길게 뻗어 장설(長舌)로 되었고, 첨차 아래쪽은 주심포 특유의 곡선으로 되어 짧고 강한 앙서(끝이 위로 삐죽하게 휘어 오른 쇠서받침)가 있다.

(3) 영천 은해사 거조암 영산전

▲ 사진제공 : 문화재청

국보14호 '영천 은해사 거조암 영산전'은 오백나한전으로 더 많이 알려진 곳이다. 1375(고려 우왕 원년)에 처음 지어졌고, 그 후 여러 차례의 중수를 거쳐 현재에 이르고 있다.

* **주심포식** : 주심포 형식은 기둥 위에만 공포를 배치하는 양식으로서, 고려시대에는 주심포(柱心包)와 다포(多包) 양식이 주류를 이루었다.

영산전은 거조암 일주문을 지나 영산루 아래 계단을 오르면, 신라의 삼층석탑 뒤편에 자리하고 있다. 건물 양식은 평주 위에 놓인 공포 형태와 마룻도리 위에 놓인 포대공의 형태를 들 수 있다.

(4) 안동 봉정사 극락전

▲▲ 사진제공 : 문화재청

국보15호 '안동 봉정사 극락전'은 원래 '대장전'이라 불렸다. 고려 중기인 12~13세기에 세워져 우리나라에서 가장 오래된 목조건물로 밝혀졌다. 건물은 정면 3칸, 측면 4칸 크기에 지붕은 '사람 인(人)자 모양을 한 맞배지붕'이다. 기둥은 배흘림*이며, 주심포 기둥머리 바로 위에 짜놓은 공포 양식이다. 건물 안쪽 가운데는 불상을 모셔놓고, 그 위로 닫집을 만들었다. 극락전은 통일신라시대의 건축양식을 본받고 있다.

(5) 영주 부석사 무량수전

국보18호 '영주 부석사 무량수전'은 의상대사가 왕명을 받들어 화엄의 큰 가르침을 폈던 곳이다. 부석사의 중심 건물 무량수전은 극락정토를 상징

* **배흘림기둥** : 중간 정도의 직경이 가장 크고 위와 아래로 갈수록 직경을 점차 줄여 만든 기둥이다. 고대 그리스나 로마의 신전에서도 나타나는 오랜 역사가 있는 건축기법으로, 한국에서는 보통 지면에서 3분의 1지점이 가장 굵은 것이 보통이다.

▲ 사진제공 : 문화재청

하는 아미타여래불상을 모시고 있다. 661~681년(신라 문무왕)에 짓고, 1009~1031년(고려 현종)에 고쳐지었으나, 1358년(공민왕 7)에 전소되었다.

지금의 건물은 1376년(고려 우왕 2)에 다시 짓고, 1916년에 해체 · 수리하였다. 건물은 정면 5칸, 측면 3칸이며 팔작지붕(지붕 위에 까치박공이 달린 삼각형의 벽이 있는 지붕)이다. 특히 한국 주심포 양식의 가장 오래된 목조건물로서 고대 사찰건축의 구조를 연구하는데 중요한 건축물이다. 건물 안 불전 옆면에 불상을 모신 것이 특징이다.

(6) 영주 부석사 조사당

▲ 사진제공 : 문화재청

국보19호 '영주 부석사 조사당'에는 의상대사의 초상을 모시고 있다. 건물은 1377년(고려 우왕 3)에 세웠고, 1490년(조선 성종 21), 1493년(성종 24)에 다시 고쳤다. 건물은 정면 3칸, 측면 1칸이다.

지붕은 사람 인(人)자 모양을 한 맞배지붕이며, 주심포 양식이다. 건물 안쪽의 좌우에는 사천왕상 · 보살상 등 고려 후기에 그려진 벽화가 있는데, 이것은 고려시대 회화 중 매우 희귀한 것으로서 가장 오래된 채색 그림 중 하나이다.

(7) 예산 수덕사 대웅전

국보49호 '예산 수덕사 대웅전'은 1308년(고려 충렬왕 34)에 지은 건물이다. 오래된 목조건물 중의 하나이며, 석가모니불상을 모셔 놓고 있다. 건립연대가 분명하고 형태미가 뛰어난 것으로 건물은 정면 3칸, 측면 4칸이며, 맞배지붕이다.

지붕 처마를 받치는 구조가 기둥 위에만 있는 주심포 양식이며, 정면 3칸에는 모두 3짝 빗살문을 달았다. 백제 계통의 목조건축 양식을 이은 고려시대의 건물로서 특히 건물 옆면의 장식적인 요소들이 매우 아름답다.

▲▲ 사진제공 : 문화재청

(8) 영암 도갑사 해탈문

▲ 사진제공 : 문화재청

국보50호 '영암 도갑사 해탈문'은 도갑사에서 가장 오래된 건물로서 모든 번뇌를 벗어버린다는 뜻을 지니고 있다. 도갑사는 신라 말에 도선국사에 의해 창건되고, 고려 말에 크게 번창하였던 사찰로 전해지고 있다.

정면에는 '월출산도갑사(月出山道岬寺)'라 쓴 현판이 걸려 있고, 반대편에는 '해탈문(解脫門)'이라 쓴 현판이 걸려 있다. 해탈문은 1960년에 해체 · 수리할 때 상량문이 발견됨으로써, 1473년(성종 4)에 건립된 것으로 밝혀졌다.

(9) 합천 해인사 장경판전

국보52호 '합천 해인사 장경판전'은 세계에서 가장 오래된 대장경판 보관시설로 해인사에 있다. 보존기술 및 장치가 과학적으로 설계된 조선 초기(15C)

의 건축물이다. 남쪽의 것을 수다라장, 북쪽의 것을 법보전이라 하는데, 여기에 고려 대장경판을 보관하고 있다. 그 앞 두 동의 소당에는 보판(補板)과 잡판(雜板)이 소장되어 있다. 1995년 12월에 '유네스코 세계유산'으로 등록되었다.

▲ 사진제공 : 문화재청

(10) 보은 법주사 팔상전

▲ 사진제공 : 문화재청

국보55호 '보은 법주사 팔상전'은 근대 이전에 만들어진 목탑 중 유일하게 남아 있는 건축물이다. 높이는 21m, 기둥이 무려 561개에 이른다. 건물 안에는 석가여래의 역사인 팔상화첩을 사방벽에 두 폭씩 봉안하고 있다.

건물의 특징은 중앙의 중심 기둥이 5층까지 1개로 통해 있고, 지붕 위의 쇠기둥은 피뢰침 역할을 하고 있다. 그리고 건물 내에는 석가여래의 행적을 8폭 그림으로 그려서, 동서남북에 각각 2장씩 봉안하고 있다.

(11) 순천 송광사 국사전

국보56호 '순천 송광사 국사전'은 나라를 빛낸 큰 스님 16분의 영정을 모시고, 그 덕을 기리기 위해 세운 건물이다. 1369년(고려 공민왕 18)에 처음 지었고, 그 뒤 1624년, 1914년에 두 차례에 걸쳐 보수하였다.

▲ 사진제공 : 문화재청

건물은 정면 4칸, 측면 3칸 맞배지붕으로 주심포 양식이다. 건물 안은 우물 정(井)자 모양의 천장으로 꾸미고 연꽃무늬로 장식하였다. 소박하고 아담한 형태와 주심포 중기 형식의 표준이라고 할 만한 중요한 건축물이다.

(12) 구례 화엄사 각황전

▲ 사진제공 : 문화재청

국보67호 '구례 화엄사 각황전'은 돌 기단 위에 정면 7칸, 측면 5칸 규모로 지은 2층 건물이며 팔작지붕이다. 건물 안쪽은 위·아래층이 트인 통층으로 3여래불상과 4보살상을 모시고 있다. 천장은 우물 정(井)자 모양인데, 벽쪽 사방으로 돌아가면서 경사지게 처리하였다. 건물이 매우 웅장하고 수법이 뛰어나, 우수한 건축 문화재로 평가받고 있다.

(13) 경복궁 근정전

▲ 최기종 작

국보223호 '경복궁 근정전'은 1395년에 창건되었으나 임진왜란 때 전소되어, 현재의 건물은 1867년에 재건되었다. 근정전은 2층의 목조건물로 문무백관의 조하, 국가 의식행사 거행, 외국사신을 접견하던 정전이다.

건물은 정면 3칸, 측면 2칸의 2층 문루이며, 근정문의 좌우에는 일화문(동쪽 문)과 월화문(서쪽 문)이 있다. 조선왕조 궁궐의 정전(正殿 : 임금이 조회를 하며 정사를 처리하는 장소) 중에서 가장 높고 규모가 크며, 조선 후기 다포계(정면 3칸, 측면 2칸의 팔작지붕을 한 다포계 양식의 건물) 건축의 특징을 대표하는 한국 최대의 목조건축물이다.

건물은 2단으로 된 월대(중요한 건물 앞에 놓이는 넓은 대) 위에 자리하며, 월대 주위의 돌난간에 새겨진 12지상은 정전 수호의 의미가 있다. 정전 앞 넓은 마당에는 박석(두께가 얇고 넓적한 돌)이 깔려 있고, 그 가운데의 어도(임금이 다니는 길) 좌우로 문무백관이 신분에 따라 자리하는 9개의 품계석이 놓여 있다. 근정전은 밖에서 보면 2층으로 된 건물이지만, 내부는 층의 구분이 없는 통층으로 되어 있다.

(14) 경복궁 경회루

▲ 최기종 작

국보224호 '경복궁 경회루'는 왕실의 연회장이며, 경사스러운 연회가 개최된 곳이다. 특히 외국사신의 접대나 축제가 있을 때 임금과 신하들이 이곳에서 주연을 베풀었다. 공포(처마 끝의 무게를 받치려고 기둥머리에 짜맞추어 댄 나무쪽)에 출목(出木)이 없는 이익공계로 팔작지붕의 2층건물이다.

규모는 남북으로 113m, 동서로 128m, 인공방지(方池)에 정면 7칸, 측면 5칸으로 총 35칸이다. 원래 이 건물은 1412년(태종 12)에 창건되어, 1867년에 복원한 것이다. 지붕을 떠받치는 돌기둥은 모두 48개이며, 이는 불교에서 말하는 아미타여래의 48비원을 나타낸 것이라고 한다.

(15) 창덕궁 인정전

국보225호 '창덕궁 인정전'은 1405년(태종 5)에 건립된 창덕궁의 정전이다. 그러나 몇 차례의 화재가 있었고, 지금의 건물은 1803년(순조 3)에 불탄 것을 이듬해에 다시 지은 것이다. 건물은 정면 5칸, 측면 4칸의 중층 팔작지붕 건물로 밖에서 보면 2층이지만, 내부는 천장이 높아 통층으로 트인 1층 건물이다.

▲ 사진제공 : 문화재청

지붕은 매우 장중하여 궁궐에서는 가장 으뜸이 되는 건물이다. 또한 궁궐의 권위와 외관이 주는 상징성에 초점을 맞추어 높고 화려하게 지었다. 마당에는 박석(薄石)을 깔았고, 삼도 옆으로는 1777년(정조 재위 1)에 세운 품계석이 두 줄로 세워져 있어 문신(文臣)과 무신(武臣)을 구분하였다.

내부에는 임금이 앉는 어좌(御座)가 있고, 그 뒤로는 삼라만상을 상징하는 병풍인 일월오봉도가 둘러쳐져 있다. 또한 어좌 위에는 보개(寶蓋 : 궁전이나 불전 등에서 가운데를 높게 하여 보개처럼 만든 천장)라 불리는 별도의 천장을 설치하여 어좌의 공간적 차별성을 극대화하였다. 1908년경에 내부에 서양식 가구와 실내장식이 도입되어 서양식 마루를 깔았고 전등이 설치되었다.

(16) 창경궁 명정전

국보226호 '창경궁 명정전'은 창경궁의 정전(正殿)이다. 2단의 월대 위에 정면 5칸, 측면 3칸의 단층 팔작지붕 건물로 지었다. 이 건물은 성종 15년(1484년)에 창건되었는데, 임진왜란으로 소실된 것을 1616년(광해군 8)에 중건한 건물로 현존하는 조선시대 궁궐의 정전 가운데 가장 오래되었다.

▲ 사진제공 : 문화재청

(17) 종묘 정전

국보227호 '종묘 정전'은 조선시대 초 태조 이성계의 4대조(목조 · 익조 · 도

▲ 최기종 작

조 · 환조) 신위를 모셨으나, 그 후 당시 재위하던 왕의 4대조(고조 · 증조 · 조부 · 부)와 조선시대 역대 왕 중에 공이 많은 왕과 왕비의 신주를 모시고 제사를 지내는 곳이 되었다.

종묘는 조선왕조 역대 왕과 왕후의 신위를 모신 세계에서 가장 오래되고 권위 있는 유교적 전통 신전이다. 특히 종묘의 건축은 16세기 이후 현재까지 원형을 보존 · 유지하고 있어, 1995년 12월에 유네스코 세계문화유산으로 등재되었다.

2) 석조건축

(1) 서울 원각사지 십층석탑

▲ 사진제공 : 문화재청

국보2호 '서울 원각사지 십층석탑'은 높이 약 12m로 조선시대의 석탑으로는 유일한 형태이다. 원래 원각사는 지금의 탑골(파고다)공원 자리에 있었으며, 1465년(조선 세조 11)에 세운 절이다. 그러나 1504년에 소실되었다.

탑 구석구석에 표현된 화려하고 섬세한 조각이 회백색의 대리석과 어울려 아름답다. 탑을 받쳐주는 기단은 3단으로 되어 있고, 위에서 보면 아(亞)자 모양을 하고 있다. 탑신부(탑의 몸체)는 모두 10층이며, 3층까지는 기단과 같은 아(亞)자 모양을 하고 있고, 4층부터는 정사각형의 평면이다. 각 층마다 목조건축을 모방하여 지붕 · 공포 · 기둥 등을 세부적으로 표현하였다.

(2) 중원 탑평리 칠층석탑

▲ 사진제공 : 문화재청

국보6호 '중원 탑평리 칠층석탑'은 현재 남아 있는 신라의 석탑 중 높이 14.5m로 가장 높은 칠층석탑이다. 신라 원성왕 때(8세기경) 국토의 중앙에 건립되었다 하여 일명 '중앙탑'으로도 불린다.

당시 충주는 중원 문화의 중심지였다. 삼국시대부터 남북의 요충지로 고구려 · 백제 · 신라가 서로 영토를 차지하기 위해 각축을 벌인 곳이다. 예부터 우리나라의 3대 철산지 중 한 곳이었다.

(3) 부여 정림사지 오층석탑

▲ 사진제공 : 문화재청

국보9호 '부여 정림사지 오층석탑'은 백제의 오층석탑으로 높이는 833cm이며, 전체적으로 보존상태가 양호한 편이다. 석탑의 구조는 기단 위에 탑신부가 있으나, 상륜부의 복발(覆鉢 : 탑의 노반 위에 바리때를 엎어놓은 것처럼 된 부분)을 제외하고는 모두 없어졌다.

기단은 단층으로 얕고, 각 면에는 우주와 탱주가 모각되어 있다. 1층 탑신은 4개의 우주를 별석으로 세우고, 그 사이에 2매의 면석을 끼웠다. 백제를 멸망시킨 당나라의 장수 소정방이 1층 탑신에 '대당평백제국비명(大唐平百濟國碑銘)'이라 새겨놓은 것으로 보아 당시의 수난을 엿볼 수 있다.

(4) 남원 실상사 백장암 삼층석탑

국보10호 '남원 실상사 백장암 삼층석탑'은 통일신라 말기의 석탑이다. 낮은 기단 위에 3층의 탑신을 올린 모습으로 각 부의 구조와 조각에서 특이한 양식과 수법을 나타내고 있다. 탑의 기단 · 탑신 · 지붕에 이르기까지 다양한 조각을 새겼다.

탑신의 1층에는 보살상과 신장상을, 2층에는 음악을 연주하는 천인상을, 3층에는 천인좌상을 새겼다. 통일신라시대 후기에 건립된 것으로 추측되며, 당대를 대표하는 아름다운 석탑 중 하나이다.

▲ 사진제공 : 문화재청

(5) 안동 법흥사지 칠층전탑

국보16호 '안동 법흥사지 칠층전탑'은 통일신라시대에 창건된 것으로 법흥사에 속해 있던 탑으로 추정된다. 탑은 1단의 기단 위로 7층의 탑신을 쌓아 올린 모습이다. 기단의 각 면에는 화강암으로 조각된 8부중상과 사천왕상을 세워놓았다. 기단 남쪽 면에는 계단을 설치하여 1층 몸돌에 만들어진 감실(龕室 : 불상을 모시는 방)을 향하도록 하였다.

탑신은 무늬 없는 회색 벽돌로 쌓아 올렸다. 이 탑은 7층이나 되는 높은 층수에 높이 17m, 기단너비 7.75m의 거대한 탑으로 안정된 모습을 유지하고 있다. 국내에 남아 있는 가장 크고 오래된 전탑에 속한다.

▲ 사진제공 : 문화재청

(6) 경주 불국사 다보탑

국보20호 '경주 불국사 다보탑(10.4m)'과 '불국사 삼층석탑(10.75m)'은 우리나라의 가장 대표적인 석탑으로 높이가 서로 비슷하다. 다보탑은 특수형

탑을, 삼층석탑은 우리나라 일반형 석탑을 대표한다.

▲ 사진제공 : 문화재청

두 탑을 같은 위치에 세운 것은 '과거의 부처'인 다보불(多寶佛)이 '현재의 부처'인 석가여래가 설법할 때 옆에서 옳다고 증명한다는 『법화경』의 내용을 눈으로 직접 볼 수 있게 탑으로 구현하기 위함이다. 십(十)자 모양 평면의 기단에는 사방에 돌계단을 마련하고, 8각형의 탑신과 그 주위로는 네모난 난간을 돌렸다.

특히 다보탑은 법신불인 다보여래와 보신불인 석가모니불이 불이(不二)임을 상징하는 탑이다. 다보불탑 또는 칠보탑이라고도 하며, 탑의 기단 위에 이중의 방을 구축하고, 맨 위에 상륜(相輪)을 설치하는 것이 특징이다.

(7) 경주 불국사 삼층석탑

국보21호 '경주 불국사 삼층석탑'은 751년(신라 경덕왕 10)에 조성된 것으로 추측된다. 2단의 기단 위에 3층의 탑신을 세운 석탑으로 8세기 통일신라시대의 훌륭한 작품이다. 탑 전체의 무게를 지탱할 수 있도록 2층의 기단이 튼실하게 짜여 있다. 목조건축을 본떠서 위 · 아래층 기단의 모서리마다 돌을 깎아 기둥 모양을 만들어놓았다.

▲ 사진제공 : 문화재청

이 탑은 '무영탑(無影塔 : 그림자가 비치지 않는 탑)'이라고도 불린다. '삼층석탑을 짓고 있는 백제의 석공 아사달을 찾아 멀리 신라의 서라벌까지 찾아온 아사녀가 남편을 만나보지도 못한 채 연못에 몸을 던져야 했던 슬픈 전설'이 서려 있다.

(8) 경주 석굴암 석굴

▲ 사진제공 : 문화재청

국보24호 '경주 석굴암 석굴'은 751년(신라 경덕왕 10)에 재상 김대성이 창건을 시작하여 774년(혜공왕 10)에 완성하였다. 토함산 중턱에 백색의 화강암을 이용하여 석굴을 만들고, 내부공간에 본존불인 석가여래불상과 주변 벽면에 보살상 · 제자상 · 역사상 · 천왕상 등을 조각하였으나, 지금은 38구만이 남아 있다.

석가상의 높이는 3.84m로 인도의 아잔타, 중국의 운강 · 용문 등과 함께 아시아의 3대 동굴사원의 하나로 일컬어지고 있다. 인조 석굴 중에서 가장 정교함을 나타내고 있다. 특히 천장 위에 공간이 있고, 그 위에 또 하나의 공간이 있는 이중구조를 하고 있다. 벽 뒤에는 석재를 쌓아 보호벽을 만들고, 여기에 숯을 넣어 습도 조절에 완벽을 꾀하고 있다.

석굴의 구조는 입구인 직사각형의 전실(前室)과 원형의 주실(主室)이 복도 역할을 하는 통로로 연결되어 있다. 360여 개의 넓적한 돌로 원형 주실의 천장을 교묘하게 구축한 건축기법은 세계에서 그 유례가 드물다.

석굴 입구의 전실에는 좌우로 4구씩 팔부신장상을 두었고, 통로 좌우 입구에는 금강역사상을 조각하였다. 그리고 좁은 통로의 좌우로 2구씩 사천왕상을 조각하였다. 원숙한 조각기법, 사실적인 표현, 완벽하게 형상화된 본존불, 십일면관음보살상 · 인왕상 · 사천왕상 등 불교조각에서 최고의 걸작품으로 꼽힌다.

석굴암 석굴은 신라 불교예술의 전성기에 이룩된 최고의 걸작으로 건축 · 수리 · 종교 · 예술 등이 유기적으로 결합되어 더욱 돋보인다. 석굴암은 1995년 12월에 불국사와 함께 유네스코 세계문화유산으로 공동 등재되었다.

(9) 경주 분황사 모전석탑

▲ 사진제공 : 문화재청

국보30호 '경주 분황사 모전석탑'은 높이 930cm로 분황사 창건 당시에 세워졌다.

안산암을 벽돌 모양으로 다듬어 쌓은 모전석탑(模塼石塔)으로 원래는 9층이었던 것으로 추정되나, 현재는 3층만 남아 있다.

단층의 기단은 자연석으로 높게 쌓았고, 그 위에 화강암으로 받침을 마련하고 탑신을 쌓았다.

1층 탑신 4면에는 각각 감실을 만들고 문짝을 달았다. 문 좌우에는 화강암으로 조각하여 끼운 인왕상이 있다. 기단의 네 귀퉁이에는 석사자상(포효하는 사자의 모습을 양식화한 중국의 예술품)이 배치되어 있다.

옥개부는 전탑 특유의 구조인 상하에 층단이 있다. 1915년 수리 때 2층과 3층 사이의 석함 속에서 사리장엄구가 발견되어 은제사리함과 구슬류 등이 수습되었다.

(10) 경주 첨성대

▲ 사진제공 : 문화재청

국보31호 '경주 첨성대'는 높이가 약 950cm이며, 현재까지 남아 있는 천문대 중 세계에서 가장 오래된 석조유구이다.

술병 모양과 비슷한 첨성대는 지진 · 일식 · 월식 등을 관찰 기록하고 예언하거나, 별의 이동을 관찰하여 길흉을 판단하거나, 농업기상관측을 했던 것으로 보인다. 구조는 기단부 · 원주부 · 정자형 두부로 나뉜다. 석재는 화강암이며, 석재 수는 총 365개 내외이다.

(11) 구례 화엄사 사사자 삼층석탑

▲ 사진제공 : 문화재청

국보35호 '구례 화엄사 사사자 삼층석탑'에서 가장 주목되는 부분은 암수 4마리의 사자를 각 모퉁이에 기둥 삼아 세워놓은 구조로서 앞을 바라보며 입을 벌린 채 포효하듯 날카로운 이를 드러내고 있다.

탑신은 1층 몸돌에 문짝 모양을 본떠 새기고, 양옆으로 인왕상 · 사천왕상 등을 조각했다.

탑 위에는 머리장식의 받침돌인 노반과 복발(엎어놓은 그릇모양의 장식)이 있다. 통일신라 8세기 중엽에 건립된 것으로 추측된다.

3) 석비

(1) 서울 북한산 신라 진흥왕 순수비

▲ 사진제공 : 문화재청

국보3호 '서울 북한산 신라 진흥왕 순수비'는 신라 진흥왕(540~576)이 세운 순수척경비 가운데 하나이다. 왕이 한강유역을 영토로 편입한 뒤, 이 지역을 방문한 기념으로 세운 것이다. 원래는 북한산 비봉에 있었으나, 지금은 국립중앙박물관에 보관되어 있다.

비(碑)의 형태는 직사각형의 다듬어진 돌을 사용하였으며, 자연암반 위에 2단의 층을 만들고 세웠다. 높이는 1.54m, 너비 69cm이다. 비에 쓰여 있는 글은 모두 12행으로 행마다 해서체로 32자를 새겼다.

내용은 왕의 지방방문 목적과 비를 세우게 된 연유 등이 기록되어 있는데, 주로 진흥왕의 영토 확장을 찬양하는 글이다. 건립연대는 561~568년 사이 혹은 그 이후로 짐작하고 있다. 1816년에 문신 · 서화가 · 금석학자인 추사 김정희가 발견하고 판독하여 세상에 알려졌다.

(2) 천안 봉선홍경사 갈기비

▲ 사진제공 : 문화재청

국보7호 '천안 봉선홍경사 갈기비'는 1026년(현종 17)에 건립되었다. 이수(용 모양을 새긴 비석의 머릿돌)와 귀부(거북 모양으로 만든 비석의 받침돌)를 모두 갖추어 일반 석비의 형식을 따르고 있다. 현종 임금이 부왕의 유지를 받들어 홍경사를 조성하였다는 뜻에서 전액을 '봉선홍경사갈기'라 하였다.

전체 높이는 2.8m, 비신 높이는 1.94m, 너비는 1m이다. 갈기(碣記 : 비석의 기록)에 의하면, '절이 있는 곳에 인적이 끊겨 도적이 많았으므로 이러한 우환을 없애기 위하여 승려를 불러 불법을 전하고자 절을 짓게 되었다'고 한다. 글은 유학자 최충이 지었고, 글씨는 백현례가 썼다. 현존하는 사적비 중 우수한 작품에 속한다.

(3) 보령 성주사지 낭혜화상 탑비

▲ 사진제공 : 문화재청

국보8호 '보령 성주사지 낭혜화상 탑비'는 현재 승탑 없이 탑비만 보호비각 안에 서 있는데, 이것이 해운 최치원의 사산비명 중 하나인 낭혜화상(郎慧和尙) 부도비이다. 통일신라 말기 성주사에 머무르면서 선문9산 중 성주산문을 일으킨 무염대사를 기리기 위해 최치원이 왕명에 따라 지은 비석이다.

비석은 10세기 초에 세워졌으며, 5,120여 자의 긴 비문이 새겨져 있다. 최치원이 지은 화려한 문장을 최인연이 해서체로 쓴 것이다.

(4) 경주 태종무열왕릉비

▲ 사진제공 : 문화재청

국보25호 '경주 태종무열왕릉비'는 높이 2.1m로 능에서 약 40m 앞 좌측에 있다. 건립연대는 7세기 중반기로 보고 있으며, 현재 귀부와 이수만 남아 있고 비신은 없어졌다.

귀부를 생동감 있게 표현하고 있는 것이 특징이다. 목은 앞으로 길게 내밀고 머리를 쳐들고 있으며, 발은 기운차게 뻗어 있다.

등에는 4중으로 중첩된 6각의 귀갑문을, 그 외연에는 비운문을 가지런하게 장식하였다. 가운데에는 연화문를 조각하고, 그 위에 비좌를 두었다. 이수는 좌우에 3마리씩 6마리의 용이 뒷발을 세워 보주를 감싸고 있는 형상으로 통일신라시대의 뛰어난 조각기술을 보여주고 있다.

이수의 앞면 중앙에는 '태종무열대왕지비'라는 제액이 전서로 양각되어 있다. 비문은 김인문(金仁問)의 글씨로 전해지고 있다.

(5) 창녕 신라 진흥왕 척경비

▲ 사진제공 : 문화재청

국보33호 '창녕 신라 진흥왕 척경비'는 높이 174cm로 진흥왕이 561년 가야연맹의 한 세력이었던 창녕을 정복한 기념으로 세운 것이다. 여기에는 39명의 귀족과 관료들의 이름이 새겨져 있는데, 『국사』를 편찬한 거칠부, 김유신의 아버지 김무력 등의 이름이 있다.

창녕비에는 왕을 수행한 신하들의 이름이 기록되어 있어 진흥왕순수비로 인정받고 있다. 이 비석에는 대가야 최후의 태자로서 월광태자로 불리는 도설지의 이름이 새겨져 있다. 도설지는 562년 진흥왕에 의해 대가야의 왕으로 책봉되었지만, 백제와 짜고 반란을 일으켰다가 진압당한 뒤 왕위에서 내려왔다.

4) 승탑

(1) 여주 고달사지 승탑

▲ 사진제공 : 문화재청

국보4호 '여주 고달사지 승탑'은 고달사 터에 남아 있는 고려시대의 승탑(승려의 사리나 유골을 안치한 묘탑)이다. 고달사는 764년(통일신라시대 경덕왕 23)에 창건된 사찰이다. 한 때는 큰 사찰로서의 면모를 유지하였으나 폐쇄되었다.

탑은 바닥의 형태가 8각이며, 꼭대기의 머리장식을 제외하면 대부분 잘 보존되어 있는 편이다. 탑 전체의 무게를 지탱하고 있는 기단은 상 · 중 · 하 세 부분으로 갖추어져 있으며, 가운데 돌은 거의 원을 이루고 있다. 표면에 새겨진 두 마리의 거북은 입체적으로 표현하였고, 각 거북을 사이에 두고 네 마리의 용을 새겼다.

(2) 구례 연곡사 동 승탑

▲ 사진제공 : 문화재청

국보53호 '구례 연곡사 동 승탑'은 높이 300cm로 연곡사 대웅전 뒤편 동쪽에 있는 통일신라시대 때 건립된 것으로 추측된다.

기단 · 탑신 · 옥개의 세 부분으로 이루어졌으며, 네모진 장대석에 8각의 2층 기단을 두고 각 층에 운룡(雲龍)을 새기고 윗부분에는 사자를 조각했다. 도선 국사의 유골을 안치한 묘탑으로 추정되고 있다.

(3) 구례 연곡사 북 승탑

▲ 사진제공 : 문화재청

국보54호 '구례 연곡사 북 승탑'은 높이 300cm로 네모난 지대석 위에 기단부 · 탑신부 · 상륜부가 차례로 놓여진 8각원당형 부도이다. 하대석은 구름무늬가 조각된 8각대석과 복련대석의 2단으로 구성되었다. 중대석은 3단 굄이 받치고 있고, 각 면의 안상 안에는 형태가 뚜렷하지 않은 조각이 장식되었다.

특히 향완은 동 승탑과는 달리 악귀가 삼족의 향완을 떠받치고 있다. 옥개석에는 이중의 서까래 · 기왓골 · 막새가 모각되어 있고, 그 아랫면에는 비천이 조각되어 있다. 상륜부는 앙화(탑의 복발 위에 꽃모양을 새긴 장식) 위에 날개를 편 4마리의 봉황 · 연화석 · 보륜이 차례로 얹혀 있다.

5) 석등

(1) 보은 법주사 쌍사자 석등

▲ 사진제공 : 문화재청

국보5호 '보은 법주사 쌍사자 석등'은 통일신라시대의 석등으로 사자를 조각한 유물 가운데 가장 오래되었다. 8각의 바닥돌 위에 올려 진 두 마리의 사자가 서로 가슴을 맞대고 서서 앞발과 주둥이로 윗돌을 받치고 있다.

높이 3.3m인 이 석등은 720년(신라 성덕왕 19)에 조성된 것으로 보고 있다. 전체적으로 8각의 평면을 기본으로 하고 있으며, 불을 밝히는 화사석을 중심으로 아래에는 3단의 받침돌을 두고, 위에는 지붕

돌을 올렸다.

받침돌 면마다 안상을 새기고, 그 윗면은 연꽃을 조각하였다. 화사석은 4면에 창을 두었고, 나머지 4면에는 사천왕상을 조각하였다. 통일신라시대의 석등을 대표할 만한 작품이라고 할 수 있다.

(2) 구례 화엄사 각황전 앞 석등

▲ 사진제공 : 문화재청

국보12호 '구례 화엄사 각황전 앞 석등'은 높이 6.4m로 한국에서 가장 큰 규모이다. 불을 밝혀두는 화사석을 중심으로 아래로는 3단의 받침돌을 두고, 위로는 지붕돌로 머리장식을 얹었다.

8각으로 이루어진 화사석은 불빛이 나오도록 4개의 창을 뚫어놓았다. 860~873년 사이에 세워진 것으로 추정되며, 통일신라시대의 대표적인 작품이다.

(3) 영주 부석사 무량수전 앞 석등

▲ 사진제공 : 문화재청

국보17호 '영주 부석사 무량수전 앞 석등'은 통일신라시대의 석등으로 부처의 광명을 상징하며, 일명 '광명등'이라고 한다. 불을 밝혀두는 화사석을 중심으로 아래에 3단의 받침돌을 두고, 위에 지붕돌을 올린 후 꼭대기에 머리장식을 얹었다.

4각 바닥돌은 옆면에 무늬를 새겨 꾸몄으며, 그 위의 아래받침돌은 연꽃 조각을 얹어 가운데 기둥을 받치고 있다. 전형적인 8각 기둥형태로 위로는 연꽃무늬 조각의 윗받침돌을 얹어놓았다.

6) 불상

(1) 경주 불국사 금동비로자나불좌상

▲ 사진제공 : 문화재청

국보26호 '경주 불국사 금동비로자나불좌상'은 높이 1.77m로 진리의 세계를 두루 통솔한다는 의미를 지닌 비로자나불을 형상화한 것이다. 머리칼은 작은 소라 모양으로 표현하였고, 얼굴은 위엄과 자비로운 인상을 풍긴다.

왼쪽 어깨에만 걸쳐 입은 옷은 매우 얇게 표현되어 있고, 자연스럽게 흘러내린 옷 주름은 사실적으로 표현하였다. 손모양은 오른손 검지를 왼손으로 감싸고 있어 비로자나불이 취하는 손 모양과는 반대로 표현하였다.

특히 신체의 비례 등에서 이상적이면서도 세련된 불상의 모습을 엿볼 수 있다. ① 경주 불국사 금동아미타여래좌상(국보27호), ② 경주 백률사 금동약사여래입상(국보28호)과 함께 통일신라 3대 금동불상으로 불린다.

(2) 경주 불국사 금동아미타여래좌상

▲ 사진제공 : 문화재청

국보27호 '경주 불국사 금동아미타여래좌상'은 높이 1.66m로 불국사 극락전에 있다. 머리에는 소라 모양의 머리칼을 기교 있게 붙여놓았고, 정수리 부근에는 상투 모양의 머리(육계)가 큼직하게 솟아 있다.

신체의 표현은 장중하여 건장한 남성의 체구를 연상시키며, 두 무릎은 넓게 퍼져서 매우 안정된 느낌을 준다.

오른쪽 어깨를 드러내고, 왼쪽 어깨에만 걸쳐 입은 옷에는 주름이 새겨져 있는데, 매우 사실적으로 표현하였다.

어깨 높이로 들어 약간 오므린 왼손은 손바닥을 보이고 있으며, 오른손은 무릎에 올려놓고 엄지와 가운데 손가락을 약간 구부리고 있다. 어깨와 당당한 가슴과 허리 등에서 사실적이면서 세련된 통일신라시대 불상의 모습을 엿볼 수 있다.

(3) 경주 백률사 금동약사여래입상

▲ 사진제공 : 문화재청

국보28호 '경주 백률사 금동약사여래입상'은 높이 177cm로 백률사에 있던 것을 국립경주박물관으로 옮겨 진열하고 있다. 통일신라시대의 3대 금동불상으로 우수한 주조기술을 보여주고 있다.

불상은 광배 · 대좌 · 양손을 잃은 상태이다. 미소를 띠고 있는 얼굴은 네모 형에 가깝고, 머리는 나발이다. 하체가 길고 어깨는 넓으며, 배를 내밀고 서 있다. 법의는 통견이며 넓게 드러난 가슴에 내의 단이 비스듬히 지나가고, 그 밑으로 내의를 묶은 띠매듭이 보인다. 양식적으로 보아 8세기 말에서 9세기 초에 제작된 것으로 보인다.

(4) 영주 부석사 소조여래좌상

▲ 사진제공 : 문화재청

국보45호 '영주 부석사 소조여래좌상'은 부석사 무량수전에 모시고 있는 소조불상으로 높이 2.78m이다. 소조불상은 나무로 골격을 만들고 진흙을 붙여가면서 만드는 것이다.

우리나라 소조불상 가운데 가장 크고, 오래된 작품으로 가치가 매우 크다. 풍만한 얼굴, 두꺼운 입술, 날카로운 코 등에서 근엄한 인상을 풍기고 있고, 옷 주름을 촘촘하게 표현하고 있다.

(5) 금동미륵보살반가사유상

▲ 사진제공 : 문화재청

국보78호 '금동미륵보살반가사유상'은 삼국시대에 만들어진 것이다. 오른쪽 다리를 왼쪽 무릎 위에 올려놓은 반가(半跏)의 자세로 앉아서 왼손을 오른쪽 다리 위에 두고, 오른쪽 팔꿈치는 무릎 위에 붙인 채 손가락을 살짝 뺨에 대고 있다.

얼굴은 약간 네모난 편으로 눈을 가늘게 뜨고 있다. 코는 유난히 오똑하게 표현되어 있고, 입가의 잔잔한 미소가 신비로운 느낌을 준다. 신체는 매우 날씬하게 표현되었는데, 좁은 어깨와 가는 허리 · 팔 등에는 부드러운 곡선미가 잘 드러나 있다.

7) 금속공예

(1) 성덕대왕신종

▲ 사진제공 : 문화재청

국보29호 '성덕대왕신종'은 통일신라시대의 동종으로 높이 333cm, 입지름 227cm에 이르며, 일명 '봉덕사종' 또는 '에밀레종'이라고도 한다. 1915년에 경주박물관으로 이전하여 전시하고 있다. 우리나라에 현존하는 종 가운데 가장 규모가 크며 한국종의 형식을 갖추고 있다.

신라 경덕왕이 아버지인 성덕왕의 공덕을 찬양하기 위하여 동(銅) 12만 근으로 주조를 시작했으나, 완성을 보지 못하고 죽자 아들인 혜공왕이 뜻을 받들어 771년(혜공왕 7)에 완성했다고 한다. ① 상원사동종(725)과 함께 통일신라시대 동종을 대표하며, 8세기경 금속공예의 높은 수준을 알려주는 예이다.

(2) 상원사 동종

▲ 사진제공 : 문화재청

국보36호 '상원사 동종'은 725년(신라 성덕왕 24)에 만들어졌다. 경주 성덕대왕신종(국보29호)과 더불어 통일신라시대 범종 3구 중 하나이다. 높이는 167cm, 입지름은 91cm로 소리의 울림을 도와주는 음통(音筒)이 연꽃과 덩굴무늬로 장식되어 있다.

조각 수법이 뛰어나며, 몸체의 아래와 위의 끝부분이 안으로 좁혀지는 고풍스런 모습을 하고 있다. 또한 ① 우리나라에 현존하는 종 가운데 가장 오래됐고 아름답고, 고유한 특색을 갖추고 있다.

(3) 금관총 금관 및 금제 관식

▲ 사진제공 : 문화재청

국보87호 '금관총 금관 및 금제 관식'은 높이 44.4cm이다. 금관은 내관과 외관으로 되어 있는데, 외관은 신라금관의 전형이다.

1921년에 발견된 것으로 금관은 원형의 머리띠 정면에 3단으로 '출(出)'자 모양의 대생지(마디마다 두 개씩 마주 붙어서 나는 가지), 수목형(樹木形), 입식(立飾) 세 개와, 뒤쪽 좌우에 두 개의 사슴뿔모양 장식이 세워져 있다.

대륜 상하와 입식 주위에는 점렬문(點列紋)이 찍혀 있고, 많은 비취색 곱은옥과 원형의 영락이 규칙적으로 금실에 매달려 있다.

(4) 금관총 금제 허리띠

▲ 사진제공 : 문화재청

국보88호 '금관총 금제 허리띠'는 1921년 경주시 노서동금관총에서 발견되었는데, 장신구류 · 꾸미개류 · 말갖춤류 · 무기류 · 용기류 등 4만여 점의 유물이 함께 출토되었다.

국보급 유물인 금관 · 관식 · 관모 등의 장신구가 발견되었고, 금제 허리띠는 피장자의 허리 부근에서 금동제 및 은제 허리띠와 함께 수습되었다.

(5) 백제 금동대향로

▲ 사진제공 : 문화재청

국보287호 '백제 금동대향로'는 높이 61.8cm 무게 11.8kg이다. 향로의 뚜껑에는 23개의 산들이 4~5겹의 중첩된 모습으로 표현되어 있다.

뚜껑 위에는 5명의 악사가 연주를 하고 있고, 무인상 · 기마수렵상 등 16명의 각종 인물상과 봉황 · 용 그리고 호랑이 · 사슴 등 동물 39마리가 표현되어 있다.

뚜껑 꼭지 위의 봉황은 꽁지를 쳐들고 목과 부리로 여의주를 품고 날개를 활짝 펴고 서 있는데, 아래쪽에 배치된 음(陰)을 대표하는 용과 대비를 이루고 있다. 몸체는 활짝 피어난 연꽃봉오리 모양으로 표현되어 있고, 연잎의 표면에는 불사조 · 물고기 · 사슴 · 학 등이 섬세하게 묘사되어 있다.

8) 도자기

(1) 청자 사자형뚜껑 향로

국보60호 '청자 사자형뚜껑 향로(높이 21.2cm, 화사 지름 16.3cm)'는 12세기 전반 고려시대에 만들어진 청자향로이다.

▲ 사진제공 : 문화재청

향로는 향을 피우는 화사와 뚜껑으로 구성되어 있는데, 화사는 동물 얼굴모양으로 된 3개의 다리가 받치고 있다. 구연부에는 넓은 전이 달려 있고, 몸체에는 구름무늬가 음각으로 새겨져 있다.

(2) 청자 어룡형 주전자

국보61호 '청자 어룡형 주전자(높이 24.4cm, 몸지름 13.5cm, 밑지름 10.3cm)'는 12세기경 고려시대에 만들어진 청자 주전자이다. 용의 머리와 몸통, 물고기의 지느러미와 꼬리를 조합해 만든 상형 주전자로 복판의 앙련이 몸체의 아랫부분을 받치고 있다.

▲ 사진제공 : 문화재청

주구는 용의 머리형태이며, 벌린 입 사이로 내민 혀를 통해 내부의 액체가 나오도록 되어 있다. 용의 얼굴에는 비늘과 수염 등이 정교하게 표현되었다. 뚜껑은 물고기의 꼬리형태로 만들었으며, 몸체와 연결된 형상을 이루고 있다.

(3) 청자 기린형뚜껑 향로

국보65호 '청자 기린형뚜껑 향로(높이 20cm)'는 꿇어앉은 기린 형상의 향로이다. 변죽이 넓은 향로 바탕을 삼각수면족(三角獸面足)으로 떠받치고, 뚜껑 중앙부에는 꿇어앉아 뒤를 돌아보는 기린 형상이 조각되어 있다.

기린의 앞가슴에 도식적인 나모(螺毛)를 표현한 것은 단조로운 기린의 앞가슴에 조형효과를 돋운 것이며, 반쯤 벌린 입으로는 향연을 풍기도록 되어 있다. 유약에는 약간의 유빙렬(釉氷裂)이 나타나 이 시대의 유약 특유의 은은한 광택이 향로 전체를 품위 있게 감싸고 있다.

▲ 사진제공 : 문화재청

(4) 청자 상감연지원앙문 정병

국보66호 '청자 상감연지원앙문 정병(높이 37cm, 밑지름 8.9cm)'은 12세기 중엽 고려시대에 만들어진 상감청자 정병이다. 이 정병의 첨대는 원통형이며, 중간의 환대에는 2개의 단이 있고, 다시 목으로 유려하게 연결된다.

어깨에는 가는 백색의 선으로 여의두문대가 돌려져 있고, 그 밑의 몸체에는 버드나무 · 대나무 · 연꽃 · 갈대 · 원앙 등이 한 폭의 풍경화처럼 표현되어 있다.

▲ 사진제공 : 문화재청

(5) 청자 상감운학문 매병

국보68호 '청자 상감운학문 매병(높이 42.1cm, 입지름 6.2cm, 배지름 24.5cm, 밑지름 17cm)'은 12세기경 고려시대에 만들어진 것이다.

몸체의 문양은 크게 3부분으로 나누어지는데, 구연 바로 아래 목 주위에는 겹으로 백색의 선을 그리고 그것에 잇대어 여의두문대를 돌렸다. 원권 내의 학은 하늘로 비상하는 자세이고, 여백에 그려

▲ 사진제공 : 문화재청

진 학은 땅을 향해 내려오는 모습으로 되어 있다. 기형과 문양의 구성, 유색 등에서 상감청자 전성기의 완성도가 높은 작품으로 평가되며, 상감청자 매병 중에서도 수작으로 꼽힌다.

9) 회화

(1) 이제현 초상

▲ 사진제공 : 문화재청

국보110호 고려 후기의 문신 · 학자 익재 이제현(1287~1367)의 초상화이다. 그는 당시 고려를 대표하는 정치가이자 학자이며, 고려 최고의 관직인 문하시중의 자리까지 오른 인물로서, 고려에 신학문과 사상을 소개하고, 성리학을 전파하고 발전시켰다.

그림은 가로 93cm, 세로 177.3cm로 의자에 앉은 모습을 비단에 채색하여 그렸다. 이 그림은 1319년(충숙왕 6)에 이제현이 왕과 함께 원나라에 갔을 때 고려 충선왕(1275~1325)과 당시 최고의 화가인 '진감여'가 그렸다. 원나라 화가의 작품이지만 구도가 안정되고, 인물 묘사가 뛰어난 우수한 작품이다.

(2) 안향 초상

▲ 사진제공 : 문화재청

안향 초상은 국보111호로 지정되었다. 안향(1243~1306)은 고려시대의 학자 · 정치가이다. 그는 중국에서 주자학(성리학 · 유교)을 가져와 동방성리학을 연 최초의 주자학자이다.

1318년에 고려 충숙왕은 그의 공적을 기념하기 위해 궁중에서 일하던 원나라 화가에게 명하여 초상을 그리게 하였다. 또한 공자의 사당에 그의 초상화를 함께 모시기 위해 1본을 더 그려 향교에 모셨다가, 조선 중기 백운동서원(소수서원)을 건립하면서 이곳에 옮겨놓았다.

(3) 신윤복필 풍속도 화첩

▲ 사진제공 : 문화재청

국보135호 '신윤복필 풍속도 화첩'은 조선 후기의 화가 혜원 신윤복(1754~1814)이 그린 〈단오풍정〉, 〈월하정인〉, 〈청금상련〉, 〈기방무사〉, 〈청루소일〉 등의 연작 풍속화 30여 점이 들어 있는 화첩이다.

신윤복은 참신한 색채가 돋보이는 산수화 자품을 남겼지만, 특히 풍속하에서 독특한 경지를 나타내고 있다. 혜원 풍속도는 주로 한량과 기녀를 중심으로 한 남녀 간의 애정 · 낭만 · 양반사회의 풍류를 다루었다. 가늘고 섬세한 필선과 세련되고 아름다운 색채가 낭만적인 분위기를 효과적으로 잘 나타내고 있다.

(4) 김홍도필 군선도 병풍

▲ 사진제공 : 문화재청

국보139호 '김홍도필 군선도 병풍'은 단원 김홍도(1745~1806)가 그린 도석인물화(불교나 도교에 관계된 초자연적 인물상을 표현한 그림)이다.

원래는 8폭으로 연결된 병풍그림이었으나, 지금은 8폭이 3개의 족자로 분리되어 있다. 그림을 모두 연결한 상태에서 가로 575.8cm, 세로 132.8cm의 크기이며, 그것이 분리된 3개의 족자는 가로 48.8cm, 세로 28cm 내외이다. 종이 바탕에 먹을 사용하고 청색 · 갈색 · 주홍색 등을 곁들여 채색하였다.

특히 굵은 먹선으로 인물의 윤곽을 빠르고 활달하게 묘사하고, 얼굴 · 손 · 물건은 가는 붓으로 섬세하게 처리하였다.

(5) 김정희필 세한도

▲ 사진제공 : 문화재청

국보180호 '김정희필 세한도(세로 23cm, 가로 69.2cm)'는 제주도에서 귀양살이를 하고 있던 김정희가 북경에서 책을 구해준 역관 이상적(1844년)에게 답례로 그려준 것이다. 김정희는 이 그림에서 제자 이상적의 인품을 '낙엽 지는 소나무와 잣나무의 지조'에 비유하여 표현하였다.

화면 오른쪽에 '歲寒圖(세한도)'라는 화제(畵題)와 '藕船是賞阮堂(우선시상완당)'이라는 관지(款識)를 쓰고, '正喜(정희)'와 '阮堂(완당)'이라는 도인(圖印)을 찍어 놓았다.

그림 자체는 단색조의 수묵, 그리고 마른 붓질과 필획의 감각만으로 이루어졌다. 그림은 집 한 채와 그 좌우로 소나무와 잣나무가 두 그루씩 간략하게 묘사되고, 나머지는 여백을 두었다. 세한도는 산수화로서 남종화 또는 조선적인 선비 그림의 정수를 보여주는 것으로 손꼽힌다.

(6) 정선필 인왕제색도

▲ 사진제공 : 문화재청

국보216호 '정선필 인왕제색도'는 정선이 75세 때 그린 수묵담채(세로 79.2cm, 가로 138.2cm)이다. 인왕산 아래에서 태어난 그는 1751년(영조 27) 5월 하순경에 비 온 뒤의 인왕산을 그렸다.

울창한 숲과 거대한 바위로 이루어진 인왕산의 웅장한 바위가 원경에 가득 배치되어 있어 대담하면서도 강렬한 느낌을 준다. 서서히 걷히는 안개와 수려한 산세를 엷고 짙은 먹색으로 표현하였고, 크고 작은 수목은 그의 활달한 편필(偏筆)로 묘사하여 변화를 주었다.

특히 백색 바위의 양감을 강조하기 위해 구사된 묵찰법에 의한 힘찬 붓질은 화면에 무게감과 활력을 불어넣어준다. 조선 후기 진경산수화의 수준을 보여주는 최고의 작품이다.

(7) 정선필 금강전도

▲ 사진제공 : 문화재청

국보217호 '정선필 금강전도'는 1734년 겨울 금강산의 만폭동을 중심으로 그린 것으로 조선시대 진경산수화를 개척한 겸재 정선의 대표적인 작품이다. 그림(세로 130.6cm, 가로 59cm)은 종이에 엷은 채색으로 그렸고, 금강산을 여행하며 묘사한 것을 다시 한 화면에 집중하여 구성하였다.

그림의 가장 위쪽에 우뚝 솟은 봉우리는 금강산의 최고봉인 비로봉이다. 이것은 남성을 상징하는 것이고, 왼쪽 아래의 계곡은 여성을 상징하는 것이라고 한다. 정선은 우주적 질서와 음양의 원리를 빌려 금강산을 소우주로 표현했던 것이라고 한다.

(8) 송시열 초상

▲ 사진제공 : 문화재청

국보239호 '송시열 초상(세로 89.7cm, 가로 67.6cm)'은 우암 송시열(1607~1689)을 그린 초상화 중에서도 뛰어난 수작으로 손꼽힌다. 평상복 차림에 복건을 쓴 이 작품은 주름과 수염에 보이는 섬세한 얼굴 표현을 한 것으로 사실적인 묘사가 특징이다.

다소 과장돼 보이는 체구와 윤곽을 그린 견고한 필선, 그리고 직선 위주의 간명한 옷 주름은 조선 중기에 학문과 사상을 떨쳤던 정치가의 이미지를 잘 전달하고 있다.

얼굴과 복식에서 음영 처리가 나타나지 않는 점은 17세기 초상화의 특징이 담겨 있다고 볼 수 있다. 그림의 윗부분에는 1778년에 정조가 지은 찬시가 씌어 있고, 오른쪽에는 송시열이 지은 글이 씌어 있다.

(9) 윤두서 자화상

▲ 사진제공 : 문화재청

국보240호 '윤두서 자화상(세로 38.5cm, 가로 20.5cm)'은 자신의 모습을 정면으로 그린 자화상이다. 상용 형식이나 표현기법 등에서 특이한 양식을 보이는 수작으로 평가된다. 박진감이 넘치는 이 자화상은 우리나라 초상화에서 그 유례를 찾아보기 어려울 정도로 정교하고 뛰어난 최고의 작품이다.

자화상에서 그려진 ① 종이를 뚫고 세상을 넘어설 듯한 강렬한 기세와 의지, ② 윗부분이 생략된 탕건, ③ 꼬리 부분이 치켜 올라간 눈썹, ④ 잘 다듬어진 턱수염, ⑤ 살찐 볼, ⑥ 두툼한 입술에서 윤두서라는 인물의 성격과 기개를 읽을 수 있다.

(10) 신원사 노사나불괘불탱

국보299호 '신원사 노사나불괘불탱(길이 11.18m, 폭 6.88m)'은 화엄종의 주불인 비로자나불을 대신하여 노사나불이 영취산에서 설법하는 장면인 영산회상을 그린 괘불(掛佛)*이다.

▲ 사진제공 : 문화재청

괘불은 '절에서 큰 법회나 의식을 행하기 위해 법당 앞뜰에 걸어놓고 예배를 드리는 대형 불교그림'이다. 단독으로 그려진 노사나불은 화면을 가득 채우고 있으며, 손은 신체에 비해 큰 편으로 손바닥을 들어 올려 설법하는 모습을 하고 있다. 녹색 · 홍색 · 분홍색 등을 이용하여 옷을 표현하였고, 5가지 색으로 빛을 형상화하여 주변의 배경을 표현하였다. 조선 후기 불화양식을 보여주는 17세기의 대표적인 작품이다.

(11) 화엄사 영산회괘불탱

국보301호 '화엄사 영산회괘불탱(길이 11.95m, 폭 7.76m)'은 석가불을 중심으로 문수보살 · 보현보살 · 사천왕상 등이 배치되었다. 화면 중앙의 석가불은 높다랗게 만들어진 단의 연꽃받침 위에 앉아 있다.

▲ 사진제공 : 문화재청

둥근 얼굴과 어깨는 부드럽고 원만한 느낌을 주며 필선은 매우 섬세하고 치밀해 세련미를 더한다. 1653년(효종 4)에 만들어진 이 괘불은 밝고 다양한 색채, 치밀하고 화려한 꽃무

* 괘불은 그림으로 그려서 걸어놓은 부처의 모습이다.

뇌장식 등에서 17세기 중엽의 불화에서 보이는 특징을 잘 나타내주고 있다.

(12) 조선시대 대표 화가 · 화원

조선시대 초기(1392~1559), 중기(1550~1700), 후기(1700~1850), 말기(1850~1910)를 대표하는 당대 최고의 화가 · 화원 · 문인화가를 정리하면, 〈표 3-6〉과 같다.

〈표 3-6〉 조선시대 대표 화가 · 화원 · 문인화가

호	성명	특징	대표작품
주경	안견 (1400년 추정)	-사람됨이 총민하고 정박(精博)했으며, 특히 산수화를 잘 그려 당시 필적할 사람이 없었다고 함 -한국적 산수화풍을 창출한 조선시대 최고의 화가로서, 한국 회화사상 영향력이 가장 큰 인물	몽유도원도, 안평대군 초상, 적벽도, 이사마산수도, 소상야우, 대소가의장도, 동궁의장도 등
인재	강희안 (1417~1464)	-문인 · 서화가로서, 시 · 글씨 · 그림 모두 뛰어나 안견 · 최경과 함께 삼절로 이름을 남김	고사관수도, 절매삽병, 산수인물도 등
두성령	이암 (1499~1545)	-조선의 초기 왕실 출신의 대표적인 화가 -특히 화조(花鳥)와 강아지 · 고양이를 잘 그림	당견도, 가응도, 모견도, 화조구자도, 화조묘구도 등
사임당	신사임당 (1504~1551)	-조선 중기의 시 · 그림 · 글씨에 능했던 여류 예술가 -조선시대의 대표적 학자이며, 경세가인 율곡 이이(李珥)의 어머니 -안견의 산수화를 배운 것으로 전해짐	초충도, 화조도, 포도도, 자리도, 산수도, 노안도, 연로도, 요안조압도, 6폭초서병풍 등
낙파	이경윤 (1545~1611)	-조선 중기의 화가로서, 대체로 산수를 배경으로 인물을 비중 있게 그린 소경(小景) 산수인물화 및 동물화 모두 조선 중기 절파 화풍의 특징을 보여 줌	인물화첩, 수하취면도, 고사탁조도, 기려도, 낙파필희, 산수도, 관폭도 등

호	성명	특징	대표작품
공재	윤두서 (1668~1715)	–조선 후기의 문인화가로서, 산수화 · 풍속화 · 도석인물화 · 동물화 등 다양한 작품을 제작 –① 겸재 정선, ② 현재 심사정과 함께 조선 후기의 대표적인 '3재(齋) 화가'로 꼽힘	자화상, 채애도, 선차도, 백마도, 노승도, 심득경초상, 출렵도, 우마도권, 심산지록도,
공재	윤두서 (1668~1715)	–말 그림과 인물화는 예리한 관찰력과 뛰어난 필력을 바탕으로 정확하게 묘사 –대표작으로 해남 녹우당의 「자화상(自畵像)」을 꼽음	십이성현화상첩, 도교관폭, 목기깎기, 낮잠, 짚신삼기, 나려도, 재과도, 석류매지도 등
겸재	정선 (1676~1759)	–20세에 도화서의 화원이 되어 현감에 이름 –여행을 즐겨 금강산 등의 전국 명승을 찾아다니면서 그림을 그림 –한국 산수화의 독자적인 특징을 살린 산수사생(山水寫生)의 진경(眞景)으로 전환하여 동방 진경산수화의 종화(宗畵)가 됨	인왕제색도(국보216호), 금강전도(국보217호), 단발령망금강산, 입암도, 청풍계도, 인곡유거도, 인곡정사, 해금강도 등
관아재	조영석 (1686~1761)	–조선 후기의 화가 · 문인화가로서, 윤두서와 더불어 조선 후기 풍속화의 성행을 이끈 인물 –백악산(白岳山) 아래 살면서 겸재 정선, 시인 이병연과 이웃이 되어 교유함 –인물화 분야에서 가장 두각을 나타냄	유음납량도, 강상조어도, 방당인필어선도, 설중방우도, 관아재고, 사제첩, 절구질, 새참, 말징박기 등
남리	김두량 (1696~1763)	–조선 후기의 화가 · 화원으로서, 공재 윤두서(尹斗緖)의 그림을 배움 –북종화법을 따르면서도 남종화풍과 서양화법을 수용한 작품을 남김 –산수 · 인물 · 풍속 · 영모(翎毛) 등 다방면의 소재에 능숙하고, 신장도(神將圖)를 잘 그림	월야산수도, 춘하도리원호흥도권, 추동전원행렵도권, 흑구도, 자웅견장도, 목우도, 행렴도 등

호	성명	특징	대표작품
현재	심사정 (1707~1769)	–중국의 화풍을 본받아 필법을 연구하여 자신만의 것으로 재탄생시킴 –담묵 · 농묵 · 세필 · 수묵 · 담채 등 다양한 기법을 능숙하게 구사	강상야박도, 파교심매도, 방이당촉잔도권, 설중탐매도 등
첨재	강세황 (1713~1791)	–8세에 시를 지을 정도로 일찍부터 뛰어난 재능을 보임 –그림을 배운 제자로 김홍도와 신위 등이 있음 –관직은 영릉 참봉, 병조 참의, 한성부 판윤 등을 거침 –69세에 정조(正祖) 어진 제작 감독을 맡음 –한국적인 남종문인화풍의 정착에 크게 기여 –진경산수의 발전, 풍속화 · 인물화의 유행, 새로운 서양화법의 수용에 많은 업적을 남김	영통동구, 현정승집, 첨재화보, 지상편도, 방동현재산수도, 벽오청서도, 표현연합첩, 송도기행첩, 약즙산수, 풍악장유첩, 피금정도, 난죽도, 묵죽팔폭병풍, 사군자병풍, 임왕서첩, 미법산수도 등
단원	김홍도 (1745~1806)	–① 혜원 신윤복, ② 오원 장승업과 함께 조선 후기의 대표적인 '3원(園) 화가'로 꼽힘 –서민 생활을 독창적으로 담아낸 천재 화가 –산수 · 풍속 · 화조 · 도석인물 등에서 뛰어난 재능을 발휘 –조선 후기 화단에 큰 영향을 미침 –1773년(28세)에 어용화사로 발탁되어 영조어진과 왕세자(정조)의 초상을 그림	단원풍속화첩(보물527호), 금강사군첩, 무이귀도도, 선인기려도, 단원도, 섭우도, 단원화첩, 마상청앵도, 새참, 총석정, 적벽야범, 옹천, 서원아집도 등
긍재	김득신 (1754~1822)	–조선 후기 화가 · 화원으로서, 도석인물 · 산수 등에서 더욱 두드러진 영향을 미침 –김홍도의 후기 풍속화풍을 계승하고, 산수를 배경으로 삽입한 점이 특징 –해학적 분위기와 정서를 가미하여 풍속화에서 김홍도 못지않은 역량을 발휘	파적도, 묵매도, 놀란물새, 밀회투전, 긍재풍속화첩, 귀시도, 오동폐월도, 풍속팔곡병, 신선도, 농촌풍일, 성하직구 등

호	성명	특징	대표작품
혜원	신윤복 (1758~1814)	–조선 후기의 관료 · 화가로서, 산수화 · 풍속화에 뛰어남 –주로 양반 관료들의 이중성과 위선을 풍자한 그림과 여성들의 생활상을 그림	혜원전신첩, 미인도, 단오도, 연당의 여인, 무무도, 산궁수진, 선유도 등
추사	김정희 (1786~1856)	–조선 말기의 문신 · 실학자 · 서화가이며, 어려서부터 총명하고 기백이 뛰어남 –금석학 연구에 몰두하여 '북한산순수비'를 발견하고 역사적인 저술을 남김 –어려서부터 승려들과 교유하면서 불전(佛典)을 섭렵함	–작품 : 세한도(국보180호), 모질도, 부작란도 등 –저술 : 예당금석과안록, 진흥이비고 등
오원	장승업 (1843~1897)	–조선 말기의 화가로 도화서의 화원이 되어 감찰(監察)에 이름 –어깨 너머로 그림을 배우고, 술을 좋아해 그림과 바꾸는 일이 많았음 –산수 · 인물 · 사군자 등 다양한 소재를 다룸 –안견, 김홍도와 함께 조선 화단의 3대 거장으로 꼽힘	기명절지도, 풍림산수도, 산수영모절지 병풍, 팔준도, 매화도, 교변람폭도, 수기화상포대도, 호산어은도, 수상서금도, 화조수도 등

*자료 : 고연희(2014), 『조선시대 산수화』, 경기 : 돌베개; 김성진(2016), 『한국미술사 조선을 빛낸 화원』, 경기 : 서림당; 김성진(2016), 『한국미술사 조선 후기의 천재화가들』, 경기 : 서림당; 박은순(2010), 『공재 윤도서』, 경기 : 돌베개; 안휘준(2011), 『한국회화의 이해』, 서울 : ㈜시공사 ; 지순임(2012), 『한국회화의 美』, 서울 : 미술문화에서 인용 후 표로 재구성.

제4절 사적

1. 사적의 지정기준

문화재청장은 문화재위원회의 심의를 거쳐 기념물 중 중요한 것을 '사적 ·

명승 또는 천연기념물'로 지정할 수 있다. 또한 제1항에 따른 사적 · 명승 · 천연기념물의 지정기준과 절차 등에 필요한 사항은 대통령령으로 정한다(「문화재보호법」 제25조).

사적은 1963년 1월에 '제1호 경주 포석정지'를 지정한 이래, 2017년 12월 31일 현재 '제541호 부안 죽막동 유적'까지 지정되었다. 사적의 세부적인 지정기준은 〈표 3-7〉과 같다.

〈표 3-7〉 사적의 지정기준

구분	지정기준
사적	① 해당 문화재가 역사적 · 학술적 가치가 크고 다음 각 목의 어느 한 가지 이상을 충족하는 것 – 선사시대 또는 역사시대의 사회 · 문화생활을 이해하는 데 중요한 정보를 가질 것 – 정치 · 경제 · 사회 · 문화 · 종교 · 생활 등 각 분야에서 그 시대를 대표하거나 희소성과 상징성이 뛰어날 것 – 국가의 중대한 역사적 사건과 깊은 연관성을 가지고 있을 것 – 국가에 역사적 · 문화적으로 큰 영향을 미친 저명한 인물의 삶과 깊은 연관성이 있을 것 ② 해당 문화재의 유형별 분류기준 – 조개무덤, 주거지, 취락지 등의 선사시대 유적 – 궁터, 관아, 성터, 성터시설물, 병영, 전적지 등의 정치 · 국방에 관한 유적 – 역사 · 교량 · 제방 · 가마터 · 원지 · 우물 · 수중유적 등의 산업 · 교통 · 주거생활에 관한 유적 – 서원, 향교, 학교, 병원, 절터, 교회, 성당 등의 교육 · 의료 · 종교에 관한 유적 – 제단, 지석묘, 옛무덤(군), 사당 등의 제사 · 장례에 관한 유적 – 인물유적, 사건유적 등 역사적 사건이나 인물의 기념과 관련된 유적

*자료 : 문화재청(2017), 「문화재관계법령집」, 문화재청, pp.128~129에서 인용 후 표로 재구성.

2. 주요 사적

1) 경주 포석정지

사적1호 '경주 포석정지(경북 경주시)'는 왕이 술을 들면서 즐길 수 있도록 마련된 별궁의 하나였다. 그러나 현재 건물은 없고 마른 건복(乾鰒) 모양의 석구만 남아 있다. 건물의 축조연대는 통일신라시대 때 만들어진 것으로 추정하고 있다.

▲ 사진제공 : 문화재청

경주의 남산에서 흐르는 시냇물이 석구를 따라 흘러내리면, 그 물에 잔을 띄워 술잔을 들게 했다고 한다. 석구의 규모는 폭 35cm, 평균 깊이 26cm, 전체 길이는 약 10m 정도이다. 이 석구는 '중국 고대 강가에서 초혼제를 지내고 악귀를 쫓는 행사의 하나인 유상곡수연(流觴曲水宴)에서 유래한 것'으로 보고 있다.

2) 김해 봉황동 유적

사적2호 '김해 봉황동 유적'은 김수로 왕릉 정면에 위치한 '봉황대'라고 불리는 구릉과 그 주변 지역을 포함한 대규모 생활 · 생산유적이다. 이 일대는 청동기시대부터 마을이 형성되기 시작한 이후 생산 · 주거의 거점지역이었다.

이곳은 대규모의 주거지 · 방어시설 · 패총 등이 발굴되어 금관가야 지배층 집단의 중심 거주지였던 것으로 추정하고 있다. 1907년 한국 최초로 고고학적 조사가 이루어졌던 곳이며, 남동쪽의 조개무덤인 회현리 패총과 봉황대 일대의 주거유적을 합쳐서 봉황동 유적지로 확대 지정되어 있다.

3) 수원 화성

사적3호 '수원 화성(경기 수원시)'은 길이 5.4km의 성곽이다. 1963년 사적3호

▲ 최기종 작

로, 1997년에는 유네스코 세계문화유산으로 등재되었다. 수원 화성은 한국 성곽의 구성요소인 옹성 · 성문 · 암문 · 산대 · 체성 · 치성 · 적대 · 포대 · 봉수대 등 군사적 방어기능과 상업적 기능을 모두 갖춘 성이다.

조선시대 정조 임금(제22대 왕)의 효심과 강력한 왕도정치의 실현을 위해 계획된 수원 화성은 1794년에 착공하여 1796년에 준공하였다. 벽돌로 쌓는 축성공사에는 정약용(조선 후기의 실학자)이 고안한 거중기가 사용되어 공사기간이 단축되었다.

4) 부여 가림성

사적4호 '부여 가림성(충남 부여군)'은 백제시대의 산성으로 면적은 약 51,398m²에 이른다. 501년(동성왕 23)에 위사좌평 백가(苩加)가 축조한 것으로 전해진다. 성의 형태는 테뫼식 산성(산의 정상을 중심으로 둘러싼 산성)이고, 성벽의 높이는 3~4m, 축조방식 일부는 석축, 일부는 토축으로 되어 있다. 서쪽 성벽의 석축부분은 온전하게 남아 있다.

특히 백제시대에 축조된 성곽 가운데 연대가 확실하다는 점과 옛 지명을 알 수 있다는 점에서 성곽을 연구하는 데 귀중한 자료가 되고 있다.

5) 부여 부소산성

사적5호 '부여 부소산성(충남 부여군)'은 부여 백마강에 접해 있는 부소산의 산정과 그 주위에 축조한 백제시대의 복합식 산성(성곽 내에 산 정상과 계곡을 공유하고 있는 산성)이다. 이곳은 관북리유적과 백제역사유적지구로서, 2015년에 유네스코 세계문화유산으로 등재되었다.

산성의 둘레는 2,200m, 면적은 98만 3,900m²에 이르며, 123년 동안 백제를 수호한 산성으로 성왕의 천도를 전후해 쌓은 것으로 보인다.

성 내에는 불에 탄 쌀이 발견된 군창 자리와 가람의 방형 건물터가 있고, 영일루와 반월루가 있다. 그리고 백마강변 벼랑 위에는 낙화암과 고란사가 있다.

6) 경주 황룡사지

사적6호 '경주 황룡사지'는 경북 경주시 구황동에 있다. 당시 황룡사 가람배치 때 중심 불탑으로 건립된 한국 최초의 목탑양식이나, 지금은 목탑지만 남아 있다.

월성(月城)의 동쪽, 용궁의 남쪽에 있었던 이 사찰은 칠처가람지(과거 7불이 주석했다는 경주 일원의 일곱 사찰의 유적지)의 하나였다. 규모 등에서 신라 제일의 사찰이며, 신라의 사상과 예술 면에서도 그 비중이 컸다.

553년(진흥왕 14)에 새로운 대궐을 남쪽에 짓다가 황룡이 나타나자 이를 불사(佛寺)로 고쳐 '황룡사'라 하였다. 569년에 완성된 황룡사의 면적은 약 25,000여 평에 달하며, 중문 · 탑 · 금당 등 주요 건물의 초석이 비교적 잘 보존되어 있다.

7) 공주 공산성

▲ 사진제공 : 문화재청

사적12호 '공주 공산성(충남 공주시)'은 '백제역사유적지구'로서, 2015년에 유네스코 세계문화유산으로 등재되었다.

둘레 2,200m로 웅진성 · 쌍수산성으로 불리기도 하였다. 특히 백제시대의 기와와 토기 조각, 그리고 고려와 조선시대의 유물이 발견된 공주의 역사와 문화의 1번지이다.

이 산성은 구릉 위에 석축과 흙으로 계곡을 둘러싼 포곡형 산성(계곡을 포함한 2개 이상의 산 정상을 두른 산성)으로서, 475년(백제 문주왕)에 웅진(지금의 공주)으로 천도하여 538년(성왕 16)에 사비로 옮길 때까지 64년간 백제의 도읍을 지켰다.

8) 공주 송산리 고분군

사적13호 '공주 송산리 고분군'은 '백제역사유적지구'로서, 2015년에 유네스코 세계문화유산으로 등재되었다. 송산리 고분군은 백제의 돌방무덤이 주종을 이루는데, 이 고분군에는 당시 중국 남조의 벽돌무덤 양식을 모방하여 축조한 벽돌무덤으로 무령왕릉과 함께 제6호 벽돌무덤이 있다.

특히 무령왕릉은 잘 구워진 벽돌로 조영된 왕릉으로서, 그 치밀함이 백제의 수준 높은 과학과 수리학의 수준을 엿볼 수 있고, 아름다움은 세계적인 수준으로 평가되고 있다. 또한 무덤 안에서 무덤의 주인공을 알려주는 묘지석(墓誌石)이 발견됨으로써, 백제25대 무령왕(501~523)의 무덤이라는 사실이 밝혀졌다.

9) 부여 능산리 고분군

사적14호 '부여 능산리 고분군'은 '백제역사유적지구'로서, 2015년에 유네스코 세계문화유산으로 등재되었다. 부여읍에서 동쪽으로 약 3km 가량 떨어져 있으며, 사비성의 나성 동편에 있다. 현재 모두 8기의 고분이 있다.

백제시대의 왕릉으로 전해지고 있는 능산리 고분군은 고분 현실의 구조와 장식에서는 고구려 말기의 고분과 같이 남조문화의 영향을 받은 듯하다. 고분군 입구에 백제고분 모형전시관이 있어 백제시대 고분의 변천과 묘제를 한눈에 볼 수 있다.

동상총은 원형봉토를 갖추었고, 봉토 자락에는 둘레돌이 있다. 매장주체시설은 널길이 널방의 남벽 중앙에 딸린 굴식 돌방무덤이고, 동하총은 부여지방의 유일한 벽화고분이다.

10) 경주 흥륜사지

사적15호 '경주 흥륜사지(경북 경주시)'는 지정 면적이 1만 1,683m²에 이른다. 당시 '흥륜사'는 법흥왕이 528년에 불교를 공인한 뒤 신라에서 최초로 지은 사찰로서, 불교를 전파하기 위해 온 고구려 승려 아도(阿道)가 지은 것이라고 전한다. 사찰은 544년(진흥왕 5)에 완성되었다.

사찰이 완성된 후 진흥왕은 '대왕흥륜사(大王興輪寺)'라 명하고, 백성들도 출가하여 승이 되는 것을 허락하였다. 말년에 진흥왕 자신도 승이 되어 이 절의 주지가 되기도 하였다.

흥륜사는 신라 사람에게는 중요한 사찰이자, 국가와 왕실의 비원을 간직한 사찰이기도 하였다.

11) 경주 월성

사적16호 '경주 월성(경북 경주시)'은 둘레 2,400m, 동서의 길이 900m, 남북의 길이 260m, 면적 19만 3,845m²에 이른다. 모양이 반달 같다 하여 일명 반월성(半月城) · 신월성(新月城)이라고도 하며, 왕이 계신 곳이라 하여 재성(在城)이라고도 한다. 특히 성안이 넓고 자연경관이 좋아 궁성으로서의 좋은 입지조건을 갖추고 있다.

이 성은 신라 역대 왕들의 궁성이 되었고, 특히 문무왕 때 안압지 · 임해전 · 첨성대 일대가 편입 · 확장되는 등 신라의 중심지였다.

성벽의 동 · 서 · 북면은 흙과 돌로 기초를 다져 쌓고, 그 위를 점토로 덮었다. 남쪽 면은 절벽 등 자연지형을 그대로 이용하여 성벽을 쌓지 않았던 것으로 보인다.

12) 경주 동궁과 월지

사적18호 '경주 동궁과 월지(경북 경주시)'는 지정 면적이 17만 7,172m²에 이른다. 당시 신라 왕궁의 별궁 터로서, 왕자가 거처하는 동궁으로 사용되었다. 특히 이곳 임해전(臨海殿)은 군신들이 모여 연회와 회의를 하거나, 귀빈을 접대하던 장소로 알려져 있다.

신라는 삼국을 통일한 후 674년(문무왕 14)에 큰 연못을 파고, 못 가운데 3개의 섬을 조성하였다. 그리고 북동쪽에는 12봉우리의 산을 만들어 온갖 꽃나무를 심고, 진귀한 새와 짐승을 길렀다고 전해진다.

13) 서울 독립문

▲ 최기종 작

사적32호 '서울 독립문(서울 서대문구)'은 1897년 조선왕조 말기 개화기에 건립된 건축물이다. 독립정신을 고취하기 위해 서재필과 독립협회가 주축이 되어 세웠다. 즉 조선이 청나라의 책봉체제에서 독립한 것을 상징하기 위해 영은문(중국 사신을 맞이하던 곳)을 헐어내고, 그 터에 지은 것이다.

이 문은 러시아 출신 사바틴이 프랑스 파리의 개선문을 모방해 설계한 것이라고 한다. 당시 명나라의 사신을 맞이하기 위해 서대문 근처에 '영은문'을 건립하고, 근처에 사신을 맞이하는 '모화관'을 건립하였다.

14) 영주 소수서원

사적55호 '영주 소수서원(경북 영주시)'은 한국 최초로 임금이 이름을 지어내린 사액서원이자 사학기관이다. 1542년(조선 중종 37)에 풍기군수 주세붕이 유학자 안향을 제사하기 위해 사당을 세웠다가, 이듬해 유생들을 교육하면서 '백운동서원'이라 하였다.

155년(조선 명종 5)에 풍기군수 이황의 요청에 의해 '소수서원'이라는 사액을 받고 나라의 공인과 지원을 받게 되었다. 그리고 1544년(조선 중종 39)에 안향 등을 제사 지냈고, 1633년(조선 인조 11)에는 주세봉을 더하여 제사 지냈다.

소수서원은 1868년 대원군이 서원을 철폐할 때에도 존속됐다. 주요 문화재는 ① 안향 초상(국보111호), ② 영주 숙수사지당간지주(보물59호) 등과 141종 563책의 장서가 남아 있다.

15) 강화 참성단

사적136호 '강화 참성단(인천 강화군)'은 단군이 하늘에 제사를 올리던 제단

▲ 남광렬 작

으로 하부는 둥글게 하였고, 그 위에 네모난 단을 쌓아올렸다. 아래 둥근 부분의 지름은 4.5m, 상단 네모의 1변 길이는 1.98m이다. 동서에 돌층계가 있으며, 단의 높이는 약 5.1m에 이른다.

고려 후기인 1270년(원종 11)에 보수하였고, 조선시대에 들어와 1639년(인조 17)에 다시 쌓았으며, 1700년(숙종 26)에도 보수를 하였다. 지금은 매년 개천절에 이곳에서 단군에게 제사를 지낸다.

또한 국내에서 열리는 각종 올림픽대회 및 전국체전 때마다 대회장에서 타오르는 성화는 이 참성단에서 채화되어 대회장으로 봉송 점화되고 있다.

16) 익산 미륵사지

사적150호 백제시대의 절터인 '익산 미륵사지(전북 익산시)'는 '백제역사유적지구'로서, '익산 왕궁리유적'과 함께 2015년에 유네스코 세계문화유산으로 등재되었다.

원래 미륵사는 639년 백제 무왕 때 창건한 사찰이다. 미륵사는 익산 용화산의 남쪽에 자리 잡고 있으며, 좌우 능선 사이 평지에 건립되었다. 현재 익산시 금마면 기양리에는 절터만 남아 있다.

17) 고양 서오릉

사적198호 '고양 서오릉(경기 고양시)'은 동구릉 다음으로 큰 능으로 ① 경릉, ② 창릉, ③ 익릉, ④ 명릉, ⑤ 홍릉을 일컫는다. 1457년에 세자를 경릉에 안장하고, 1470년에는 창릉에 예종과 안순왕후를, 1681년에는 익릉에 인경왕후를, 1721년에는 명릉에 숙종과 인현왕후와 인원왕후를, 그리고 1757년에는 홍릉에 정성왕후를 안장하였다.

첫째, 경릉은 왕릉의 일반 형식과는 다르게 호위에 해당하는 조각이 없지만, 왕비릉으로서의 구색은 갖추었고, 둘째, 창릉은 상석을 받친 석족을 문고리 모양으로 조각한 북 모양이며, 석주양식은 고려 능의 양식을 반영하였다. 셋째, 익릉은 '국조오례의' 제도와 임진왜란 이후의 양식을 따른 것도 있다. 넷째, 명릉은 석물의 치수가 실물에 가까우며 부장품의 수도 줄어들었다. 다섯째, 홍릉은 명릉보다 20일 늦게 조성되어 양식은 거의 비슷하다.

18) 고양 서삼릉

사적200호 '고양 서삼릉(경기 고양시)'은 조선시대 왕가의 묘역으로 ① 희릉, ② 예릉, ③ 효릉 등 3능을 일컬어서 서삼릉이라 한다. 이곳은 자연 그대로의 산세를 살려 조성되어 산책로로도 일품이다.

첫째, 희릉은 중종의 계비 장경왕후의 능이다. 왕후가 승하하자 처음에는 능터를 광주 헌릉 구역 내에 택정하였으나, 이를 둘러싼 권력다툼이 일어나자 새롭게 길지를 찾아 현재의 위치에 모시게 되었다.

둘째, 예릉은 철종과 철인왕후 안동김씨의 능이다. 양 능을 나란히 놓아 난간으로 연결된 쌍릉의 제도를 취하고 있다.

셋째, 효릉은 중종의 아들 인종과 그 비 인성왕후 박씨의 능이다. 효릉은 왕릉과 왕비릉을 난간으로 연결한 쌍릉의 제도로 썼으며, 왕릉에는 양우석에 운채와 면석에 십이지신상이 새겨진 병석을 돌렸다.

19) 단양 온달산성

사적264호 '단양 온달산성(충북 단양군)'은 삼국시대의 성곽으로 길이 1.5km, 높이 7.5m, 너비 4m에 이른다. 이 산성은 화강암의 자연석으로 석탑을 쌓아올린 것같이 견고하여, 고구려 때 온달이 신라의 침입을 막고자 배수진을 친 듯하다.

축성연대는 삼국시대로 추측되고 있으며, 성벽의 구조는 주로 내외협축(內

外夾築)의 형식으로 축조되었다. 과거에는 동문과 남문, 북쪽은 수구(水口), 그리고 북쪽과 서쪽에는 망루가 있었다. 산성 주변에는 온달 장군 · 평강 공주와 관련된 많은 전설이 전해지고 있다.

20) 서울 암사동 유적

사적267호 '서울 암사동 유적(서울 강동구)'은 약 6천 년 전 신석기시대 사람들이 살았던 집터 유적지로서, 지금까지 한국에서 발굴된 신석기시대 최대의 집단 취락지이다. 1925년 한강 홍수 때 흔적이 드러나기 시작하였고, 1967년부터 1973년까지 본격적인 발굴작업을 벌였다. 신석기시대의 집터 5기와 석기가 출토되었다.

면적 78,793m²의 넓은 선사공원 내에는 수렵과 채집으로 생활하며 취락을 형성했던 신석기시대 사람들의 움집을 복원해 놓았다. 특히 이곳에서는 3개의 문화층으로 구분되는 지층이 발견되었다. 상층에서는 백제의 옹관과 건물지, 중간층에서는 민무늬토기, 반달돌칼 등 1백여 개의 수혈 거주지가 출토되었다. 유적은 암사동 출토품 72점을 비롯해 총 4백여 개에 이르며, 1988년부터 일반에 공개되었다.

21) 서울 몽촌토성

▲ 사진제공 : 문화재청

사적297호 '서울 몽촌토성'은 서울 올림픽공원 안에 있는 백제 초기의 토성이다. 가락동과 방이동 일대 자연 구릉지의 일부분을 이용하여 축조한 마름모꼴의 성곽을 말한다.

기름진 평야와 한강을 낀 지리적 여건으로 백제 한성시대의 중요한 토성 중 하나로 꼽힌다.

'몽촌(夢村)'은 토성 내의 마을 이름에서 유래되었으며, 자연 구릉을 최대한 이용해서 축조하였다. 남북의 최장 길이는 540m이고, 총면적이 약 60,700평이다. 이는 약 8천~1만 명 정도의 인구를 수용할 수 있는 규모이다.

이곳에는 목책과 해자가 둘려 있고, 출토된 유물은 중국 도자기 및 와당 등이다. 토성 내의 백제몽촌역사관에는 백제 초기의 문화유적 · 주거지 · 고분 등의 모형과 몽촌토 · 석촌동고분 그리고 구의동에서 발굴된 유물들이 전시되어 있다.

22) 부여 정림사지

사적301호 '부여 정림사지(충남 부여군)'는 '백제역사유적지구'로서, 2015년에 유네스코 세계문화유산으로 등재되었다. 1028년(현종 19)에 중건된 것으로 1942년에 강당지에서 '太平八年戊辰定林寺大藏當草(태평8년무진정림사대장당초)'라는 명문이 새겨진 기와가 발견되었다.

1979~84년 발굴조사에서 절터는 중문 · 석탑 · 금당 · 강당이 남북선상에 일렬로 배치되고, 그 주위는 회랑을 두른 전형적인 백제식 '남북일탑식'의 가람배치라는 것이 확인되었다.

그리고 회랑지에서는 다량의 기와편, 납석제삼존불상, 소조불 등이 발견되었다. 절터에는 ① 부여 정림사지오층석탑(국보9호)과 ② 부여 정림사지석불좌상(보물108호)이 남아 있다.

제5절 명승

1. 명승의 지정기준

문화재청장은 문화재위원회의 심의를 거쳐 기념물 중 중요한 것을 '사적 ·

명승 또는 천연기념물'로 지정할 수 있다.

또한 제1항에 따른 사적 · 명승 · 천연기념물의 지정기준과 절차 등에 필요한 사항은 대통령령으로 정한다(「문화재보호법」 제25조).

명승은 1970년 11월에 '제1호 명주 청학동 소금강'을 지정한 이래, 2017년 12월 31일 현재 '제112호 화순적벽'까지 지정하였다. 명승의 세부적인 지정기준은 〈표 3-8〉과 같다.

〈표 3-8〉 명승의 지정기준

구분	지정기준
명승	① 자연경관이 뛰어난 산악 · 구릉 · 고원 · 평원 · 화산 · 하천 · 해안 · 하안 · 섬 등 ② 동물 · 식물의 서식지로서 경관이 뛰어난 곳 – 아름다운 식물의 저명한 군락지 – 심미적 가치가 뛰어난 동물의 저명한 서식지 ③ 저명한 경관의 전망 지점 – 일출 · 낙조 및 해안 · 산악 · 하천 등의 경관 조망 지점 – 정자 · 누 등의 조형물 또는 자연물로 이룩된 조망지로서 마을 · 도시 · 전통유적 등을 조망할 수 있는 저명한 장소 ④ 역사 · 문화 · 경관적 가치가 뛰어난 명산, 협곡, 해협, 곶, 급류, 심연, 폭포, 호수와 늪, 사구, 하천의 발원지, 동천, 대, 바위, 동물 등 ⑤ 저명한 건물 또는 정원 및 중요한 전설지 등으로서 종교 · 교육 · 생활 · 위락 등과 관련된 경승지 – 정원, 원림, 연못, 저수지, 경작지, 제방, 포구, 옛길 등 – 역사 · 문학 · 구전 등으로 전해지는 저명한 전설지 ⑥ 「세계문화유산 및 자연유산의 보호」에 관한 협약 제2조에 따른 자연유산에 해당하는 곳 중에서 관상적 또는 자연의 미관적으로 현저한 가치를 갖는 것

*자료 : 문화재청(2017), 「문화재관계법령집」, 문화재청, p.129에서 인용 후 표로 재구성.

2. 주요 명승

1) 명주 청학동의 소금강

▲ 사진제공 : 문화재청

명승1호 '명주 청학동의 소금강'은 원래 산 이름이 '청학산'이었다. 그러나 소금강이라는 명칭은 조선시대 율곡 이이(李珥)의 『청학산기』에서 유래된 것이라 하는데, 그 모습이 마치 금강산의 일부를 축소시켜 놓은 것 같다 하여 붙여진 것이라고 한다.

이곳에는 1천여 년 전 통일신라시대 때 마의태자가 생활하였다는 아미산성과 구룡연못 · 비봉폭포 · 무릉계곡 · 백마봉 · 옥류동 · 만물상 · 선녀탕 등이 그림처럼 아름다운 경치를 이루고 있다. 오대산국립공원 내에 있는 이 산의 경치는 오랜 세월 속에서 자연스럽게 이루어진 것이다.

2) 거제 해금강

명승2호 '거제 해금강'이란 이름은 그 모습이 각각 다르고 아름다워서 마치 금강산의 해금강을 연상케 한다는 데에서 유래하였다.

▲ 사진제공 : 경남도청

일명 '제2의 해금강' 또는 '거제의 해금강'이라 부르며, 거제도에서 가장 경치가 빼어난 곳이다. 해금강은 바다의 금강산이라 불리는 한려해상국립공원의 대표적인 관광지로 경관이 매우 수려하다.

주요 경관은 십자동굴과 사자바위, 환상적인 일출과 월출로 유명한 일월봉 · 신랑신부바위 · 촛대바위 · 거북바위가 있다. 굴거리나무 · 해송 · 굴참나무 · 떡갈나무 · 후박나무 · 동백나무 · 기린초 · 춘란 등 70여 종이 자생하고 있다. 특히 좁은 해로를 통과하며 관람하는 십자동굴과 천연해송은 해금강 여행의 백미로 꼽힌다.

3) 완도 정도리의 구계등

▲ 사진제공 : 문화재청

명승3호 '완도 정도리의 구계등'은 전남 완도읍에서 서남쪽으로 4km 떨어진 바닷가 갯돌을 말한다. 정도리의 구계등은 파도에 갯돌 구르는 소리가 감미롭고, 일몰이 아름다운 곳이다. 하늘과 바다만 붉게 물드는 것이 아니라, 갯돌에도 물이 들 정도로 아름답다.

바닷가 해변에 밀려온 갯돌 밭이 아홉 개의 계단(등)을 이룬다고 해서 붙여진 이름이다. 갯돌 밭은 길이로 830m 해안선을 활 모양으로 둥글게 감싸고 있다. 이곳은 산딸나무 · 후박나무 · 느티나무 · 광나무 · 굴참나무 · 나도밤나무 · 생강나무 등 40여 종의 나무가 서식하고 있다.

4) 상백도 · 하백도 일원

▲ 사진제공 : 문화재청

명승7호 '상백도 · 하백도 일원'은 뛰어난 자연경관과 함께 남국적인 정서가 짙은 최고의 관광지로 각광받고 있다. 특히 백도는 거문도에서 약 28km 떨어진 곳에 있는 다도해해상국립공원 최남단의 무인도이다. 1979년에 상백도 · 하백도 일원의 섬을 중심으로 200m 해역을 명승으로 지정 · 보호하고 있어 훼손이 적다.

① 상백도에는 병풍바위 · 형제바위 · 매바위 · 오리섬 등이 있고, 식물은 후박나무 · 돈나무 · 억새 · 보리수나무 등을 비롯하여 검은억새군락 · 까마귀쪽나무군락 등 다양한 식생경관을 보여주고 있다. ② 하백도에는 각시바위 · 서방바위 · 궁성바위가 있고, 식물은 덩굴옻나무 · 마귀쪽나무 · 왕밀사초 · 거문억새혼효군락 등이 다양하게 분포하고 있다.

5) 옹진 백령도 두무진

명승8호 '옹진 백령도 두무진'은 백령도 북서쪽 약 4km에 걸친 해안선을 따라 오랜 세월 동안 비바람과 파도에 깎여 자연스럽게 형성된 규암절벽이다. 백령도는 서해의 가장 북쪽에 위치해 있으며, 한국에서 14번째로 큰 섬이다.

▲ 안후상 작

두무진이란 이름은 '뾰족한 바위의 모양이 마치 장군머리와 같은 형상을 이루고 있다' 하여 붙여진 이름이다. 두무진에 솟아 있는 수많은 바위는 바라보는 방향에 따라 코끼리바위 · 장군바위 · 신선대 · 선대암 · 팔각정 등의 이름으로 불리고 있다.

6) 진도의 바닷길

▲ 사진제공 : 문화재청

명승9호 '진도의 바닷길'은 일명 '신비의 바닷길'로 불린다. 조수간만의 차로 바닷물이 빠져나가면서 마치 바다가 갈라지는 것처럼 보인다. 바닷길은 길이가 2.8km, 폭 10~40m이며, 지형적 요인과 함께 달과

태양의 위치가 1년 중 지구에 가장 강한 인력을 미칠 때 일어나는 현상이다.

진도 주민들은 바닷길이 가장 크게 열리는 봄(2~4월)과 가을(9~10월)에 마을의 수호신인 뽕할머니와 용왕에게 어업과 농사의 풍년을 비는 영등제를 함께 지낸다. 우리나라에서 바다 갈림 현상을 볼 수 있는 곳은 전국에 약 20여 곳 있으나, 그중 진도의 바닷길 규모가 가장 크다.

7) 삼각산

▲ 최기종 작

명승10호 '삼각산'은 북한산의 최고봉인 백운대(836.5m), 인수봉(810.5m), 만경대(787.0m) 등 3개의 봉우리가 뿔처럼 높이 솟아있어서 붙어졌다.

삼각산은 주말이면 서울 및 수도권 일대의 등산객이 즐겨 찾는 명산이다. 정상에 오르면, 동북쪽에는 도봉산의 기암과 연봉이 줄을 이어 있고, 발밑으로는 서울의 강북 · 도봉 · 노원구가 한눈에 내려다보인다.

그리고 남쪽으로는 한강과 남한산을 바라볼 수 있고, 서남쪽으로는 관악산이 눈에 들어온다.

8) 진안 마이산

▲ 사진제공 : 문화재청

명승12호 '진안 마이산'은 암마이봉(686m)과 숫마이봉(679.9m)으로 구성되어 있다.

즉 양쪽 두개의 산봉우리가 서 있는 모양이 마치 '말의 귀 모양'을 하고 있어 마이산으로 명명된 것으로 알려져 있다.

이 산 일대의 자연경관과 사찰을 중심으로 1979년에 도립공원으로 지정되었다가, 지금은 명승으로 재지정되었다.

깎아지른 듯한 숫마이봉 기슭의 숲속에는 은수사(銀水寺)가 있고, 그 밑에 또 다른 명물인 탑사(塔舍)가 있다.

제6절 천연기념물

기념물은 패총 · 고분 · 성지 · 요지 · 유물포함층 · 기타 사적지 · 경승지 · 동물 · 식물 · 광물로서 우리나라 역사상 · 예술상 · 학술상 또는 관상상 가치가 큰 것을 말한다.

기념물에는 ① 국가지정문화재인 '사적 · 명승 · 천연기념물'이 있고, ② 시 · 도지정문화재인 '지방기념물'이 있다. 본 절에서는 국가지정문화재인 사적 · 명승 · 천연기념물을 중심으로 기술하고자 한다.

1. 천연기념물의 지정기준

문화재청장은 문화재위원회의 심의를 거쳐 기념물 중 중요한 것을 사적 · 명승 또는 천연기념물로 지정할 수 있다. 또한 제1항에 따른 사적 · 명승 · 천연기념물의 지정기준과 절차 등에 필요한 사항은 대통령령으로 정한다(「문화재보호법」 제25조).

천연기념물은 1962년 12월에 '제1호 대구 도동 측백나무숲'을 지정한 이래, 2017년 12월 31일 현재 '제552호 거문오름 용암동굴계 상류 동굴군'까지 지정되었다. 천연기념물의 세부적인 지정기준은 〈표 3-9〉와 같다.

〈표 3-9〉 천연기념물의 지정기준

구분	지정기준
동물	① 한국 특유의 동물로서 저명한 것 및 그 서식지 · 번식지 ② 석회암지대 · 사구 · 동굴 · 건조지 · 습지 · 하천 · 폭포 · 온천 · 하구 · 섬 등 특수한 환경에서 성장 하는 특유한 동물 또는 동물군 및 그 서식지 · 번식지 또는 도래지 ③ 생활 · 민속 · 의식주 · 신앙 등 문화와 관련되어 보존이 필요한 진귀한 동물 및 그 서식지 · 번식지 ④ 한국 특유의 축양동물과 그 산지 ⑤ 한국 특유의 과학적 · 학술적 가치가 있는 동물자원 · 표본 및 자료 ⑥ 분포범위가 한정되어 있는 고유의 동물이나 동물군 및 그 서식지 · 번식지 등
식물	① 한국 자생식물로서 저명한 것 및 그 생육지 ② 석회암지대 · 사구 · 동굴 · 건조지 · 습지 · 하천 · 호수 · 늪 · 폭포 · 온천 · 하구 · 도서 등 특수지역이나 특수환경에서 자라는 식물 · 식물군 · 식물군락 또는 숲 ③ 문화 · 민속 · 관상 · 과학 등과 관련된 진귀한 식물로서 그 보존이 필요한 것 및 그 생육지 · 자생지 ④ 생활문화 등과 관련되어 가치가 큰 인공 수림지 ⑤ 문화 · 과학 · 경관 · 학술적 가치가 큰 수림, 명목, 노거수, 기형목 ⑥ 대표적 원시림 · 고산식물지대 또는 진귀한 식물상 ⑦ 식물분포의 경계가 되는 곳 ⑧ 생활 · 민속 · 의식주 · 신앙 등에 관련된 유용식물 또는 생육지 ⑨ 「세계문화유산 및 자연유산의 보호에 관한 협약」 제2조에 따른 자연유산에 해당하는 곳
지질 · 광물 · 지형	① 지각의 형성과 관련되거나 한반도 지질계통을 대표하는 암석과 지질구조의 주요 분포지와 지질 경계선 – 지판 이동의 증거가 되는 지질구조나 암석 – 지구 내부의 구성물질로 해석되는 암석이 산출되는 분포지 – 각 지질시대를 대표하는 전형적인 노두와 그 분포지 – 한반도 지질계통의 전형적인 지질 경계선 ② 지질시대와 생물의 역사 해석에 관련된 주요 화석과 그 산지 – 각 지질시대를 대표하는 표준화석과 그 산지 – 지질시대의 퇴적 환경을 해석하는 데 중요한 시상화석과 그 산지 – 신속 또는 신종으로 보고된 화석 중 보존가치가 있는 화석의 모식 표본과 그 산지 – 다양한 화석이 산출되는 화석 산지 또는 그 밖에 학술적 가치가 높은 화석과 그 산지

지질 · 광물 · 지형	③ 한반도 지질 현상을 해석하는 데 중요한 지질구조 · 퇴적구조와 암석 – 지질구조 : 습곡, 단층, 관입 부정합, 주상절리 등 – 퇴적구조 : 연흔, 건열, 사층리, 우흔 등 – 그 밖에 특이한 구조의 암석 : 베개 용암(pillow lava), 어란암, 구상구조나 구과상구조를 갖는 암석 등 ④ 학술적 가치가 큰 자연지형 – 구조운동에 의하여 형성된 지형 : 고위평탄면, 해안단구, 하안단구, 폭포 등 – 화산활동에 의하여 형성된 지형 : 단성화산체, 화구, 칼데라, 기생화산, 화산동굴, 환상 복합 암체 등 – 침식 및 퇴적 작용에 의하여 형성된 지형 : 사구, 해빈, 갯벌, 육계도, 사행천, 석호, 카르스트 지형, 석회동굴, 돌개구멍(pot hole), 침식분지, 협곡, 해식애, 선상지, 삼각주, 사주 등 – 풍화작용과 관련된 지형 : 토르(tor), 타포니(tafoni), 암괴류 등 ⑤ 그 밖에 학술적 가치가 높은 지표 · 지질 현상 – 얼음골, 풍혈 – 샘 : 온천, 냉천, 광천 – 특이한 해양 현상 등
천연보호 구역	– 보호할 만한 천연기념물이 풍부하거나 다양한 생물적 · 지구과학적 · 문화적 · 역사적 · 경관적 특성을 가진 대표적인 일정한 구역 – 지구의 주요한 진화단계를 대표하는 일정한 구역 – 중요한 지질학적 과정, 생물학적 진화 및 인간과 자연의 상호작용을 대표하는 일정한 구역
자연현상	– 관상적 · 과학적 또는 교육적 가치가 현저한 것

*자료 : 문화재청(2017), 「문화재관계법령집」, 문화재청, pp.129~130에서 인용 후 표로 재구성.

2. 천연기념물의 세분류 현황

천연기념물을 세분류하면 종류, 자생지, 북한지, 나무숲, 특정 종, 서식지, 번식지, 도래지, 동굴, 광물, 화석 등을 들 수 있다. 천연기념물의 세분류 및 세세분류 현황은 〈표 3-10〉과 같다.

〈표 3-10〉 천연기념물 세분류 및 세세분류 현황

구분	세분류	세세분류
식물	종류	종류별로는 은행나무, 소나무(처진소나무 · 반송 포함), 느티나무(긴잎느티나무 포함), 백송 · 이팝나무 · 향나무(뚝향나무 포함), 곰솔 등이며, 기타 회화나무 · 왕버들(털왕버들 포함) · 비자나무 · 푸조나무 · 후박나무(왕후박나무 포함) · 음나무 · 탱자나무 · 팽나무 · 망개나무 · 측백 · 곱향나무 · 갈참나무 · 회향나무 · 올벚나무 · 중국주엽나무 · 물푸레나무 · 다래나무 · 느릅나무 · 소태나무 · 송악 · 등나무 · 배롱나무 · 감탕나무 · 생달나무 등
	자생지	특정식물의 자생지를 지정한 것에는 미선나무(충북괴산) · 왕벚나무(제주, 전남 대둔산) · 향나무(경북 울릉도), 담팔수나무 · 녹나무 · 문주란 · 파초일엽 · 망개나무(충북 괴산군) · 산닥나무(경남 남해도) · 팔손이나무(경남 비진도) · 측백나무(경북 안동시) · 철쭉나무와 분치류(강원 반론산) 등
	북한지	특정 식물이 북한지(北限地)로는 전라남도 함평(붉가시나무), 전라남도 영광(참식나무), 백양사(비자나무) 등
	나무숲	나무숲(군락 포함)으로는 단일종인 경우 달성의 측백나무수림, 혼효림인 경우 전라남도 '주도의 상록수림', 울릉도 '태하동의 솔송나무 · 섬잣나무 · 너도밤나무 군락', 전라남도 '무안 청천리의 팽나무와 개서어나무의 줄나무' 등. 기타 '제주도의 한란'과 경상남도 함안 법주면의 늪지식물
동물	특정 종	동물의 특정 종으로서 천연기념물에 지정된 것에는 장수하늘소(전국 일원), 황쏘가리(한강), 어름치(금강, 전국 일원), 무태장어, 크낙새, 따오기, 황새, 먹황새, 백조(고니 · 큰고니 · 혹고니), 두루미, 재두루미, 팔색조, 저어새(저어새 및 노랑부리저어새), 느시, 흑비둘기, 흑두루미, 까막딱따구리, 수리류(독수리 · 검독수리 · 참수리 · 흰꼬리수리), 매류(참매 · 붉은배새매 · 개구리매 · 황조롱이매), 올빼미와 부엉이류(수리부엉이 · 솔부엉이 · 칡부엉이 · 쇠부엉이 · 소쩍새 · 큰소쩍새), 기러기류(개리 · 흙기러기), 검은머리물떼새, 원앙, 노랑부리백로, 사향노루, 산양, 수달, 물범, 하늘다람쥐, 반달가슴곰(이상 전국 일원) 등 31건이 있다. 이 밖에도 '울산의 쇠고래 회유 해면'과 가축인 충청남도 연산군 화악리의 오골계, 전라남도 진도의 진돗개, 경상북도 경산의 삽살개, 제주도의 제주마 등

구분	세분류	세세분류
동물	서식지	특정동물의 서식지로는 광릉(크낙새), 울릉도 사동(흑비둘기), 천지연폭포(무태장어), 강원도의 정암사(열목어), 경상북도 봉화 석포면(열목어), 전라북도 무주 설천면(반딧불) 등
조류	번식지	조류의 번식지로는 여주 신접리, 무안 용월리, 양양 포매리(이상 백로 및 왜가리), 거제 학동리(팔색조), 전라남도 칠팔도(해조류인 바다제비 · 슴새 · 칼새), 제주도 사수도(해조류인 흑비둘기 · 슴새), 충청남도 난도(괭이갈매기), 경상남도 홍도(괭이갈매기), 경상북도 독도(해조류인 바다제비 · 슴새 · 괭이갈매기), 전라남도 구굴도(해조류인 뿔쇠오리 · 바다제비 · 슴새), 경기도 신도(노랑부리백로 · 괭이갈매기) 등
	도래지	조류의 도래지로는 진천(왜가리), 진도(백조), 낙동강 하류(철새), 거제도 연안(아비), 철원 천통리(철새), 한강 하류(재두루미) 등
지질 · 광물 · 지형	동굴	동굴로는 충청북도 단양 고수리, 온달, 노동, 강원도 삼척 대이리, 영월 고씨, 삼척 초당, 평창 백룡, 경상북도 울진 성류, 전라북도 천곹, 제주도 금영 및 만장, 빌레못, 용암동굴지대(소천굴 · 황금굴 · 협재굴) 등
	광물	광물로는 경상북도의 운평리구상화강암, 전라북도 무주 구상화강편마암, 부산 전포동의 구상반려암 등
	화석	화석으로는 경상북도 왜관 금무봉나무고사리, 제주도 서귀포층의 패류, 경상남도 함안층의 새발자국, 의성 제오리의 공룡발자국 등, 기타 경상남도 의령 신라통중의 우흔, 경상남도 밀양 남영리의 얼음골, 제주도 산굼부리 화분구 등
천연보호구역		천연보호구역으로는 홍도, 설악산, 한라산, 대암산과 대우산, 향노봉과 건봉산 등

3. 주요 천연기념물

1) 식물

(1) 대구 도동 측백나무 숲

▲ 손은미 작

천연기념물1호 '대구 도동 측백나무 숲'은 대구 동구에 있으며, 일부 나무는 수명이 수백년 되었다.

나무의 높이는 4~5m 정도이며, 1,200여 그루의 측백나무가 굴참나무 · 굴피나무 · 물푸레나무 · 느티나무 등과 함께 절벽에서 자라고 있다. 일반적으로 측백나무는 절벽이나 바위에 뿌리를 내리고 숲을 이루는 경우가 많다.

측백나무 전체의 모양은 원뿔형인데, 가지가 많으며 잎은 비늘 모양으로 밀집해 있다. 가을철에 둥근 달걀형의 열매가 익고, 잎과 열매는 강장제로 쓴다.

원산지는 중국이며 한국에도 분포한다. 국내에서는 대구 · 단양 · 안동 · 영양 등지에서 자라고 있다.

(2) 서울 재동 백송

▲ 최기종 작

천연기념물8호 '서울 재동 백송'은 서울 종로구 재동 헌법재판소 뒤편에 있다. 수령은 약 600년 정도로 추정되며, 높이는 17m, 뿌리부분 둘레는 3.82m이다. 백송(白松)은 나무껍질이 회백색이고 껍질 조각은 오래되면 저절로 벗겨져 떨어진다. 일명 백골송(白骨松)이라고도 한다.

백송은 원산지 중국에서도 희귀한 품종으로서, 큰 나무는 모두 천연기념물로 지정되어 있다. 이나무는 조선시대 중국을 왕래하던 사신들이 가져다 심은 것이다. 특히 '서울 재동 백송'은 다른 백송에 비해 큰 편이며, 흔히 볼 수 없는 희귀한 소나무로서 생물학적 자료로서도 가치가 높다.

(3) 서울 조계사 백송

천연기념물9호 '서울 조계사 백송'은 서울 종로구 수송동의 조계사 경내에 있다. 높이는 10m, 둘레는 1.64m이다.

나뭇가지가 7개로 갈라졌으나, 조계사 대웅전 방향으로 향한 3개의 가지만 살아남아 있다. 가지의 길이는 약 7m 정도이다. 이 나무는 조선시대 중국을 내왕하던 사신들이 종자를 가져다가 심은 것이다.

▲ 최기종 작

(4) 양평 용문사 은행나무

▲ 최기종 작

천연기념물30호 '양평 용문사 은행나무'는 경기 양평군 신점리에 있다. 수령 약 1,100살 정도로 추정되며, 높이는 42m, 뿌리부분 둘레는 15.2m의 거대한 고목이다.

우리나라 은행나무 가운데 수령과 높이에 있어 최고의 기록을 자랑한다. 줄기 아래에 혹이 있는 것이 특징이다.

이 나무는 통일신라 경순왕(927~935)의 아들인 마의태자가 나라를 잃은 설움을 안고 금강산으로 입산하다가 심었다는 전설과 의상대사가 짚고 다니던 지팡이를 꽂아 놓은 것이 자라서 나무가 되었다는 전설이 각각 전해지고 있다.

(5) 보은 속리 정이품송

▲ 사진제공 : 문화재청

천연기념물103호 '보은 속리 정이품송'은 충북 보은군 상판리에 있으며, 벼슬을 받은 소나무로 유명하다. 나무는 속리산 법주사 길 입구의 한가운데 서 있다. 수령은 약 600년 정도로 추정되며, 높이는 14.5m, 둘레는 4.77m이다.

일설에 의하면, 1464년(세조 10)에 왕이 법주사로 행차할 때 '소나무가 스스로 가지를 위로 들어 올려 왕이 무사히 지나가도록 하였다'고 한다. 세조는 이 소나무의 충정을 기리는 뜻에서, 정이품의 벼슬을 내리게 되었다.

2) 동물

(1) 진도의 진돗개

천연기념물53호 '진도의 진돗개'는 전남 진도군 일대에서 우리 선조들이 예부터 사육하고 있는 특산 개 품종으로 법적인 수혜를 받고 있다. 키는 수컷이 40~50cm, 암컷은 45~50cm이며, 머리와 얼굴은 8각형이고, 털은 야무지며 인상은 온순하다.

털색은 황색과 백색이며, 귀는 앞으로 약간 기울어져 빳빳하게 서 있다. 눈은 3각형, 코는 거의 검은색이고 담홍색을 띤 것도 있다. 진돗개는 성격이 대담하고 후각과 청각이 아주 예민할 뿐만 아니라 모습 · 성질 · 능력 등이 일반 재래견에 비해 탁월해 사냥에 매우 적합하다.

(2) 사향노루

천연기념물216호 '사향노루'는 사향노루과의 짐승으로 산림에서 서식하고 있다. 몸길이는 1m, 어깨 높이는 50cm 가량이며 뿔이 없다. 귀는 큰 편이고 다리는 짧다. 몸의 털색은 전체적으로 물결모양의 다갈색이다. 특히 배꼽 근처의 향낭에 사향이 들어 있다. 분포지역은 한국 · 중국 · 몽골 · 중앙아시아 · 사할린 · 시베리아 등지이다.

(3) 산양

천연기념물217호 '산양'은 세계적으로 국한된 지역에서 불과 5종밖에 알려져 있지 않다. 분포지역은 우리나라의 설악산 · 오대산 · 대관령 · 태백산 일대, 그리고 시베리아와 중국 지역에 서식하고 있다. 몸길이는 129cm, 뿔은 13cm정도이다. 암수는 뿔이 있고, 목은 짧으며 다리는 굵고, 발은 끝이 뾰족하다. 몸의 털색은 회갈색, 뿔은 검은색이다.

(4) 하늘다람쥐

천연기념물328호 '하늘다람쥐'는 날다람쥐과에 속하는 동물이다. 보통 다람쥐와 비슷하나 몸이 훨씬 크다. 몸길이는 15~20cm, 꼬리는 9.5~14cm이며, 눈이 몹시 크다. 앞다리와 뒷다리 사이에 털로 덮인 날개와 비슷한 피막을 가지고 있어서 높은 나무에서 낮은 나무로 날아다닌다. 보통 7~8m, 멀리는 30m나 되는 먼 거리를 날아갈 수 있다. 분포지역은 우리나라의 중북부, 그리고 시베리아 · 바이칼호 · 만주에서 서식한다.

(5) 반달가슴곰

천연기념물329호 '반달가슴곰'은 북한의 백두산 부근, 한국의 설악산 · 지리산 등지에 분포하고, 동부 시베리아 · 중국 · 캄보디아 · 태국 · 대만 · 일본 등지에 분포하고 있다. 몸길이는 1.92m, 꼬리는 80cm, 몸무게는 107kg, 색상은 몸 전체가 광택이 나는 검은색이다. 코는 뾰족하고 짧으며, 이마는 넓고 귀는 비교적 크다. 앞가슴에는 반달모양의 흰 무늬가 있다.

(6) 수달

천연기념물330호 '수달'은 족제빗과에 속하는 동물이다. 주로 강기슭이나 늪가에 굴을 파고 서식한다. 보통 족제비와 비슷한데, 몸길이는 63~75cm, 꼬리는 41~55cm, 몸무게는 5.8~10kg이다. 꼬리는 굵고 길며 사지는 짧다. 발가락 사이에 물갈퀴가 발달하여 수중생활에 적합하다. 주로 물고기와 게 등을 잡아먹는다.

분포지역은 한국의 북부와 중부, 부산 장림, 강릉, 지리산 등지, 그리고 유럽 · 아프리카 · 아시아에 널리 서식한다.

(7) 물범

천연기념물331호 '물범'은 일종의 바다표범으로 물범과의 바다짐승이다. 물개와 비슷하나, 회색 바탕에 작은 흑색 점이 있고 귓바퀴가 없다. 몸길이는 1.4m, 몸무게 90kg까지 성장하며, 앞머리 부위가 둥글면서 높다.

온몸에는 억센 털이 나고, 수컷 한 마리가 여러 암컷을 거느리고 산다. 분포지역은 한국의 백령도 근해, 캘리포니아 인근 해역, 캄차카반도, 일본의 북해도 및 혼슈 등지에 널리 서식한다.

3) 조류

(1) 따오기

천연기념물198호 '따오기'는 따오기과에 속하는 새를 말한다. 해오라기와 비슷한데, 몸은 희고 검은 부리는 밑으로 굽어 있다. 주로 나무 위에 둥우리를 짓고 물가에서 민물고기나 게 등을 잡아먹는다.

현재 중국 일부 지역에만 서식한다. 몸 색깔은 흰색에 핑크색을 가볍게 띤다고 해서 '홍학(紅鶴)'이라고도 부르고, 몸길이는 76.5cm 정도이다. 머리는 전체적으로 흰색이지만 이마와 목, 눈 주위에는 붉은 피부가 노출되어 있다.

(2) 크낙새

천연기념물197호 '크낙새'는 딱따구릿과 새이며, 몸길이는 약 46cm, 날개 길이는 약 25cm, 부리는 약 6.5cm이다. 몸빛은 주로 흑색이고 가슴 아래는 백색, 수컷의 머리 꼭대기는 선홍색이다. 우는 소리가 크고 부리로 나무를 쪼는 소리가 요란하다. 둥지는 전나무 · 소나무 · 밤나무 등 오래된 나무에 생긴 구멍이나 직접 판 나무구멍 속에 만든다.

(3) 황새

천연기념물199호 '황새'는 황샛과의 새이며, 백로와 비슷하다. 몸 크기는 102cm, 편 날개의 길이는 66cm정도이며, 몸빛은 순백색, 부리는 흑색, 다리는 암적색이다. 물갈퀴가 있고 다리가 길어 물 위를 잘 걷는다.

분포지역은 시베리아, 중국의 동북쪽, 일본과 우리나라에 한정되어 분포하고, 겨울철에는 중국 동부와 우리나라 등지에서 겨울을 지낸다. 둥지는 보통 5~20m 높이의 나무꼭대기에 나뭇가지를 쌓아올려서 짚 · 풀 · 흙으로 굳혀 접시모양의 큰 둥지를 만든다.

(4) 먹황새

천연기념물200호 '먹황새'는 황샛과의 새이며, 황새와 비슷하다. 몸길이는 96cm, 날개의 길이는 55cm 정도, 몸빛은 대체로 검다. 인적이 없는 고목 위에 집을 짓고 산다. 분포지역은 우리나라를 비롯해서 이란 · 아무르 · 우수리 · 중국 · 일본 · 아프리카 · 인도 등에서 서식한다. 주로 논 · 강가나 산악의 작은 골짜기에서 서식한다.

(5) 백조

천연기념물201호 '백조'는 오릿과의 물새이며, 떼를 지어 연못 등에서 서식한다. 몸길이 120cm 정도로 큰고니보다 몸집이 작다. 온몸은 흰색, 눈 밑은 노란색, 부리는 노랗고 다리는 검다. 물속의 풀이나 곤충 등을 잡아먹는다.

백조는 모두 9종이 알려져 있으나, 우리나라에는 고니 · 큰고니 · 흑고니 3종이 있다. 가을이 되면 추위를 피해 우리나라의 동해안과 남해안에서 겨울을 난 후, 먹이가 풍부한 북쪽 캄차카반도에서 동북부 시베리아에 걸친 툰트라 지대에서 번식한다.

(6) 두루미

천연기념물202호 '두루미'는 두루밋과의 겨울 철새이며, 몸길이는 136cm, 날개는 62~66cm, 목 · 다리 · 부리가 길며 순백색이다. 부리는 감람색, 이마 · 목 · 다리 · 날개 끝은 검은 색이다. 작은 물고기와 지렁이 등을 잡아 먹는다.

우리나라를 비롯해서 시베리아 · 중국 · 일본 · 몽골 등지에서 서식한다. 한자어로는 '학(鶴)'이라고 부른다. 두루밋과는 전 세계적으로 15종이 있는 것으로 알려져 있으나, 우리나라에는 두루미 · 재두루미 · 흑두루미 3종만 겨울을 나고 있다.

(7) 팔색조

천연기념물204호 '팔색조'는 무지개와 같은 7색의 깃털을 가진 매우 아름다운 새이다. 몸길이는 18cm 정도, 이마에서 뒷머리까지는 갈색, 목 앞은 흰색, 등과 어깨 깃은 녹색, 허리와 위 꼬리 덮깃은 맑은 남빛, 배의 중앙과 아래 꼬리 덮깃은 진홍색이다.

꼬리는 흑녹색이고 부리는 검은색, 다리는 황갈색이다. 깊은 숲에서 살며, 분포지역은 동부 및 남부 아시아 지역, 한국과 일본이다.

(8) 저어새

천연기념물205호 '저어새'는 따오기과의 새이며, 해안이나 연못 등에 산다. 노랑부리저어새와 비슷하나, 몸길이가 73.5cm로서 좀 작고 몸은 희다. 볼이나 눈 둘레, 부리는 검다. 전 세계적으로 5종이 알려져 있는데, 우리나라에는 저어새와 노랑부리저어새 2종이 있다.

저어새는 노랑부리저어새와 아주 닮았으나 다소 작다. 번식지는 한국 · 중국 등지이며, 일본 · 대만 · 중국의 하이난섬 등지에 찾아온다. 분포 지역은 한국 · 유럽 · 인도 · 아프리카 · 중국 · 일본 등지이다.

(9) 흑두루미

천연기념물228호 '흑두루미'는 두루밋과에 속하는 겨울 철새이다. 논이나 습지에서 살며, 몸길이는 약 76cm, 꼬리는 18cm정도이다. 몸빛은 회흑색, 머리와 목은 순백색, 부리는 황록색이다.

주로 한국 · 시베리아 · 중국 · 일본 등지에 분포한다. 두루미가 몸에 흰색을 띠는 것과 달리 검은색을 띤다고 해서 '흑두루미'라고 부른다. 4~5월경이면 광활한 평야나 농경지 등에 갈대나 짚을 모아 둥지를 만들고 2개의 알을 낳는다.

4) 곤충

(1) 장수하늘소

천연기념물218호 '장수하늘소'는 하늘솟과의 곤충이며, 암컷의 몸길이는 7~9cm, 수컷은 11cm 정도 된다. 몸은 검은색 또는 흑갈색을 띠며, 광택이 강하고 등에는 황갈색의 잔털이 빽빽하게 나 있다. 겉날개는 적갈색이다. 주로 중국 만주 동북부, 시베리아 우수리 지방, 한국의 경기도 광릉지역 등에 분포한다.

(2) 무주 일원 반딧불이와 그 먹이 서식지

'무주 일원 반딧불이와 그 먹이 서식지'가 천연기념물322호로 지정되었다. 반딧불잇과의 곤충으로 일명 '개똥벌레'라고도 한다. 애벌레는 맑은 물에 살고, 변태한 엄지벌레는 발광기(發光器)가 있어 여름밤에 반짝거리며 날아다닌다. 물가의 풀숲에서 산다.

제7절 국가무형문화재

1. 국가무형문화재의 지정

문화재청장은 「무형문화재 보전 및 진흥에 관한 법률」 제9조에 따른 무형문화재위원회의 심의를 거쳐 무형문화재 중 중요한 것을 '국가무형문화재'로 지정할 수 있다(「문화재보호법」 제24조).

국가무형문화재는 1964년 12월 '제1호 종묘제례악'을 지정한 이래, 2017년 12월 31일 현재 '제133호 김치담그기'까지 지정되었다.

2. 보유자 · 보유단체 등의 인정

문화재청장은 「무형문화재 보전 및 진흥에 관한 법률」 제17조에 따라 요건을 모두 갖춘 사람 또는 단체를 국가무형문화재의 보유자 또는 보유단체로 인정할 수 있다. 보유자 · 보유단체 등의 인정기준은 〈표 3-11〉과 같다.

〈표 3-11〉 보유자 · 보유단체 등의 인정기준

구분	인정기준
보유자 · 보유단체 등의 인정	① 문화재청장은 「무형문화재 보전 및 진흥에 관한 법률」 제17조에 따라 다음 각 호의 요건을 모두 갖춘 사람 또는 단체를 국가무형문화재의 보유자 또는 보유단체로 인정할 수 있다. – 해당 무형문화재에 대한 전승기량 및 전승기반을 갖추고 있을 것

구분	인정기준
보유자 · 보유단체 등의 인정	– 해당 무형문화재에 대한 전승실적 및 전승의지가 높을 것 – 해당 무형문화재의 전승에 기여하였을 것 ② 제1항에 따른 보유단체는 다음 각 호의 어느 하나의 경우에 해당하여야 한다. – 해당 무형문화재의 기능, 예능 또는 지식의 성질상 개인이 실현할 수 없고 단체를 이루어서만 실현할 수 있는 경우 – 해당 무형문화재의 보유자로 인정할 만한 사람이 여럿인 경우 – 해당 무형문화재가 전승되는 곳에서 주민 다수가 단체 또는 공동체를 이루어 기능, 예능 또는 지식을 실현하고 있는 경우 ③ 법 제17조제1항 단서에서 "대통령령으로 정하는 바에 따라 해당 국가무형문화재의 특성상 보유자, 보유단체를 인정하기 어려운 경우"란 해당 특정단체만이 전형대로 체득, 보존하여 그대로 실현할 수 있다고 인정하기 어려운 경우를 말한다. ④ 국가무형문화재의 보유자 또는 제4항제2항부터 제4항까지의 규정을 준용한다. 이 경우 "국가무형문화재"는 "국가무형문화재의 보유자 또는 보유단체"로, "지정"은 "인정"으로 본다. ⑤ 제1항에 따른 국가무형문화재의 보유자 또는 보유자 또는 보유단체 인정의 세부 기준과 배점 등에 관하여는 문화재청장이 정하여 고시한다.

*자료 : 문화재청(2017), 『문화재관계법령집』, 문화재청, pp.172~173에서 인용 후 표로 재구성.

3. 주요 국가무형문화재

1) 종묘제례악

국가무형문화재1호 '종묘제례악'은 조선시대 종묘에 제사드릴 때 연주하는 기악 · 노래 · 무용의 총칭이다. 즉 악기 연주와 노래, 무용이 가미된 종합예술이라고 할 수 있다. 종묘제례악은 한국 국가무형문화재1호이며, 2001년에 유네스코 인류무형유산으로 등재되었다.

제례의 절차는 ① 영신례(신을 맞아들임), ② 진찬례(신에게 제수를 올림), ③ 초헌 · 아헌 · 종헌례(첫 번째, 두 번째, 마지막 술을 올림), ④ 철변두(제기를 치움), ⑤

송신례(신을 보내는 의식)의 순서로 진행된다. 절차에 따라서 춤 · 노래 · 악기가 같이 연주된다.

2) 양주별산대놀이

국가무형문화재2호 '양주별산대놀이'는 '경기 양주 지방에 전승되는 가면극 놀이'이다. 이곳 사람들은 명절 때 서울의 산대를 불러들여 탈놀이를 즐겼다. 이 놀이는 모두 8과장으로 되어 있다. 즉 ① 악귀를 쫓는 굿, ② 파계승에 대한 풍자, ③ 양반에 대한 모욕, ④ 서민생활의 모습 등을 담고 있다.

3) 남사당놀이

국가무형문화재3호 '남사당놀이'는 조선 후기부터 1920년대까지 성행했던 놀이이다. 우두머리 꼭두쇠를 비롯해서 40여 명에 이르는 남자들로 구성된 유랑연예인 남사당패가 무리를 지어 농 · 어촌을 돌며, 주로 서민층을 대상으로 한 놀이이다.

즉 ① 남사당패는 꼭두쇠를 중심으로 공연을 기획하는 화주, 놀이를 관장하는 뜬쇠, 연회자인 가열, 새내기인 삐리, 나이든 저승패와 등짐꾼 등으로 이루어지고, ② 남사당놀이는 덧뵈기, 풍물, 버나, 살판, 덜미, 어름의 여섯 가지 등으로 펼쳐진다. 2009년에 유네스코 인류무형유산으로 등재되었다.

4) 판소리

국가무형문화재5호 '판소리'는 광대 한 사람이 고수(鼓手)의 북장단에 맞추어 서사적인 사설을 노래와 말과 몸짓을 섞어 창극조로 부르는 민속예술의 한 갈래이다. 2003년에는 유네스코의 '인류 구전 및 세계무형유산 걸작'으로 선정되어 인류무형유산으로 지정되었다.

판소리는 조선 말기 이후 남도를 중심으로 발달하였으며, 원래 민담이나 설화를 바탕으로 만들어졌다. 비교적 간단한 줄거리에 다양하고 재밌는 내용들이 덧붙여져 만들어졌다. 원래는 12마당이었으나, 현재는 〈춘향가〉, 〈심청가〉, 〈수궁가〉, 〈적벽가〉, 〈흥보가〉 등 5마당이 전해지고 있다.

5) 통영오광대

국가무형문화재6호 '통영오광대'는 경남 통영 지역에서 행하는 탈춤놀이로 계급차별이 심했던 조선조 후기 양반의 횡포에 대한 울분을 해학과 풍자로 풀어낸 가면극이다. '다섯 명의 가면을 쓴 등장인물들이 연희하는 놀이'라는 뜻으로 이름 지어졌다.

놀이의 구성은 문둥탈 · 풍자탈 · 영노탈 · 농장탈 · 포수탈 등 다섯 마당이다. 반주 악기는 주로 북을 사용하고 꽹과리 · 징 · 장구 등 타악기를 쓰며, 악사들은 앉지 않고 서서 연주한다. 춤은 경남지방의 향토 춤인 덧배기춤이 주축을 이룬다.

6) 고성오광대

국가무형문화재7호 '고성오광대'는 '영남 해안지방에서 전해오는 놀이로 음력 정월 보름에 탈을 쓰고 노는 민속연극의 한 가지'이다. 낙동강변의 초계 '밤마리'에서 발생한 것으로 전해진다.

오행사상에 바탕을 둔 오광대놀이는 우주만물이 물 · 나무 · 불 · 흙 · 쇠 등에 의해 생성 · 소멸된다는 것이며, 이런 연유로 다섯 양반이 등장한다. 현재는 ① 고성오광대, ② 통영오광대, ③ 진주오광대, ④ 마산오광대만 전해지고 있다.

7) 강강술래

국가무형문화재8호 '강강술래'는 원시 공동체 사회에서 비롯된 것으로 보고 있으며, '여자들이 손을 잡고 원을 그리며 빙빙 돌면서 추는 민속춤'을 말한다. 명칭을 강강술래, 또는 강강수월래(强羌水越來)로 표기하는 경우도 있으나,

'강강술래'가 일반적이다.

현재 강강술래는 주로 전남 서남해안 지방(해남 · 완도 · 무안 · 진도 등)에서 성행되어 왔다. 노래와 무용, 놀이가 혼합된 부녀자들의 민속놀이로 주로 정월 대보름이나 한가위 같은 연중행사 때, 달 밝은 밤에 부녀자들이 둥글게 손잡고 소리하고 춤추며 노는 놀이이다. 2009년에 유네스코 인류무형유산으로 등재되었다.

8) 은산별신제

국가무형문화재9호 '은산별신제'는 충남 부여군 은산리의 마을 사당인 별신당에서 열리는 제사를 말하며, 음력 3월경에 행한다. 조선조 말기까지는 해마다 거행되었으나, 지금은 3년마다 거행된다.

제사를 지낼 때는 영기에 1명, 나팔수 2명, 24방위기 및 4음양기에 28명, 구등에 6명, 꽃다발에 6명, 화주에 1명, 제물 이고 가는 사람 30명, 농악대 6명, 악공 7명, 말탄 대장 · 중군 · 영장 · 앞뒤 비장 · 사령 · 집사 · 통인 · 좌수 등 11명, 제관으로서 육화주 · 축관 · 별자 3명, 기타 수많은 동민들이 뒤를 따르는 등 성대한 행렬을 이룬다.

9) 나전장

국가무형문화재10호 '나전장'은 옻칠한 기물의 바탕 위에 자개를 오려 붙여 장식하는 장인을 말한다. 원래 나전칠기 작업은 ① 목물 즉 백골을 짜는 '소목장', ② 전복껍질을 전적으로 갈아 공급하는 '마조장', ③ 얇은 판의 자개를 오려 무늬에 따라 붙이는 '나전장', ④ 옻칠을 하는 '칠장이' 등으로 분업화 되어 있었다.

현재 나전칠기장의 기능은 ① 끊음질(국가무형문화재54호), ② 줄음질로 분리되어 계승되고 있다. 줄음질은 실톱으로 조개껍질의 곡선문양을 오려내는 것을 말한다.

10) 농악

국가무형문화재11호 '농악'은 농촌에서 명절이나 공동작업을 할 때 행해지는 한국 고유의 음악으로 북 · 징 · 나발 · 장구 · 태평소 · 꽹과리 등을 치거나 악기를 불면서 춤추고 노래하는 풍물놀이를 말한다.

꽹과리 소리를 신호로 흥겨운 농악이 울리면, 농부들은 덩실덩실 춤을 추며 뒤를 따른다. 농부들은 아침에 밭이나 논으로 나갈 때와 낮에 쉴 때, 그리고 하루의 일이 끝났을 때, 흥겨운 농악을 울려 힘든 농사일의 고달픔을 잊는다(학습그림백과). 2014년에 유네스코 인류무형유산으로 등재되었다.

11) 진주삼천포농악

국가무형문화재11-1호 '진주삼천포농악'은 지역의 분류상 영남 농악에 속한다. 1966년에 제11호 농악12차로 처음 지정된 이후, 1985년에 국가무형문화재 제11-1호로 지정되었고, 2014년에는 무형문화유산의 가시성을 제고하는 데 기여했다는 점을 인정받아 유네스코 인류무형유산으로 등재되었다.

경상남도 전역에 전해져 내려오는 이 농악은 진주삼천포농악보존회가 그 맥을 잇고 있다. 특히 농악은 1년 내내 다양한 형태와 목적으로 각종 행사장에서 공연이 이루어지고 있는데, 농악을 통해 공연자와 참여자들에게 정체성을 제공하고, 인류의 창의성과 문화의 다양성에 기여하고 있다.

12) 평택농악

'평택농악'은 국가무형문화재11-2호로 지정되었다. 평택은 예부터 농산물이 풍부해 농악을 이루는 중요한 배경이 되었고, 또한 사당패들의 근거지가 평택에 있었던 관계로 조선 말기에는 농악이 크게 발전하였다.

평택농악은 쇠가락으로 길군악 칠채가 다른 지역과 구분되며, 가락의 가림새가 분명한 것이 특징이다. 특히 소고와 법고의 구별이 없고, 징과 북이 다른 지역에 비해 적은 편이다.

13) 이리농악

국가무형문화재11-3호 이리농악은 지역의 분류상 호남 우도 농악에 속하며, 용기, 농기, 쇄납, 나팔, 사물, 법고, 잡색으로 편성된다.

전라북도 익산에서 전승되는 농악으로 현 이리농악단의 역사는 김형순(설장고)이 1952년에 부안에서 이주한 뒤 풍물계를 조직하면서 시작되었다. 이후 김제 · 정읍 · 부안의 전문적 우도 굿잽이들을 받아들이면서 높은 수준의 농악단을 양성했다.

14) 강릉농악

'강릉농악'은 국가무형문화재11-4호로 지정되었다. 태백산맥 동쪽의 농악적 특색을 지니는 강원도의 대표적인 농악이다. 강릉 지역에서는 정월 대보름에 답교농악, 정초에 걸궁농악, 김매기 때 김짜기(두레)농악 등 여러 농악이 전승되고 있다.

1961년부터 전국 민속경연대회에서 입상하면서 널리 알려졌다. 강릉농악은 법고와 소고가 구별지어지고, 무동이 많이 편성된 것이 다른 농악과 다르며, 법고 · 소고 · 무동의 춤이 판굿의 주를 이룬다. 특히 쇠가락이 소박하고 빨라 전국에서 가장 빠른 농악으로 꼽히고 있다.

15) 임실필봉농악

국가무형문화재11-5호 '임실필봉농악'은 전북 임실 팔봉리 지방에 전승되는 풍물놀이를 말하며, 구성은 치배와 잡색으로 크게 나눈다.

다양한 형태와 목적으로 행사장에서 농악공연이 이루어지고, 공연자와 참여자에게 정체성을 제공하며 인류의 창의성과 문화의 다양성에 기여하고, 국내외 다양한 공동체들 간의 대화를 촉진함으로써 무형문화유산의 가시성을 제고하는 데 기여했다는 점을 인정받아 2014년에 유네스코 인류무형유산으로 등재되었다.

16) 구례잔수농악

국가무형문화재11-6호 '구례잔수농악'은 전남 구례군에 전승되는 농악으로 호남 좌도농악의 성격과 특징을 가지고 있다. 이 농악의 구성은 ① 당산제만굿, ② 마당밟이(지신밟기), ③ 판굿으로 되어 있고, 마을 굿으로서의 전통을 간직하고 있다.

특히 당산제만굿은 매년 정월 초사흗날 농악대가 오전 10시부터 마을의 당산을 돌면서 제만굿을 하는 형태로 이루어져 있다. 굿을 마친 뒤 농악대는 각 가정집을 다니면서 액을 물리치기 위한 마당밟이를 하고, 이것이 끝난 후에는 마을 사람들이 동참하는 판굿으로 이어진다.

17) 강릉단오제

국가무형문화재13호 '강릉단오제'는 지역민이 신에게 풍요와 다산 등을 기원하는 공동체 의례이자 한국 단오(端午)의 특성을 잘 보여주는 대표적인 민속축제이다. 단오는 한국 명절의 하나로 주민이 참여하는 가운데 그네뛰기 · 창포머리감기 · 수리취떡먹기 · 씨름 등 각종 놀이가 벌어진다. 일명 '단양 · 단옷날 · 수릿날 · 중오절'이라고도 한다.

지역의 대표나 유지 등이 참석하여 유교식으로 제사를 올린 후, 그 지역의 가장 큰 무당이 주관하는 굿판이 벌어진다. 먼저 4월 27에는 큰 굿을 하고, 5월 1일부터 본격적인 단오제가 시작되는데, 제례 · 단오굿 · 관노가면극 등 3개 부분을 중심으로 단오와 비단오 문화가 어우러진다. 2005년에 유네스코 인류무형유산으로 등재되었다.

18) 한산모시짜기

'한산모시짜기'는 국가무형문화재14호로 지정되어 있다. 모시는 '모시풀 껍질의 섬유로 짠 피륙'을 말한다. 여기서 한산모시는 충남 서천군 한산에서 생산되는 모시를 말하는데, 한산모시는 '한산세모시'라는 고유명사가 생길 정도로 유명하며, 그 질과 색깔이 곱고 뛰어나다.

조선시대 모시는 주로 충청도와 전라도 해안지방에서 생산되었는데, 그중에서도 한산모시는 품질이 우수하면서 섬세한 것이 특징이다. 특히 한산은 비옥한 토양과 바닷바람으로 모시풀이 자라기에 적합한 조건을 갖추고 있다. 2011년에 유네스코 인류무형유산에 등재되었다.

19) 북청사자놀음

국가무형문화재15호 '북청사자놀음'은 정월 대보름날 함경남도 북청에서 행해지던 사자놀이를 말한다. 마을마다 제각기 사자를 꾸며서 놀았는데, 그중에서도 ① 북청읍의 사자계, ② 가회면의 학계, ③ 양천면 영락계의 사자춤이 유명하였다.

1930년 이후로 규모가 작은 사자놀이 팀은 사라졌지만, 북청사자놀음은 현재 유일하게 전승되고 있는 세시명절 놀이이다. 사자놀음에 나오는 성원은 사자 · 꺽쇠 · 양반 · 중 · 점바치 · 의생 · 거사 · 무동 등이다.

20) 거문고산조

'거문고산조'는 국가무형문화재16호로 지정되었다. 1896년(고종 33)에 당시 20세였던 백낙준(白樂俊)이 처음으로 연주하였다. 산조는 민속음악의 하나로 느린 속도의 진양조장단으로 시작해서 차츰 급하게 중모리 · 자진모리 · 휘모리로 끝난다. 주로 남도소리의 시나위가락을 장단(長短)이라는 틀에 넣어서 연주하는 기악독주 음악이다.

21) 봉산탈춤

국가무형문화재17호 '봉산탈춤'은 황해도 봉산 길양에서 전승되다가, 1915년경 사리원으로 옮겨 전승된 탈춤이다. 19세기 말 이래 해서탈춤의 대표적인 놀이로서 굿거리장단이 사용된다. 탈은 말뚝이, 샌님, 서방님, 도련님, 취

발이 등을 쓰고, 익살과 웃음으로 현실을 풍자한다.

봉산탈춤은 다른 지방의 탈놀이에서 끊임없이 영향을 받아들이면서 개량되었고, 나무탈을 종이탈로 바꾸는 등 많은 변화와 뛰어난 연기로 명성을 떨치게 되었다. 19세기 말 20세기 초에 걸쳐 강령탈춤과 함께 황해도 탈놀이의 최고봉을 이루었다.

22) 대금정악

'대금정악'은 국가무형문화재20호로 지정되었다. '정악'은 국악 가운데 넓은 의미의 아악을 이르는 말이다. 또한 아악 가운데 민간에 계승되어 온 우아하고 고상한 순정음악이다. 특히 넘침이 없이 감정을 절도 있게 표현하는 우아한 음악을 지향한다.

대금정악의 범위는 궁정음악 계통인 아악곡의 전부를 이루고 있지만, 모두 합주음악에 속한다. 곡목으로는 〈평조회상〉 중의 〈상영산〉과 〈청성자진한잎〉·〈헌천수〉 등 특징적인 곡이 있으며, 본래부터 독주로 연주되는 음악이 아니었다.

23) 안동차전놀이

국가무형문화재24호 '안동차전놀이'는 일명 '동채싸움'이라고도 한다. 음력 정월 보름날에 하는 민속놀이의 하나로 용감성을 기르는 놀이이다. 이 놀이는 남성들만이 하는 대동놀이로 영남·영동·경기 지방에 전해 내려온다.

동서(東西) 두 패로 나누어, 동채(차전놀이에 쓰이는 수레 모양의 물건)에 탄 대장의 지휘 아래 수많은 장정이 어깨에 멘 동채로 상대방을 공격하여 상대방의 동채를 먼저 땅에 닿게 하는 쪽이 이기는 놀이이다.

24) 가곡

국가무형문화재30호 '가곡'은 시조시(한국 고유의 정형시)에 곡을 붙여서 반주에 맞추어 부르는 우리나라 전통음악으로 '삭대업' 또는 '노래'라고도 한다. 현재 전승되고 있는 가곡은 우조와 계면조를 포함하여 남창 26곡, 여창 15곡 등 모두 41곡이 전승되고 있다. 특히 가곡은 변화 없이 오랜 세월 동안 명맥을 유지해 왔으며, 예술적 가치가 높은 음악이다. 2010년에 유네스코 인류무형유산으로 등재되었다.

25) 처용무

국가무형문화재39호 '처용무'는 궁중의 연회 때와 세모에 역귀를 쫓는 의식 뒤에 추던 향악무용이다. 궁중무용 중에서 유일하게 사람 형상의 가면(처용가면)을 쓰고 추는 춤으로 일명 '오방처용무'라고도 한다.

통일신라 헌강왕(875~886) 때 처용이 아내를 범하려던 역신(전염병을 옮기는 신) 앞에서 자신이 지은 노래와 춤으로 귀신을 물리쳤다는 설화를 바탕으로 하고 있다.

처용무는 가면 · 의상 · 음악 · 춤이 어우러진 수준 높은 무용예술로서, 오랫동안 춤사위, 반주음악, 노래 등에 많은 변화를 겪으면서도 꿋꿋하게 그 맥을 유지하고 있다. 2009년에 유네스코 인류무형유산으로 등재되었다.

26) 영산재

국가무형문화재50호 '영산재'는 한국불교 태고종 '봉원사'를 중심으로 전국 사찰에서 초종파적으로 거행되고 있다. 영산재는 49재(사람이 사망한 지 49일째 되는 날에 지내는 제사)의 한 형태이며, 법회를 통해 영혼을 발심시켜 극락왕생시키려는 목적을 가진다.

또한 석가여래가 영취산에서 행한 설법화상인 영산화상을 오늘날에 재현한다는 상징적 의미를 지니고 있다. 그리고 불교 천도의례 중 대표적인 제사로 일명 '영산작법'이라고도 하며, 국가의 안녕과 큰 조직체를 위해서도 행해진다. 2009년에 유네스코 인류무형유산으로 등재되었다.

27) 줄타기

국가무형문화재58호 '줄타기'는 공중에 친 줄 위에서 재주를 부리며 건너가는 곡예를 말한다. 전 세계에서 널리 행해지는 공연예술이지만, 대부분 줄을 타는 재주에만 중점을 두고 있다.

한국의 줄타기에서는 음악이 연주되며, 줄을 타는 줄광대와 땅에 있는 어릿광대 사이의 대화를 특징으로 하고 있다. 특히 줄광대는 관객에게 단순한 기술에서 점차 어렵고 난이도 높은 기술을 보여주는데, 40여 가지 기술을 여러 시간동안 선보인다. 20011년에 유네스코 인류무형유산으로 등재되었다.

28) 제주칠머리당영등굿

국가무형문화재71호 '제주칠머리당영등굿'은 제주시 건입동의 본향당인 칠머리당에서 하는 굿을 말한다. 제주도의 작은 어촌인 건입동에서 주민들은 물고기와 조개를 잡거나 해녀작업으로 생계를 유지하며 마을의 수호신인 도원수감찰지방관과 요왕해신부인이라는 부부에게 마을의 평안과 풍요를 비는 굿을 지낸다.

이 영등굿은 영등신에 대한 제주도 특유의 해녀신앙과 민속신앙이 담겨 있는 굿이며, 우리나라 유일의 해녀 굿이다. 2009년에 유네스코 인류무형유산으로 등재되었다.

29) 택견

국가무형문화재76호 '택견(태껸)'은 한국 고유의 전통무예 중 하나이다. 유연한 동작으로 움직이다가 순간적으로 손과 발질로 상대방을 제압하는 호신술이다. 각희(角戲) · 비각술(飛脚術) 등으로도 불리는 택견은 '차기'라는 뜻이며, 고문헌에는 '탁견'으로 나온다.

고려시대에는 무인들의 무예로써 장려되었을 뿐 아니라 민간에서도 활발히 전승되었으며, 조선시대에 들어와 민속경기의 하나로 정착되었다. 조선 후기

'송덕기'에 의해 되살아나 다시 맥을 이었다. 경기방법은 각각 상대방을 향해 한쪽 발을 내딛는 대결의 상태에서 손발을 사용하여 상대방을 넘어뜨리거나 얼굴을 발로 차면 이기게 된다. 2011년에 유네스코 인류무형유산으로 등재되었다.

30) 동해안별신굿

국가무형문화재82-1호 '동해안별신굿'은 가장 대표적인 굿으로 일명 '풍농·풍어제'로 부른다. 주로 강원도 고성에서 부산 지역에 이르는 동해안 해변 마을 일대에서 행해지는 굿으로 흔히 '풍어제'라 부른다.

별신이란 '마마귀신'(손님마마 · 별상아씨 · 별상)을 뜻하여 마을단위로 크게 굿판을 벌여 두 신을 퇴치하는 의미였다. 이 굿은 주로 마을의 안녕과 풍어를 기원하며, 단골패가 주관한다. 이들은 지역세습무로서 각자 흩어져 살다가 굿이 나면, 굿패를 조직하여 참여한다.

31) 서해안배연신굿 및 대동굿

국가무형문화재82-2호 '서해안배연신굿 및 대동굿'은 황해도 해주와 옹진, 연평도 지방에서 음력 정월이나 2 · 3월에 주로 행하며, 무당이 하는 굿 중에서 가장 규모가 크다. 굿은 배를 가지고 있는 선주가 바다에 배를 띄우고, 그 위에서 한다. 놀이적인 요소가 많고, 마을의 평안과 가정의 번창, 풍어를 기원한다.

굿은 신청울림, 상산맞이, 세경굿, 부정굿, 감흥굿, 초영정물림, 복잔내림, 제석굿, 성주굿, 소대감놀이, 말명굿, 사냥굿, 성수거리, 타살굿, 군웅굿, 먼산장군거리, 대감놀이굿, 뱃기내림, 조상굿, 서낭목신굿, 영산할아밤 · 할맘, 뱅인영감굿, 벌대동굿, 강변용신굿으로 진행된다.

32) 위도띠뱃놀이

국가무형문화재82-3호 '위도띠뱃놀이'는 전북 부안군 위도에 전승되어 내려오는 민속놀이이다. 매년 정월 초사흗날 어민들의 풍어와 마을의 평안 등을 기원하는 마을 공동제의이다. 또한 인천광역시 옹진군 장봉도에서도 '마을의 액운을 불태우고, 띠배를 큰 배에 매달고 뱃노래를 부르며 바다에 나가 불을 지르는 띠뱃놀이'를 하고 있다.

본래의 명칭은 원당제(願堂祭)이며, 제당의 명칭이 원당에서 유래된 것이다. 띠뱃놀이로 불리게 된 것은 원당 당굿에 이어 바닷가의 용왕굿 때 띠배를 띄워 보내기 때문이다. 즉 재앙을 쫓고 풍어를 비는 뜻에서, 음력 정월 초사흗날 당집에서 제사를 지내고, 띠로 만든 배에 허수아비를 실어 바다로 띄워 보낸다.

33) 남해안별신굿

국가무형문화재82-4호 '남해안별신굿'은 '남해안 일대에서 행해지는 굿'을 말한다. 주로 마을의 안녕과 풍요를 기원하는 대동굿의 일종이며, 동제는 마을의 수호신을 모시지만, 별신(別神)은 다신을 모시는 축제적 성격이 강하다.

별신굿은 일명 '벨신 · 벨손 · 별손'이라고도 한다. 별신은 해마다 열리기보다는 주기적으로 해를 정하여(익년 · 윤년 · 10년 등) 이루어지는 것이 보통이다. 굿의 규모도 매우 크기 때문에 난장도 벌어지고 굿거리도 다양하다.

34) 태평무

국가무형문화재92호 '태평무'는 20세기 초에 경기무악장단과 춤사위를 바탕으로 한성준이 무대화한 춤이다. 태평무는 '태평성대에 질탕한 음악에 맞추어 흥겨운 춤을 추어 일월성신과 더불어 평화를 노래하는 것'이라 하였다. 현재 보유자는 없다.

음악은 낙궁장단, 터벌림, 올림채, 도살풀이가락의 경기무속장단으로 다른 춤에 비해 복잡하고 까다롭다. 춤은 전체적으로 화사하고 우아한데, 겹걸음, 따라붙이는 걸음, 잔걸음, 무릎 들어 걷기, 뒤꿈치 찍기, 앞꿈치 꺾고 뒤꿈치 디딤, 뒤꿈치 찍어 들기, 발 옆으로 밀어주기 등 발디딤의 기교가 섬세하고 다양하다.

4. 국가무형문화재 보유자

국가무형문화재 보유자(保有者)는 '역사상 · 학술상 · 예술상의 가치가 큰 공예기술 · 연극 · 음악 · 무영 · 무술 등 무형의 문화적 자산을 정확히 체득하여 정통하다고 국가가 인정한 사람'을 말한다.

다시 말하면, 국가무형문화재에 지정된 기술의 소지자로서 인정받은 사람을 말한다. 「문화재보호법」에 따라 문화체육관광부 장관이 문화재위원회의 자문을 거쳐 지정해서 보호하고 있다. 일반적으로 '인간문화재'라고도 한다.

개인 및 단체가 중요무형문화재로 지정되면 보유자는 국가로부터 생계비를, 보유자와 보유단체는 해당 중요무형문화재의 발표공연비 · 제작지원비 · 전수교육비를 지급받고 국가의 보호를 받는다. 국가무형문화재 보유자는 1964년 12일 '제1호 종묘제례악(보유자 : 보존회)'을 지정한 이래, 2017년 12월 31일 현재 '제133호 김치담그기(보유자 : 없음)'까지 지정되었다.

제8절 국가민속문화재

1. 국가민속문화재 지정기준

▲ 최기종 작

문화재청장은 문화재심의위원회의 심의를 거쳐 민속문화재 중 중요한 것을 국가민속문화재로 지정할 수 있다. 국가민속문화재의 지정기준과 절차 등에 필요한 사항은 대통령령으로 정한다(「문화재보호법」 제26조).

국가민속문화재는 1964년 12월 '제1호 덕은공주 당의'를 지정한 이래, 2017년 12월 31일 현재 '제293호 봉화 서설당 고택'까지 지정하였다. 국가민속문화재 지정기준은 〈표 3-12〉와 같다.

〈표 3-12〉 국가민속문화재 지정기준

구분	지정기준
국가민속문화재	① 다음 각 목의 어느 하나에 해당하는 것 중 한국민족의 기본적 생활 문화의 특색을 나타내는 것으로서 전형적인 것 - 의 · 식 · 주에 관한 것 * 궁중 · 귀족 · 서민 · 농어민 · 천인 등의 의복 · 장신구 · 음식용구 · 광열용구 · 가구 · 사육용구 · 관혼상제용구 · 주거, 그 밖의 물건 또는 그 재료 등 - 생산 · 생업에 관한 것 * 농기구 · 어렵구(漁獵具) · 공장용구 · 방직용구 · 작업장 등 - 교통 · 운수 · 통신에 관한 것 * 운반용 배 · 수레, 역사 등 - 교역에 관한 것 * 계산용구 · 계량구 · 간판 · 점포 · 감찰 · 화폐 등 - 사회생활에 관한 것 * 증답용구, 경방용구, 형벌용구 등 - 신앙에 관한 것 * 제사구, 법회구, 봉납구, 우상구, 사우 등 - 민속지식에 관한 것 * 역류 · 점복용구 · 의료구 · 교육시설 등 - 민속예능 · 오락 · 유희에 관한 것 * 의상 · 악기 · 가면 · 인형 · 완구 · 절귀용구 · 도구 · 무대 등 ② 제1호 각 목에 열거한 민속문화재를 수집 · 정리한 것 중 그 목적 · 내용 등이 다음 각 호의 어느 하나에 해당하는 것으로서 특히 중요한 것 - 역사적 변천을 나타내는 것 - 시대적 또는 지역적 특색을 나타내는 것 - 생활계층의 특색을 나타내는 것

구분	지정기준
국가민속문화재	③ 민속문화재가 일정한 구역에 집단적으로 소재한 경우에는 민속문화재의 개별적인 지정을 갈음하여 그 구역을 다음의 기준에 따라 집단 민속문화재 구역으로 지정할 수 있다. – 한국의 전통적 생활양식이 보존된 곳 – 고유 민속행사가 거행되는 것으로 민속적 풍경이 보존된 것 – 한국건축사 연구에 중요한 자료를 제공하는 민가군이 있는 곳 – 한국의 전통적인 전원생활의 면모를 간직하고 있는 곳 – 역사적 사실 또는 전설 · 설화와 관련이 있는 곳 – 옛 성터의 모습이 보존되어 고풍이 현저한 곳

*자료 : 문화재청(2017), 「문화재관계법령집」, 문화재청, p.130에서 인용 후 표로 재구성.

2. 주요 국가민속문화재

1) 덕온공주 당의

국가민속문화재1호 '덕온공주 당의'는 조선 순조(23대)의 셋째 딸 덕온공주(1822~1844)가 입었던 자적색 직금당의(織金唐衣 : 금실로 무늬를 짠 여자 예복)로 시집갈 때 대례복(국가의 중대한 의식 때 벼슬아치가 입던 예복)으로 입었던 원삼이다.

길이는 71.5cm, 화장 69cm, 품 36cm, 진동 17cm, 수구 16cm이다. 단국대학교 석주선기념박물관에 소장되어 있다.

2) 심동신 금관조복

국가민속문화재2호 '심동신 금관조복'은 조선 후기의 문신 심동신 의복 중 적초의로 홍색 9족 항라로 만들어진 홑옷을 말한다.

심동신은 당시 증광시에 나가 을과(乙科)에 급제한 인물로서, 그가 참판직에 있었을 때 착용한 당상관용 조복이다.

조복은 금칠한 양관(梁冠)으로 인해 '금관조복'이라 부르는 관복의 하나이다.

단국대학교 석주선기념박물관에 소장되어 있다.

3) 광해군 내의 및 상궁 옷

국가민속문화재3호 '광해군 내의 및 상궁 옷'은 조선시대 광해군(1608~1623)과 그의 비(妃) 유씨, 그리고 궁중의 정5품 상궁이 입었던 의복 4점을 말한다.

이 유물은 1965년 해인사 장경판고(藏經板庫)를 수리할 때 지붕 밑 구멍에서 발견되었는데, 건물 완공에 대한 기록과 상궁들의 명단이 함께 나왔다. 의류는 담청색 직령 1점, 백삼 1점, 홍삼 1점, 자주저고리 1점 등 모두 4점이다.

4) 외재 이단하 내외 옷

국가민속문화재4호 '외재 이단하 내외 옷'은 조선 중기의 문신 이단하(1625~1689)와 그의 부인이 입었던 옷과 머리장식품을 말한다.

이단하는 송시열의 제자로 1662년(현종 3) 문과에 급제하였고, 대제학 및 우의정, 좌의정까지 지냈던 인물이다.

이 유물들은 이단하가 착용한 중치막 1점, 그의 부인이 착용한 대례복 1점, 누비저고리 1점, 머리 장식품 봉대 1점, 다리 1점, 도투락댕기 1점, 용잠 1점 등 모두 7점이다.

5) 강릉 선교장

국가민속문화재5호 '강릉 선교장'은 강원 강릉시에서 경포 쪽으로 4km쯤 떨어진 곳에 위치해 있으며, 조선시대 상류층의 가옥을 대표하는 건축물이다.

면적은 318평으로 안채 · 사랑채 · 동별당 · 가묘 등이 남아 있고, 문 밖 연못 위에는 '활래정'이라는 정자가 있다. 선교장은 조선 후기의 건물과 주거생활 · 생활용구 등을 연구하는 데 귀중한 자료가 되고 있다.

제9절 유네스코 세계유산

▲ 세계문화유산 1호 그리스 파르테논 신전/ 최기종 작

세계유산(World Heritage)은 세계의 모든 사람들에게 두드러지게 보편적인 가치를 지닌 것이다. 인류가 탄생한 이래 문화와 자연은 항상 밀접한 상호관계를 가지고 공존해 왔다. 따라서 양자가 개발의 위기 앞에 방치되어 있다는 점에서 다 같이 소중하게 보호되어야 한다(三橋, 1997).

유네스코는 ① 인류의 소중한 문화 및 자연유산을 보호하기 위한 '세계유산', ② 소멸위기에 있는 무형문화유산을 보존하여 문화적 디양성과 인류 창의성을 보호하기 위한 '인류무형유산(Intangible Cultural Heritage of the Humanity)', ③ 세계적 가치가 있는 귀중한 기록유산을 대상으로 하는 '세계기록유산(Memory of the World)'을 각각 등재하여 보호하는 활동을 하고 있다.

한국은 2017년 12월 기준 12개의 세계유산(잠정목록 등재 15건)과 19개의 인류무형유산 대표목록, 13개의 세계기록유산을 보유하고 있다(문화재청, 2017).

1. 세계유산

한국은 1988년 유네스코 '세계 문화유산 및 자연유산의 보호에 관한 협약' 가입 이후, 우리 문화재의 우수성과 독창성을 국제사회에 널리 홍보하고, 문화재의 관광자원화를 위하여 우리 문화재의 유네스코 세계유산 등재를 꾸준히 추진하고 있다.

유네스코에 등재된 한국의 찬란한 세계유산 중에 '문화유산'은 ① 석굴암 및 불국사, ② 종묘, ③ 해인사 장경판전, ④ 창덕궁, ⑤ 화성, ⑥ 경주역사유적지구, ⑦ 고창 · 화순 · 강화 고인돌유적, ⑧ 조선왕릉(40기), ⑨ 한국의 역사마을 : 하회와 양동, ⑩ 남한산성, ⑪ 백제역사유적지구가 있고, '자연유산'은 ① 제주 화산섬과 용암동굴'이 있다. 한국의 세계유산(문화유산 및 자연유산) 등재현황을 정리하면 〈표 3-13〉과 같다.

〈표 3-13〉 세계유산(문화유산 및 자연유산) 등재 현황

구분	유산명칭	해설
문화유산	석굴암 및 불국사 (1995.12.09)	-석굴암(국보24호)은 8세기경 신라시대에 완공된 석굴 및 종교건축물로서 불교예술의 정수라 할 수 있다. -석굴암은 751년(경덕왕 10)에 세운 석굴로 내부 본존불상은 결가부좌한 채 동해바다를 응시하고 있다. -불국사(사적 · 명승1호)는 석굴암과 같은 시기인 743~764년(경덕왕)에 건립된 것으로서 찬란한 신라문화의 상징이다.
	종묘 (1995.12.09)	-종묘(사적125호)는 조선의 역대 왕과 왕후의 신위를 모신 세계에서 가장 오래되고 권위 있는 유교적 전통 신전이다. -종묘의 건축은 16세기 이후 현재까지 원형을 보존 · 유지하고 있다. -또한 종묘제례는 왕이 직접 참여하며, 매년 5월 첫째 주 일요일에 종묘에서 행해진다.
	해인사 장경판전 (1995.12.09)	-해인사 장경판전(국보52호)은 세계에서 가장 오래된 고려 대장경판 8만여 장을 보관하는 시설이며, 해인사의 현존 건물 중 가장 오래되었다. -장경판전은 정면 15칸이나 되는 큰 규모의 두 건물을 남북으로 나란히 배치하였다. -팔만대장경은 오랜 역사와 내용의 완벽함, 고도로 정교한 인쇄술의 극치로 세계 불교경전 중 가장 완벽한 경전이다. -과학적으로 설계된 장경판전은 15세기경에 건축된 것으로 자연환경을 최대한 이용하였다.

구분	유산명칭	해설
문화유산	창덕궁 (1997.12.06)	-창덕궁(사적122호)은 조선왕조 5백 년의 5대 궁궐 중 가장 잘 보존되었다. 1405년에 경복궁 다음으로 건립된 별궁이었으나, 역대 임금들이 거처함으로써 본궁이나 다름없는 궁궐이었다. -주변 자연환경과의 완벽한 조화와 배치가 탁월한 창덕궁은 1611년 광해군 때부터 정궁으로 쓰이게 된 뒤, 1868년 고종이 경복궁을 복원할 때까지 295년 동안 조선의 역대 왕들이 정사를 보살폈던 곳이다.
	화성 (1997.12.06)	-화성(사적3호)은 조선 22대 임금 정조가 자신의 아버지 사도세자의 묘를 수원으로 옮긴 후 축조한 성곽이다. -18세기 동양의 성곽을 대표하는 화성은 성의 둘레 5,744m로 축성 시 거중기와 녹로 등 신기재를 사용하였다. -화성은 군사적 방어기능과 상업적 기능을 함께 보유하고 있으며, 시설의 기능이 가장 과학적이고 합리적이다.
	경주역사유적지구 (2000.12.02)	-신라 천년(B.C 57~A.D 935)의 고도인 경주의 역사와 문화 업적을 고스란히 담고 있는 불교유적으로 왕경(王京) 유적이 잘 보존되어 있다. -경주는 종합역사지구로서 유적의 성격에 따라 모두 5개 지구로 나누어져 있으며, 총 52개의 지정문화재가 세계유산지역에 포함되었다.
	고창 · 화순 · 강화 고인돌유적 (2000.12.02)	-고인돌은 동북아시아 지역에 밀집되어 있다. 그중 우리나라가 그 중심지역이라 할 수 있으며, 전국에 약 3만여 기에 가까운 고인돌이 분포하고 있다. -기원전 2~3천 년 전의 장례 및 의식 유적으로 선사시대의 기술을 보여주는 유적이다. -세계문화유산으로 등록된 고창 · 화순 · 강화의 고인돌 유적은 밀집분포도, 형식의 다양성으로 고인돌의 형성과 발전과정을 규명하는 중요한 유적이다.

구분	유산명칭	해설
문화유산	조선왕릉(40기) (2009.06.30)	-조선시대의 국가통치 이념인 유교와 그 예법에 근거하여 시대에 따라 다양한 공간의 크기, 문인과 무인 공간의 구분, 석물의 배치, 기타 시설물의 배치 등이 특색이다. -특히 왕릉의 석물 중 문인석, 무인석의 규모와 조각양식 등은 예술성을 각각 달리하며, 시대별로 변하는 사상과 정치사를 반영하고 있어 역사의 흐름을 읽을 수 있는 뛰어난 문화유산이다.
	한국의 역사마을 : 하회와 양동 (2010.07.31)	-안동하회마을은 유림의 대표적 동족부락으로 국보와 보물 등 문화유산을 간직하고 있다. 풍산유씨 동족부락의 기틀이 마련된 것은 조선 중엽 이후 대유학자인 유운룡과 유성룡 형제 시대로 보고 있다. -경주 양동마을은 조선시대 초기에 입향(入鄕)한 이래 지금까지 대대로 살아온 월성손씨와 여강이씨가 양대 문벌을 이루어 그들의 동족집단마을로 계승하여 왔다. 경주시내에서 동북방으로 16km쯤 떨어진 곳에 있다.
	남한산성 (2014.06.22)	-사적57호로 지정된 남한산성(포곡식 산성)은 천혜의 요새를 이루고 있어 백제 초기에는 왕도가 자리하였고, 특히 병자호란의 한이 서린 산성으로 널리 알려져 있다. -조선시대는 국방의 보루로서 그 역할을 유감없이 발휘한 곳이다. 그러나 병자호란 때 왕이 이곳으로 피난해 왔지만, 결국 45일 만에 굴욕의 항복을 하고 말았다. -청나라의 침입을 막기 위해 쌓은 이 성곽은 1624년에 인조가 총융사 이서로 하여금 성을 개축하게 하여, 1626년(인조 4)에 공사를 완공하였다.
	백제역사유적지구 (2015년 7월)	-이곳은 5~7세기 한국 건축기술의 발전과 불교의 확산을 보여주는 고고학 유적이다. -백제역사유적지구는 총 8개의 유적을 포함한 연속유산으로 공주시에 공산성 · 송산리고분군 2곳, 부여군에 관북리유적 · 부소산성 · 능산리고분군 · 정림사지 · 부여나성 5곳, 익산시에 왕궁리유적 · 미륵사지 2곳이 유네스코 세계문화유산으로 등재되었다.

구분	유산명칭	해설
자연유산	제주 화산섬과 용암동굴 (2007. 02)	–아름다운 자연경관과 자연의 보존상태가 뛰어나고, 다양한 희귀생물과 멸종위기의 동식물을 볼 수 있는 제주도는 오름과 용암동굴 등 화산지형이 많아 지질과 지형학적으로 연구 가치가 높다. –특히 한반도 최고의 생태계 천연보호구역인 한라산은 약 180만 년 전 여러 번의 화산활동으로 만들어진 화산섬으로 독특한 자연경관을 자랑한다. 한라산에는 동물 1,179종과 식물 1,565종이 자생하고 있다. –제주도에는 130개가 넘는 용암동굴이 있다. 그중 '거문오름 지역에 있는 용암동굴'이 세계자연유산으로 등재되었다. –거문오름 지역은 약 10~30만 년 전에 화산이 폭발하면서 만들어졌으며, 용암동굴은 자연이 만들어낸 신비로운 색상과 다양한 모양새를 연출하고 있다. –거문오름 지역에 자리한 용암동굴에는 김녕굴 · 만장굴 · 벵뒤굴 · 용천동굴 등이 있다.

*자료 : 문화재청(2017),『문화재연감』, 문화재청 ; 최기종(2017),『문화관광』, 백산출판사에서 인용 후 재구성.

2. 인류무형유산

유네스코는 소멸될 위기에 놓여 있는 인류무형유산의 보존 · 전승을 위해 1997년 제29차 유네스코 총회에서 인류구전 및 무형유산걸작 제도 설립 결의안을 채택하였다(문화재청, 2017).

2017년 12월 현재 한국의 '인류무형유산(Intangible Cultural Heritage of the Humanity)'은 ① 종묘제례 및 종묘제례악, ② 판소리, ③ 강릉단오제, ④ 강강술래, ⑤ 남사당놀이, ⑥ 영산재, ⑦ 제주칠머리당영등굿, ⑧ 처용무, ⑨ 가곡, ⑩ 대목장, ⑪ 매사냥, ⑫ 택견, ⑬ 줄타기, ⑭ 한산모시짜기, ⑮ 아리랑, ⑯ 김장문화, ⑰ 농악, ⑱ 줄다리기, ⑲ 제주해녀문화가 있다. 한국의 인류무형유산 등재현황을 정리하면 〈표 3-14〉와 같다.

〈표 3-14〉 인류무형유산 등재 현황

유산명칭	해설
종묘제례 및 종묘제례악 (2001.05.18)	-종묘제례는 최고의 품격을 갖추고 유교절차에 따라 거행되는 왕실 의례이며, '효'를 국가차원에서 실천함으로써 민족공동체의 유대감과 질서를 형성하는 역할을 하였다. -종묘제례악은 종묘에서 제사를 드릴 때 의식을 장엄하게 치르기 위하여 연주하는 기악 · 노래 · 춤을 말한다. -조선 세종 때 궁중 희례연에 사용하기 위해 만들어졌던 보태평(保太平)과 정대업(定大業)에 연원을 두고 있다.
판소리 (2003.11.07)	-광대 한 사람이 고수(북치는 사람)의 장단에 맞추어 서사적인 사설을 노래와 말과 몸짓을 섞어 창극조로 부르는 민속예술의 한 갈래이다. -고수의 장단에 따라 창(소리), 말(아니리), 몸짓(너름새)을 섞어가며 긴 이야기를 엮어가는 것을 말한다. -또한 판소리는 느린 진양조 · 중모리 · 보통 빠른 중중모리 · 휘모리 등 극적 내용에 따라 느리고 빠르다.
강릉단오제 (2005.11.25)	-단오는 음력 5월 5일로 '높은 날' 또는 '신 날'이란 뜻의 수릿날이라고도 한다. -강릉단오제는 한국에서 가장 역사가 깊은 전통축제로 마을을 지켜주는 대관령 산신을 제사하고, 마을의 평안과 농사의 번영, 집안의 태평을 기원한다.
강강술래 (2009.09.30)	-여자들이 손을 잡고 원을 그리며 빙빙 돌면서 추는 민속춤을 말한다. 즉 호남지방에서 여성들을 중심으로 전승되는 대표적인 집단놀이이다. -임진왜란 때 이순신은 이 놀이를 용병술의 하나로 이용하여 왜적의 침입을 막았다는 전설에서 강강수월래(强羌水越來 : 거센 오랑캐가 바다를 넘어온다)라 하던 것이 발음이 변한 것이라는 설이 있다. -그러나 이미 그 이전부터 민간에서 전래해 오던 강강술래 노래가 임진왜란을 거치면서 강강수월래로 변형된 것이라고 보는 것이 옳을 것이다.
남사당놀이 (2009.09.30)	-꼭두쇠(우두머리)를 비롯해 최소 40명에 이르는 남자들로 구성된 유랑연예인인 남사당패가 농 · 어촌을 돌며, 주로 서민층을 대상으로 조선 후기부터 1920년대까지 행했던 놀이이다.

유산명칭	해설
남사당놀이 (2009.09.30)	-서민사회에서 자연 발생한 민중놀이로 남사당패는 꼭두쇠를 정점으로 공연을 기획하는 화주, 놀이를 관장하는 뜬쇠, 연희자인 가열, 새내기인 삐리, 나이든 저승패와 등짐꾼 등으로 이루어져 있다.
영산재 (2009.09.30)	-부처가 영취산에서 행한 설법회를 재현하는 의식으로 불교에서 죽은 사람의 영혼을 천도하기 위한 의식 중 가장 규모가 크다.
제주칠머리당 영등굿 (2009.09.30)	-제주시 건입동의 본향당(本鄕堂)인 칠머리당에서 하는 굿이다. 주민들은 물고기와 조개를 잡거나 해녀작업으로 생계를 유지하며, 마을 수호신인 도원수감찰지방관과 '요왕해신부인'이라는 부부에게 마을의 평안과 풍요를 비는 굿을 했다. -영등신은 외눈백이섬 또는 강남천자국에서 2월 1일에 제주도에 들어와서 어부와 해녀들에게 풍요를 주고 2월 15일에 본국으로 돌아간다는 내방신(來訪神)이다. -당굿은 칠머리당에서 음력 2월 1일에 영등환영제와 2월 14일에 영등송별제로 행하고 있다.
처용무 (2009.09.30)	-'궁중의 연회 때와 세모에 역귀를 쫓는 의식 뒤에 추던 향악 무용'을 말한다. -궁중무용 중에서 유일하게 사람 형상의 가면을 쓰고 추는 춤으로 오방처용무라고도 한다. -통일신라 헌강왕 때 살던 처용이 아내를 범하려던 역신(疫神 : 전염병을 옮기는 신) 앞에서 자신이 지은 노래를 부르며 춤을 춰서 귀신을 물리쳤다는 설화를 바탕으로 하고 있다. -처용무는 5명이 동서남북과 중앙의 5방향을 상징하는 옷을 입고 추는데 동은 파란색 · 서는 흰색 · 남은 붉은색 · 북은 검은색 · 중앙은 노란색이다. -춤의 내용에는 음양오행설의 기본정신을 기초로 하여 악운을 쫓는 의미가 담겨 있다.
가곡 (2010.11.16)	-가곡은 시조시에 곡을 붙여서 관현악 반주에 맞추어 부르는 전통음악으로 삭대엽(數大葉) 또는 노래라고도 한다. -가곡의 원형은 만대엽 · 중대엽 · 삭대엽 순이나 느린 곡인 만대엽은 조선 영조 이전에 없어졌고, 중간 빠르기의 중대엽도 조선 말에는 부르지 않았다.

유산명칭	해설
가곡 (2010.11.16)	–지금의 가곡은 조선 후기부터 나타난 빠른 곡인 삭대엽에서 파생한 것으로 가락적으로 관계가 있는 여러 곡들이 5장 형식의 노래모음을 이룬 것이다. –현재 전승되고 있는 가곡은 우조, 계면조를 포함하여 남창 26곡, 여창 15곡 등 모두 41곡이다.
대목장 (2010.11.16)	–나무를 재목으로 하여 집짓는 일, 재목을 마름질하고 다듬는 기술설계, 공사의 감리까지 겸하는 목수로서 궁궐 · 사찰 · 군영시설 등을 건축하는 도편수로 지칭하기도 한다. –대목장은 문짝, 난간 등 소규모의 목공일을 맡아 하는 소목장과 구분한 데서 나온 명칭이다. 과거에는 목조건축이 발달하여 궁궐과 사찰 건물이 모두 목조였다.
매사냥 (2010.11.16)	–매를 길들여 꿩이나 토끼 등을 잡는 매사냥은 그 역사가 오래 되어 고대 이집트, 페르시아 등지에서 행하였다는 기록이 있다. –고구려 고분벽화의 매사냥 그림이나 ≪삼국유사≫ · ≪삼국사기≫ 등의 매사냥 기록을 보면 우리나라도 오랜 옛날부터 매사냥이 성행한 것이다.
택견 (2011.11.29)	–고구려시대부터 2천 년 동안 명맥이 이어져 내려온 전통무예 택견은 춤추듯 율동적인 동작으로 상대를 제압한다는 특징을 가진다. –택견은 여러 세대에 걸쳐 전승된 전통무예로 전승자들 간의 협력과 연대를 강화하는 것이 특징이며, 특히 전 세계 유사한 전통무예의 가시성을 높일 수 있다는 점 등을 높이 평가하였다.
줄타기 (2011.11.29)	–줄타기는 관객을 즐겁게 하는 한국 전통음악과 동작, 상징적인 표현이 어우러진 복합적인 성격의 전통 공연예술로서 인간의 창의성을 보여주는 유산이다. –이 유산의 대표목록 등재는 전 세계 다양한 줄타기 공연에 대한 관심을 환기해 문화 간 교류를 촉진하는 계기가 될 것이라고 평가하였다.
한산모시짜기 (2011.11.29)	–모시짜기는 여러 세대에 걸쳐 전승되고 해당 공동체에 뿌리내린 전통기술로 실행자들에게 정체성과 지속성을 부여한다고 유네스코는 평가했다. –한산모시는 섬세하고 단아하여 모시의 대명사로 불려왔을 정도로 다른 지방의 모시보다 촘촘하다.

유산명칭	해설
아리랑 (2012.11.05)	–아리랑은 우리 민족 고유의 대표적인 민요로 가사와 주제가 개방되어 있어 누구나 자유롭게 부를 수 있다. –아리랑이 세대를 거쳐 지속적으로 재창조되었다는 점과 한국민의 정체성을 형성하고 결속을 다지는 데 중요한 역할을 한다는 점이 높이 평가되었다.
김장문화 (2013.12.05)	–김장은 사회적 나눔, 가족 간 또는 구성원 간 협력 증진, 김장문화 전승 등의 다양한 목적을 가지고 있다. –또한 김장은 지역과 세대를 초월해서 광범위하게 전승되고 한국인들에게 정체성과 소속감을 준다는 점과 천연재료를 창의적으로 이용한다는 점을 인정받았다.
농악 (2014.11.27)	–농악은 한국 전역에서 행해지는 대표적인 민족예술이자 꽹과리 · 징 · 장구 · 북 · 소고 등 타악기를 합주하면서 행진하거나 춤과 기예, 연극과 함께하는 종합예술이다. –농악은 공연자들과 참여자들에게 정체성을 제공하며, 인류의 창의성과 문화 다양성에 기여하였다. –특히 국내외 다양한 공동체들 간의 대화를 촉진함으로써 무형문화유산의 가시성을 제고하는 데 기여했다는 점을 인정받았다.
줄다리기 (2015.12.02)	–줄다리기를 통해 마을 공동체 구성원들 간에 결속과 단결을 강화하는 데 그 의의가 있다. –아시아 · 태평양 지역 4개국이 협력하여 공동 등재로 진행한 점과 풍농을 기원하며, 벼농사 문화권에서 행해진 대표적인 전통문화로서 무형유산적 가치 등을 높이 평가하였다. –등재된 한국의 줄다리기는 영산 줄다리기, 기지시 줄다리기 등 국가지정 2개와 삼척시 줄다리기 등 시 · 도지정 4개가 포함되었다.
제주해녀문화 (2016.11.30)	–제주해녀는 잠수장비 없이 바다 깊은 곳까지 들어가 해산물을 채취하는 '물질'을 한다. 이런 고유의 기술과 함께 제주해녀 공동체에 전승되어 온 '잠수굿'과 노동요인 '해녀노래' 등 문화적 가치가 높이 평가되었다. –제주해녀문화는 ① 제주해녀가 가지고 있는 공동체 정신, ② 지속가능한 발전 모델, ③ 여건신장에 큰 도움이 됐다는 것이다.

유산명칭	해설
제주해녀문화 (2016.11.30)	-험한 바다를 터전 삼아 생활해 온 제주 여성들의 강인한 정신과 서로 안전을 살피고 수입도 나누는 공동체 문화는 심사위원들에게 깊은 인상을 심어주었다.

*자료 : 문화재청(2017), 『문화재연감』, 문화재청 ; 최기종(2017), 『문화관광』, 백산출판사에서 인용 후 재구성.

3. 세계기록유산

세계기록유산(Memory of the World)은 세계적으로 보존할 만한 가치가 있다고 인정되는 기록물의 보존을 위하여 유네스코에서 실시하는 세계기록유산 제도를 말한다(문화재청, 2017).

2017년 12월 현재 한국의 '세계기록유산'은 ① 훈민정음, ② 조선왕조실록, ③ 승정원일기, ④ 직지심체요절, ⑤ 조선왕조 의궤, ⑥ 해인사대장경판 및 제경판, ⑦ 동의보감, ⑧ 일성록, ⑨ 5.18민주화운동기록물, ⑩ 난중일기, ⑪ 새마을운동 기록물, ⑫ 한국의 유교책판, ⑬ KBS특별생방송 이산가족을 찾습니다 기록물, ⑭ 조선왕실 어보와 어책, ⑮ 국채보상운동 기록물, ⑯ 조선통신사 기록물이 있다. 한국의 세계기록유산 등재현황을 정리하면 〈표 3-15〉와 같다.

〈표 3-15〉 세계기록유산 등재 현황

유산명칭	해설
훈민정음 (1997.10.01)	-자음 17자와 모음 11자, 모두 28자로 이루어진 이 책은 조선 세종 28년(1446)에 새로 창제된 훈민정음을 왕의 명령으로 정인지 등 집현전 학사들이 중심이 되어 만든 한문해설서이다. -훈민정음은 해례가 붙어 있어서 '훈민정음 해례본' 또는 '훈민정음 원본'이라고도 한다. 전권 33장 1책의 목판본이다. 구성은 총 33장 3부로 나누어져 있다.

유산명칭	해설
조선왕조실록 (1997.10.01)	−1392~1863년까지 472년간의 역사를 편년체(編年體 : 역사적 사실을 일어난 순서대로 기술하는 방식)로 기록한 책이다. 조선시대의 사회 · 경제 · 문화 · 정치 등 다방면에 걸쳐 기록하였다. −편찬작업은 다음 왕이 즉위한 후 실록청을 열고 관계된 관리를 배치하여 펴냈으며, 사초는 임금이라 해도 열어볼 수 없도록 비밀을 보장하고 있다.
승정원일기 (2001.09.04)	−조선시대 왕명의 출납을 관장하던 승정원에서 날마다 다룬 문서와 사건을 기록한 일기이다. 현재는 1623년~1894년까지의 것만 남아 있다. −1623년 3월부터 1910년 8월까지 왕명을 담당하던 기관인 승정원에서 처리한 여러 가지 사건들과 취급하였던 행정사무, 의례적 사항 등을 매일 기록한 것으로 수량은 총 3,243책 393,578장에 이른다.
직지심체요절 (2001.09.04)	−이 책은 여러 문헌에서 선(禪)의 깨달음에 관한 내용만을 뽑은 것으로 내용 면에서도 고려 선종사에서 귀중한 문헌이지만, 세계 최고의 금속활자본으로 더 유명하다. −1372년(공민왕 21)에 저술되었는데, 1377년 청주목의 흥덕사(興德寺)에서 금속활자로 인쇄되었다. 현재 책 하권(下卷)은 프랑스 국립도서관에 소장하고 있다.
조선왕조 의궤 (2007.06.14)	−조선왕조 의궤(儀軌)는 조선 왕실에서 국가의 주요 행사를 기록한 문서이다. −의궤는 조선 건국 당시 태조 때부터 만들어졌으며, 현전(現傳)하는 의궤는 1601년(선조 31년) 의인왕후(懿仁王后)의 장례 기록을 남기기 위해 편찬된『懿仁王后山陵都監儀軌(의인왕후산릉도감의궤)』·『懿仁王后殯殿魂殿都監儀軌(의인왕후빈전혼전도감의궤)』가 있다.
해인사대장경판 및 제경판 (2007.06.14)	−대장경은 경(經) · 율(律) · 논(論)의 삼장(三藏)을 말하며, 불교경전의 총서로 일명 '고려대장경'이라고도 부른다. −판수는 8만여 개이며, 8만 4천 번뇌에 해당하는 8만 4천 법문을 실었다고 하여 8만대장경이라고도 부른다. −제작 동기는 고려 현종 때 새긴 초조대장경이 고종 19년(1232) 몽고의 침입으로 불타 없어지자 다시 대장경을 만들었다. −몽골의 침입을 불교의 힘으로 막아보고자 하는 뜻으로 대장도감이라는 임시기구를 설치하여 새긴 것이다.

유산명칭	해설
동의보감 (2009.07.31)	–『동의보감』은 선조 30년(1597)에 허준(1546~1615)이 선조의 명을 받아 중국과 우리나라의 의학서적을 하나로 모아 간행한 의학서적이다. 총 25권 25책으로 목활자로 발행되었다. –허준은 1574년(선조 7년) 의과에 급제하여 이듬해 내의원의 의관이 되었다. 『동의보감』은 그가 관직에서 물러난 뒤 16년간의 연구 끝에 완성한 한의학의 백과사전 격인 책이다.
일성록 (2011.05.25)	–1760년(영조 36년) 1월부터 1910년 8월까지 조정과 내외의 신하에 관련된 일기이다. 임금의 입장에서 펴낸 일기의 형식을 갖추고 있으나 실질적으로는 정부의 공식적인 기록이다. –정조의 세자시절〈존현각일기〉에서 작성되기 시작하여 즉위 후에도 〈존현각일기〉는 계속 쓰여졌고, 『일성록』은 이 일기에 많은 기반을 두고 있다. 조선 후기에 문화사업을 크게 일으켰던 정조에 의하여 기록되기 시작했다.
5.18민주화 운동기록물 (2011. 05)	–1980년 5월 18일부터 27일까지 광주시민과 전남도민이 중심이 되어 조속한 민주정부수립, 전두환 보안사령관을 비롯한 신군부 세력의 퇴진 및 계엄령 철폐 등을 요구하며 전개한 민주화운동이다. –광주시민은 신군부 세력이 집권 시나리오에 따라 실행한 5.17 비상계엄 전국 확대 조치로 인해 발생한 헌정 파괴 · 민주화 역행에 항거했으나, 공수부대를 투입해 이를 폭력적으로 진압하였다.
난중일기 (2013.06.18)	–국보76호 『난중일기』는 국내에서도 이미 학술연구 자료로 높은 가치를 인정받아 왔다. –전쟁 중 지휘관이 일기를 직접 기록한 사례가 세계적으로 드물어 그 희소가치를 인정받았다.
새마을운동 기록물 (2013.06.18)	–새마을운동 기록물은 UN에서 인정받은 빈곤 탈피의 모범사례로 아프리카와 같은 저개발국에서 이를 발전모델로 하고 있을 정도로 영향력 있는 기록물이다. –국가발전을 위해 국민과 정부가 협력한 성공적 사례라는 점이 이번 등재를 결정한 주요 요인이 되었다.
한국의 유교책판 (2015.10.09)	–한국의 유교책판은 조선시대 유학자들의 저작물을 간행하기 위해 나무판에 새긴 책판으로, 305개 문중 · 서원 등에서 기탁한 718종, 6만 4,226장으로 구성되어 있다.

유산명칭	해설
한국의 유교책판 (2015.10.09)	–내용은 유학자의 문집, 성리학 서적, 족보 · 연보, 예학서, 역사서, 훈몽서, 지리지 등으로, 한국국학진흥원에서 보존 · 관리하고 있다.
KBS특별생방송 이산가족을 찾습니다 기록물 (2015.10.09)	–'KBS특별생방송 이산가족을 찾습니다 기록물'이 유네스코 세계기록유산에 등재되었다. –기록물은 KBS가 지난 1983년 6월 30일부터 11월 14일까지, 138일에 걸쳐 453시간 45분 동안 진행한 세계 최장 생방송 관련 자료이다. –녹화 원본 테이프 463개와 이산가족이 작성한 신청서, 일일 방송 진행표 등 2만 522건의 자료로 구성되었다.
조선왕실 어보와 어책 2017. 10. 31	–'조선왕실 어보와 어책'은 조선왕실에서 책봉이나 존호 수여를 위해 금 · 은 · 옥에 새긴 의례용 도장, 오색 비단에 훈계의 글을 쓴 교명, 금동 판에 책봉 내용을 새긴 금책 등이다. –조선건국 초부터 570여 년 동안 지속적으로 제작돼 왔고 내용과 작자, 문장의 형식, 글씨체, 재료 등이 당대 시대적 변천상을 반영한다는 점에서 가치를 인정받았다.
국채보상운동 기록물 2017. 10. 31	–'국채보상운동기록물'은 국가가 진 빚을 갚기 위해 1907~1910년 일어난 국채보상운동의 전 과정을 보여주는 기록물이다. –기록물에는 수기 기록물, 일본정부 기록물, 언론 기록 등 총 2,470건의 방대한 분량에 이른다. –국민적 기부운동이었다는 점과 제국주의 침략을 받은 중국 · 멕시코 등 여러 나라에서 유사한 방식으로 국채보상운동이 연이어 일어난 점 등을 인정받았다.
조선통신사 기록물 2017. 10. 31	–'조선통신사 기록물'은 임진왜란 이후 1607~1811년에 일본 무사정권의 요청으로 12차례나 파견된 외교사절인 '조선통신사'와 관련된 기록을 말한다. –외교 · 여정 · 문화교류 기록 등 총 111건의 기록물에는 일본의 통신사 파견 요청, 통신사 파견 준비 절차, 수행원의 직위와 이름, 일본에 전한 예물의 품목, 일본에 도착한 통신사의 보고 내용, 일본에서 바친 진상품 목록이 기록돼 있다. –한국과 일본 양국이 세계기록유산 등재를 추진해 성공한 첫 사례라는 점에서 큰 의미가 있다.

*자료 : 문화재청(2017),『문화재연감』, 문화재청 ; 최기종(2017),『문화관광』, 백산출판사에서 인용 후 재구성.

제10절 박물관 · 미술관

1. 박물관의 정의

▲ 국립중앙박물관 전경/ 최기종 작

박물관은 '인간의 가장 위대한 생각을 보여주는 장소'(Andre Malraux)이며, '고고학 자료와 미술품, 역사적 유물, 그 밖의 학술적 자료를 널리 수집 · 보존 · 진열 · 연구하고, 일반에게 전시하는 시설'을 말한다(엣센스 국어사전, 2017).

'뮤즈들이 거처하는 작은 언덕'을 의미하는(김한결, 2015) 영어의 뮤지엄(museum), 독일어의 무제움(Museum), 프랑스어의 뮈제(musee) 등은 고대 그리스의 뮤즈(Muse) 여신에게 바치는 신전 안의 보물창고인 무세이온(Museion)에서 연유한 것이다.

박물관은 인류환경의 물리적인 증거물(이보아, 2000) 등 동서고금의 자연과 문화에 관한 자료를 계통적으로 수집 · 보완하여 조사 · 연구 · 관리 · 전시(공개)하여 관광객 및 주민들로 하여금 이용할 수 있도록 해야 한다.

1946년 11월에 설립된 유네스코 협력기관 ICOM(International Council Of Museums : 국제박물관협의회) 헌장에서는 박물관을 사회교육시설로 규정하고, '예술 · 역사 · 미술 · 과학 · 기술에 관한 수집품 및 식물원 · 동물원 · 수족관 등 문화적으로 가치가 있는 자료와 표본 등을 각종 방법으로 보존 · 연구하여, 일반대중의 교육과 오락을 위하여 공개 전시함을 목적으로 이룩된 영구적 공공시설'이라고 정의하고 있다.

넓은 의미의 박물관에는 미술관 · 과학관 · 기술관 · 공립기록보존소 등이 모두 포함된다. 박물관의 분류 체계에는 ① 소장품에 의한 분류, ② 경영주체에 의한 분류, ③ 봉사영역에 의한 분류, ④ 봉사대상에 의한 분류, ⑤ 소장품 전시방법에 의한 분류가 있다. 박물관의 분류체계는 〈표 3-16〉과 같다.

〈표 3-16〉 박물관의 분류체계

분류	내용	
소장품	종합 박물관	인문계 : 고고학박물관, 미술관, 민속박물관, 역사박물관, 종교박물관, 민족학박물관, 교육박물관 등
	전문 박물관	자연계 : 자연사박물관, 지질학박물관, 과학박물관, 산업박물관, 군사박물관 등
경영주체	국립박물관, 공립박물관, 대학박물관, 군박물관, 독립 · 사립법인박물관, 기업박물관 등	
봉사영역	국립중앙박물관, 지역박물관, 지방박물관	
봉사대상	교육박물관, 공공박물관, 전문박물관, 어린이박물관, 장애인박물관	
소장품 전시	전통박물관, 유적지박물관, 야외박물관, 옥외박물관, 사이버박물관	

*자료 : 홍보라매(2016), 『박물관학』, 시대고시기획, p.48에서 인용 후 표로 재구성.

2. 국립박물관

국립박물관은 국가에서 건립한 박물관을 말한다. 국립박물관은 정부부처별로 다양하게 소속되어 있어 관리는 해당 소속기관에서 한다. 소속기관은 국가정보원 · 국토교통부 · 기획재정부 · 농림축산식품부 · 과학기술정보통신부 · 문화체육관광부 · 여성가족부 · 산업통상자원부 · 해양수산부 · 경찰청 · 관세청 · 국세청 · 농촌진흥청 · 산림청 등이다.

국립박물관은 ① 유물의 발굴 · 조사 · 연구 등으로 한국문화와 역사를 연구하고, ② 미래지향적인 평생교육기관 및 전시관으로서의 기능과 역할을 재정립하고, ③ 복합적인 문화공간으로서의 시설을 갖추어 국민들의 문화 전반에 대한 요구를 충족시켜 줄 수 있도록 하고, ④ 국민들의 평생교육을 위한 장소와 휴식 · 여가선용을 위한 문화공간으로서의 역할을 해야 한다.

한국 최초의 근대적 성격을 가진 박물관은 1909년 11월에 서울 창경궁에 동물원 · 식물원과 함께 문을 연 제실박물관(帝室博物館 : 1909~1910)이다(정진아, 2017). 제실박물관은 1911년 2월에 이왕가박물관(李王家博物館), 1938년 4월에 이왕가미술관, 1946년에 덕수궁미술관으로 각각 개편되었다가, 1969년 5월에 국립박물관(현, 국립중앙박물관)에 통합되었다.

현재 정부의 여러 부처에 소속되어 있는 박물관은 복합적인 교육문화센터로서, 시대 · 문화 · 종교 · 정치에 따라 다양한 역할을 부여받으며, 오늘날까지 발전을 거듭하고 있다(윤병화, 2016).

최근 전국의 국 · 공립박물관에서는 지역의 정서에 맞는 다양한 교육 및 문화예술 프로그램 등을 개발해, 지역주민에게 전시 · 교육 · 체험 · 문화향수 등의 기회를 제공하면서 적극적으로 관람객을 유치하고 있다(최기종, 2017).

2017년 12월 31일 현재 국립박물관은 40관, 공립박물관은 339관, 사립박물관은 351관, 대학박물관은 96관 등 총 826관이다. 본 장에서는 ① 국가에서 운영하는 국립박물관, ② 지방자치단체에서 운영하는 공립박물관을 중심으로 기술하고자 한다.

1) 국립박물관

〈표 3-17〉 국립박물관 현황

지역	기관명
서울	국립중앙박물관, 국립한글박물관, 국립고궁박물관, 국립극장 공연예술박물관, 관세박물관, 국립민속박물관, 국립경찰박물관, 국립국악박물관, 외교사전시실, 우정총국(휴관), 대한민국역사박물관, 육군박물관, 국립여성사전시관
세종	조세박물관

지역	기관명
대구	국립대구박물관
광주	국립광주박물관
부산	국립해양박물관
경기	세종대왕유적관리소, 지도박물관, 국립수목원 산림박물관
강원	국립춘천박물관, 강원경찰박물관
충북	국립청주박물관, 공군박물관
충남	국립공주박물관, 국립부여박물관, 칠백의총관리소(기념관), 충무공이순신기념관, 우정박물관
경북	국립경주박물관, 국립등대박물관
경남	국립김해박물관, 국립진주박물관, 남부산림과학관
전북	국립전주박물관, 국립미륵사지유물전시관, 국립태권도박물관
전남	국립나주박물관, 국립해양문화재연구소
제주	국립제주박물관

*자료 : 2017 문화체육관광부 박물관정책과.

(1) 국립중앙박물관

국립중앙박물관(서울 용산구 서빙고로)은 약 33만 점의 귀중한 문화유산을 소장하고 있으며, 관람객 수는 아시아 1위, 세계 10위를 자랑하고 있다. 원래 국립중앙박물관은 1915년에 개관한 조선총독부박물관을 인수하여, 1945년에 개관하였다. 1996년부터는 경복궁 내에 있었으나, 2005년에 용산가족공원 내에 새 보금자리를 마련하게 되었다.

소장유물은 한국의 역사 · 고고학 · 미술 · 민속 등이며 주로 '도자기와 고고미술품'을 전시하고 있다. 특히 일제강점기에 평양에서 발굴 · 수집된 낙랑유물, 중앙아시아 지역에서 수집된 서역유물, 최근에 신안해저에서 인양된 원나라 중국유물 등을 보유하고 있다. ① 서울 북한산 진흥왕 순수비(국보3호), ② 청자 어룡형 주전자(국보61호), ③ 금동미륵보살반가사유상(국보78호) 등이 전시되어 있다.

(2) 국립민속박물관

국립민속박물관(서울 종로구 삼청로 경복궁 내)은 1945년에 민속학자 송석하의 소장품 기증을 계기로 '국립민족박물관'이란 이름으로 처음 개관하였다. 1966년에는 경복궁 내 수정전에 한국민속관을 열었고, 1975년에는 '한국민속박물관'이라는 이름으로 개칭 · 이전하였다.

1979년에는 박물관의 소속이 바뀌었고, 1992년에는 다시 직제가 개편(문화부 소속)되어, 1993년에 현재의 경복궁 내 건물로 이전 개관하였다. 이곳은 주로 '한국인의 생활민속문화와 토속적이고 일상생활에 관련된 유산'을 전시하고 있다. 보물은 ① 조씨삼형제초상(보물1478호), ② 신 · 구법천문도(보물1318호), ③ 경진년 대통력(보물1319호) 등 총 9만 종이 넘는 유물을 소장하고 있다.

(3) 국립고궁박물관

국립고궁박물관(서울 종로구 효자로 경복궁 내)은 1908년에 황실박물관으로 개관하였다. 조선왕조 5백 년 역사와 문화가 살아 숨 쉬는 조선왕실 문화유산 전문박물관이다. 특히 궁중 문화재 국립박물관으로서, 조선왕조와 대한제국 시대의 왕실복식 및 생활관련 유물 약 4만여 점을 소장하고 있다.

보물은 ① 복각천상열차분야지도각석(보물837호), ② 숭정9년명신법지평일구(보물839호), ③ 신법지평일구(보물840호) 등 많은 문화재를 보유하고 있다.

(4) 대한민국역사박물관

2012년에 개관한 대한민국역사박물관(서울 종로구 세종대로)은 19세기 말부터 오늘날까지 대한민국의 행보를 기록한 박물관이다. 즉 대한민국의 역사를 전시 · 교육 · 조사 · 연구 · 자료 수집을 통해 국민과 공유하고자 설립되었다.

제1전시실은 대한민국의 태동을, 제2전시실은 대한민국의 기초 확립을, 제3전시실은 대한민국의 성장과 발전을, 제4전시실은 대한민국의 선진화, 세계로의 도약을 주제로 전시하였다. 그 밖에 다양한 교육프로그램과 문화행사를 운영하고 있다.

(5) 국립국악박물관

한국 최초의 국악 전문박물관인 국립국악박물관(서울 서초구 남부순환로)은 1995년에 개관하였다. 이곳은 역사적 · 문화적으로 가치가 높은 각종 국악관련 자료와 유물 6천여 점을 소장하고 있다.

전시실에는 ① 조선시대의 병풍, 임인진연도병(1902), 궁중의 음악, 무용 등을 소개해 놓은 '궁중음악실', ② 신호와 의사소통의 수단으로 쓰였던 도구, 음의 높낮이를 갖는 악기에 이르기까지 고대악기의 변천사를 한눈으로 볼 수 있는 '원류음악실', ③ 땀 흘려 일하면서 즐겨 불렀던 노동의 음악, 안녕과 행복을 빌었던 기원의 음악, 그리고 일반 백성의 음악을 만나볼 수 있는 '서민음악실', ④ 학문과 백성을 지극히 사랑했던 세종대왕의 음악적 업적을 마주할 수 있는 '세종음악실' 등으로 꾸며져 있다.

(6) 국립경주박물관

국립경주박물관(경북 경주시 일정로)은 반월성 뒤 넓은 벌판에 자리하고 있으며, 1945년에 국립박물관 경주분관으로 출범하였다. 경주고적보존회라는 단체가 1913년에 조선시대 경주부의 관아 건물을 이용하여 진열관을 열었다. 1926년에는 조선총독부박물관 경주분관으로 바뀌어 광복 전까지 유지되었다.

1975년에 국립경주박물관은 경주시 인왕동에 건물을 새로 지어 옮겼다. 1975년 당시에는 본관과 별관, 그리고 성덕대왕신종 종각이 지어졌다. 소장품은 약 10만 점에 이르며, ① 백률사금동약사여래입상(국보28호), ② 금관총 금관(국보87호), ③ 토우장식장경호(국보195호) 등이 있다.

(7) 국립공주박물관

국립공주박물관(충남 공주시 정지사길)은 1940년에 충청도 감영청이던 선화당을 옮겨, 그 건물에 공주지방 유물들을 전시함으로써 시작되었고, 1946년에 국립박물관 공주분관으로 개편되었다. 이곳은 웅진 백제시대의 문화를 주제로 하는 박물관이다.

1972년에는 국립중앙박물관 공주분관으로 개칭되었고, 1975년에는 직제개편으로 국립공주박물관이 되어 현재의 모습을 갖추게 되었다. 그 후 2004년에 다시 현재의 위치에 신축 이전되어 개관되었다. 소장유물은 무녕왕릉 출토 금제관식(국보154, 155호)과 석수(국보162호) 등을 포함하여 국보 14건 19점, 보물 4건 4점 등 중요 유물 약 1천 점이 있다.

(8) 국립광주박물관

1978년 12월에 개관한 국립광주박물관(광주 북구 박물관로)은 우리나라에서 다섯 번째로 문을 연 국립박물관이다. 광주와 전남 지역의 전통문화를 조감할 수 있는 대표적인 박물관으로서, 소장유물은 국보와 보물 등의 지정문화재를 포함하여 총 7만 2천여 점의 유물이 있다.

전시실에는 전남지방에서 출토된 구석기시대부터 초기 철기시대까지의 유물, 신석기유적인 여수 송도유적 출토품, 청동기시대 화순 대곡리 등의 고인돌 출토품, 원삼국시대의 유물과 고분시대의 영산강 유역 옹관묘 및 석실고분 출토 유물이 있다.

(9) 국립김해박물관

삼국시대 가야의 문화유산을 집대성하여 고고학 중심 박물관으로 설립된 국립김해박물관(경남 김해시 가야의길)은 1992년에 착공하였다. 1997년에 직제

공포(대통령령 제15308호)가 이루어졌고, 1997년에 박물관이 준공되었다.

소장유물은 모두 약 9만 4천 점이 있고, 시설은 상설전시실, 대강당, 기획전시실, 어린이박물관 등이 있다. 상설전시실에는 가야의 형성에서 신라 쇠락까지의 역사적 변천과정을 제시하고, 가야인이 남긴 생활문화와 의식세계를 조명하고 있다.

(10) 국립나주박물관

국립나주박물관(전남 나주시 반남면 신촌리)은 국립중앙박물관 소속기관으로 영산강과 나주 지역 고대문화의 형성 및 발전, 그리고 소멸의 과정을 한눈에 보여주기 위하여 2013년에 설립되었다. 전시장 지하 1층에는 수장전시와 고고학 자료실이 있다. 소장유물은 나주 신촌리 출토 금동관(국보295호) 등이 있다.

(11) 국립대구박물관

국립대구박물관(대구 수성구 황금로)은 영남지방의 민속문화와 선비문화를 재현하고, 대구와 경북 일원에서 출토된 각종 유물을 집성 전시하기 위해 건립하였다. 1994년에 설립하여, 2006년에 우리나라에서는 열 번째로 문을 연 종합전시체제의 박물관이다.

소장유물은 ① 금동여래입상(국보182호), ② 금동보살입상(국보183호), ③ 금동용형당간두(보물1410호) 등이 있고, 지정문화재 59건 1백2점을 포함하여 약 2천 점을 소장하고 있다. 이 가운데 약 1천3백 점이 전시되고 있다.

(12) 국립부여박물관

국립부여박물관(충남 부여군 부여읍 금성로)은 1965년에 진열실과 관리시설을 갖춘 신관 신축공사를 기공하여, 1971년에 개관하였다. 1975년에는 국립부여박물관으로 승격되었고, 1993년에 금성산 기슭의 현 박물관 자리로 옮겨 새롭게 개관하였다. 박물관은 충남 서부지역의 선사문화 및 백제의 문화를 널리 선양하기 위해 설립되었다.

소장유물은 ① 백제금동대향로(국보287호), ② 백제창왕명석조사리감(국보288호)을 비롯해서 군수리 사지에서 출토된 ③ 금동미륵보살입상(보물330호) 등이 있다. 야외 전시장에는 ④ 석조(보물194호), ⑤ 당유인원기공비(보물21호)가 있다.

(13) 국립전주박물관

국립전주박물관(전북 전주시 완산구 쑥고개길)은 1990년에 개관한 이래 전북을 중심으로 한 귀중한 문화재를 수집 · 보존 · 연구 · 전시하고 있다. 지방 전통문화 보존과 문화 창조의 요람인 전주박물관은 전북지역에서 출토된 유물을 전시하고 있다.

소장유물은 ① 익산 왕궁리 오층석탑 사리장엄구(국보123호), ② 익산 왕궁리 오층석탑(국보289호), ③ 법화경절본사본(보물278호), ④ 이상길초상(보물792호) 등이 있다. 소장 문화재는 선운사 석씨원류(전라북도유형문화재14호)를 포함하여 약 4만 점에 이른다.

(14) 국립제주박물관

국립제주박물관(제주 일주로)은 2000년에 건물을 준공하고, 2001년에 개관하였다. 이 박물관은 제주지역 고유의 역사와 문화를 종합적으로 발굴 · 연구 · 조사 · 전시함으로써 제주 고유의 전통문화를 재조명하고, 문화공간을 제공하기 위해 설립되었다.

제주의 문화와 화려한 도자문화의 유입 및 융성했던 불교문화, 탐라국의 탄생과 주변 국가와의 교류를 통해 성장해 가는 모습, 제주목사와 제주목 관아, 유배와 표류를 통한 새로운 문화의 수용, 옛 문서와 생활도구에 나타난 일반인의 삶에 대하여 살펴볼 수 있다.

(15) 국립중앙과학관

국립중앙과학관(대전 유성구 대덕대로)은 1926년 서울 남산에 개관한 과학관이 그 모태이다. 1949년에 국립과학관으로 개편 · 운영되어 오다가, 1990년에 완공과 동시에 이전 · 개관하면서 국립중앙과학관으로 개편되었다.

상설전시관에는 자연사와 과학기술사, 자연과학과 기술을 주제로 한 약 4천 점의 전시품들이 전시되어 있고, 국내 최대 23m 돔 천체관에서는 우주를 배경으로 펼쳐지는 신비스러운 천체현상과 이에 도전하는 인간의 우주개발 모습 등을 생동감 있게 관찰할 수 있다.

(16) 국립진주박물관

국립진주박물관(경남 진주시 남성동)은 진주의 명승지 진주성 안에 위치해 있으며, 가야의 유물과 유적이 전시되어 있다. 진주는 임진왜란의 최대 격전지로서, 촉석루와 쌍충사적비 등 많은 임진왜란 유적들이 남아 있다.

박물관은 우리의 고건축 양식으로 조화시킨 현대식 건물로 전시실은 상설전시실(임진왜란실)과 기획전시실(두암실)로 이루어져 있다. 소장유물은 약 4만 8천 점이며, 이 중 보현자총통(보물1233호)을 비롯한 보물급 유물은 33종류 113점에 이른다.

(17) 국립청주박물관

국립청주박물관(충북 청주시 상당구 명암로)은 도심에서 약 3km 정도 떨어진 우암산 기슭에 자리하고 있으며, 1987년에 개관하였다. 소장유물은 약 8천2백 점이 있고, 이 중 4개의 상설 전시실에는 시대적 흐름에 따라 구석기시대부터 조선시대까지 충청북도 지역에서 출토된 약 2천3백 점의 유물을 전시하고 있다.

주요 소장품은 ① 계유명전씨아미타불삼존석상(국보106호), ② 기축명아미타여래 제불보살석상(보물 367호) 등이 있고, 국가지정문화재 4점과 세계 최초로 금속활자를 주조한 청주흥덕사지 · 청주사뇌사지 · 충주미륵리사지 등 고려시대의 절터 유물, 분청사기에서 청화백자까지의 조선자기 등 도자기의 역사와 고려 이후 인쇄문화의 발전사에 관한 자료 등이 있다.

(18) 국립춘천박물관

국립춘천박물관(강원 춘천시 우석로)은 2002년에 개관하였다. 구석기시대 이래 강원지역의 문화유산 보존과 학술조사, 연구와 문화교육을 수행하기 위해 설립되었다. 첨단 전시시설과 보존설비체계를 갖추었으며, 야외공연장 · 체험학습실 · 어린이문화사랑방 · 도서실 등이 있다.

특히 상설전시실에서는 한송사지 석조보살좌상(국보124호) 등 이 지역에서 출토된 불교 관련 유물과 금강산 · 관동팔경 · 곡운구곡 등 강원도의 명산을 그린 회화, 조선왕실 관련 유물들이 전시되어 있다.

(19) 국립해양박물관

국립해양박물관(부산 영도구 해양로)은 해양유물을 발굴하고 보존하며, 그 가치를 연구하고 해양문화와 해양개발에 대한 관심을 고취하기 위해, 2012년에 개관하였다. 박물관의 규모는 우리나라에서 세 번째로 크다.

이곳에는 해양문화, 해양역사와 인물, 항해선박, 해양산업, 해양과학, 해양영토 등 해양과 관련된 장비 · 용품 · 물품 · 도서 · 사진 등 약 1만 2천 점을 전시하고 있다.

(20) 육군박물관

육군박물관(서울 노원구 공릉로)은 한국의 전통 국방 문화유산, 군사유적 및 유물을 조사 · 정리 · 수집 · 보관 · 전시 · 연구 · 교육 등의 목적으로 설립하였다. 1956년 10월에는 육사기념관으로 개관하였고, 1966년 10월에는 군사박물관으로 개칭하였다.

그 후 육사박물관은 육군 전체의 박물관으로 활용하기 위하여 1981년 5월에 건물 신축공사를 기공하여, 1983년 3월에 준공하였다. 이때 '육군박물관'으로 개칭하였고, 1985년 5월에 정식 개관하였다.

건물은 3층 원형 건물로 전시실과 부대시설을 포함하여 6,000㎡(1,815평)의 규모에 이른다. 현재 소장하고 있는 군사 유물은 선사시대부터 현대까지이며, 이 중 일부를 고대실과 현대실로 분리하여 전시하고 있다.

3. 공립박물관

공립은 '지방자치단체가 특정시설을 설립하여 유지하는 일. 또는 그 시설'을 말한다. 공립박물관은 주로 광역자치단체(특별시 · 광역시 · 특별자치도 · 도), 기초자치단체(시 · 군 · 구) 등에 소속되어 있어 관리도 자치단체별로 하고 있다.

공립박물관의 설립목적은 주로 해당 지역에서 출토된 귀중한 문화자료를 수집하고 연구 · 전시 · 교육 등을 통해 조상이 물려준 숭고한 업적을 기리고, 우리의 전통문화를 계승 발전시키며, 나아가 시민의 휴식공간과 문화향수의 장으로서의 역할을 수행하기 위해 설립되었다. 지방자치단에서 운영하는 공립박물관 현황은 〈표 3-18〉과 같다.

〈표 3-18〉 전국 공립박물관 현황

지역	기관명
서울	허준박물관, 서울상상나라, 둘리뮤지엄, 서울약령시한의약박물관, 서대문자연사박물관, 서대문형무소역사관, 수도박물관, 청계천박물관, 한성백제박물관, 은평역사한옥박물관, 서울교육박물관, 서울역사박물관, 손기정기념관, 지구촌민속교육박물관 등
인천	인천광역시립박물관, 수도국산달동네박물관, 부평역사박물관, 한국이민사박물관, 검단선사박물관, 강화역사박물관, 녹청자박물관, 인천어린이과학관, 소래역사관, 인천개항박물관, 한국근대문학관, 강화전쟁박물관, 강화자연사박물관, 짜장면박물관 등
대전	대전역사박물관, 대전선사박물관, 한국족보박물관, 한밭교육박물관

지역	기관명
세종	충청남도산림박물관, 세종시립민속박물관 등
대구	대구방짜유기박물관, DTC섬유박물관, 대구향토역사관, 대구약령시한의약박물관, 국채보상운동기념관, 대구근대역사관 등
울산	장생포고래박물관, 울산대곡박물관, 울산암각화박물관, 울산박물관, 울주민속박물관, 울산옹기박물관, 외솔기념관 등
광주	광주시립민속박물관, 남도향토음식박물관, 광주김치박물관, 빛고을국악전수관
부산	부산박물관, 복천박물관, 정관박물관, 부산근대역사관, 임시수도기념관, 부산해양자연사박물관 등
경기	수원박물관, 수원광교박물관, 수원화성박물관, 판교박물관, 부천교육박물관, 유럽자기박물관, 부천수석박물관, 부천활박물관, 펄벅기념관, 부천옹기박물관, 한국만화박물관, 자연생태박물관, 부천향토역사관, 물박물관, 안양역사관, 김중업박물관, 안산향토사박물관, 최용신기념관, 성호기념관, 안산어촌민속박물관, 용인문화유적전시관, 경기도박물관, 경기도어린이박물관, 시흥시역사자료전시관, 화성시향토박물관, 제암리3·1운동순국기념관, 이천시립박물관, 이천세계도자센터, 경기도자박물관, 안성맞춤박물관, 안성3·1운동기념관, 하남역사박물관, 의왕향토사료관, 유엔군초전기념관, 여주박물관, 명성황후기념관, 양평친환경농업박물관, 세미원연꽃박물관, 양평곤충박물관, 남양주역사박물관, 실학박물관다산기념관, 고구려대장간마을, 양주회암사지박물관, 자유수호평화박물관, 가평현암농경박물관, 전곡선사박물관, 몽양기념관, 황순원문학촌소나기마을, 화서기념관, 과천시추사박물관, 남양주유기농박물관 등
강원	단종역사관, 난고 김삿갓 문학관, 동강사진박물관, 강원도탄광문화촌, 동강생태정보센터, 정선향토박물관, 화천민속박물관, 월남파병용사만남의장, 파로호안보전시관, 양구백자박물관, 양구선사박물관, 양구근현대사박물관, 양구인문학박물관, 팔랑민속관, 인제산촌민속박물관, 여초서예관, 한국시집박물관, 화진포생태박물관, 화진포역사안보전시관, 화진포해양박물관, 6.25전쟁체험기념관, 디엠제트박물관, 양양군 오산리선사유적박물관, 강원도 산림박물관, 춘천막국수체험박물관, 애니메이션박물관, 원주역사박물관, 김시습기념관, 대관령박물관, 숲사랑홍보관, 오죽헌 박물관, 통일공원 박물관, 행정역사관, 허균허난설헌기념관, 태백석탄박물관, 생대자연사박물관, 속초시립박물관, 삼척시립박물관, 어촌민속전시관(해신당공원), 황영조기념공원, 민물고기전시관, 마리소리골 악기박물관, 홍천향토사료관, 별마로천문대 등

지역	기관명
충북	충북농업과학관, 충청북도산림과학박물관, 청주고인쇄박물관, 청주백제유물전시관, 충북교육박물관, 충주세계무술박물관, 충주박물관, 충주조동리선사유적박물관, 충주과수과학관, 충주고구려천문과학관, 충렬사 유물전시관, 충주공예전시관, 제천유물전시관, 제천의병전시관, 제천국제발효박물관, 보은향토민속자료전시관, 솔향공원 소나무 전시관, 옥천 향토전시관, 난계국악박물관, 영동향토민속자료전시관, 증평민속체험박물관, 진천종박물관, 농업역사박물관, 한지체험박물관, 향토민속자료전시관, 수양개선사유물전시관 등
충남	결성농요농사박물관, 홍주성박물관, 고남패총박물관, 금산향토관, 금산인삼전시관, 능산리고분군전시관(홍보관), 정림사지박물관, 백제역사문화관, 백제군사박물관, 보령석탄박물관, 보령박물관, 충청남도 역사박물관, 석장리박물관, 송산리고분군모형관, 외암민속관, 영인산산림박물관, 천안박물관, 유관순 기념관, 이동녕 기념관, 윤봉길의사 기념관, 기지시줄다리기박물관, 합덕수리민속박물관, 심훈기념관 등
경북	영일민속박물관, 김천세계도자기박물관, 안동민속박물관, 경상북도산림과학박물관, 전통문화콘텐츠박물관, 옥진각, 구미시립민속관, 소수박물관,인삼박물관, 영천민 속관, 상주박물관, 정기룡장군유물전시관, 상주자전거박물관, 함창 명주박물관, 상주동학교당 유물전시관, 옛길박물관, 문경석탄박물관, 문경도자기박물관, 운강이강년기념관, 문경새재자연생태전시관, 경산시립박물관, 삼성현역사문화관, 군위숭덕박물관, 의성조문국박물관, 사촌마을자료관, 청송민속박물관, 청송수석꽃돌박물관, 영양산촌생활박물관, 청도박물관, 대가야박물관, 예천박물관, 청량산박물관, 충재박물관, 울진봉평신라비 전시관, 독도박물관 등
경남	김해봉황동유적 패총 단면전시관, 밀양시립박물관, 거제어촌민속전시관, 포로수용소유적박물관, 양산시립박물관, 의병박물관, 함안박물관, 창녕박물관, 박진전쟁기념관, 고성탈박물관, 고성박물관, 고성공룡박물관, 고성수석전시관, 고성자연사박물관, 남해유배문학관, 하동차문화전시관, 지리산역사관, 하동농업전통문화전시관, 산청한의학박물관, 산청박물관, 남명기념관, 목면시배유지, 지리산빨치산토벌전시관, 함양박물관, 거창박물관, 합천박물관(경남산림박물관), 통영시립박물관, 대성동고분박물관, 김해민속박물관, 창원시립마산박물관, 창원역사민속관, 성산패총유물전시관, 창원시립진해박물관, 진주청동기문화박물관, 경상남도산림환경연구원 등

지역	기관명
전북	어진박물관, 전주역사박물관, 전주전통술박물관, 군산근대역사박물관, 익산보석박물관, 왕궁리유적전시관, 마한박물관, 입점리고분전시관, 정읍시립박물관, 동학농민혁명기념관, 고부민속유물전시관, 남원향토박물관, 만인의총관리사무소, 벽골제농경문화박물관, 대한민국 술 테마박물관, 진안역사박물관, 곤충박물관, 신평생활사박물관, 순창장류박물관, 전라북도산림박물관, 고창고인돌박물관, 판소리박물관, 부안청자박물관 등
전남	전라남도농업박물관, 전라남도산림박물관, 김대중노벨평화상 기념관, 목포자연사박물관, 목포생활도자박물관, 목포문학전시관, 기독교역사박물관, 뿌리깊은나무박물관, 순천만자연생태공원, 낙안읍성 자료관, 나주배박물관, 한국천연염색박물관, 백호문학관, 광양역사문화관, 한국대나무박물관, 조태일시문학기념관 부설 시집전시관, 한국차박물관, 강진청자박물관, 시문학파기념관, 강진군다산기념관, 전라병영성 하멜기념관, 해남공룡박물관, 영암도기박물관, 영암왕인박사기념관, 홍길동 전시관, 필암서원 유물전시관, 진도역사관, 증도갯벌생태전시관, 하의3도농민운동기념관 등
제주	민속자연사박물관, 제주교육박물관, 제주돌문화공원, 설문대여성문화센터, 여성역사문화전시관, 제주4 · 3평화기념관, 감귤박물관, 해녀박물관, 한라산국립공원 산악박물관, 서복전시관, 제주목 관아, 제주 삼양동 유적, 제주 항파두리 항몽유적, 한국야구명예전당, 제주항일기념관 등

*자료 : 2017 문화체육관광부 박물관정책과.

4. 미술관

미술관은 '박물관의 일종으로 그림 · 조각 · 건축 · 사진 등의 미술품을 수장 · 전시하는 시설'을 말한다. 또한 미술관은 미술 · 교육 · 연구의 기능을 종합적으로 실내에 전시할 수 없는 거대한 작품은 옥외

▲ 박정희 화가의 행복한 '동행전'

에 전시하기도 한다(諸岡, 1997). 본 절에서는 국립과 공립미술관을 중심으로 기술하고자 한다.

1) 국립미술관

국가에서 건립한 국립미술관은 〈표 3—19〉와 같이 현재 경기도 과천시에 소재한 국립현대미술관 1개소가 있다.

〈표 3-19〉 국립미술관 현황

지역	기관명
경기	국립현대미술관(과천)

*자료 : 2017 문화체육관광부 박물관정책과.

(1) 국립현대미술관

국립현대미술관(경기 과천시 광명길)은 1910년대 이후부터 미술작품을 체계적으로 수집 · 보존하여 전시함으로써 미술문화 발전에 기여하고, 연구 · 조사 · 교육 활동과 국제미술 교류 등 현대미술의 발전에 기여할 목적으로 설립하였다.

1969년 대통령령 직제가 제정되어, 1969년에 경복궁(현 국립민속박물관)에서 개관하였다. 그 뒤 1973년에 덕수궁 석조전으로 청사를 이전하였다. 그리고 1986년에 대통령령 직제 개정으로 국제적 규모의 시설과 야외 조각장을 겸비한 과천 서울대공원 내로 이전 · 개관하였다. 1998년에는 덕수궁미술관 분관을 개관하여 서울 강북권에 새로운 문화공간을 활성화하는 데 주력하고 있다.

2) 공립미술관

지방자치단체가 건립한 공립미술관은 〈표 3—20〉과 같이 2017년 현재 전국에 약 34개소가 있다.

〈표 3-20〉 전국 공립미술관 현황

지역	기관명
서울	성북구립미술관(성북구), 서울시립미술관(중구)
인천	송암미술관(남구), 인천아트플랫폼(중구)
대전	대전시립미술관(서구)
대구	대구시립미술관(중구)
광주	광주시립미술관(북구)
부산	부산시립미술관(해운대구)
경기	단원전시관(안산), 경기도미술관(안산), 어울림(고양), 여주세계생활도자관(여주), 백남준 아트센터(용인), 이천미술관(이천), 수원미술전시관(수원)
강원	강릉시립미술관(강릉), 양구군립미술관(양구), 박수근미술관(양구)
충북	대청호미술관(청원), 청주한국공예관(청주)
경북	포항시립미술관(포항), 군립청송야송미술관(청송)
경남	경남도립미술관(창원), 창원시립문신미술관(창원), 김해문화재단(김해), 클레이아트김해미술관(김해)
전북	전북도립미술관(완주), 벽천미술관(김제)
전남	보성군립백민미술관(보성), 전라남도옥과미술관(곡성)
제주	기당미술관(제주), 이중섭미술관(서귀포), 제주현대미술관(제주), 소암기념관(서귀포)

*자료 : 2017 문화체육관광부 박물관정책과.

5. 기념관

최근 전쟁이나 학살 등 비극적 역사의 현장과 재난 및 재해가 일어났던 곳에서도 많은 감동과 교훈을 얻는 경우도 있다. 즉 '전쟁 등으로 인해 옥살이를 했던 감옥이나 죽음과 고통에 관련된 장소(블랙 스팟)를 여행하는 관광을 다크 투어리즘(dark tourism)'이라고 한다.

▲ 백범 김구기념관/ 최기종 작

이 용어는 1990년대부터 방송 · 영화 · 잡지 등 매스미디어에 비극적 역사 현장이 소개되면서 전쟁이나 학살, 재난이 일어났던 곳이 관광지로 활성화되기 시작하였다. 다크 투어리즘의 유사 용어는 전쟁 유적을 찾는 ① 전장 투어리즘(battlefield tourism), 재해지 · 난민캠프 등을 대상으로 하는 ② 스터디 투어(study tour) 등을 들 수 있다(葛野, 1997 ; 大橋, 1997).

가장 대표적인 다크 투어리즘 장소는 ① 일본의 히로시마, ② 폴란드의 아우슈비츠 수용소 등이다(葛野, 1997). 이곳은 제2차 세계대전 당시 유대인들이 학살을 당했던 현장이다. 현재 세계문화유산으로 지정된 이 수용소는 박물관으로 탈바꿈하여 관광객에게 개방하였다.

또 다른 장소는 미국 뉴욕의 ② 9 · 11테러 사건 현장이다. 이곳은 당시 전 세계를 경악하게 했던 월드 트레이드센터 사건이 발생했던 곳이다. 매년 9월 11일이 되면 세계 곳곳에서 몰려온 추모객과 관광객으로 인산인해를 이룬다.

우리나라에도 전쟁의 비극이 있었던 장소가 많이 있다. 대표적인 장소는 6 · 25전쟁을 전후로 수만 명의 양민이 희생된 ① 제주4 · 3평화공원이다. 이 공원은 2008년 개관 이래 연평균 약 18만 명의 관광객이 방문해 전쟁의 비극을 통감하기도 한다.

그 밖에 비극과 아픔이 깃든 ② 서대문형무소역사관, ③ 거제포로수용소 등은 다크 투어리즘의 가장 대표적인 장소로서 관광객의 발걸음이 끊이지 않고 있다. 전국 주요 기념관 현황은 〈표 3-21〉과 같다.

〈표 3-21〉 전국 주요 기념관 현황

지역	기념관명
서울	전쟁기념관, 도산 안창호선생기념관, 매헌 윤봉길의사기념관, 백범 김구 기념관, 서대문형무소역사관, 심산 김창숙선생기념관, 안중근의사 기념관,우당기념관, 윤동주문학관
인천	인천상륙작전기념관
대구	국채보상운동기념관, 유치곤장군 호국기념관, 낙동강승전 기념관,
울산	외솔기념관
광주	광주학생독립운동기념관
부산	백산 기념관, 부산광복기념관, 유엔평화기념관
경기	김포시 독립운동기념관, 만해 기념관, 몽양 여운형생가기념관, 안성 3 · 1운동 기념관, 자유수호 평화박물관, 유엔군 초전기념관, 최용신 기념관, 제암리 3.1운동 순국 기념관
강원	에티오피아 한국전참전 기념관, 이승복기념관, 학도병 기념관, 춘천지구 전적기념관, 철의삼각 전적기념관, 백마고지 전적기념관, 강재구 기념관, 한서 남궁억 기념관, 한용운선생 기념관
충북	김재옥교사 기념관, 의암 손병희선생유허지(의암기념관), 자양영당(제천의병 전시관)
충남	김좌진장군 기념관, 소충사, 수당 이남규선생 고택 및 기념관, 유관순열사 기념관, 이동녕선생 생가기념관, 충의사, 필경사
전북	건재 정인승선생기념관, 군산 3.1운동기념관, 백정기의사 기념관, 전해산기념관, 일광기념관
전남	나주학생독립운동기념관, 낭산 김준연선생기념관, 독립유공자 주재년열사 기념관, 소안 항일운동, 서재필 기념공원기념관, 백당기념관, 일강 김철선생기념관
경북	경상북도독립운동기념관, 대전 3.1의거기념관, 박열의사 기념관, 심산 기념관, 학도의용군 전승기념관, 왕산 허위선생기념관, 왜관지구 전적기념관, 다부동 전적 기념관, 운강 이강년선생기념관, 운문면 3 · 18독립운동 기념관, 이육사 문학관, 청송항일의병기념공원

지역	기념관명
경남	밀양 독립운동기념관, 거제도 포로수용소유적공원
제주	제주항일 기념관

*자료 : 2017 국가보훈처 국제보훈과.

1) 전쟁기념관

전쟁기념관(서울 용산구 이태원로)은 긴 역사 동안 외세의 침략과 그 시련을 극복해 온 역사를 보여주는 곳으로서, 1994년에 건립하였다. 대한민국을 지켜온 항쟁을 비롯해서 전쟁 관련 전시물 및 무기 등 전쟁에 대한 기록을 모으고 보존하고 있다.

전시장은 실내전시실과 옥외전시장으로 구성되어 있고, 3만 3천여 점의 소장유물 중 1민여 짐을 진시하고 있다. 악 1만 9백 평의 옥내전시실은 호국추모실, 전쟁역사실, 6 · 25전쟁실, 해외파병실, 국군발전실, 대형장비실 등 6개 전시실로 구성되어 있다.

2) 서대문형무소역사관

서대문형무소역사관(서울 서대문구 현저동 통일로)은 서대문형무소의 옥사 및 사형장을 보존 · 관리 · 전시하는 공립박물관이다. 1908~1987년까지 80여 년간 수용시설로 이용했던 이곳을 1998년 11월에 '서대문형무소역사관'으로 하여 새롭게 문을 열었다.

서대문형무소역사관은 역사성과 보존가치를 고려하여 보안과청사, 중앙옥사, 두 개의 옥사, 공작사, 나병사, 사형장, 여옥사를 비롯해서 유관순 지하감옥, 망루와 담장 등을 원형대로 보존하고 있다.

1988년에는 제10 · 11 · 12옥사와 사형장을 사적324호로 지정하였다. 현재 전시관이나 체험관으로 활용하고 있는 시설은 보안과청사, 중앙사, 제11 · 12 옥사, 공작사 등이다.

3) 천안독립기념관

천안독립기념관(충남 천안시 동남구 목천읍 남화리)은 1987년 8월 15일 독립운동에 관한 유물과 자료를 수집 · 보존 · 관리 · 전시하며, 독립운동사를 연구하는 종합적 학술전시관이다.

기념관을 건립하게 된 연유는 1982년 당시 우리 온 국민의 분노를 일으켰던 일본의 역사교과서 왜곡사건이 계기가 되었다. 당시 정부에서는 부지를 매입하였고, 국민들은 십시일반 성금을 기부하여 자금을 마련하였다. 총 대지면적 400만m2, 75개 동의 건물에 관계자료 약 9만 점을 전시 · 보존하고 있다.

연습문제

01. 문화재의 유형으로 옳지 않은 것은?

① 유형문화재 ② 무형문화재
③ 민속문화재 ④ 천연기념물

02. 국가지정문화재로 옳지 않은 것은?

① 시 · 도지정문화재 ② 사적과 명승
③ 중요민속문화재 ④ 국가무형문화재

03. 보물의 지정번호와 일치 않은 문화재는?

① 제1호-서울 흥인지문 ② 제2호-옛 보신각 동종
③ 제3호-남원 실상사 석등 ④ 제4호-안양 중초사지 당간지주

04. 국보의 지정번호와 일치하지 않은 문화재는?

① 제1호-서울 숭례문
② 제2호-서울 원각사지 십층석탑
③ 제3호-서울 북한산 진흥왕 순수비
④ 제4호-보은 법주사 쌍사자 석등

05. 다음 설명에 해당하는 문화재는?

> 조선시대의 99칸 한옥이 그대로 보존되어 있으며, 1536년에 유학자 율곡 이이가 태어난 유서 깊은 곳이다.

① 소수서원 ② 오죽헌

③ 도산서원　　④ 하회마을

06. 국보의 지정기준으로 옳지 않은 것은?

① 보물에 해당하는 문화재 중 형태 · 품질 · 제재 · 용도가 현저히 특이한 것
② 보물에 해당하는 문화재 중 특히 저명한 인물과 관련이 깊거나 그가 제작한 것
③ 사적 및 명승에 해당하는 문화재 중 특히 역사적, 학술적, 예술적 가치가 큰 것
④ 보물에 해당하는 문화재 중 제작의장이나 제작기술이 특히 우수하여 그 유례가 적은 것

07. 다음 설명에 해당하는 문화재는?

> 세계에서 가장 오래된 보관시설이며, 보존기술 및 장치가 과학적으로 설계된 조선 초기(15C)의 건축물로서, 남쪽의 것을 수다라장, 북쪽의 것을 법보전이라고 한다.

① 영주 부석사 무량수전　　② 안동 봉정사 극락전
③ 보은 법주사 팔상전　　④ 합천 해인사 장경판전

08. 다음 설명에 해당하는 문화재는?

> 백제의 석공 아사달을 찾아 멀리 신라의 서라벌까지 찾아온 아사녀가 남편을 만나보지도 못한 채 연못에 몸을 던져야 했던 슬픈 전설이 서려 있다.

① 경주 불국사 삼층석탑　　② 경주 불국사 다보탑
③ 안동 법흥사 칠층석탑　　④ 경주 분황사 모전석탑

09. 다음 설명에 해당하는 문화재는?

> 지진 · 일식 · 월식 등을 관찰 기록하고 예언하거나, 별의 이동을 관찰하여 길흉 등을 판단했던 것으로 보인다.

① 측우기　② 첨성대
③ 자격루　④ 해시계

10. 다음 설명에 해당하는 문화재는?

> 우리나라에 현존하는 종 가운데 가장 오래되고 아름답고, 고유한 특색을 갖추고 있다.

① 상원사 동종　② 용주사 동종
③ 보신각 동종　④ 성덕대왕신종

11. 인왕제색도(국보216호), 금강전도(국보217호) 등을 그린 화가는?

① 공재 윤두서　② 혜원 신윤복
③ 겸재 정선　④ 단원 김홍도

12. 사적 1호로 지정된 곳은?

① 경주 흥륜사지　② 수원화성
③ 공주 공산성　④ 경주 포석정지

13. 우리나라 최초로 임금이 지어내린 사액서원은?

① 도산서원　② 소수서원
③ 용연서원　④ 옥산서원

14. 명승 1호로 지정된 곳은?

① 완도 정도리의 구계등　　② 거제 해금강
③ 명주 청학동의 소금강　　④ 상백도 · 하백도 일원

15. 천연기념물 지정기준으로 옳지 않은 것은?

① 지질 · 광물　　② 식물 · 동물
③ 온천 · 약수　　④ 자연지형

16. 천연기념물 지정번호가 잘못 연결된 것은?

① 제1호–대구 도동 측백나무숲
② 제2호–서울 재동 백송
③ 제3호–서울 조계사 백송
④ 제4호–양평 용문사 은행나무

17. 천연기념물로 지정된 동물이 아닌 것은?

① 수달　　② 물범
③ 노루　　④ 산양

18. 다음 설명에 해당하는 국가무형문화재는?

> 국가무형문화재5호이며, 광대 한 사람이 고수(鼓手)의 북장단에 맞추어 서사적인 사설을 노래와 말과 몸짓을 섞어 창극조로 부르는 민속예술의 한 갈래이다.

① 판소리　　② 가곡
③ 들노래　　④ 아리랑

19. 다음 설명에 해당하는 국가무형문화재는?

> 국가무형문화재7호이며, 영남 해안지방에서 전해오는 놀이로서, 음력 정월 보름에 탈을 쓰고 노는 민속연극의 한 가지이다.

① 통영오광대 ② 은율탈춤
③ 가산오광대 ④ 고성오광대

20. 다음 설명에 해당하는 국가무형문화재는?

> 국가무형문화재13호이며, 한국 명절의 하나이다. 주민들이 참여하는 가운데 그네뛰기 · 창포머리감기 · 수리취떡먹기 등 각종 놀이가 벌어진다.

① 진도씻김굿 ② 강릉단오제
③ 종묘제례 ④ 서울새남굿

21. 다음 설명에 해당하는 국가무형문화재는?

> 국가무형문화재92호이며, 태평성대에 질탕한 음악에 맞추어 흥겨운 춤을 추어 일월성신과 더불어 평화를 노래하는 것이라고 하였다.

① 승전무 ② 승무
③ 태평무 ④ 처용무

22. 중요민속문화재1호로 지정된 것은?

① 덕온공주 당의 ② 강릉 선교장
③ 구례 운조루 ④ 인왕산 국사당

23. 세계문화유산으로 등록된 고인돌 유적으로 옳지 않은 것은?

① 고창 ② 화순
③ 강화 ④ 순천

24. 인류무형유산으로 등록된 것으로 옳지 않은 것은?

① 제주해녀문화 ② 제기차기문화
③ 김장문화 ④ 한산모시짜기

25. 1909년 우리나라 최초의 근대적 성격을 가진 박물관은?

① 경주박물관 ② 부여박물관
③ 공주박물관 ④ 제실박물관

26. 다음 설명에 해당하는 박물관은?

> 1945년에 설립된 박물관으로 우리의 고유생활양식, 풍속 및 관습을 조사 · 연구하며, 생활민속 유물을 수집 · 보존 · 전시함으로써 전통문화의 보급 및 선양 등을 널리 알리기 위해 설립

① 국립제주박물관 ② 영일민속박물관
③ 국립민속박물관 ④ 공립허준박물관

27. 다음 설명에 해당하는 박물관은?

> 1908년에 황실박물관으로 개관하였고, 조선왕조 5백년 역사와 문화가 살아 숨 쉬는 곳으로, 조선왕실 문화유산 전문박물관이다. 특히 궁중 문화재 박물관으로 조선왕조 및 대한제국시대의 왕실복식 및 생활관련 유물을 소장

① 국립고궁박물관 ② 서울역사박물관

③ 국립중앙박물관 ④ 국립진주박물관

28. 지방자치단체가 운영하는 박물관은?

① 국립박물관 ② 사립박물관
③ 공립박물관 ④ 대학박물관

29. 다음 설명에 해당하는 박물관은?

> 전쟁 등으로 인해 옥살이를 했던 감옥이나 죽음과 고통에 관련된 장소(블랙 스팟)를 여행하는 관광이다.

① ethnic tourism ② dark tourism
③ rural tourism ④ event tourism

정답

01 ④, **02** ①, **03** ③, **04** ④, **05** ②, **06** ③, **07** ④, **08** ①, **09** ②, **10** ①, **11** ③
12 ④, **13** ②, **14** ③, **15** ③, **16** ④, **17** ③, **18** ①, **19** ④, **20** ②, **21** ③, **22** ①
23 ④, **24** ②, **25** ④, **26** ③, **27** ①, **28** ③, **29** ②

제4장

사회적 관광자원

제1절 도시 · 도시공원

제2절 정치 · 교육 · 사회시설

제3절 예술 · 문화시설

제4절 안보 · 관광전망대

제5절 전통문화

제6절 향토음식 · 특산물

제7절 축제 · 이벤트

▲ 외교부와 정부서울청사/ 최기종 작

관광객의 이동에 따라 발생되는 타국 · 타지방 사람들과의 자연스런 만남의 연속 자체가 사회적 관광자원의 요소가 된다.

종전의 관광자원은 주로 자연 및 문화적 관광대상을 중심으로 추구해 왔지만, 이제는 사회적 관광자원이 관광의 질적 발전에 발맞추어 그 개념이 정립되고 있다.

사회적 관광자원은 넓은 의미에서는 문화적 관광자원의 범주에 속한다. 하지만 사회적 관광자원은 규범적 문화로 보는 견해가 일반적이다. 즉 ① 인정 · 풍속 · 행사 · 국민성 · 민족성 · 도덕 · 제도 · 생활양식 등은 '규범문화', ② 철학 · 학문 · 예술 · 종교 등은 '가치문화', ③ 의식주 · 생활자료 등은 '용구문화'로 보고 있다.

최근 다양화된 관광행동의 지향에 따라 인정 · 풍속 · 생활자료 등도 재평가를 받고 있다. 사회적 관광자원은 ① 도시의 문화환경, ② 생활문화, ③ 지역의 역사 · 풍속 · 행사, ④ 사람들의 소박한 인정, ⑤ 국민성 · 민족성과 생활양식, ⑥ 교육 · 사회 · 문화시설, ⑦ 예술 · 예능, ⑧ 각종 제도와 사회공공시설 등이 포함되고 있다.

특히 고대로부터 전승되고 있는 그 나라의 독특한 고전적 예술(한국의 판소리 · 이탈리아의 가극 · 러시아의 발레 · 일본의 가부키 · 중국의 경극 등), 또는 근대 음악과 근대 회화 등의 예술작품도 중요한 사회적 관광대상이 된다. 사회적 관광자원의 주요 용어와 학자들이 주장한 사회적 관광자원의 범위를 정리하면 〈표 4-1〉, 〈표 4-2〉와 같다.

〈표 4-1〉 사회적 관광자원의 주요 용어

용어	내용
인정	남을 동정하고 이해하는 따뜻한 마음, 사람이 본디 가지고 있는 감정이나 심정
풍속	예부터 그 사회에 전해오는 생활 전반의 습관이나 버릇 따위를 이르는 말
행사	많은 사람이 특정한 목적이나 계획을 가지고 정해진 절차에 따라 조직적으로 진행하는 일
예술	아름다움을 표현하고 창조하는 일에 목적을 두고 작품을 제작하는 모든 인간활동과 그 산물을 통틀어 이르는 말
예능	연극이나 영화 · 음악 · 미술 · 무용 등의 연예분야를 통틀어 이르는 말
민족성	민족마다 가지고 있는 고유한 기질
국민성	어떤 국민에게 공통적으로 나타나는 가치관 · 행동양식 · 사고방식 · 기질 따위의 특성
생활양식	어떤 사회나 집단에서 공통적으로 볼 수 있는 생활에 대한 인식이나 생활하는 방식

〈표 4-2〉 사회적 관광자원의 범위

분류	범위
사회적 관광자원	도시 및 도시공원, 도시구조, 교육 · 사회 · 문화시설, 도서관, 생활양식, 사회적 제도, 전통적 스포츠, 국민성, 민족성, 인정, 풍속, 습관, 취락, 전설, 신화, 의복, 주거, 예술, 교육, 종교, 철학, 음악, 미술, 연극, 영화, 음식, 예절 등

*자료 : 末武直義(1984), 『觀光事業論』, 東京 : 法律文化社. pp.37~43. ; 津田昇(1969), 『國際觀光論』, 東洋經濟新報社; 小池洋 外(1988), 『觀光學概論』, ミネルヴァ書房, p.109 ; 足場洋保(1997), 『觀光資源論』, 東京 : 中央經濟社 ; 長谷政弘(1999), 『觀光ビジネス論』, 東京 : 同文館, p.58.

제1절 도시 · 도시공원

1. 도시관광

지금까지의 도시는 생활하는 장소, 일하는 장소, 일에 지쳐 다른 곳으로 떠나는 출발지로 인식되어 왔다. 그런데 관광현상은 실제로 도시에서 많이 일어나고 있으며(梅澤忠雄, 1997), 그중에서도 다양한 시설을 갖춘 도시가 그 주가 될 것이라고 한다(日本觀光協會編, 1996).

▲ 도시관광객/ 최기종 작

도시관광(urban tourism)은 '도시관광객과 도시의 인공적 관광대상, 도시의 시설, 관광기업, 관련정부, 시민과의 상호작용과 현상의 총체'라고 정의할 수 있다. 여기서 도시관광객이란 순수 또는 겸목적 관광으로 당해 도시 외부로부터의 방문자 및 도시 내부에서 발생되는 관광객을 모두 포함한다(北條勇作, 1997 ; 최기종, 2002).

1) 광역자치단체

(1) 서울특별시

▲ 최기종 작

한반도의 거의 중앙에 위치한 세계적인 국제도시 서울(면적 : 605.21km2)은 대한민국의 수도이자 정치 · 경제 · 문화 · 교통의 중심지이다. 과거에는 백제와 조선의 수도로 시대에 따라 위례성 · 한산 · 한성 · 한양 · 양주 · 남경 · 경성 등 다양한 명칭으로 불렸다. 서울은 신석기시대부터 사람들이 거주했고, 삼국시대 · 고려시대 · 조선시대를 거쳐 약 2000년의 역사를 자랑한다.

서울의 동쪽은 남양주시 · 구리시 · 하남시, 서쪽은 고양시 · 김포시 · 부천시, 남쪽은 성남시 · 과천시 · 안양시 · 광명시, 북쪽은 의정부시 · 양주시 · 남양주시에 접해 있다. 대표적인 관광명소로 북한산국립공원 · 경복궁 · 창덕궁 · 종묘 · 국립중앙박물관 · 국립민속박물관 · 인사동 · 북촌 · 남대문시장 · 동대문시장 등을 들 수 있다. 현재 서울에는 약 1천만 명이 넘는 인구가 거주하고 있다.

(2) 부산광역시

부산(면적 : 765.82km2)은 기후조건이 양호하고, 해산물이 풍부한 지역이다. 부산지역은 해운대 청사포와 좌동 신시가지에서 사냥돌, 격지 등의 구석기 유물이 채집되었다. 선사시대의 유적과 유물은 주로 신석기시대 이후의 것이 많이 확인되고 있어, 이때부터 본격적으로 사람들이 거주했음을 알 수 있다.

부산 주변에는 동쪽에 동해, 서쪽에 경상남도 창원시 진해구와 김해시, 남쪽은 다대만 · 부산만 · 수영만을 끼고 남해가 펼쳐지고, 북쪽에는 울산광역시 온양면 · 서생면, 경상남도 양산시 · 김해시와 접하고 있다. 대표적인 관광명소는 용두산공원 · 해운대해수욕장 · 태종대 · 해운대온천 · 자갈치시장 등을 들 수 있다. 현재 부산에는 약 360만 명의 인구가 거주하고 있다.

(3) 대구광역시

한국의 3대 도시 중 하나로 손꼽히는 대구(면적 : 883.63km2)는 일찍이 금호강과 신천의 기름진 평야를 중심으로 살기 좋은 자연적 조건을 갖추었다. 대구는 구석기시대 이전부터 사람이 거주한 것으로 보고 있다. 고인돌 · 비파형동검 · 민무늬토기 등 청동기시대의 유적이 발견된 것으로 보아 당시 좋은 자연환경 · 교통의 요지였음을 알 수 있다.

1960년대 대구는 서문시장을 중심으로 화학섬유를 생산하였고, 1970년대는 섬유산업이 중심이 되어 수출하였으며, 1980년대는 화학 섬유직물 수출국으로 등극하기도 하였다. 관광명소로 서문시장 · 달성공원 · 팔공산 갓바위 등을 들 수 있다. 현재 대구에는 약 250만 명의 인구가 거주하고 있다.

(4) 인천광역시

서울 · 부산에 이어 3번째로 인구가 많은 도시, 한국 제2의 항구도시 인천(면적 : 1,046.27km2)은 개항과 함께 서울의 관문역할을 하면서 항만관련 산업 및 교역의 중심지로서 성장하였다. 1960년 이후 경제개발계획으로 경인공업지대의 중심을 이루면서 제조업 · 항만도시 · 중공업도시로의 특성을 지니고 있다.

특히 항만시설 확충, 인천국제공항, 송도국제도시 건설로 부산 다음으로 국제항구로서의 면모를 갖추고 있다. 특히 2012년 UN 국제기구 녹색기후기금(GCF) 본사를 인천의 송도국제도시에 유치하면서 아시아 최초로 UN 소속의 국제기구(19개) 본사를 가진 도시가 되었다. 대표적인 관광명소로 백령도 · 덕적도 · 승봉도 · 월미도 · 송도유원지 등을 들 수 있다. 현재 인천에는 약 300만 명의 인구가 거주하고 있다.

(5) 광주광역시

광주(면적 : 501.18km2)가 역사기록에 처음 나타난 것은 498년(백제 동성왕20) 때의 일이다. 이때 광주는 무진주라 불렸고, 호남 및 제주도 지역의 조공을 거두어들이는 경로로서 유력한 군사적 · 경제적 요충지였다. 2005년까지는 전라남도 도청 소재지였다.

광주는 호남지방의 경제 · 행정 · 교육 · 문화의 중심도시이다. 도심에는 광주천과 영산강의 지류인 극락강이 흐르고, 광산구 서쪽으로는 평야가 이어진다. 그리고 광주 주변 동쪽은 담양군, 서쪽은 함평군, 남쪽은 나주시 · 화순군, 북쪽은 장성군과 접하고 있다. 대표적인 관광명소로 무등산국립공원, 부용정 등을 들 수 있다. 현재 광주에는 약 150만 명의 인구가 거주하고 있다.

(6) 대전광역시

한국의 국토 중앙부에 위치한 대전(면적 : 539.98km2)은 차령산맥 · 소백산맥 사이에 위치해 있으며, 동 · 서 · 남쪽에서 산지가 현저히 발달해 있다. 이런 산지 사이를 유등천 · 대전천 · 갑천이 흐르면서 북쪽의 금강으로 흘러 들어가 넓은 평야를 형성하고 있다. 구릉성 산지를 기반으로 한 대전은 선사시대부터 농경문화를 바탕으로 삶을 이어왔다.

1989년에는 대전직할시로, 1994년에는 대전광역시로 이름이 바뀌었다. 대전은 중부권의 중추기능을 담당하는 도시로서 경부고속도로와 인접해 교통이 편리하고, 풍부한 노동력과 시장조건으로 중부 공업지대의 핵심도시로 발전해 왔다. 관광명소는 유성온천 등을 들 수 있다. 현재 대전은 약 150만 명의 인구가 거주하고 있다.

(7) 울산광역시

한국 7대 도시 중 하나인 울산(면적 : 1,060km2)은 전국 광역시 가운데 가장 넓은 면적을 자랑하며, 인구는 약 120만 명에 이른다. 1962년에 특정공업지구로 지정되면서 시로 승격되었고, 1997년에는 광역시가 되었다.

한반도 남동부지역 교통의 요지인 울산은 자동차 · 조선해양 · 석유화학산업이 집적된 한국의 대표적인 중화학공업도시로서 한 해의 수출이 1천억 달러를 넘나드는 거대 도시로 성장 · 발전하였다. 특히 울산의 젖줄 태화강 유역의 하안평야는 경상남도 일대의 주요 곡창지대를 이룬다.

(8) 세종특별자치시

국토의 균형발전과 서울의 과밀화를 해결하기 위해 혁신도시로 개발한 세종시(면적 : 465.23km2)는 국토의 중부에 있는 특별자치시이다. 시의 중심에는 금강과 미호천이 흐르고, 남쪽에는 대전광역시, 서쪽에는 충청남도 공주시, 동쪽에는 충청북도 청주시, 북쪽에는 충청남도 천안시와 접하고 있다.

세종시는 옛 충청남도 연기군 전체와 공주시 일부, 충청북도 청원군 일부를 편입하여, 2012년 7월 1일에 출범하였다. 시의 이름은 조선 세종의 묘호를 따서 '세상(世)의 으뜸(宗)'이라는 의미를 담고 있다. 유일하게 기초자치단체를 두지 않는 단층제 광역자치단체로서 행정구역은 1읍 9면이다. 현재 세종시에는 약 20만 넘는 인구가 거주하고 있다.

(9) 경기도

경기도(면적 : 10,175.13km2)는 정부수립 이후 1950년 4월에 서울 쌍문동 청사에서 1차 산업위주의 행정체제로 출범하였다. 그러나 경기도는 청사를 현재의 수원으로 이전하면서 눈부신 발전과 변화를 거쳐 오늘에 이르렀다.

서울 · 인천을 둘러싸고 있는 경기도는 북쪽에는 황해도, 동쪽에는 강원도, 남쪽에는 충청북도 · 충청남도와 접해 있고, 서쪽에는 서해에 면해 있다. 최근 서울 · 인천 · 수원 · 고양 · 성남 · 부천 · 안양 · 구리 등 수도권의 도시들이 급속히 팽창하면서 눈부신 발전을 거듭하고 있다. 대표적인 관광명소로 수원화성 · 남한산성도립공원 · 민속촌 · 이천온천 등을 들 수 있다. 현재 경기도에는 약 1,300만 명의 인구가 거주하고 있다.

(10) 강원도

한반도의 중부지역 동쪽에 위치한 강원도(면적 : 16,873.54km2)는 북쪽에는 휴전선과 북한의 강원도, 남쪽에는 충청북도 · 경상북도, 서쪽에는 경기도, 동쪽에는 동해에 면해 있다. 태백산맥이 남북으로 길게 뻗어 있어 비교적 높은 산악지역을 이루고 있다.

이러한 자연환경을 배경으로 일찍이 농업이 발달하였고, 특히 자연경관이 수려해 설악산국립공원 · 치악산국립공원 · 오대산국립공원 · 태백산국립공원을 비롯해서 낙산해수욕장 · 경포대해수욕장 · 관동8경 등 이름난 명승고적이 많이 산재해 있다. 현재 강원도에는 약 160만 명의 인구가 거주하고 있다.

(11) 충청북도

국토의 중앙에 위치한 충청북도(면적 : 7,407.1km2)는 동부에는 강원도 · 경상북도와 경계를 이루고 있다. 충청북도는 교통 및 지리적 위치로 인해 충청남도 · 경기도와의 교류가 활발해 중부문화권에 결속되어 왔다.

한국에서는 유일하게 바다가 없는 내륙지방으로서 지형은 남북으로 길게 뻗어 있다. 주변에는 경기도 · 강원도 · 충청남도 · 경상북도 · 전라북도가 에워싸고 있다. 최근에는 교통의 발달로 산업과 주민생활에서 서울의 영향이 커지고 있다. 대표적인 관광명소는 속리산국립공원 · 월악산국립공원 · 의림지 등을 들 수 있다. 현재 충청북도에는 약 160만 명의 인구가 거주하고 있다.

(12) 충청남도

충청남도(면적 : 8,203.89km2)는 한반도의 중앙부 서쪽에 위치해 있다. 북쪽에는 경기도, 동쪽에는 대전시 · 세종시 · 충청북도, 남쪽에는 전라북도, 서쪽에는 황해와 면해 있다. 1964년에 발견된 공주 석장리의 구석기 유적과 청동기 유적이 발견된 점으로 보아 충남은 선사시대부터 사람들이 정착했던 곳으로 짐작할 수 있다.

특히 1896년(고종 33) 칙령 제36호로 13도제로 개편됨에 따라 충청북도와 분리되어 비로소 충청남도가 탄생하게 되었다. 대표적인 관광명소는 계룡산국립공원 · 태안해안국립공원 · 국립공주박물관 · 독립기념관 · 온양온천 · 고수동굴 등을 들 수 있다. 현재 충청남도에는 약 200만 명의 인구가 거주하고 있다.

(13) 전라북도

한반도 남서부에 위치한 전라북도(면적 : 8,066.43km²)는 동쪽에는 경상남북도, 남쪽에는 전라남도, 북쪽에는 충청남북도, 서쪽에는 서해에 면해 있다. 삼국시대에는 마한국과 병합한 백제에 속하게 되었고, 백제가 지방에 정방제를 설치하여 통치할 때, 그중 중방(고섭성-고부지방)이 본 지역의 중심지였다.

전라북도는 과거 공업화정책의 혜택을 받지 못하는 등 지역산업이 낙후되어 있었으나, 지금은 전주-익산-군산 공업지대가 형성되면서 공업발전의 주요 개발 축을 이루게 되었고, 중국과의 교류도 점차 증대되고 있다. 대표적인 관광명소는 지리산국립공원 · 덕유산국립공원 · 변산반도국립공원 등을 들 수 있다. 현재 전라북도에는 약 190만 명의 인구가 거주하고 있다.

(14) 전라남도

전라남도(면적 : 12,312.92km2)는 국토의 남서단에 위치해 있다. 과거 마한의 땅으로 백제의 영토가 되었다가 이후 신라에 병합되었고, 신라 말기에는 후백제의 영토가 되었다. 983년(고려 성종 2)에 전국을 12목으로 나눌 때는 나주목 · 승주목의 관할이었다가, 995년에 전국을 10도로 개편하면서 해양도(海陽道)라 하였다.

예부터 광활한 곡창지대를 이루고 있는 전라남도는 쌀 생산량이 높고, 농업인구의 비율이 비교적 높은 지역이었다. 그러나 지금은 광양제철소 · 여수국가산업단지 · 순천산업단지 등 국내 최대의 임해공업지대로 자리매김하고 있다. 대표적인 관광명소는 내장산국립공원 · 다도해해상국립공원 · 월출산국립공원 등을 들 수 있다. 현재 전라남도에는 약 190만 명의 인구가 거주하고 있다.

(15) 경상북도

경상북도(면적 : 19,029km²)는 기원전부터 삼한의 하나인 진한이 자리 잡은 곳이며, 삼국을 통일하여 천년 왕조와 찬란한 문화를 꽃피웠던 신라의 본토였다. 1314년(고려 충숙왕 원년)에 처음으로 경상도로 불리고, 1896년(조선조 고종 33)에 13도로 재편되면서 경상북도라 하였다.

농업인구의 비율이 높은 경상북도는 김천-구미-대구-영천-포항을 잇는 지역에 도시화 · 공업화가 진전되고, 특히 포항은 철강을 비롯한 한국 중공업의 핵심지로 발돋움 하였다. 대표적인 관광명소는 신라 천년의 고도 경주국립공원 · 경주보문단지 · 안동하회마을 · 성류굴 · 독도 · 울릉도 등을 들 수 있다. 현재 경상북도에는 약 270만 명의 인구가 거주하고 있다.

(16) 경상남도

한반도 남동부에 위치한 경상남도(면적 : 10,538.84km2)는 소백산맥의 서부산지와 태백산맥의 끝 동부고지, 낙동강 연안의 중앙저지로 이루어진다. 원래 경상도는 지금의 경상남북도를 합하여 부르는 이름으로 '경상'이라는 지명은 고려 때 이 지방의 대표적 고을인 경주와 상주 두 고을의 머리글자를 합하여 만든 합성 지명이다.

995년(고려 성종 14)에 처음으로 전국을 10도로 나눌 때, 상주에 딸린 고을을 영남도(嶺南道), 금주(지금의 김해)에 딸린 고을은 영동도(嶺東道), 진주에 딸린 고을은 산양도(山陽道)라고 하였다. 대표적인 관광명소로 한려해상국립공원 · 촉석루 · 부곡온천 · 을숙도 등을 들 수 있다. 현재 경상남도에는 약 340만 명의 인구가 거주하고 있다.

(17) 제주특별자치도

한국의 대표적인 국제관광 도시로 널리 알려진 제주도(면적 : 1,848.43km2)는 국토의 최남단에 위치해 있으며, 제주해협을 사이에 두고 목포시와 약 140km 떨어져 있다. 주변의 비양도 · 우도 · 상추자도 · 하추자도 · 횡간도 · 가파도 · 마라도 등 8개의 유인도와 50여 개의 무인도로 이루어져 있다.

제주도는 원래 육지와 고립된 섬이었으나, 선박 및 다양한 항공사가 취항하면서 육지와의 교통이 더욱 편리해졌다. 대표적인 관광명소는 한라산국립공원 · 우도 · 성산일출봉 · 마라도 · 주상절리 · 만장굴 등을 들 수 있다. 현재 제주도에는 약 60만 명의 인구가 거주하고 있다.

2) 전국 지방자치단체 현황

한국의 지방자치단체는 광역자치단체(서울 · 부산 · 대구 · 인천 · 광주 · 대전 · 울산 · 세종 · 경기 · 강원 · 충북 · 충남 · 전북 · 전남 · 경북 · 경남 · 제주)가 17개, 기초자치단체(시 · 군 · 구)가 254개로, 총 271개에 이른다. 2017년 7월 현재 전국 지방자치단체 현황은 〈표 4–3〉과 같다.

〈표 4–3〉 전국 지방자치단체 현황

시 · 도	시 · 군 · 구
서울특별시 (25구)	종로구, 중구, 용산구, 성동구, 광진구, 동대문구, 중랑구, 성북구, 강북구, 도봉구, 노원구, 은평구, 서대문구, 마포구, 양천구, 강서구, 구로구, 금천구, 영등포구, 동작구, 관악구, 서초구, 강남구, 송파구, 강동구
부산광역시 (15구, 1군)	부산진구, 금정구, 동래구, 강서구, 수영구, 연제구, 사상구, 사하구, 해운대구, 영도구, 동구, 서구, 중구, 남구, 북구, 기장군
대구광역시 (7구, 1군)	중구, 동구, 서구, 남구, 북구, 수성구, 달서구, 달성군
인천광역시 (8구, 2군)	중구, 남구, 동구, 연수구, 남동구, 부평구, 계양구, 서구, 강화군, 옹진군
광주광역시 (5구)	동구, 서구, 남구, 북구, 광산구
대전광역시 (5구)	중구, 동구, 서구, 유성구, 대덕구
울산광역시 (4구, 1군)	중구, 동구, 남구, 북구, 울주군

시 · 도	시 · 군 · 구
세종특별자치시	
경기도 (28시, 3군, 17구)	수원시(팔달구 · 장안구 · 권선구 · 영통구), 고양시(일산동구 · 일산서구 · 덕양구), 성남시(분당구 · 수정구 · 중원구), 부천시(원미구 · 소사구 · 오정구), 안양시(동안구 · 만안구), 안산시(단원구 · 상록구), 평택시, 용인시, 이천시, 양주시, 포천시, 광주시, 화성시, 과천시, 광명시, 하남시, 의왕시, 구리시, 군포시, 김포시, 의정부시, 동두천시, 남양주시, 안성시, 시흥시, 오산시, 파주시, 여주시, 가평군, 양평군, 연천군
강원도 (7시, 11군)	춘천시, 원주시, 강릉시, 동해시, 속초시, 삼척시, 태백시, 철원군, 화천군, 인제군, 양구군, 홍천군, 양양군, 횡성군, 영월군, 평창군, 정선군, 고성군
충청북도 (3시, 8군, 4구)	청주시(상당구 · 흥덕구, 청원구, 서원구), 충주시, 제천시, 단양군, 괴산군, 음성군, 증평군, 영동군, 보은군, 옥천군, 진천군
충청남도 (8시, 7군)	천안시, 아산시, 보령시, 논산시, 서산시, 계룡시, 공주시, 당진시, 예산군, 부여군, 태안군, 서천군, 금산군, 청양군, 홍성군
전라북도 (6시, 8군, 2구)	전주시(완산구 · 덕진구), 익산시, 군산시, 김제시, 정읍시, 남원시, 완주군, 진안군, 장수군, 임실군, 부안군, 고창군, 순창군, 무주군
전라남도 (5시, 17군)	여수시, 목포시, 순천시, 광양시, 나주시, 완도군, 해남군, 신안군, 장흥군, 장성군, 곡성군, 고흥군, 담양군, 구례군, 화순군, 영광군, 함평군, 영암군, 보성군, 진도군, 곡성군, 무안군
경상북도 (10시, 13군, 2구)	포항시(남구 · 북구), 구미시, 경주시, 영천시, 상주시, 경산시, 김천시, 안동시, 영주시, 문경시, 칠곡군, 울진군, 영덕군, 예천군, 영양군, 성주군, 봉화군, 군위군, 의성군, 청송군, 고령군, 청도군, 울릉군
경상남도 (8시, 10군)	창원시, 진주시, 김해시, 양산시, 통영시, 사천시, 밀양시, 거제시, 거창군, 함안군, 산청군, 하동군, 창녕군, 의령군, 함양군, 남해군, 합천군, 고성군
제주특별자치도 (2행정시)	제주시, 서귀포시

*위 현황은 행정구와 행정시(제주시, 서귀포시)를 기준으로 작성된 것이고, 2018년 현재 전국 지방자치단체 수는 광역자치단체 17개, 기초자치단체 226개로, 총 243개이다.

2. 도시공원

▲ 수포교와 장충공원/ 최기종 작

도시공원(urban park)은 원칙적으로 지방자치단체가 도시시설로서 설치하는 공원이나 녹지 또는 도시계획지구 안에 설치하는 공원 · 녹지를 말한다.

주로 지역주민이 이용하기 위한 주거지구 기간공원(어린이 · 근린 · 지구공원), 도시의 건전한 발달과 시민 등의 건강증진에 이바지하는 도시기간공원(종합 · 운동공원) 이외에 완충녹지 · 특수공원 · 대규모공원 등이 있다. 각기 그 설치기준과 정비수준이 정해져 있다.

1) 남산공원

서울 한복판에 위치한 남산공원은 서울의 발전상과 자연경관을 한눈에 조망할 수 있는 곳으로 서울시민의 휴식처로서 역할을 하고 있다. 이곳에는 동 · 식물원을 비롯하여 분수대, 야외 음악당, 김소월 시비 등이 있고, 주변에는 시립도서관이 자리하고 있다.

이 공원은 남대문 · 회현동 · 퇴계로 3가 · 장충공원 · 이태원 · 후암동 등 여러 갈래의 산책로를 통하여 오를 수 있다. 그리고 공원시설의 활발한 운영을 위해 시민건강 달리기 코스 프로그램을 실시하기도 한다. 봄 · 가을에는 자원봉사자를 배치해 시민의 건강을 체크해 주기도 한다.

2) 파고다공원

사적354호로 지정된 파고다공원은 우리나라 최초의 근대공원이다. 원래 이 공원은 조선 세조 13년에 원각사로 건립하였던 것을, 고종 34년인 1897년에 영국인 '브라운'에 의해 공원으로 조성되이 1920년에 공원으로 개원한 것이다.

1919년 3 · 1운동 때 민족 대표 33명이 이곳에서 독립선언을 낭독함으로써, 한때 일제 항거의 진원지가 되기도 하였으며, 일명 탑공원, 탑동공원, 탑골공원이라고도 부른다.

현재 남아 있는 것은 독립운동 봉화에 불을 당겼던 팔각정을 중심으로 ① 국보2호 원각사지 10층석탑, ② 보물3호 원각사비 등의 문화재와 ③ 3 · 1운동 기념탑, ④ 3 · 1운동 벽화, ⑤ 손병희 선생의 동상, ⑥ 한용운 선생의 기념비 등이 있다.

3) 사직공원

사직공원(면적 : 168,000m^2)에는 1395년 태조가 한양으로 천도한 뒤 가장 먼저 조영하게 한 것이 종묘와 사직단이었다고 한다. 공원 내에는 조선왕조의 사직단(사적121호)이 보존되어 있다.

원내의 사직단 아래에 어린이 놀이터가 길쭉하게 마련되어 있고, 향나무 정원수 밑에는 벤치 등 편의시설도 갖추어져 있다. 공원 북쪽에는 율곡 이이 선생과 그의 어머니 신사임당 동상이 있다.

일제강점기 때 일본이 우리나라의 사직을 끊고, 우리 민족을 업신여겨 사직단의 격을 낮추고 공원으로 조성하였다. 그리고 1922년 12월 경성부에 이관되어 이곳에 정자 등을 설치하였고, 1924년에 공원으로 개설하였다.

4) 장충공원

남산의 동북쪽 기슭에 자리 잡은 장충공원은 소나무숲이 우거져 있고, 계곡 사이로 물이 흘러내려 분수가 솟는 등 가볍게 산책하기에는 최적의 장소이다. 공원 내에는 사명대사의 동상이 있고, 자그마한 연못 위에는 '수포교'라는 구름다리가 놓여 있어 운치를 더한다.

장충단공원 주변에는 동국대학교 · 장충체육관 · 신라호텔 · 자유센터 · 서울타워호텔 · 재향군인회 · 국립극장 · 국립국악원 · 국립국악고등학교 등을 비롯해 어린이야구장 · 테니스장 · 수영장 등 각종 시설물이 들어서 있다.

5) 올림픽공원

올림픽공원은 백제 초기에 축조된 몽촌토성과 해자, 서울올림픽 당시 세계 유명선수들이 기량을 겨루었던 6개의 경기장과 올림픽 기념조형물, 그리고 세계 5대 조각공원으로 손꼽히는 올림픽 조각공원 등이 조화롭게 어울려 시민뿐만 아니라 외국인 관광객으로부터 사랑받는 세계적 수준의 관광명소로 손꼽히고 있다.

특히 몽촌토성과 해자를 중심으로 한 드넓은 잔디밭과 30만 4천 그루의 푸른 녹지는 시민을 위한 휴식장소와 산책로 등으로 널리 이용되고 있으며, 연간 6백만 명이 넘는 시민과 외국인 관광객이 찾아오고 있다.

6) 여의도공원

영등포구 여의도동에 위치한 여의도공원은 면적 약 22만 9,539m^2(약 7만 평)의 규모로 한국 전통의 숲, 잔디마당, 문화마당, 자연생태의 숲 등 4개의 공간으로 이루어져 있다. 그리고 여의도 섬의 중앙을 남북으로 종단하여 마포구와 영등포구를 연결하는 도로축이 형성되었다.

1968년에 시작된 여의도 개발계획에 따라 여의도 주변에 둑이 축조되고, 1972년에 광장이 조성되었다. 그 후 1997년부터 여의도광장의 공원화사업을 추진하여, 1999년에 여의도공원으로 개장하였다. 주요 시설은 팔각정과 사모정, 자전거도로(2.4km), 산책로(3.9km), 공원과 연못을 비롯해 약 20만 8천4백주의 나무가 심어져 있다.

7) 한강시민공원

서울의 상징인 한강, 시원하게 불어오는 강바람, 유람선의 고동소리를 들으며 오리보트를 즐기는 연인들, 푸른 잔디밭을 뛰노는 어린아이들의 해맑은 웃음소리, 축구장에서 들려오는 함성소리 등 연중 한강시민공원에서 흔히 볼 수 있는 정경들이다.

가족들과 잠깐의 여유를 즐기고 싶을 때, 교통체증 걱정 없이 자연의 위로를 받고 싶을 때 훌쩍 나갈 수 있는 그곳, 한강시민공원에 가면 가족 모두를 만족시키는 넉넉함이 있다.

한강시민공원은 상류에서부터 광나루지구 · 잠실지구 · 뚝섬지구 · 잠원지구 · 반포지구 · 이촌지구 · 여의도지구 · 양화지구 · 망원지구의 9개 지구로 되어 있는 서울시민의 쉼터이자 휴식공간이다.

8) 용두산공원

부산관광의 대표명소 '용두산공원'은 부산 중심가에 자리 잡고 있으며, 정원처럼 아름답게 가꾸어져 있다. 공원 내에는 높이 118m의 부산타워를 비롯해서 충무공동상 · 충혼탑 · 꽃시계 · 팔각정 등이 있다.

용두산공원은 부산시민은 물론 부산을 찾는 관광객의 명소이자 쉼터로 많은 사랑을 받고 있다. 부산타워에 오르면, 부산 시가지는 물론 멀리 오륙도 · 태종대를 비롯해서 김해시까지 바라다볼 수 있고, 푸른 항구에 정박한 수많은 선박과 현해탄을 항해하는 선박까지도 볼 수 있다.

제2절 정치 · 교육 · 사회시설

정치 · 교육 · 사회시설도 사회적 관광자원이 된다. ① 정치와 관련된 시설로 청와대 · 국회의사당 등이 있고, ② 교육시설은 유치원에서 대학에 이르기까지 관광객의 흥미와 관심을 끄는 중요한 관광대상 가운데 하나이다.

따라서 세계 각국에서는 국빈을 대학에 안내할 뿐만 아니라, 일반 관광객에게도 개방하여 견학시키고 있다. 그리고 ③ 사회시설로는 고속도로 · 양로원 · 사회복지시설 · 도시교통시설 등이 있다.

1. 정치

1) 청와대

▲ 최기종 작

북악산과 백악산을 배경으로 자리 잡은 청와대(서울 종로구 청와대로)는 대통령 집무실을 비롯하여 회의실 · 접견실 · 주거실 등이 있는 2층 본관, 경호실 · 비서실 및 영빈관 등이 있는 부속건물이 있다.

그 밖에 정원과 북악산으로 이어지는 후원 등을 갖추고 있다. 1948년 8월 정부수립 이후부터 1960년 8월까지 이승만 대통령의 명명으로 제1공화국의 대통령 관저명을 '경무대'로 불러오다가, 그 해 8월에 제2공화국 윤보선 대통령이 입주하면서 '청와대'로 개명하였다. 이 명칭은 대리석으로 된 본관 건물이 청기와로 이어져 있는 데서 연유한 것이다.

청와대의 대표적인 시설은 ① 대통령의 집무와 외빈접견, 외국의 국가원수나 외교사절이 방문했을 때 사용되는 '본관', ② 100명 이상의 대규모 회의나 연회, 그리고 외국 국빈들을 위한 공식행사를 개최하는 '영빈관', ③ 비서실로 사용하고 있는 '별관과 동별관', ④ 외빈접견 등에 사용되는 '상춘재', ⑤ 청와대 경내에서 가장 아름답고, 야외 행사장으로 이용되는 '녹지원', ⑥ 대통령과 그 가족이 생활하는 '대통령 관저', ⑦ 기자회견 장소와 출입기자들의 사무실로 사용되는 '춘추관' 등의 건물이 있다.

2) 국회의사당

국회의사당(서울 영등포구 여의도로)은 국회의원들이 국정을 논의하는 장소를 말한다. 이곳에는 본회의장 · 위원회 회의실을 비롯하여 의장실 · 부의장실 · 교섭단체실과 소속기관인 국회사무처 · 국회도서관 및 부속시설인 의장공

▲ 국회의사당/ 최기종 작

관 · 의원회관 등이 있다.

의사당 본관은 정면에서 볼 때 화강석으로 된 너비 50m의 계단과 기단 위에 높이 32.5m의 대열주(大列柱) 24개를 세워 건축하였고, 그 위에는 밑지름 64m의 돔이 있다.

열주는 24절기를 상징하는 동시에 국민들의 대립된 다양한 의견을 상징한 것이라 한다. 돔은 의회정치의 본질을 상징한 것으로 건물에 안정감과 웅장미를 더해준다.

총 대지면적은 33만m2(10만 평)이고, 지하 2층, 지상 6층의 건물이다. 의사당은 국회양원제의 실시에 대비하여 두 개의 대형 회의장이 있다. 의석은 이동식으로 4배 석까지 확장이 가능하고, 방청석은 350석, 기자석은 80석이다.

2. 교육 · 도서관

1) 교육시설

(1) 서울대학교

▲ 최기종 작

명실상부한 지성의 요람 서울대학교(서울 관악구)는 한국 최초의 국립고등교육기관이며, 1946년에 국립서울대학교로 개교하였다. 1895년 4월 고종의 칙령을 통해 최초의 근대 법학교육기관으로 설립된 '법관양성소'에서 출발해 한성사범학교 · 의학교 · 농상공학교 등을 설립하면서 서울대학교의 근간을 이루었다. 정부수립 후 교육법이 제정되면서 1949년 12월에 학교의 공식명칭을 '국립서울대학교'에서 '서울대학교'로 변경하였다.

100만 평이 넘는 동양 제일의 웅대한 캠퍼스를 자랑하고 있는 서울대학교는 20세기 들어 대학의 자율성을 제고한다는 목적으로 서울대학교 법인화 계획을 세우고, 법인화위원회를 발족한 뒤, 2011년 12월에 국립대학법인 서울대학교로 출범하였다.

2) 도서관

▲ 국회도서관/ 최기종 작

도서관은 기록으로 남겨진 여러 가지 책 · 그림 · 사진 등의 자료를 모으고 정리 · 보관하며, 여러 사람이 활용할 수 있도록 도와주는 곳이다.

책 · 신문, 인쇄물, 영상 필름 · 녹음테이프 · 그림 · 사진 등의 시청각 자료와 마이크로필름까지 보관한다. 1901년에 세워진 부산도서관이 우리나라 최초의 공공도서관이고, 국립중앙도서관은 1923년에 설립되었다.

도서관은 국가에서 세운 국립도서관과 지방에서 세운 공립도서관, 그리고 학교나 단체에 딸린 사립도서관으로 분류되어 사회교육에 이바지하고 있다.

도서관은 설립주체에 따라 국립도서관 · 공립도서관 · 사립도서관, 설립목적에 따라 특수도서관 · 공공도서관 등으로 나뉜다.

또한 기념건축물(記念建築物)은 기념비 · 기념관 · 위령비 · 현충비 · 현충탑 등 무언가를 기념하거나 칭송하기 위하여 만들어진 건축물이다.

즉 나라와 지역, 사건 등의 상징성, 전쟁 · 독립 기념일 등의 특정한 일, 상징적인 특정 장소를 나타내는 등의 목적이 있으며, 형태도 피라미드 · 문 · 동상 · 조각 등으로 다양하다.

이러한 기념건축물은 랜드마크가 되기도 한다. 전승 기념비 및 종전 기념비처럼 전쟁에 관한 건축물, 전쟁의 전몰자를 기념 및 추모하기 위한 무명 용사의 무덤 등과 같은 기념 추모시실이 있나(위키백과).

(1) 국립도서관

국가에서 건립한 국립도서관은 〈표 4-4〉와 같이 2017년 현재 서울에 4개, 세종시에 1개, 총 5개가 있다.

〈표 4-4〉 전국 국립도서관 현황

지역	기관명
서울	국립중앙도서관(서초구), 국립어린이청소년도서관(강남구), 국회도서관(영등포구), 법원도서관(서초구)
세종	국립세종도서관(연기군)

*자료 : 2017 문화체육관광부 도서관정책기획단.

(2) 공립도서관

〈표 4-5〉와 같이 지방자치단체에서 건립한 공립도서관(특화도서관, 어린이도서관 포함)은 2017년 현재 1,018여 개가 있다. 기타 대학 및 학교에서 건립한 대학도서관은 462여 개, 학교도서관은 11,561여 개가 있다.

〈표 4-5〉 전국 공립도서관(특화도서관, 어린이도서관) 현황

지역	공립도서관명
서울	4.19 혁명기념 도서관, 가락몰도서관, 갈산도서관, 강남 역삼 푸른솔 도서관, 강동구립강일도서관, 강동구립성내도서관, 강동구립암사도서관, 강동구립해공도서관, 강북문화정보도서관, 강북청소년문화정보도서관, 강서구립 곰달래도서관, 강서구립 등빛도서관, 강서구립가양도서관, 강서구립우장산숲속도서관, 강서영어도서관, 강서푸른들청소년도서관, 개봉도서관, 개울작은도서관, 거마도서관, 관악문화관도서관, 광진정보도서관, 구로꿈나무도서관, 구로주민전용도서관, 구립구산동도서관마을, 구립은평뉴타운도서관, 구립증산정보도서관, 구의제3동도서관, 글빛정보도서관, 금천구립가산도서관, 금천구립금나래도서관, 금천구립독산도서관, 금천구립시흥도서관, 꿈마을 도서관, 노원정보도서관, 논현도서관, 달빛마루도서관, 대림정보문화도서관, 대치도서관, 도곡정보문화도서관, 도봉문화정보도서관, 돌마리도서관,

지역	공립도서관명
서울	동대문구 답십리 도서관, 동대문구정보화도서관, 동작상도국주도서관, 마포평생학습관(특화도서관), 마포구립서강도서관, 마포구립하늘도서관, 명성교회도서관, 목마작은도서관, 문래정보문화도서관, 미아문화정보도서관, 사당솔밭도서관, 상계문화정보도서관, 상림마을작은도서관, 서대문구립이진아기념도서관, 서울도서관(특화도서관), 서울중구구립도서관, 서울특별시교육청강남도서관, 서울특별시교육청강동도서관, 서울특별시교육청강서도서관, 서울특별시교육청개포도서관, 서울특별시교육청고덕평생학습관, 서울특별시교육청고척도서관, 서울특별시교육청구로도서관, 서울특별시교육청남산도서관, 서울특별시교육청노원평생학습관, 서울특별시교육청도봉도서관, 서울특별시교육청동대문도서관, 서울특별시교육청동작도서관, 서울특별시교육청마포평생학습관, 서울특별시교육청마포평생학습관 아현분관, 서울특별시교육청서대문도서관, 서울특별시교육청송파도서관, 서울특별시교육청양천도서관, 서울특별시교육청영등포평생학습관, 서울특별시교육청용산도서관, 서울특별시교육청정독도서관, 서울특별시교육청종로도서관, 서초구립반포도서관, 석관동미리내도서관, 선유정보문화도서관, 성동구립금호도서관, 성동구립도서관, 성동구립무지개도서관, 성동구립성수도서관, 성동구립용답도서관, 성동구립청계도서관, 성북구립 청수도서관, 성북정보도서관, 성현동작은도서관, 소나무언덕2호작은도서관, 소나무언덕3호 작은도서관, 소나무언덕잠실본동작은도서관, 솔샘문화정보도서관, 중문화정보도서관, 송파글마루도서관, 수유문화정보도서관, 신월디지털정보도서관, 아름꿈 도서관, 아리랑정보도서관, 양천구 영어특성화도서관, 여의디지털도서관, 역삼도서관, 오류도서관, 월계문화정보도서관, 은천동작은도서관, 은평구립도서관, 응암정보도서관, 자양제4동도서관, 정다운도서관, 정릉도서관, 조원도서관, 중곡문화체육센터도서관, 중구구립 신당도서관, 중랑구립면목정보도서관, 중랑구립정보도서관, 즐거운도서관, 지샘터 올림픽공원도서관, 청담도서관, 청운문학도서관, 청파도서관, 하늘도서관, 학마을도서관, 한국학생도서관, 행복한도서관, 홍은도담도서관, 화랑도서관, 강서길꽃어린이도서관, 강서꿈꾸는어린이도서관, 개봉어린이도서관, 구립서초어린이도서관, 글마루한옥어린이도서관, 남가좌 새롬 어린이도서관, 남산타운문화체육센터 어린이도서관, 노원어린이도서관, 대방어린이도서관, 도봉기적의도서관, 도봉어린이문화정보도서관, 동작어린이도서관, 둘리도서관, 무수골도서관, 서울특별시교육청어린이도서관, 송파어린이도서관, 송파어린이영어작은도서관, 종암동새날도서관, 중랑숲어린이도서관, 해오름도서관, 휘경어린이도서관

지역	공립도서관명
인천	갈산도서관, 강화군립도서관, 검단도서관, 계양도서관, 꿈벗도서관, 내가도서관, 동양도서관, 백령도서관, 부개도서관, 삼산도서관, 서운도서관, 서창도서관, 석남도서관, 소래도서관, 송도국제기구도서관, 송림도서관, 신석도서관, 심곡도서관, 연수청학도서관, 영종하늘도서관, 인천광역시 율목도서관, 인천광역시립수봉도서관, 인천광역시립영종도서관, 인천광역시미추홀도서관, 인천광역시부평도서관, 인천광역시북구도서관, 인천광역시서구도서관, 인천광역시연수도서관, 인천광역시주안도서관, 인천광역시중앙도서관, 인천광역시화도진도서관, 작전도서관, 청라국제도서관, 청라호수도서관, 청천도서관, 학나래도서관, 해돋이도서관, 효성도서관, 관교어린이도서관, 독정골어린이도서관, 부개어린이도서관, 부평기적의도서관, 송도국제어린이도서관, 숭의어린이도서관, 쑥골어린이도서관, 연수어린이도서관, 장사래어린이도서관
대전	가수원도서관, 가양도서관, 갈마도서관, 관평도서관, 구암도서관, 구즉도서관, 노은도서관, 대덕구안산평생학습도서관, 대전광역시한밭도서관, 대전동구가오도서관, 대전동구성남도서관, 대전동구용운도서관, 대전동구판암도서관, 대전둔산도서관, 대전학생교육문화원, 대전학생교육문화원 부설 산성도서관, 무지개도서관, 송촌평생학습도서관, 신탄진평생학습도서관, 유성도서관, 자양도서관, 진잠도서관, 홍도도서관
세종	도담동도서관, 세종특별자치시 평생교육연구원, 아름동도서관, 종촌동도서관, 한솔동도서관
대구	2.28민주운동기념회관(도서관), 구수산도서관, 꿈꾸는마을도서관 도토리, 달서구립도원도서관, 달서구립본리도서관, 달서구립성서도서관, 달성군립도서관, 대구 동구 신천도서관, 대구광역시립남부도서관, 대구광역시립달성도서관, 대구광역시립대봉도서관, 대구광역시립동부도서관, 대구광역시립두류도서관, 대구광역시립북부도서관, 대구광역시립서부도서관, 대구광역시립수성도서관, 대구광역시립중앙도서관, 대구광역시립중앙도서관달성분관, 대구광역시북구대현도서관, 대구북구태전도서관, 더불어 숲, 동구구립 안심도서관, 비전도서관, 사립공공 연암도서관, 새벗도서관, 수성구립 용학도서관, 수성구립 책숲길도서관, 수성구립 파동도서관, 수성구립고산도서관, 수성구립범어도서관, 푸른초장공공도서관, 한들마을도서관, 달서어린이도서관, 서구어린이도서관, 수성구립 고산어린이도서관, 수성구립 물망이도서관, 서구어린이도서관

지역	공립도서관명
울산	농소1동도서관, 약숫골도서관, 염포양정도서관, 울산남구도산도서관, 울산남구신복도서관, 울산남부도서관, 울산농소3동도서관, 울산동부도서관, 울산북구중앙도서관, 울산중부도서관, 울주도서관, 울주문화예술회관 도서관, 울주선바위도서관, 울주옹기종기도서관, 명촌어린이도서관, 옥현어린이도서관, 울산북구기적의도서관
광주	계림꿈나무도서관, 광주광역시립무등도서관, 광주광역시립사직도서관, 광주광역시립산수도서관, 광주남구문화정보도서관, 광주남구푸른길도서관, 광주북구운암도서관, 광주북구일곡도서관, 광주서구공공도서관, 광주송정도서관, 광주중앙도서관, 광주중앙도서관 분관 석봉도서관, 광주학생교육문화회관, 광주학생독립운동기념회관, 금호평생교육관, 상록도서관, 신가도서관, 이야기꽃도서관(특화도서관), 장덕도서관, 첨단도서관, 어린이생태학습도서관, 운남어린이도서관
부산	금곡도서관, 금정도서관, 기장도서관, 기장디지털도서관, 남구도서관, 느티나무도서관, 다대도서관, 대라다목적도서관, 동구도서관, 동래읍성도서관, 맨발동무도서관, 반여도서관, 부산강서도서관, 부산광역시립구덕도서관, 부산광역시립구포도서관, 부산광역시립명장도서관, 부산광역시립반송도서관, 부산광역시립부전도서관, 부산광역시립사하도서관, 부산광역시립서동도서관, 부산광역시립시민도서관(특화도서관), 부산광역시립연산도서관, 부산광역시립중앙도서관, 부산광역시립중앙도서관분관부산영어도서관, 부산광역시립중앙도서관수정분관, 부산광역시립해운대도서관, 부산북구디지털도서관, 사상도서관, 수영구도서관, 수영구도서관 망미분관, 안락누리도서관, 연제도서관, 영도도서관, 정관도서관, 해운대도서관 우동분관, 화명도서관, 부산진구어린이청소년도서관, 영도어린이영어도서관, 재송어린이도서관, 정관어린이도서관
경기	가람도서관(특화도서관), 가평군립청평도서관, 가평군조종도서관, 가평군중앙도서관, 경기도립과천도서관, 경기도립광주도서관, 경기도립김포도서관, 경기도립녹양도서관, 경기도립발안도서관, 경기도립성남도서관, 경기도립여주도서관, 경기도립중앙도서관, 경기도립평택도서관, 경기도립포천도서관, 경기평생교육학습관, 고양시립 신원도서관, 고양시립가좌도서관, 고양시립대화도서관, 고양시립덕이도서관, 고양시립마두도서관, 고양시립백석도서관, 고양시립삼송도서관, 고양시립식사도서관, 고양시립아람누리도서관(특화도서관), 고양시립원당도서관, 고양시립풍동도서관, 고양시립한뫼도서관,

지역	공립도서관명
경기	고양시립행신도서관, 고양시립화정도서관(특화도서관), 곤지암도서관, 과천시문원도서관, 과천시정보과학도서관, 광교홍재도서관, 광명시소하도서관, 광명시중앙도서관, 광명시철산도서관, 광명시하안도서관, 광적도서관, 광주시립도서관, 교하도서관, 구리시교문도서관, 구리시립토평도서관, 구리시인창도서관, 군포부곡도서관, 군포시 당동도서관, 군포시 대야도서관, 군포시 산본도서관, 군포시 중앙도서관, 금촌3동솔빛도서관, 김포시 통진도서관, 남양주시도농도서관, 남양주시별내도서관, 남양주시오남도서관, 남양주시와부도서관, 남양주시진건도서관, 남양주시진접도서관, 남양주시진섭푸른숲도서관, 남양주시퇴계원도서관, 남양주시평내도서관, 남양주시화도도서관, 논골도서관, 느티나무도서관, 능평도서관, 대부도서관, 대추골도서관, 동두천꿈나무정보도서관, 동두천시립도서관, 동탄복합문화센터도서관, 물푸레도서관, 별빛도서관, 보라도서관, 본오도서관, 봉담도서관, 부천시립꿈빛도서관, 부천시립꿈여울도서관, 부천시립북부도서관, 부천시립상동도서관, 부천시립송내도서관, 부천시립심곡도서관, 부천시립원미도서관, 부천시립책마루도서관, 부천시립한울빛도서관, 부천예술정보도서관 다감, 북수원도서관, 사랑샘도서관, 상현도서관, 서수원도서관, 선부도서관, 설악도서관, 성남시구미도서관, 성남시무지개도서관, 성남시분당도서관, 성남시수정도서관, 성남시운중도서관, 성남시중앙도서관, 성남시중원도서관, 세종도서관, 수원시버드내도서관, 수원시선경도서관, 수원시영통도서관, 수원시중앙도서관, 수원한림도서관, 시흥시군자도서관, 시흥시능곡도서관, 시흥시대야도서관, 시흥시매화도서관, 시흥시신천도서관, 시흥시장곡도서관, 시흥시중앙도서관, 시흥시진로도서관, 안산미디어라이브러리, 안산시 감골도서관, 안산시 부곡도서관, 안산시 일동도서관, 안산시관산도서관, 안산시성포도서관, 안산시중앙도서관, 안성시립공도도서관, 안성시립보개도서관, 안성시립일죽도서관, 안성시립중앙도서관, 안성시립진사도서관, 안양시립관양도서관, 안양시립비산도서관, 안양시립삼덕도서관, 안양시만안도서관, 안양시박달도서관, 안양시벌말도서관, 안양시석수도서관, 안양시평촌도서관, 안양시호계도서관, 양곡도서관, 양산도서관, 양주시 고읍도서관, 양주시 남면도서관, 양주시 덕계도서관, 양주시덕정도서관, 양주시립꿈나무도서관, 양주희망도서관, 양평 양서친환경도서관, 양평군립양동도서관, 양평군립중앙도서관, 양평군립지평도서관, 양평용문도서관, 여주도서관, 연천군 중앙도서관, 연천도서관, 오산시 꿈두레도서관, 오산시 중앙도서관, 오산시 청학도서관, 오산시초평도서관, 오포도서관, 용인시 기흥도서관, 용인시 동백도서관, 용인시 모현도서관, 용인시 청덕도서관,

지역	공립도서관명
경기	용인시 흥덕도서관, 용인시구갈희망누리도서관, 용인시구성도서관, 용인시디지털정보도서관, 용인시수지도서관, 용인시양지해밀도서관, 용인시죽전도서관, 용인시포곡도서관, 용인중앙도서관, 원고잔도서관, 월곶도서관, 의왕시내손도서관, 의왕시중앙도서관, 의정부과학도서관, 의정부시정보도서관, 이동꿈틀도서관, 이천시립도서관, 이천시립효양도서관, 이천시청미도서관, 일월도서관, 적성도서관, 정남도서관, 조리도서관, 중봉도서관, 창룡도서관, 초월도서관, 탄현도서관, 태장마루도서관, 파주시립중앙도서관금촌분관, 파주시립중앙도서관문산분관, 파주시립중앙도서관법원분관, 파주시중앙도서관, 판교도서관, 평택시립도서관, 평택시립도서관 팽성분관, 평택시립안중도서관, 평택시립오성도서관, 평택시립장당도서관, 평택시립청북도서관, 포천시립가산도서관, 포천시립소흘도서관, 포천시립영북도서관, 포천시립영중꿈나무도서관, 포천시립일동도서관, 포천시립중앙도서관, 하남시 나룰도서관, 하남시 덕풍도서관, 하남시신장도서관, 한빛도서관, 한아름도서관, 해밀도서관, 해솔도서관, 행복어린이도서관, 호매실도서관, 화서다산도서관, 화성시동탄중앙이음터도서관, 화성시 진안도서관, 화성시남양도서관, 화성시립송산도서관, 화성시병점도서관, 화성시삼괴도서관, 화성시태안도서관, 희망샘도서관, 고양시립주엽어린이도서관, 고양시립행신어린이도서관, 고양시립화정어린이도서관, 광명시충현도서관, 군포시 어린이도서관, 동화기차어린이도서관, 두빛나래 어린이도서관, 바른샘어린이도서관, 반달어린이도서관, 성남시중원어린이도서관, 성남시판교어린이도서관, 슬기샘어린이도서관, 시흥시대야어린이도서관, 안산단원어린이도서관, 안산시립상록어린이도서관, 안양어린이도서관, 양평어린이도서관, 오산시립 햇살마루 도서관, 의왕시글로벌도서관, 의정부어린이도서관, 이천시 어린이도서관, 정왕어린이도서관, 지혜샘어린이도서관, 평택시립지산초록도서관, 화성시립동지나래어린이도서관, 화홍어린이도서관
강원	강릉교육문화관, 강릉시립중앙도서관, 고성교육도서관, 고성군립도서관, 관전도서관, 동해교육도서관, 동해시립발한도서관, 동해시립북삼도서관, 둔내태성도서관, 명주교육도서관, 모루도서관, 문막교육도서관, 사북공공도서관, 삼척교육문화관, 삼척도계도서관, 삼척원덕도서관, 소양도서관, 속초교육도서관, 속초교육문화관, 속초시립도서관, 양구교육도서관, 양양교육도서관, 영월교육도서관, 영월주천도서관, 원주교육문화관, 원주시립도서관, 원통도서관, 인제교육도서관, 정선교육도서관, 중천철학도서관, 철원갈말도서관, 철원교육도서관, 철원김화도서관, 춘성교육도서관, 춘천교육문화관,

지역	공립도서관명
강원	춘천남산도서관, 춘천동내도서관, 춘천시립도서관, 춘천시립분관서면도서관, 춘천신사우동도서관, 태백교육도서관, 태백시립도서관, 토성공공도서관, 평창교육도서관, 평창군립대화도서관, 평창군립봉평도서관, 평창진부도서관, 홍천교육도서관, 홍천연봉도서관, 화천교육도서관, 횡성교육도서관, 횡성군립도서관, 담작은도서관, 화천어린이도서관
충북	감곡도서관, 강내도서관, 괴산도서관, 금왕도서관, 다누리도서관, 단양도서관, 레인보우영동도서관, 매포도서관, 미원도서관, 보은도서관, 봉양도서관, 엄정꿈터도서관, 영동도서관, 오창호수도서관, 옥산도서관, 옥천군민도서관, 옥천도서관, 음성대소도서관, 음성도서관, 제천시립도서관, 제천시립의병도서관, 제천여성도서관, 제천학생회관, 중원도서관, 증평군립도서관, 증평도서관, 진천군립광혜원도서관, 진천군립도서관, 진천도서관, 청주상당도서관, 청주서원도서관, 청주시립도서관, 청주시립오송도서관, 청주오창도서관, 청주청원도서관, 청주흥덕도서관, 충북중앙도서관, 충북학생교육문화원, 충주시립도서관, 충주시립호암도서관, 충청북도충주학생회관, 제천기적의도서관, 청주기적의도서관, 청주신율봉어린이도서관
충남	계룡도서관, 공주도서관, 공주시 시립도서관 강북관, 공주시 시립도서관 웅진관, 공주유구도서관, 광천공공도서관, 금산도서관, 금산인삼고을도서관, 논산강경도서관, 논산연무도서관, 당진도서관, 당진시립송악도서관, 당진시립중앙도서관, 당진시립합덕도서관, 보령공공도서관, 보령도서관, 보령웅천도서관, 보령주산도서관, 부여도서관, 서산시 대산도서관, 서산시립도서관, 서산해미도서관, 서천도서관, 서천장항공공도서관, 아산도서관, 아산시립남산도서관, 아산시립둔포도서관, 아산시립배방도서관, 아산시립송곡도서관(특화도서관), 아산시립탕정온샘도서관(특화도서관), 엄사도서관, 예산군립도서관, 예산도서관, 예산삽교도서관, 정산도서관, 죽정도서관, 진산도서관, 천안성환도서관, 천안시정보교육원 도솔도서관, 천안시정보교육원 두정도서관, 천안시정보교육원 성거도서관, 천안시정보교육원 신방도서관, 천안시정보교육원 쌍용도서관, 천안시정보교육원 아우내도서관, 천안시정보교육원 중앙도서관, 청양도서관, 추부도서관, 충남서부평생학습관, 충청남도남부평생학습관, 충청남도평생교육원, 충청남도학생교육문화원, 태안군립중앙도서관, 태안도서관, 태안안면도서관, 홍산공공도서관, 홍성도서관, 금산기적의도서관, 서산어린이도서관, 아산시립어린이도서관

지역	공립도서관명
전북	창공공도서관, 고창군립도서관, 고창군립성호도서관, 군산교육문화회관, 군산교육문화회관 대야분관, 군산시립도서관, 김제교육문화회관, 김제교육문화회관 김제분관, 김제시립도서관, 김제시립도서관금구분관, 김제시립도서관만경분관, 남원교육문화회관, 남원교육문화회관 운봉분관, 남원시립도서관, 마한교육문화회관, 마한교육문화회관함열분관, 명봉도서관, 무주공공도서관, 무주형설지공도서관, 부안교육문화회관, 부안군립도서관, 설림도서관, 순창공공도서관, 순창군립도서관, 아중도서관, 완주공공도서관, 완주군립 둔산영어도서관, 완주군립고산도서관, 완주군립삼례도서관, 완주군립중앙도서관, 익산시립도서관 마동분관, 익산시립도서관(영등도서관), 익산시립모현도서관, 익산시립부송도서관, 익산시립황등도서관, 임실공공도서관, 임실군립도서관, 임피채만식도서관, 장수공공도서관, 장수군립도서관, 전북교육문화회관, 전북도청도서관, 전주시립건지도서관, 전주시립금암도서관, 전주시립도서관, 전주시립삼천도서관, 전주시립서신도서관, 전주시립송천도서관, 전주시립인후도서관, 전주시립쪽구름도서관, 전주시립평화도서관, 전주시립효자도서관, 정읍시립도서관신태인분관, 정읍시립중앙도서관, 정읍학생복지회관, 진안공공도서관, 늘푸른도서관, 정읍기적의도서관
전남	강진군도서관, 고흥군립도서관, 고흥군립북부도서관, 고흥군립중앙도서관, 고흥평생교육관, 곡성교육문화회관, 광양공공도서관, 광양시립중마도서관, 광양시립중앙도서관, 광양평생교육관, 구례공공도서관, 구례군매천도서관, 금일공공도서관, 나주공공도서관, 나주시립도서관, 남평공공도서관, 노화공공도서관, 담양공공도서관, 목포공공도서관, 목포시립도서관, 무안공공도서관, 무안군공공도서관, 벌교공공도서관, 보성공공도서관, 보성농어촌도서관, 빛가람시립도서관, 삼호도서관, 순천시립그림책도서관, 순천시립도서관연향관, 순천시립삼산도서관, 순천시립신대도서관, 순천시립조례호수도서관(특화도서관), 신안군립도서관, 여수시립돌산도서관, 여수시립소라도서관, 여수시립쌍봉도서관, 여수시립율촌도서관, 여수시립현암도서관, 여수시립환경도서관, 영광공공도서관, 영광군립도서관, 영암공공도서관, 영암도서관, 옥과공공도서관, 완도군립도서관, 장성공공도서관, 장성군립북이도서관, 장성군립삼계도서관, 장성군립중앙도서관, 장흥공공도서관, 전라남도립도서관, 전라남도학생교육문화회관, 정남진도서관, 진도공공도서관, 철마도서관, 함평공공도서관, 함평군립도서관, 해남공공도서관, 해남군립도서관, 해룡농어촌도서관, 화순공공도서관, 화순열린도서관, 흑산자산문화도서관, 목포어린이도서관, 순천기적의도서관

지역	공립도서관명
경북	감포도서관, 경산도서관, 경산시립도서관, 경상북도교육정보센터, 경상북도립고령공공도서관, 경상북도립구미도서관, 경상북도립봉화공공도서관, 경상북도립상주도서관, 경상북도립상주도서관화령분관, 경상북도립성주공공도서관, 경상북도립안동도서관, 경상북도립안동도서관용상분관, 경상북도립안동도서관풍산분관, 경상북도립영덕공공도서관, 경상북도립영양공공도서관, 경상북도립영일공공도서관, 경상북도립영주공공도서관, 경상북도립영주공공도서관풍기분관, 경상북도립영천금호공공도서관, 경상북도립예천공공도서관, 경상북도립외동공공도서관, 경상북도립울릉공공도서관, 경상북도립울신공공노서관, 경상북도립의성공공도서관, 경상북도립점촌공공도서관, 경상북도립점촌공공도서관가은분관, 경상북도립청도공공도서관, 경상북도립청송공공도서관, 경상북도립칠곡공공도서관, 경상북도학생문화회관, 경주시립도서관, 경주중앙도서관, 구미시립봉곡도서관, 구미시립상모정수도서관, 구미시립선산도서관, 구미시립인동도서관, 구미시립중앙도서관, 김천시립도서관, 단석도서관, 문경시립모전도서관, 문경시립문회도서관, 문경시립중앙도서관, 북삼도서관, 삼국유사군위도서관, 석적도서관, 성주군청사도서관, 송화도서관, 안동시립도서관, 영주시립도서관영천시립도서관, 울진남부도서관, 의성군립도서관, 죽변면도도서관, 칠곡군립도서관, 칠평도서관, 포항시립대잠도서관, 포항시립동해석곡도서관, 포항시립어린이영어도서관, 포항시립영암도서관, 포항시립오천도서관, 포항시립포은중앙도서관, 안동강남어린이도서관, 청도어린이도서관
경남	거제도서관, 거제시립수양도서관, 거제시립옥포도서관, 거제시립장승포도서관, 거제시립장평도서관, 거창군립한마음도서관, 거창도서관, 고성도서관, 고성동부도서관, 고향의봄도서관, 김해도서관, 김해시립진영한빛도서관, 김해시립화정글샘도서관, 김해장유도서관, 김해칠암도서관, 남해도서관, 내서도서관, 동부도서관, 마산도서관, 마산합포도서관, 마산회원도서관, 명곡도서관, 밀양도서관, 밀양시립도서관, 밀양시립영어도서관, 사천도서관, 산청도서관, 삼천포도서관, 상남도서관, 성산도서관, 양산도서관, 양산시립도서관, 양산영어도서관, 양산웅상도서관, 의령도서관, 의창도서관, 중리초등복합시설도서관, 진동도서관, 진양도서관, 진영도서관, 진주서부도서관, 진주연암도서관, 진해도서관, 창녕군 영산도서관, 창녕남지도서관, 창녕도서관, 창원도서관, 통영도서관, 통영시립도서관, 통영시립산양도서관, 통영시립욕지도서관, 통영시립충무도서관, 하남도서관, 하동도서관, 함안군립칠원도서관, 함안도서관, 함양도서관, 합천도서관, 화전도서관, 김해기적의도서관,

지역	공립도서관명
경남	도동어린이도서관, 비봉어린이도서관, 사천시어린이영어도서관, 진주시어린이전문도서관, 진해기적의도서관
제주	동녘도서관, 서귀포시동부도서관, 서귀포시삼매봉도서관, 서귀포시서부도서관, 서귀포시중앙도서관, 서귀포학생문화원도서관, 성산일출도서관, 송악도서관, 안덕산방도서관, 애월도서관, 제남도서관, 제주도서관, 제주시우당도서관, 제주특별자치도 한라도서관, 조천읍도서관, 탐라도서관, 표선도서관, 한경도서관, 한수풀도서관, 서귀포기적의도서관, 제주시기적의도서관

*자료 : 2017 문화체육관광부 도서관정책기획단.

3. 사회시설

1) 인천국제공항

인천국제공항(인천 중구 운서동)은 영종도와 용유도 사이를 매립하여, 1992년 11월에 공사를 착공해 2001년 3월에 개항하였다. 당시 김포국제공항이 여객 및 화물수송의 증가를 감당할 수 없게 됨에 따라 항공운송 수요에 대처하기 위해 건설되었다.

부지면적은 1,171만 6,000m², 여객터미널은 49만 6,000m²에 이른다. 여객터미널에는 승객을 위한 각종 편의시설과 매장 · 면세점 등 각종 상업시설과 귀빈실 등이 갖추어져 있다. 활주로는 길이 3.75km, 폭 60m의 2개를 갖추고 있어 항공기 및 초대형 여객기의 이착륙이 가능하다.

▲▲ 최기종 작

인천국제공항은 지리적으로 동북아시아 교류의 중심지에 위치하고 있어 아시아 허브(hub) 공항으로서의 역할을 담당하고 있다. 최근 항공수요 증가에 대비하여 제2 여객터미널을 확장 운영하고 있다.

2) 월드컵경기장

월드컵은 '세계에서 가장 규모가 큰 국제축구대회'이다. 올림픽과 더불어 세계에서 가장 권위 있고 규모가 큰 스포츠대회 중 하나이다.

▲ 서울 월드컵 경기장/ 최기종 작

주관은 국제축구연맹 FIFA에서 하고 있으며, 일명 '월드컵' 또는 'FIFA World Cup'으로 불린다. 1930년에 첫 번째 대회를 시작으로, 매 4년마다 개최되고 있다.

월드컵 예선은 본선에 앞서 3년 먼저 개최되고, 본선은 개최국 경기장에서 한 달 정도의 기간을 두고, 32개 팀이 경쟁하여 우승팀을 가른다. 올림픽대회 축구경기와는 달리 월드컵 축구대회에는 프로 선수들도 참가할 수 있기 때문에 세계 최고 수준의 선수들이 경기를 펼치게 된다.

한국은 세계 17번째로, 2002년 5월 31일에서 6월 30일까지 한국과 일본에서 동시에 열렸다. 이 대회는 아시아에서 열린 첫 FIFA World Cup 대회이자 유럽과 아메리카 밖에서 열린 첫 대회이다. 이때 서울을 비롯해서 전국에 10여 개의 월드컵경기장이 건설되었다.

전국 월드컵경기장 시설은 ① 서울 월드컵경기장(마포구), ② 인천 문학경기장(남구), ③ 수원 월드컵경기장(팔달구), ④ 전주 월드컵경기장(덕진구), ⑤ 광주 월드컵경기장(서구), ⑥ 대구 스타디움(수성구), ⑦ 대전 월드컵경기장(유성구), ⑧ 울산 문수경기장(남구), ⑨ 부산 아시아드 주경기장(연제구), ⑩ 제주 월드컵경기장(서귀포시) 등이 있다.

제3절 예술 · 문화시설

요즘은 극장 · 예술회관 · 문화회관뿐만 아니라 박물관 · 미술관 · 기념관도 공연 · 전시 · 교육 · 체험 등 다양한 프로그램을 개발해 관광객을 유치하고, 복합문화공간으로서 폭넓게 활용하고 있다.

▲ 세종문화회관/ 최기종 작

1. 예술 · 문화

1) 국립극장

'국립극장'은 서울 장충동 남산 중턱에 위치해 있다. 1949년 10월 18일 대통령령 제195호로 국립극장 직제가 공포되어, 1950년 민족무대예술의 발전을 위해 국가에서 설립한 극장이다.

그러나 1950년 6 · 25전쟁이 일어나자 국립극장은 1953년 2월 대구에서 재개관하였다. 그 후 1957년 6월에 서울 명동의 시공관으로 옮기면서 전속극단을 정비하였으며, 1962년에 국립극장이 공보부로 이관되면서 재출발하였다.

현재의 국립극장은 1973년 10월에 개관된 것으로 1,494석의 대극장과 444석의 소극장 · 실험무대 · 놀이마당 등 기타 부속시설로 이루어져 있다. 국립극장 전속단체에는 국립극단 · 국립창극단 · 국립발레단 · 국립합창단 · 국립무용단 · 국립오페라단 등이 있어 각 분야별로 활동하고 있다.

2) 예술의 전당

서울 서초구에 위치한 '예술의 전당'은 부지 71,026평, 건축연면적 36,407

평으로 한국방송광고공사의 공익자금으로 건립되었으며, 1993년에 개관되었다. 시설은 각종 공연이 가능한 2,500석 규모의 서울오페라극장을 비롯해서 2,200석 규모의 서울음악당을 갖추고 있다.

그리고 미술작품을 전시한 한가람미술관, 예술에 관한 도서 및 시청각 자료를 소장하고 있는 서울예술자료관, 10개의 전시설과 2개의 갤러리로 구성된 서울서예관, 6,000명을 수용할 수 있는 야외극장과 놀이터 등의 시설을 갖추고 있다. 프로그램은 공연 · 전시 · 놀이 · 교육 · 자료 · 연구 등 다양한 예술 장르로 짜여 있다.

3) 세종문화회관

1955년 당시 이승만 대통령의 아호를 딴 우남회관건립위원회가 조직되어 1961년 10월에 안공되었으나, 1961년 시민회관으로 개칭하여 개관하였다. 그러나 1972년에 소실된 것을 다목적 홀의 건립 명목으로 추진되어 1978년 4월에 세종문화회관이 개관되었다.

세종문화회관의 대극장은 첨단시설을 갖춘 세계적 수준의 공연장으로 1, 2, 3층에 걸쳐 공연예술을 공연할 수 있는 3,895석의 대강당, 소강당 522석, 6개국 동시통역시설을 갖춘 270석의 대회의장, 기타 소회의장, 500평의 전시장, 1,064석의 연회장 등의 시설을 갖춘 종합문화공간이다.

특히 객석이 크고 편안하며, 1, 2층은 액정모니터를 설치하여 오페라 자막이나 공연정보 동영상서비스를 받을 수 있다. 또한 최신 음향장치를 설비하여 음향 수준이 탁월하며, 객석 구석구석까지 소리가 전달되고 있다. 대극장은 클래식뿐만 아니라, 다양한 장르를 소화해 낼 수 있는 세계적 수준의 공연장이다.

서울시의 전속단체인 교향악단 · 국악관현악단 · 무용단 · 뮤지컬단 · 합창단 · 소년소녀합창단 · 교향악단 · 오페라단 · 청소년교향악단의 운영기구를 갖추고 있다.

4) 국립아시아 문화전당

2015년 11월에 개관한 '국립아시아 문화전당(광주 동구)'은 아시아 문화예술을 체험할 수 있는 문화공간으로서 아시아 지역의 문화교류를 목적으로 설립되었다. 이곳은 복합문화시설로 설계되어 전시 · 공연 · 체험 등 다양한 문화 프로그램을 제공한다.

주요 시설은 문화정보원, 문화창조원, 민주평화교류원, 예술극장, 어린이문화원 등으로 구성되어 있다. ① 문화정보원은 출판과 포럼, 저널 등 다양한 지식을 생산하는 곳이고, ② 문화창조원은 아시아 각국의 문화창조자의 작품을 볼 수 있는 곳이다. ③ 민주평화교류원은 민주 · 인권 · 평화의 가치를 알리는 공간이고, ④ 예술극장에서는 공연예술 작품이 열린다. ⑤ 어린이문화원은 어린이들이 다양한 체험을 할 수 있는 공간이다.

제4절 안보 · 관광전망대

1. 안보관광

1) 판문점

판문점은 경기 파주시에 위치한 마을이다. 서울에서 통일로를 따라 북쪽으로 약 50km, 북위 38°선의 남쪽 5km 지점에 있다. 1953년 7월 27일 이곳 판문점에서 UN군과 북한 · 중국 간에 한국휴전협정이 조인됨으로써, 6 · 25전쟁은 휴전상태로 끝을 맺게 되었다.

그때부터 이곳은 UN군과 북한 측의 '공동경비구역(JSA)'으로 정해졌다. 공동경비구역에는 UN군 측의 '평화의 집', 북측의 '통일각' 등 24개 동의 건물이 들어서 있다. 그리고 자유의 집에는 북한과의 직통전화(hot line)를 할 수 있는 대한적십자사연락사무소가 설치되어 있다.

판문점은 UN군 관리하에 있는 지역으로 쉽게 접근할 수 있는 곳이 아니며, 사진 촬영도 정해진 곳에서만 가능하다. 판문점 단체관광은 내국인(대한민국 국적)의 경우 최소인원 30명부터 최대 45명까지 신청할 수 있으나, 개인관광은 불가능하다.

▲▲ 국가보훈처 초청 '6 · 25전쟁 UN군 한국전 참전용사 판문점 견학'

2) 땅굴

땅굴은 북한이 1971년 9월 25일 김일성의 명령에 따라 만들어진 것이다. 즉 '9 · 25교시'라 일컬어지는 명령에서 김일성은 "남조선을 해방하기 위한 속전속결 전법을 도입하여 기습전을 감행할 수 있게 하라"고 지시하였다. 이에 따라 북한에서는 각 군단별로 땅굴작전이 수행되었으며, 현재까지 약 20여 개의 땅굴이 굴착된 것으로 추정되고 있다. 현재 안보관광 코스로 개발된 땅굴 현황은 〈표 4-6〉과 같다.

〈표 4-6〉 땅굴 현황

구분	해설
제1땅굴	-고랑포 지역에서 발견된 제1땅굴은 1974년 11월 15일 오전 7시 35분에 비무장지대를 수색하던 육군 제25사단 수색대에 의해 발견되었다.

구분	해설
제1땅굴	–땅굴은 폭 1m, 높이 1.2m의 조립식 콘크리트 벽과 콘크리트 슬래브 천장으로 이루어져 있으며, 지표에서 250~450cm 깊이로 얕게 파져 있다.
제2땅굴	–제2땅굴은 제1땅굴이 발견된 지 4개월 뒤인 1975년 3월 19일, 철원 동북쪽 13km 지점에서 발견되었다. –이곳은 군사분계선 남쪽 800m 지점이었으며, 항공사진 등을 근거로 시추탐사에 의하여 발견되었다. –이 땅굴은 시간당 구보 24,000명, 속보 20,000명, 도보 18,000명의 병력이 통과할 수 있는 것으로 나타났다.
제3땅굴	–제3땅굴은 1978년 10월 17일 판문점에서 4km, 군사분계선 남방 435m 지점에서 땅굴수색 시추공사를 하던 중, 한 시추공에 박혀 있던 PVC파이프가 튀어나오고, 지하수가 공중으로 12m 가량 솟아오르면서 발견되었다. –전술능력은 1시간에 3만 명의 병력과 야포 등 중화기를 통과시킬 수 있다.
제4땅굴	–제4땅굴은 1990년 3월 3일 강원도 양구 북동쪽 26km지점에서 발견되었다. –폭 1.7m, 높이 1.7m, 지하 145m 깊이에 길이는 약 2km에 달한다.

3) 통일전망대

▲ 통일전망대 전경/ 사진제공 : 강원 고성군청

통일전망대(강원 고성군 현내면 명호리)는 동해안의 최북단 민간인 출입 통제선 북쪽 10km 지점에 높이 70m의 능선에 세워져 있다. 분단조국의 상징적 시설인 동시에 통일 홍보교육의 산실로서 역할을 하고 있다. 건물은 1984년 2월에 준공되었고, 2층 건물에 전시실과 전망실을 갖추고 있다.

1층 전시실에는 6 · 25전쟁 이후의 각종 전쟁관련 자료와 금강산 사진 등이 전시되어 있고, 유리방벽으로 된 2층 전망실에는 VTR 시스템이 갖추어져 있다. 맑은 날에는 육안으로 해금강 일대를 볼 수 있고, 고성능 망원경으로는 금강산 주봉인 비로봉을 비롯해서 세존봉 · 옥녀봉 등의 아름다운 경치를 감상할 수 있다.

전망대 오른쪽에는 성모 마리아상과 미륵불상이, 왼쪽에는 6 · 25전쟁 때 공을 세운 호림부대 장병들의 넋을 기리는 기념비가 각각 세워져 있다. 전망대까지는 순환버스가 운행되고 있다.

2. 관광전망대

1) N서울타워

서울 중구 남산에 위치한 N서울타워는 서울의 명물 및 공간적 중심이자 상징적인 랜드마크라 할 수 있다. 1969년 8월 동양 · 동아 · 문화방송 등 3개 민영방송국이 공동으로 출자하여, 종합전파시설을 겸한 관광전망대 시설허가를 받아 1975년 8월에 완공하였다.

▲ N서울타워/ 최기종 작

타워의 부지는 3천여 평, 연건평은 4천여 평에 이르며, 해발 479.7m상에 위치해 있다. 탑 자체의 높이는 236.7m로서, 처음 일반에게 공개한 것은 1980년 10월부터이다.

2000년에 YTN(뉴스전문 방송국)이 인수한 후, 2005년에 시설을 개보수하여 타워층을 N서울타워(정식 명칭 : YTN 서울타워)로 개칭하였고, 새로운 개념의 휴식 및 문화복합공간으로 재탄생시켰다.

N서울타워는 'New Namsan'을 축약한 것으로, 이니셜 'N'을 통해 서울의 새로운 문화적 트렌드를 부각시키기 위해 도입하였다. 전망대에 오르면, 서울 전역은 물론 인천 앞바다와 멀리 북한의 송악산까지 관망할 수 있다.

특히 테디베어뮤지엄, N레스토랑, N쇼핑 등의 볼거리와 먹을거리를 비롯해서 음악회, 러브페스티벌, 사랑의 자물쇠 행사 등이 기획되고 있다. 관람시간은 오전 10시~밤 11시까지이고, 연중무휴로 개방된다.

2) 롯데월드타워

▲ 롯데월드타워/ 최기종 작

롯데월드타워는 1987년부터 시작되었다. 그 후 1994년 롯데그룹은 100층이 넘는 초고층 건물인 '제2롯데월드'라는 이름으로 구체적인 계획을 발표하였지만, 인접한 서울공항의 고도문제로 다시 중단되었다.

2009년에 서울공항의 활주로 방향을 수정하는 대안이 제시되면서 극적으로 건설 허가를 받아 건축이 시작되었다. 2010년에는 '롯데월드타워'로 명칭이 변경되었고, 2014년에는 롯데월드타워 주변의 근린생활시설인 롯데월드몰이 완공되었다.

2014년 10월에는 롯데월드몰의 에비뉴엘, 쇼핑몰, 엔터테인먼트를 개장하였고, 2015년 3월에는 골조공사가 100층에 이르러 한국에서 첫 100층 기록을 세웠다. 그리고 2015년 12월에 최고층인 123층의 골조공사가 완공되었고, 그 후 1년에 걸친 내장공사 끝에 마침내 2016년 12월 22일에 준공을 하게 되었다. 롯데월드타워는 전망대와 카페, 고급 사무실, 6성급 호텔, 예술 · 문화 · 생활 · 체육 · 상업공간 등이 있다.

제5절 전통문화

1. 세시풍속

우리 고유의 생활풍속 중 하나인 세시(歲時)는 '한 해의 절기나 달, 계절에 따른 때'를 의미한다. 즉 세시풍속(歲時風俗)은 '세시 · 세사 · 월령 · 시령'이라고도 하며, 음력과 양력이 혼합된 태음력을 기준으로 한다. 한 해를 기준으로 달마다 배분되어 있으며, 매 절기마다 상이한 풍습을 만들었다.

우리나라 세시풍속의 역사는 상고시대로 거슬러 올라간다. ① 부여의 영고(迎鼓 : 옛 부여에서 추수를 감사하는 뜻으로 섣달에 지내던 제천의식), ② 고구려의 동맹(東盟 : 고구려 때, 매년 10월에 열렸던 제천의식), ③ 예의 무천(舞天 : 삼한시대, 예에서 해마다 농사를 마치고 10월에 드리던 제천의식) 등은 모두 세시행사에 속한다. 그리고 추석, 수리(단오), 유두(음력 6월 보름으로, 명절의 하나), 대보름 등 삼국시대에 이미 세시풍속의 원형들이 있었으며, 고려시대에는 신라시대의 세시풍속이 대체로 전승되었다.

조선시대 세시풍속의 주기는 농경의 주기와 관련이 있으며, 오늘날의 세시풍속은 현대생활에 맞게 모양이나 형태가 달라지게 되었다. 대표적인 세시풍속에는 ① 설날, ② 정월대보름, ③ 한식, ④ 단오, ⑤ 추석 등이 있다.

오늘날의 세시행사로 귀착된 것은 조선시대에 접어들면서부터이다. 조선시대 세시풍속은 농경의 각 주기를 따랐다. 24절기를 기준으로 볼 때 한국의 경우 봄은 양력 2월, 음력으로는 정월부터 시작되었다.

시대변화에 따라 세시의 변화도 필연적이므로 오늘날 현대생활에 알맞게 축소 · 변형된 것이다. 월별 세시풍속은 〈표 4-7〉과 같다.

〈표 4-7〉 월별 세시풍속

월별	내용
정월	–음력으로 일 년 중의 첫째 달을 뜻한다. 시간적으로는 한 해가 시작되는 새달의 첫 날로, 첫 명절이라는 의미이다. 설날을 원일(元日) · 원단(元旦) · 원정(元正) · 연시(年始)라고도 한다. 원일(元日)에는 조상에게 차례를 지내고, 이웃 간 덕담을 나누며 친지들을 찾아 세배를 한다. –정월보름은 작은 보름과 대보름으로 나뉜다. 대보름 아침에는 ① 부럼을 깨무는 작절(嚼癤 : 딱딱한 과일을 먹는 풍속), ② 귀밝이술(耳明酒 : 귀가 밝아지라고 마시는 술)을 마신다. 그리고 남에게 한여름 더위를 파는 ③ 더위팔기도 행한다.

월별	내용
정월	– 대보름 저녁 달이 뜰 무렵에는 달맞이를 즐긴다. 이 시기에는 마을공동체의 동신제(洞神祭)가 집중적으로 열리며 널뛰기, 제기차기, 쥐불놀이, 지신밟기, 동채싸움, 줄다리기, 연날리기 등의 다양한 민속놀이가 펼쳐진다.
2월	– 2월 1일은 보름에 세웠던 낟가릿대를 쓰러뜨리고, 머슴날 또는 노비일(奴婢日)이라 하여 떡을 만들어 종들에게 나이 수대로 나누어 먹인다. – 이날은 묵은 먼지를 털며 대청소를 하는 음력 2월 초하룻날로, 일명 '노래기날'이라고도 하는데, 이때 ① 집안을 깨끗이 청소하여 향랑각시(절지동물 배각류)를 내쫓는다. 남쪽지방에서는 ② 영등신(靈登神) 맞이 행사를 한다.
3월	– 3월 3일 삼짇날에는 강남의 제비가 돌아오는 날이다. 완연한 봄이 다가오면서 여자들은 산과 들로 나가 화전놀이(꽃잎을 따서 전을 부쳐먹으며, 춤추고 노는 부녀자의 봄놀이)를 즐기고, 남자들은 화류(花柳 : 꽃과 버들) 등을 즐긴다. – 청명(淸明)이 되면 봄의 경치가 시작되며, 동지로부터 105일째 되는 한식날에는 ① 조상에게 제사를 올리거나 벌초를 하고, ② 성묘를 하는 한식절사(寒食節祀 : 한식날 묘소에 가서 지내는 제사)를 행한다. 음식은 탕평채나 과하주, 수란 등의 절식을 만들어 먹기도 한다.
4월	– 4월 8일 초파일에 신도들은 절을 찾아 불공을 드리고, 신도가 아닌 사람들도 연등놀이를 즐긴다. 놀이로 수부희(물장구)를 즐기며 음식은 증편, 어채, 어만두, 미나리강회 같은 절식을 즐긴다.
5월	–5월 5일 단오절에는 수리치떡과 밀전병을 준비한다. ① 여자들은 창포로 머리를 감고 그네를 뛰고, ② 남자들은 씨름을 한다. ③ 더위에 대비하여 단오선(조선시대 단옷날 임금이 재상과 시종들에게 하사한 부채)을 선사하기도 한다. – 각 ④ 가정에서는 악귀를 쫓는 부적을 만들어 문설주에 붙였는데, 이것을 단오부적 또는 천중부적(天中符籍)이라 한다. 이 날은 양기가 가득 찬 날이라 하여 익모초 같은 약초를 뜯어서 말린다.
6월	– 6월 6일 유둣날에는 술과 안주를 장만하여 계곡 따위를 찾아가서 더위를 피하여 즐기는 유두잔치를 베푼다. –이날 음식은 ① 수단(水團 : 화채), ② 건단(乾團 : 꿀물 따위에 담그지 않고 그냥 먹는 경단 같은 떡), ③ 상화병(霜花餠 : 밀가루를 막걸리 따위로 반죽하여 부풀려 꿀팥으로 만든 소를 넣고 빚어 찐 떡), ④ 밀쌈(연병) 같은 절식을 먹는다. 그리고 삼복에는 보신탕이나 삼계탕 등으로 더위를 피한다.

월별	내용
7월	–7월 7일 칠석(七夕)에는 ① 칠성고사(칠성신에게 드리는 제사, 일명 칠성제라 함)를 올린다. –15일 백중(百中)에는 100가지 과실을 차려 제사를 지내고 남녀가 모여 음식을 먹고 노래와 춤을 즐기는 ② 백중난장(백중놀이)을 즐긴다. 이날은 '호미씻이'라고도 하고, 백종 · 중원 · 망혼일이라 하여 조상의 넋을 위로하는 날이다.
8월	–8월 15일 추석(秋夕)은 가배라 부르며, 음력 팔월 보름을 일컫는 말이다. 가을의 한가운데 달, 또한 8월의 한가운데 날이라는 뜻이며, 조상에 대한 성묘를 으뜸으로 여기는 명절이다. –이날은 ① 강강술래와 거북놀이 등을 즐기며, 음식은 ② 인병(인절미)이나 송편, 그리고 ③ 율단자(栗團子 : 찹쌀가루를 쪄서 계란같이 둥근 떡을 만들고 삶은 밤을 꿀에 개어 붙임) 같은 절식을 먹는다.
9월	–9월 9일 중양(重陽)은 9월 중의 유일한 속절(俗節)이며, 중구(重九) 또는 중광(重光)이라고도 한다. ① 중양 · 중광은 양(陽)이 겹친다는 뜻이고, ② 중구는 '9(九)' 수가 겹친다는 뜻으로 풀이된다. 이때는 단풍놀이를 즐기며, 음식은 화채나 국화전 같은 절식을 먹는다.
10월	–상달에는 상달고사라 하여 집안의 신에게 제를 올리며, 곳에 따라서는 마을 당굿을 행한다. 상달고사는 음력 10월 상달[上月]이 되면 햇곡식으로, 쌀과 술을 빚어 길일을 택하여 한 해의 추수와 가내의 안녕을 기원하여 성주신 · 토지신 · 조왕신 · 조상신 · 삼신 등 모든 가신에게 고사를 지낸다. –음식은 신선로, 연포탕, 난로회, 애단자, 만두, 애탕, 강정 같은 절식을 먹는다.
11월	–동지에는 팥죽을 쑤어 먹고 죽물을 대문간에 뿌려 악귀를 쫓는다. 동지는 ① 애동지(음력 11월 10일 이전에 드는 동지), ② 늦동지(음력 11월 20일이 지나서 드는 동지)로 구분된다. 청어나 감귤을 국왕에게 진상하며, 음식은 냉면이나 동치미, 수정과 같은 절식을 먹는다.
12월	–음력 12월을 '섣달', 또는 '납월(臘月)'이라고도 한다. 납일(臘日)에는 ① 납향제사(臘享祭祀 : 납일에 한 해 동안 이룬 농사와 그 밖의 일들을 여러 신에게 고하는 제사)를 행하며, ② 납약(臘藥 : 여러 종류의 환약)을 만들어 나누어준다. 민간에서는 ③ 납육(臘肉 : 납향에 쓰려고 사냥한 산짐승 고기)을 잡는다.

월별	내용
12월	– ① 섣달그믐은 제석(除夕)이라 하여 묵은세배를 행하고, ② 수세라 하여 집안 구석구석에 불을 밝히고 묵은해를 보낸다. ③ 윤달은 군달 또는 공달이라 하여 무슨 일을 해도 탈이 없는 달로 여겨 평소에 꺼리던 집수리나 이사를 하거나, 산소를 이장(移葬)한다.

*자료 : 최기종(2017), 『문화관광』, 백산출판사, pp.372~374.

2. 차례 · 통과의례

1) 차례

설날이나 추석이 되면 친척들이 모여 정성껏 차린 음식을 상 위에 놓고 차례를 지낸다. 명절날이나 보름날, 조상 생일날 낮에 지내는 제사를 '차례'라고 한다. 먼저 ① 신위는 죽은 사람의 영혼을 모시는 자리로 사진을 놓기도 하고, 그 사람의 이름을 적은 '지방'을 놓기도 한다. 그 다음에 ② 향을 피우고 잔에 술을 받아 제사상에 올린다. ③ 집안의 가장 큰 어른부터 절을 한 다음 모든 가족들이 절을 하는데 남자는 두 번, 여자는 네 번 절을 한다.

지역에 따라 여자는 하지 않는 경우도 있다. ④ 차례를 지내기 전에 조상님의 영혼이 들어올 수 있도록 대문이나 현관문을 살짝 열어두고, ⑤ 차례가 다 끝난 후에도 한동안 문을 열어 둔다. 차례상 올리는 순서나 음식은 지역에 따라 조금씩 다르다. 일반적으로 차례상 올리는 순서는 〈표 4–8〉과 같다.

〈표 4–8〉 차례상 올리는 순서

1열	지방을 중심으로 수저, 술잔, 밥과 국을 조상 수대로 올리고, 명절 차례에는 떡국이나 송편을 올린다.
2열	왼쪽에서부터 전, 육전, 생선, 전을 놓는다. 생선의 머리는 오른쪽, 꼬리는 왼쪽을 향하게 놓는다.
3열	생선탕, 두부탕, 고기탕 등의 탕류를 놓는다.

4열	왼쪽에서부터 포, 나물, 간장, 나박김치, 식혜를 올린다.
5열	붉은 과일은 오른쪽, 흰 과일은 왼쪽에 놓는다.

2) 통과의례

통과의례는 '사람이 일생을 살아가는 과정에서 새로운 상황 · 지위 · 신분 · 연령 등을 거치면서 치르는 갖가지 의례나 의식을 총칭(출생 · 성년 · 결혼 · 사망 따위의 경우)'하는 말이다(엣센스 국어사전, 2017). 통과의례와 관련된 놀이는 주로 잔치형식을 취하고 있다.

또한 잔치는 경사를 맞이해서 일가친척과 이웃사람들을 청해서 술과 음식을 대접하고 노래와 춤을 즐기는 일종의 향연이다. 종류는 ① 백일잔치, ② 돌잔치, ③ 혼인잔치, ④ 회갑잔치 등이 있다.

제6절 향토음식 · 특산물

1. 향토음식

▲ 최기종 교수/ 화천군 향토요리 콘테스트 귀빈참석

향토음식(local dish)은 '그 지방 특유의 전통적인 음식'을 말한다. 즉 '그 땅의 풍토 · 산물을 이용한 요리'를 뜻하며, 지역별로 다양한 종류로 연구 · 개발되고 있다. 같은 요리라도 양념이 다르거나 명칭이 달라서 각기 그 지역의 특징이 있으며, 요즘은 중요한 관광자원이 되고 있다(天野, 1997).

교통이 발달하지 못했던 19세기 후반까지 한국에는 그 지방에서만 생산되는 식료품으로 만들거나, 그 지방 특유의 조리법으로 만드는 갖가지 향토음식이 많았다. 그러나 교통의 발달과 퓨전음식의 도입으로 향토음식이 개성을 잃고, 고유의 토속인 맛을 제대로 재현해 내지 못하는 경향도 있지만, 아직도 각 지방에는 특색 있는 고유의 음식이 많이 전해지고 있다.

오늘날 지역과 국가 간의 상이한 생활관습이나 예절 · 음식물 등은 관광객에게 흥미와 관심의 대상이 되며, 관광의욕을 갖게 하는 매력적인 자원이 되고 있다.

1) 서울 · 경기도

서울 · 개성 · 전주는 음식이 가장 화려하고 다양하다. 서울은 전국 각지의 다양한 식품과 재료가 집중되어 여러 가지 화려한 음식과 전국의 향토음식을 골고루 맛볼 수 있다. 서울은 조선왕조 5백 년의 도읍지로서 음식에 대한 격식이 복잡하다. 요리할 때에는 양념을 많이 쓰는 편이며, 간은 짜지도 맵지도 않은 중간 정도이다.

경기도는 서울과 가까이 있고, 산과 바다가 면해 있어 자연조건이 비교적 좋은 편이다. 서해안은 해산물이 풍부하고, 동쪽의 산간지방은 산채가 많이 나온다. 또한 밭농사와 벼농사도 활발하여 농산물이 풍부한 편이다. 음식은 대체로 수수하고 소박하며, 간은 중간 정도로 양념을 많이 쓰지 않는 편이다.

2) 강원도

강원도 영서지방은 산악과 고원지대로서 옥수수 · 감자 · 메밀 · 배추 등을 이용한 음식이 많다. 산에서는 도토리 · 상수리 · 칡뿌리 · 산채 등이 많이 생산된다. 영동지방은 오징어 · 가자미 · 미역 · 다시마 · 지누아리 등의 해산물이 풍부해 이들을 가공한 오징어 · 명란젓 · 창란젓 · 가자미젓 등의 젓갈류 등의 식품이 많다. 음식은 사치스럽지 않고 소박하며, 맛이 구수한 것이 특징이다.

3) 충청도

충청도 내륙의 산간지방에는 산채와 버섯으로 만든 음식이 유명하다. 이외에도 죽 · 밀국수 · 수제비범벅 등이 있고, 서해안 지역에서는 여름에 닭과 소합을, 겨울에는 굴 같은 해물을 쓰는 것이 특징이다. 그리고 된장을 많이 쓰는데, 겨울에는 청국장을 만들어 구수한 찌개를 끓여 먹는다. 충청도 음식은 꾸밈이 별로 없고, 구수하고 순한 맛이 특징이다.

4) 전라도

전라도는 산채 · 과일 · 해산물이 풍부해서, 상차림의 가짓수도 전국에서 단연 제일이다. 특히 전주지방은 콩나물 기르는 법이 특별해서 맛이 있기로 유명하며, 음식솜씨가 좋아 '혼인 이바지 음식'이 화려하게 발달하였다. 음식의 간은 센 편이고, 고춧가루도 많이 써서 매운 편이며, 젓갈의 종류가 많아 젓갈을 넣은 김치의 맛이 깊고 풍부하다.

5) 경상도

경상도 사람들은 생선을 즐겨 먹는다. 음식의 간은 소금간이 세고 매우며, 해산물을 가미하는 음식이 매우 많다. 곡물음식 중에는 날콩가루를 섞어서 손으로 밀어 칼로 썬 부드러운 국수를 즐기며, 국수장국에는 멸치장국이나 조개 쓰는 것을 좋아한다.

6) 제주도

제주도는 음식을 많이 장만하지 않고 양념도 적게 쓴다. 음식의 간은 대체로 짜게 하는 편이며, 자연의 맛을 그대로 살리는 것이 특징이다. 또한 된장으로 맛 내는 것을 좋아하고, 죽이나 국이 많은 편이다. 수육은 돼지고기와 닭고기를 주로 쓰며, 바닷고기는 말려서 쓴다. 생선국을 많이 끓이고 회를 많이 먹는다.

2. 향토특산물

향토특산물은 '그 지역이 아니면 생산할 수 없는 산품'을 말한다(下平尾, 1997). 즉 '어떤 지역에서 특별히 나오는 산물로 좁게는 그 지역의 기후나 환경 때문에 나오는 곡물 · 과일 · 채소 · 육류 · 어패류와 같은 식품류를 일컫지만, 넓게는 공산품이나 전통제품도 아울러 부르는 말'이다.

한국에서 널리 알려진 지역 특산물은 ① 가평-잣, ② 이천-도자기, ③ 양양-연어, ④ 천안-호두, ⑤ 전주-한지, ⑥ 순창-고추장, ⑦ 풍기-인삼, ⑧ 완도-김, ⑨ 나주-배, ⑩ 영덕-대게, ⑪ 통영-나전칠기, ⑫ 영광-굴비, ⑬ 제주-감귤 등이 있다.

향토특산물은 그 지역의 경제와 관광에 미치는 영향이 크기 때문에 각 지방자치단체에서는 특산물을 브랜드화하기 위해 많은 노력을 기울이고 있다. 지역별 향토특산물 현황은 〈표 4-9〉와 같다.

〈표 4-9〉 지역별 향토특산물 현황

지역	향토특산물
경기	가평(꿀, 식혜, 잣), 강화(화문석, 순무, 인삼), 고양(장미, 분재), 과천(화훼, 분재), 광주(남한산성소주, 왕실도자기), 구리(먹골배), 군포(방짜유기), 김포(김포쌀, 포도, 폐백음식), 남양주(먹골배, 장뇌삼), 동두천(적상추), 수원(수원갈비), 시흥(주꾸미), 안산(대부포도), 안성(안성배, 유기, 포도), 안양(옥미주), 양주(부추, 밤), 양평(표고버섯, 한우), 여주(여주쌀, 땅콩, 금싸라기참외, 도자기, 고구마), 용인(옥로주, 청둥오리쌀), 연천(율무, 임진강 북상참기름, 병배), 의정부(송산배, 부대찌개), 이천(이천쌀, 복숭아, 백합), 파주(전통한과, 참게), 평택(평택쌀, 평택애호박), 포천(일동막걸리, 인삼가공류, 이동갈비), 화성(순우리밀국수, 백세주, 대하)
강원	춘천(옥가공제품), 강릉(초당두부, 곶감), 원주(누에가루, 문막쌀), 속초(오징어, 양미리, 도루묵), 동해(다시마, 홍화씨), 삼척(장뇌, 돌미역, 왕마늘, 삼베), 태백(감자식초, 인진쑥), 고성(해양심층수, 고성꾸지뽕, 달홀주), 양구(조롱박공예, 방짜공예), 양양(연어, 낙산배, 송이버섯, 한과), 영월(인진쑥, 영월쉶술, 참나무백탄),

지역	향토특산물
강원	인제(송이, 치커리, 황태), 정선(황기, 쥐눈이콩장류), 철원(철원 오대쌀, 삼지구입초), 평창(감자술, 고랭지김치, 대관령감자), 홍천(백삼, 옥선주, 산양유), 화천(잣, 밤), 횡성(횡성한우, 안흥찐빵)
충북	괴산(고추, 한지, 인삼), 단양(마늘, 사과), 보은(대추, 황금곶간쌀), 영동(황산포도, 감, 호두), 옥천(옥천포도, 청산곶감), 음성(고추), 제천(황기, 사과), 진천(생거진천쌀), 증평(인삼, 장뜰쌀), 청원(청원생명쌀), 청주(청주직지쌀, 뻘국산고구마), 충주(사과)
충남	태안(대하), 서산(간월포 어리굴젓), 당진(바지락), 홍성(광덕토굴새우젓), 예산(사과), 공주(밤), 연기(복숭아), 보령(보령남포벼루), 청양(구기자), 서천(한산모시), 부여(백마강수박), 논산(딸기), 계룡(물엿), 천안(호두), 예산(사과), 금산(인삼)
전북	전주(한지, 태극선, 합죽선, 전주비빔밥, 콩나물국밥), 익산(보석, 석공예), 임실(한지, 고추, 한과), 군산(무녀도 액젓), 완주(생강), 진안(인삼, 더덕), 무주(인삼, 잎담배), 김제(신풍장고, 백합), 부안(부안쌀, 모시), 고창(수박, 복분자, 작설차), 정읍(참외, 치커리), 순창(고추장), 남원(약초, 한지, 목기), 장수(장수곱돌), 남원(목기), 금산(붓)
전남	곡성(삼베, 한과), 광양(밤, 작설차, 고로쇠), 구례(작설차, 고추), 구림(수박, 참깨, 마늘), 담양(죽공예품, 산채, 엿), 무안(양파), 법성(굴비, 김, 굴), 보성(설록차, 용문석, 한지), 영광(영광굴비), 완도(김, 미역), 창평(쌀엿), 함평(양파, 고추),
경북	해남(젓갈류, 낙지, 옥석공예), 화순(목단, 삼베), 강진(오이), 고흥(단감, 미역), 나주(나주 배), 순천(매실), 신안(시금치), 영암(참빗), 진도(진돗개), 여수(돌산갓김치), 장성(새송이버섯, 숯 공예)
경남	거창(사과, 덩굴차), 고성 법변(숙지황), 고현(표고버섯), 남지(땅콩), 남해(유자, 조개, 멸치, 마늘), 당항(마늘, 곡물), 밀양(도자기), 봉계(고추, 마늘), 부곡(땅콩), 산청(곶감, 꿀, 작설차), 삼랑진(딸기), 신평(약초, 곡물), 양보(밤, 감), 양산(미역, 작설차, 양송이), 창녕(양파, 전통초계 곡물), 하동(작설차, 인삼, 배), 함양(농악기, 명주), 합천(돗자리, 왕골, 도자기, 한과)
제주	한라봉, 천혜향, 황금향, 옥돔, 은갈치, 감귤초콜릿, 우도땅콩, 흑돼지, 자리젓, 한라산 오래소주, 한라산 표고버섯 등

제7절 축제 · 이벤트

1. 축제

▲ 여수 바다 불꽃축제/ 김진립 작

▲ 최기종 교수/ 연천 전곡리 구석기축제 귀빈참석

세계 각국은 연일 다양한 주제와 내용으로 축제(festival)를 개최하고 있다. 과거 고대의 축제는 액운을 쫓거나 복을 부르는 행위로서 종교적인 의례를 중심으로 개최되었으나, 오늘날 축제는 화려해져서 불특정 다수의 관객이 모이는 사회적인 이벤트로 성장하기도 한다(橋本, 1997).

현대적 축제는 〈표 4-10〉과 같이 ① 참여자의 오락과 유희, ② 오락 및 산업, ③ 개별 및 선택, ④ 기분전환 및 흥미, ⑤ 비판적 거리두기, ⑥ 관람적 성격, 그리고 사회적 이벤트 등 국가나 지역별로 특색 있고, 개성이 넘치는 생활축제의 형태로 발전 · 변형되어 가고 있다.

〈표 4-10〉 전통과 현대적 축제의 특징

구분	전통적 축제	현대적 축제
의례목적	신과의 교섭	참여자의 오락과 유희
의례효과	종교 및 교육	오락 및 산업

구분	전통적 축제	현대적 축제
참여형태	집단 및 의무	개별 및 선택
참여동기	초월적	기분전환 및 흥미
참여자의 태도	몰아적	비판적 거리두기
구성요소	공동창작	관람적

*자료 : 김영순 외(2014), 『문화산업과 문화콘텐츠』, 북코리아, p. 210.

우리말에서 축제의 의미는 '축하해서 벌이는 큰 규모의 행사', '축하와 제사를 통틀어 이르는 말'을 뜻하고, 서구의 단어 페스티벌(festival)은 '인간의 세속적 활동과 물리적 관심을 배제한다'는 뜻의 라틴어 페리아에(feriae)와 페스티발리스(festivalis)에서 유래된 것으로 보고 있다(김영순 외, 2014).

축제는 공동체가 관습적인 실천으로서 집행해 온 것이며(橋本, 1997), 개인 또는 공동체에 특별한 의미가 있거나 결속력을 주는 사건, 인간이 바라는 이상적인 삶을 실현시켜 주거나 날 · 시기를 기념하여 의식을 행하는 행위를 의미하기도 한다.

또한 축제는 각 민족에게 전통적으로 내려오는 행사를 바탕으로 국민의 역사 · 문화 · 전통 등 의식을 높이는 의례이다. 국가마다 민족 고유의 향토축제를 계승하여 국가나 지역의 고유문화 · 문화유산 · 문화적 역량을 지닌 문화콘텐츠 등을 대내외적으로 홍보하여 지역민의 경제 · 문화적 욕구를 충족시켜 주고 있다.

사람은 국가 및 지역공동체의 구성들에 의해 오랜 기간 동안 축적해서 전해 내려온 그들의 고유문화와 전통 등 각종 축제에 직접 참여함으로써, 그 국가나 지역의 역사 · 문화의 방식을 쉽게 접할 수 있게 된다.

축제를 좁은 의미와 넓은 의미로 살펴보면, ① 좁은 의미의 축제는 지역과의 역사적 상관성 속에서 생성하여 전승된 전통적인 문화유산을 축제화한 것을 의미한다. ② 넓은 의미의 축제는 전통축제 · 문화제 · 예술제 · 민속예술공연 등 각 지역의 문화행사 전반을 모두 포함하고 있다(김철원 외, 2001).

축제는 의례의 한 형태로서 구조적으로는 비종교적인 제의성과 예술 · 놀이적인 요소를 함께 가지고 있다고 볼 수 있다(이상춘, 2014). 그리고 ③ 축제관광은 외국 및 국내의 지역전통축제에 직접 참여하기 위해 행하는 여행을 말한다.

1) 축제의 유사용어

일반적으로 축제는 제례 · 종교와 관련된 기념일, 국왕의 탄신일, 국가성립에 관한 축제 등이 대부분이다. 오늘날 축제의 명칭은 축제(祝祭), 제례(祭禮), 제전(祭典), 제향(祭享), 박람회, 한마당, 잔치, 카니발(carnival), 페스티벌(festival), 비엔날레(biennale), 댄스(dance), 마츠리(まつり) 등이 사용되고 있으며, 특히 국가나 지역의 전통 및 특색에 맞게 보편적으로 사용하고 있다.

종교적인 축제 중에는 농경민족 · 유목민족 사이에서 행해지던 자연숭배의 축제나 생활관습에서 비롯된 것들도 많이 있다.

한국은 설날 · 정월대보름 · 단오 · 추석 등의 명절과 국가에서 국경일로 정한 삼일절 · 제헌절 · 광복절 · 개천절 등이 있다(천재학습백과). 세계적인 축제는 크리스마스 · 부활제 · 석가 탄신일 · 마호메트 탄생제 · 프랑스혁명 기념일 등이 유명하다.

예를 들면, ① 중국-용선제 · 빙등제, ② 일본-기온마츠리 · 삿포로 유키마츠리, ③ 태국-송크란 축제 · 파타야 축제, ④ 오스트리아-잘츠브르크 음악제, ⑤ 프랑스-니스 카니발 · 칸영화제 · 아비뇽 연극축제, ⑥ 독일-뮌헨 맥주 축제 · 라인 카니발, ⑦ 네덜란드-튤립 축제, ⑧ 스페인-토마토 축제 · 투우 경기, ⑨ 브라질-리우 카니발 · 삼바 카니발 · 상파울루 비엔날레, ⑩ 미국-추수감사절 · 알로아 페스티벌 등을 들 수 있다.

2) 지역별 대표축제

▲ 서울 쇼핑관광축제/ 최기종 작

▲ 고양 국제꽃박람회/ 최기종 작

축제는 그 지역에 산재한 전통문화 · 생활풍습 · 놀이문화 등을 다양한 연출 기법을 활용하여 지역 주민과의 공감대를 형성하는 놀이마당으로서, 재미와 놀이적인 것을 요소로 하는 경험의 장이라 할 수 있다(김창수, 2005).

현재 전국에는 매년 1천여 개가 넘는 축제가 개최되고 있다. 기간은 주로 봄 · 가을에 집중되지만, 연중 개최되는 편이다. 축제의 종류는 문화예술이 가장 많고, 그 밖에 전통역사, 지역특산물, 음식문화, 산업문화, 문화관광, 생태자원, 관광축제, 책축제, 체험, 경영산업, 근대 등 지역별로 크고 작은 축제들이 개최되고 있다(최기종, 2017).

세계적으로 유명한 ① 월드컵, ② 올림픽(동계 및 장애인올림픽), ③ 브라질의 리오카니발, · 독일 뮌헨의 10월 축제, ⑤ 미국 뉴올리언즈의 마르디그라 등이 성공한 이벤트의 대표적인 사례라 할 수 있다.

국내에서는 ① 함평 나비축제, ② 부산 국제영화제, ③ 금산 인삼축제, ④ 강진 청자문화재, ⑤ 춘천 인형극제, ⑥ 천연전곡리 구석기축제, ⑦ 보령 머드축제, ⑧ 이천 도자기축제, ⑨ 진도 영등제, ⑩ 진해 군항제 등이 국내의 장르별 대표적인 이벤트이다.

그러나 지역별로 축제의 주제와 내용이 유사하고, 행사의 기획이나 집행, 예산의 과다지출 등 많은 문제점을 안고 있다. 특히 연예인 초청 무대행사로 인해 많은 예산이 낭비되고 있고, 그 밖에 교통혼잡 · 고성방가 · 환경오염 ·

쓰레기대란 등이 문제점으로 지적되고 있다.

따라서 지역축제가 발전하려면, ① 지역의 여건이나 특색에 맞는 차별화된 프르그램을 개발하고, ② 홍보 및 마케팅 전략을 수립해, ③ 지역의 이미지 개선과 경제 활성화에 기여할 수 있는 참신하고 차별화된 축제를 육성하여야 할 것이다(최기종, 2017). 지역별 대표축제는 〈표 4-11〉과 같다.

〈표 4-11〉 지역별 대표축제

지역명	축제명(기간, 축제종류)
서울	서울등축제(11, 문화예술관광), 서울북페스티벌(10, 문화예술), 연등회연등축제(4, 전통문화), 하이서울페스티벌(10, 문화예술), 광화문 국제아트페스티벌(4, 문화예술), 서울사진축제(11, 문화예술), 서울약령시한방문화축제(10, 문화예술), 서울국제만화애니메이션페스티벌(7, 문화예술), 재능나눔콘서트(3~12, 문화예술), 서울건축문화제(10, 건축문화축제), 지구촌나눔한마당(5, 글로벌 나눔축제), 서울억새축제(9, 문화예술), 광화문문화마당(5~6, 9~10, 문화예술), 인사전통문화축제(9, 문화예술), 대학로소극장축제(9~10, 문화예술), 삼청로문화축제(9, 문화예술), 다동무교동음식문화나눔대축제(9~10, 기타), 명동글로벌페스티벌(10, 기타), 서울동화축제(4, 문화예술), 노원탈축제(10, 문화예술), 칠석문화제(8, 전통문화예술), 마포나루 새우젓축제(10, 지역특산물), 서울프린지페스티벌(8, 문화예술), 서울국제뉴미디어페스티벌(10, 문화예술), 한국실험예술제(12, 문화예술), 금천하모니벚꽃축제(4, 문화예술), 한강여의도봄꽃축제(4, 문화예술), 석촌호수봄꽃축제(4, 문화예술), 한성백제문화제(10, 전통역사), 남이장군대제(11, 전통역사) 등
부산	조선통신사한일문화교류축제(5, 전통역사), 부산국제영화제(10, 문화예술), 부산항축제(5, 문화예술), 부산바다축제(8, 문화예술), 부산국제매직페스티벌(8, 문화예술), 부산국제록페스티벌(8, 문화예술), 부산자갈치축제(10, 문화예술), 영도다리축제(9, 문화예술), 동래읍성역사축제(10, 문화예술), 해운대모래축제(6, 기타), 달맞이언덕문학축제(9, 문화예술), 고운최치원 문화축제 및 동백섬문화관광축제(10, 전통역사), 명지시장전어축제(8, 지역특산물), 연제한마당축제(4, 문화예술), 광안리어방축제(4, 전통역사), 광대연극제(8, 문화예술), 기장멸치축제(5, 지역특산물), 기장붕장어축제(10, 지역특산물), 철마한우불고기축제(10, 지역특산물) 등

지역명	축제명(기간, 축제종류)
대구	대구국제오페라축제(10~11, 문화예술), 대구약령시한방문화축제(5, 전통역사), 대구국제뮤지컬페스티벌(6~7, 문화예술), 동성로축제(5, 문화예술), 패션주얼리위크(10, 기타), 서문시장패션대축제(10, 지역특산물), 옻골문화축제(10, 문화예술), 상화문학제(5, 문화예술), 비슬산참꽃제(4, 문화예술), 평생학습주간(10, 문화예술) 등
인천	인천부평풍물대축제(9, 전통문화예술), 강화고인돌문화축제(5, 전통역사), 인천소래포구축제(10, 지역특산물), 강화개천대축제(10, 전통역사), 삼랑성역사문화축제(10, 전통역사), 강화도새우젓축제(10, 지역특산물), 주안미디어문화축제(9, 문화예술), 인천세계음식문화박람회(9~10, 음식문화), 인천펜타포트음악축제(7~10, 문화예술) 등
광주	광주비엔날레(9~11, 문화예술), 광주세계아리랑축제(5, 문화예술), 정율성축제(10, 문화예술), 광주세계김치문화축제(10, 산업문화), 추억의 7080충장축제(10, 문화예술), 고싸움놀이축제(2, 전통역사), 광산우리밀축제(5, 지역특산물) 등
대전	한밭문화제(10, 문화예술), 사이언스페스티벌(11, 산업교육), 대전국제푸드&와인페스티벌(10, 산업), 효문화뿌리축제(10, 전통역사), 프리페스티벌(10, 향토문화), 유성온천문화축제(5, 문화예술), 국화향기가을축제(10~11, 문화예술), 아줌마축제(9, 지역특산물) 등
울산	울산고래축제(4, 전통역사), 울산옹기축제(5, 전통역사), 울산쇠부리축제(5, 전통역사), 울산조선해양축제(6~7, 문화예술), 서머페스티벌(7, 문화예술), 처용문화제(10, 문화예술), 언양한우불고기축제(10, 지역특산물), 울산중구거리문화축제(10, 문화예술) 등
세종	장군산구절초축제(9~10, 생태자원), 세종축제(10, 관광축제) 등
경기	수원화성국제연극제(5, 문화예술), 수원국제음악제(6, 문화예술), 화성문화제(10, 문화관광), 팔달문지역 시장거리축제(5, 문화예술), 수원시주민자치박람회(9, 문화예술), 성남문화예술제(9~10, 문화예술), 천상병예술제(4, 문화예술), 의정부국제음악극축제(5, 문화예술), 통일예술제(5, 문화예술), 회룡문화제(10, 전통역사), 복사골예술제(5, 문화예술), 부천국제판타스틱영화제(7, 문화예술), 부천국제만화축제(8, 문화예술), 부천국제학생애니메이션페스티벌(10, 문화예술), 안산국제거리극축제(5, 문화예술), 별망성예술제(9, 문화예술),

지역명	축제명(기간, 축제종류)
경기	단원미술제(10, 문화예술), 행주문화제(5, 전통역사), 과천축제(9, 문화예술), 고구려축제(10, 전통역사), 포은문화제(5, 전통역사), 어린이책잔치(5, 책축제), 파주북소리(10, 책축제), 파주장단콩축제(11, 농산물), 물왕예술제(6, 문화예술), 연성문화제(7, 문화예술), 이천도자기축제(4, 지역특산물), 이천쌀문화축제(10, 지역특산물), 안성맞춤 남사당바우덕이축제(10, 문화예술), 여주도자기축제(4~5, 지역특산물), 여주오곡나루축제(11, 지역특산물), 정조효문화제(9, 전통역사), 광주왕실도자기축제(5, 지역특산물), 연천전곡리구석기축제(5, 문화예술), 자라섬 씽씽겨울축제(1, 생태자원), 양평단월고로쇠축제(3, 지역특산물) 등
강원	춘천닭갈비막국수축제(5, 지역특산물), 마임축제(5, 문화예술), 춘천국제연극제(5, 문화예술), 춘천인형극제(8, 문화예술), 소양강문화제(9, 전통역사), 한지문화제(10, 전통역사), 경포벚꽃축제(4, 문화예술), 강릉단오제(5~6, 전통역사), 주문진오징어축제(10, 지역특산물), 묵호항수산물축제(2, 지역특산물), 동해무릉제(10, 전통역사), 태백산눈축제(1, 문화예술), 설악문화제(10, 전통역사), 삼척정월대보름제(2, 전통역사), 홍천찰옥수수축제(8, 지역특산물), 횡성한우축제(10, 지역특산물), 단종문화제(4, 전통역사), 동강축제(7~8, 지역특산물), 김삿갓문화제(9, 전통역사), 평창효석문화제(9, 문화예술), 민둥산억새꽃축제(10~11, 생태자원), 태봉제(10, 생태자원), 빙어축제(1, 생태자원), 용대리황태축제(5, 지역특산물), 고성명태축제(10, 지역특산물), 현산문화제(6, 전통역사), 양양송이축제(9~10, 지역특산물), 양양연어축제(10, 생태자원), 얼음나라화천산천어축제(1, 문화예술) 등
충북	청주직지축제(9, 전통역사), 충주세계무술축제(9, 문화예술), 충주호수축제(8, 새태자원), 수안보온천제(4, 생태자원), 우륵문화제(9, 문화예술), 의림지동계민속대제전(1, 문화예술제), 청원생명축제(9~10, 지역특산물), 보은대추축제(10, 지역특산물), 지용제(5, 문화예술), 난계국악축제(9, 문화예술), 영동포도축제(8, 지역특산물), 영동곶감축제(12, 지역특산물), 증평인삼골축제(10, 지역특산물), 생거진천문화축제(10, 문화예술), 괴산고추축제(8~9, 지역특산물), 음성품바축제(5, 문화예술), 설성문화제(9, 전통역사), 음성인삼축제(10, 지역특산물), 소백산철쭉제(5, 문화예술), 온달문화축제(전통역사) 등
충남	계룡산산신제(4, 전통역사), 고마나루축제(7, 문화예술), 백제문화제(9~10, 전통역사), 보령머드축제(7, 체험), 성웅이순신축제(4, 기타), 외암리민속마을 짚풀문화제(10, 전통역사), 강경발효젓갈축제(10, 지역특산물), 논산딸기축제(4, 지역특산물),

지역명	축제명(기간, 축제종류)
충남	해미읍성역사체험축제(10, 전통역사), 계룡군(軍)문화축제(10, 문화예술), 기지시줄다리기축제(4, 전통역사), 심훈상록문화제(5, 9, 문화예술), 금산인삼축제(9, 지역특산물), 금강여울축제(7, 생태자원), 백제문화제(9~10, 전통역사), 한산모시문화제(6, 문화예술), 남당항대하축제(9, 지역특산물), 윤봉길문화제(4, 문화예술) 등
전북	전주세계소리축제(10, 문화예술), 전주한지문화축제(5, 지역특산물), 전주비빔밥축제(10, 지역특산물), 전주국제영화제(5, 경영산업), 군산시간여행축제(10, 근대), 익산천만송이국화축제(10~11, 생태자원), 정읍사문화제(10~11, 문화예술), 전국소싸움대회 및 정읍축산물축제(10~11, 전통역사), 지리산바래봉철쭉축제(4~5, 생태자원), 김제지평선축제(10, 전통역사), 진안마이문화제(10, 문화예술), 무주반딧불축제(6, 생태자원), 팔봉마을굿축제(8, 문화예술), 고창청보리밭축제(4~5, 생태자원), 모양성제(10, 전통역사), 부안마실축제(5, 문화관광종합축제), 남원 삼동굿놀이(8, 문화예술) 등
전남	목포해양문화축제(8, 전통역사), 여수거북선축제(5, 전통역사), 남도음식문화축제(10, 전통역사), 순천만갈대축제(10, 생태자원), 담양대나무축제(3, 문화예술), 구례산수유꽃축제(3, 지역특산물), 동편제판소리축제(10, 문화예술), 고흥우주항공축제(4, 기타), 보성다향제녹차대축제(5, 지역특산물), 서편제보성소리축제(10, 문화예술), 장흥물축제(8, 생태자원), 강진청자축제(7~8, 전통역사), 명량대첩축제(9, 전통역사), 영암왕인문화축제(4, 전통역사), 무안연꽃축제(7~8, 지역특산물, 생태자원), 함평나비대축제(5, 생태자원), 영광법성포단오제(5~6, 전통역사, 문화예술), 홍길동축제(5, 전통역사), 진도신비의 바닷길축제(3~4, 생태자원) 등
경북	포항국제불빛축제(7~8, 문화관광), 안동국제탈춤페스티벌(9~10, 문화예술), 안동민속축제(9~10, 전통역사), 풍기인삼축제(10, 지역특산물), 문경전통찻사발축제(5, 전통역사), 문경사과축제(10, 지역특산물), 문경한우축제(10, 지역특산물), 경산갓바위 소원성취축제(10, 문화예술), 청송사과축제(11, 지역특산물), 청도소싸움축제(전통역사), 대가야체험축제(10, 역사문화), 곤충나라 예천농산물축제(10, 지역특산물), 봉화은어축제(7~8, 생태자원), 봉화송이축제(9~10, 지역특산물), 성류문화제(10, 문화예술) 등
경남	진해군항제(4, 전통역사), 가고파큰잔치(5, 전통역사), 진주남강유등축제(10, 문화예술), 개천예술제(10, 문화예술), 코리아드라마페스티벌(10, 문화예술), 통영한산대첩축제(8, 전통역사), 욕지섬문화축제(10, 기타), 가야문화축제(4, 문화예술), 김해예술제(9, 문화예술), 진영단감제(11, 지역특산물),

지역명	축제명(기간, 축제종류)
경남	옥포대첩기념제전행사(6, 전통역사), 부곡온천축제(기타), 3.1민속문화제(2, 문화예술), 하동야생차문화축제(5, 지역특산물), 산청한방약초축제(10, 지역특산물), 함양물레방아골축제(9~10, 문화예술), 대야문화제(9~10, 문화예술) 등
제주	제주유채꽃큰잔치(4, 생태자원), 서귀포칠십리축제(9, 기타), 제주왕벚꽃축제(4, 지역특성화), 탐라굿 입춘굿(2, 전통역사), 탐라문화제(10, 문화예술) 등

*자료 : 최기종(2017), 『문화관광』, 백산출판사, pp. 461~465.

2. 이벤트

1) 이벤트의 개념

이벤트는 일과성 또는 주기적인 개최로 추진하는 관광을 말한다. 이벤트의 목표는 ① 관광시즌의 연장, ② 관광수요의 확대, ③ 관광객의 유치, ④ 투자 및 인프라 정비, ⑤ 지명도 향상, ⑥ 주민의 단합, ⑦ 자신감 향상 등의 지역 활성화 효과가 생겨 지역개발의 방법으로서도 중요시되고 있다(Gets, D., Festivals, Special Events, and Tourism, 1991).

이벤트(event)란 용어는 e(바깥으로)+vent(나오다)의 합성이며, 사전적 의미로는 사건 · 행사 · 추이 · 결과 · 경기 · 종목 등을 뜻한다. 이벤트는 관광분야와 사회의 각 분야에서 자주 사용되는 용어이다.

현대사회에 있어서 이벤트는 기업이나 지방자치단체의 메시지를 소비자나 지역주민에게 전달하는 데 적합한 공감을 불러일으킬 수 있는 커뮤니케이션

미디어로서 인식되고 있다(日本イベント協會, 1993).

이벤트는 주어진 관광자원에 특정한 프로그램이나 연출을 가미하고, 각종 축제나 행사에 직접 참여함으로써 관광의 매력을 더한다. 또한 관광객의 마음을 풍요롭게 하면서 관광이미지를 창출하고, 부가가치를 극대화하는 가치창조의 작업이라 할 수 있다.

2) 이벤트의 유형과 특성

(1) 이벤트의 유형

이벤트는 관광 유인력을 가진 행사이다. 이벤트는 ① 공익과 사회적 가치촉진, ② 문화욕구 충족, ③ 지역의 경제 활성화, ④ 이미지 향상에 크게 기여한다. 특히 지역에 관광객이 유입되면 ⑤ 소득증가와 고용창출의 효과도 발생하게 된다.

이벤트의 유형은 목적과 성격에 따라 매우 다양하다. 방송이나 일반기업의 홍보 · 판촉 · 광고는 물론이고, 지방자치단체 등에서도 지역의 홍보와 경제 활성화를 위한 관광축제 차원에서 관심이 고조되고 있다. 이벤트의 유형은 다음 〈표 4-12〉와 같이 분류할 수 있다.

〈표 4-12〉 이벤트의 유형

유형	내용
문화이벤트	문화행사, 문화관광축제, 종교행사, 백일장, 퍼레이드 등
예술이벤트	공연, 미술전시회, 음악연주회 등
정치이벤트	정치집회, 이취임식, VIP방문 등
교육이벤트	세미나, 워크숍, 학술대회 등
PR 이벤트	소비자 캠페인, 바겐세일, 시식회, 견본시, 박람회 등
스포츠이벤트	각종 스포츠 경기

유형	내용
레크리에이션 이벤트	게임 및 오락이벤트
개인이벤트	돌잔치, 생일파티, 결혼식 피로연, 결혼기념일, 회갑잔치 등

(2) 이벤트의 특성

이벤트는 생산활동을 위한 재충전, 지역감정의 해소, 건전한 국민관광의 정착과 함께 지역고유의 정체성 확립에 크게 기여하고 있으며, 다음과 같은 특성을 가지고 있다.

이벤트는 ① 사전에 관찰할 수 없으며, ② 저장이 불가능하며, ③ 무형재이며, ④ 한정된 양과 기한부적인 성격을 가지며, ⑤ 복합상품으로 구성되어 있으며, ⑥ 패키지화가 곤란하며, ⑦ 수요의 변화에 민감하며, ⑧ 전문가 및 후원단체에 의존하며, ⑨ 표준화가 곤란하며, ⑩ 축하 및 전시가 주요 목적이며, ⑪ 개최 날짜가 정해지며, ⑫ 지역사회나 관광 목적지에서 주로 발생한다.

(3) 이벤트의 파급효과

관광객의 관광욕구를 충족시키기 위해 이벤트나 축제가 지역의 전략적인 관광상품으로써의 비중이 확대되고 있으며, 이러한 과정에서 각 지역은 지역특성에 맞는 다양한 이벤트를 개발하고 있다. 이벤트의 파급효과는 〈표 4-13〉과 같다.

〈표 4-13〉 이벤트의 파급효과

비용절감효과	적은 예산을 투입하여 짧은 시간에 다양한 효과를 얻을 수 있는 장점을 가지고 있다.
내수창출효과	이벤트 개최에 따른 각종 운영비, 설비투자 등의 발생으로 세수증기, 고용창출 효과를 가져 온다.

지역주민에게 환원	이벤트 개최로 발생된 일부의 수익금이 지역주민들에게 환원되기 때문에 지역의 승수효과를 높일 수 있다.
개발 잠재성 향상	이벤트의 장점은 지역의 경제성장과 개발 잠재성을 높일 수 있다.
관광객의 기호변화	관광객의 관광형태와 기호변화 등으로 인해 관광이벤트가 새롭게 부각되고 있다.

(4) 이벤트의 기능

이벤트의 기능은 〈표 4-14〉와 같이 ① 경제 활성화, ② 정신적 풍요로움, ③ 대중 동원력, ④ 정체성 확립, ⑤ 욕구 충족 등이다.

〈표 4-14〉 이벤트의 기능

기능	내용
경제 활성화	– 지역의 축제, 민속놀이, 전시회 등과 연계한 이벤트를 개최함으로써, 지역개발 및 경제 활성화에 기여하게 된다.
정신적 풍요로움	– 다양한 이벤트에 직접 참여하게 됨으로써, 심신을 회복하고 정신적 풍요로움을 더해주는 데 기여하게 된다.
대중 동원력	– 이벤트를 통해서 자사의 이미지 구축과 우수한 제품을 홍보함으로써, 대중의 동원력을 판촉에 활용할 수 있다.
정체성 확립	– 갖가지 행사나 이벤트를 개최함으로써, 기업의 개성이나 이미지를 살릴 수 있고, 정체성 확립에 도움이 된다.
욕구 충족	– 다양한 이벤트를 통해 새로운 정보를 접하거나 탐색함으로써, 현대인의 욕구 충족에 기여하게 된다.

연습문제

01. 다음 설명에 해당하는 관광자원은?

> 교육시설, 문화시설, 사회시설, 도시구조, 생활양식, 국민성, 민족성, 인정, 풍속, 습관, 취락, 전설, 의복, 예술, 교육, 종교, 철학, 음악, 미술, 연극, 영화, 음식, 예절 등

① 사회적 관광자원 ② 산업적 관광자원
③ 문화적 관광자원 ④ 위락적 관광자원

02. 다음 설명에 해당하는 지역은?

> 생선을 즐겨 먹으며, 음식의 간은 소금간이 세고 매우며, 해산물을 가미하는 음식이 매우 많다.

① 경기도 ② 강원도
③ 경상도 ④ 충청도

03. 지역과 특산물의 연결이 옳지 않은 것은?

① 풍기-인삼 ② 완도-굴비
③ 상주-곶감 ④ 전주-한지

04. 지역과 축제명의 연결이 옳지 않은 것은?

① 안동-국제탈춤놀이 ② 강릉-단오제
③ 부산-국제영화제 ④ 양양-산천어축제

정답

01 ①, **02** ③, **03** ②, **04** ④

제5장

산업적 관광자원

제1절 목장 · 농원

제2절 공업 · 상업

▲ 항아리/ 최기종 작

▲ 연밭/ 최기종 작

관광자원을 하나의 산업적인 측면으로 활용하는 것을 산업적 관광자원(technical tourist resources)이라고 한다. 산업관광은 1950년에 프랑스의 경영자협회가 수출진흥을 도모하기 위하여 외국인의 산업시설 시찰에 편의를 제공하고자 산업계에 호소하여, 그 수용태세의 정비와 함께 홍보 및 알선하는 제도를 시작한 데서 유래되었다(小谷, 1997).

산업관광은 공장시설, 생산공정을 비롯해서 농업 · 임업 · 상업 · 수산업 등 한 나라의 각종 산업시설을 말하며, 단순 기술목적의 시찰에만 그치지 않고, 일반관광의 견학대상으로까지 보급되었다.

관광산업은 굴뚝 없는 산업 · 외화획득 · 외화유출 · 무역수지 · 소비향락 등 경제적으로 부가가치가 높은 산업이다. 학자들이 주장한 산업적 관광자원의 범위를 정리하면 〈표 5-1〉과 같다.

〈표 5-1〉 산업적 관광자원의 범위

분류	범위
산업적 관광자원	관광목장, 관광농원, 관광어업, 공업관광, 상업관광, 농산물가공시설, 해산물가공시설, 공장시설, 양식시설, 생산기술, 기계설비, 생산공정, 공업기술, 삼림공간, 유통단지, 견본시, 백화점, 면세점, 쇼핑가, 농산물, 수산물, 어획법, 재배법, 각종 시장, 전시회, 농장, 식수, 벌채, 채취, 쇼핑 등

*자료 : 末武直義(1984), 『觀光事業論』, 東京 : 法律文化社. pp.37~43 ; 津田昇(1969), 『國際觀光論』, 東洋經濟新報社 ; 小池洋 外(1988), 『觀光學概論』, ミネルヴァ書房, p. 109 ; 長谷政弘(1997), 『觀光學辭典』, 東京 : 同文館.

제1절 목장 · 농원

1. 관광목장

목장(ranch)이란 '소 · 말 · 양 등을 놓아기르는 설비를 갖춘 넓은 구역의 땅(엣센스 국어사전, 2017)'을 의미하고, 관광목장(ranch tourism)은 '낙농과 축산 등 번식과 사육만을 목적으로 하는 목장에서 목초지나 사육목장의 일부를 일반 관광객에게 레크리에이션 공간으로 개방하는 것'을 말한다.

주로 승마체험 등 사육 중인 가축과 접촉할 수 있는 체험시설이나 목장에서 생산되는 가공품의 직매장, 직영 레스토랑 등이 딸려 있다(山崎, 1997). 관광을 겸한 대표적인 목장으로 ① 대관령삼양목장, ② 대관령양떼목장, ③ 대관령 하늘목장 등을 들 수 있다.

1) 대관령삼양목장

강원 평창군 대관령 일대에 위치한 '대관령삼양목장'은 600여만 평(서울 여의도의 7.5배)의 초지목장으로 동양 최대의 규모를 자랑한다. 1972년 900두의 육우와 젖소로 해발 850~1,400m의 광활한 초원 위에 목장을 건설하였다.

목장을 건설하게 된 배경은 라면에서 연유되었다. 국내 최초로 라면을 개발한 삼양식품은 1972년부터 겨울이 긴 대관령 고원 위에 목장개발을 시작해서 1985년에 이르러 현재의 모습을 갖추게 되었다.

이곳 목장은 봄이 되면 얼레지가 지천에 자라고, 가을에는 구절초가 군락을 이뤄 야생화 정원을 방불케 한다.

전원적이고 아름다운 대관령삼양목장의 경관을 관람하기 위해 연중 관광객의 발길이 끊이지 않고 있다.

2) 대관령양떼목장

'대관령양떼목장'은 대관령의 부드러운 능선과 온갖 종류의 야생화로 만발한 습지대 위에 자리하고 있다. 이곳 목장은 자연 그대로의 모습을 간직하고 있어 연중 아름다운 비경을 자아내고 있다.

무엇보다도 바람에 흔들리는 푸른 능선에서 한가롭게 풀을 뜯고 있는 양떼의 모습을 보고 있으면, 뉴질랜드나 몽골 초원에 와 있는 듯한 착각을 일으킨다.

그리고 대관령 정상의 웅장한 자태와 목장의 초지능선을 따라 만들어진 1.2km의 산책로를 따라 걸어보는 것도 색다른 추억거리가 된다.

3) 대관령하늘목장

대관령 최고봉인 선자령(1,157m)에 붙어 있는 '대관령하늘목장'은 1974년에 조성되었지만, 일반대중에게는 2014년에 공개되었다. 하늘목장은 '가장 넓고, 가장 높은 하늘을 보여줄 수 있는 곳'이라는 의미를 담고 있다.

이곳 목장은 말 · 양 · 염소 등과 자연을 직접 체험하는 국내 최초의 '자연순응형 체험목장'이면서, 젖소 400여 마리와 한우 100여 마리가 '자연생태 순환시스템'에서 살아가는 기업목장이다.

자연 그대로의 모습을 추구하는 하늘목장은 울타리 안에서 자연을 직접 느낄 수 있도록 설계하였고, 방목과 현대식 로봇 시스템을 활용해 가축이 자연 그대로 생육되도록 조성해 놓았다.

도심에서 벗어나 자연 속에서 말과 교감하면서 승마를 할 수 있고, 울타리 안으로 들어가 가축과 즐겁고 유쾌한 시간을 보낼 수 있다.

2. 관광농원

농원은 '주로 원예작물을 심어 가꾸는 농장'을 말하고, 관광농원(farm tourism)은 '농산물 생산농가가 관광객 등에게 자가 농산물의 채취나 직매 등을 제공하기 위하여 정비한 농원'을 말한다(山崎, 1997). 즉 '농민들이 농업을 영위하면서 얻은 수확물 등을 활용하여 농촌을 찾는 관광객에게 숙박과 음식 그리고 농촌체험을 제공하는 것'을 말한다.

농어민들은 농촌지역의 풍부한 자연자원과 농림수산 생산기반을 이용하여 농림수산물 등을 판매하거나 체험기회를 제공하기도 한다. 예를 들면, 농촌의 과수지대에서는 봄에 딸기 따기, 여름부터 가을까지는 포도 · 배 · 사과 · 감 · 귤 따기 등의 체험거리가 있고, 산간지역에서는 산나물 채취 · 밤 줍기 등 종류도 많다. 경영형태는 개별농가의 부업적 운영, 관광객 유치 등 새로운 판로를 개척하는 기업적 운영으로 대별할 수 있다(山崎, 1997).

정부는 1983년에 「농어촌 소득원 개발촉진법」을 제정하였고, 농외소득 증대 방안의 일환으로서, 1984년에 도시와 농촌 간의 상호교류를 촉진시켜 도시민의 농어촌에 대한 이해 증진, 정서 함양 및 건전한 관광수요 충족, 지역개발 촉진 등에 역점을 두어 추진하였다.

그리고 1989년까지는 주로 관광농업을 위주로 개발해 왔으나, 1990년에 제정된 「농어촌발전 특별조치법」에 의거하여 농어촌 휴양단지, 관광농업, 민박마을 등을 다양하게 추진하였다. 또한 1994년부터는 관광농원개발로 바뀌었고, 최근에는 ① 직매농원, ② 임대농원, ③ 장소제공농원, ④ 종합관광농원, ⑤ 아동자연학습농원, ⑥ 청소년심신단련농원, ⑦ 휴식농원 등을 포함하는 관광농원형태로 발전하게 되었다.

아울러 관광농원은 ① 입지나 접근성, ② 시장성, ③ 주변의 관광자원과 연계할 수 있는 조건을 갖춰야 경쟁력을 가질 수 있다. 현재 전국에는 400개가 넘는 관광농원이 조성되어 있으며, 농장견학 및 관찰, 영농연수 등의 시설을 갖추어놓고 있다.

제주지역에 분포하는 대표적인 관광농원은 ① 오라자연관광농원, ② 봉개동회천관광농원, ③ 탐라성관광농원, ④ 한일농원, ⑤ 서원농원, ⑥ 초운관광농원, ⑦ 삼정관광농원, ⑧ 유수암관광농원, ⑨ 탐라관광농원, ⑩ 달빛빌리지관광농원 등이 있다.

3. 관광어업

어업은 '물고기 · 조개 · 해초 등을 잡거나 기르는 영업'을 의미하며, 1차적인 식량생산의 한 형태로서, 농업보다 먼저 시작된 것으로 보고 있다. 관광어업(tourism fishery)은 '어업자가 어업자원을 관광목적에 이용하여, 그것을 관광객에게 제공하는 것'을 말한다(横山, 1997).

최근 어민들은 어촌의 소득증대 일환으로 바다낚시 등 어업 · 관광 · 해운업을 기반으로 지역경제를 꾸려가고 있고, 많은 낚시 애호가는 해안이나 암초, 방파제 또는 배 위에서 손맛을 느끼기 위해 낚시를 즐긴다.

대표적인 관광어업 체험 프로그램으로는 ① 해변에서의 후릿그물 체험, ② 손님을 태워 멀리까지 나가 고기를 낚는 바다낚시 체험, ③ 어업권이 설정된 강가나 호수, 양식장 등에서 입장료를 지불하고 체험하는 프로그램 등을 들 수 있다.

제2절 공업 · 상업

1. 공업관광

▲ 현대자동차 울산공장/ 사진제공 : 울산시청

공업은 '원료를 가공하여 새로운 물품을 만드는 산업'을 말한다. 즉 공업이란 제1차 산업 생산품을 원료로 제조과정을 거쳐 중간재나 최종 생산물로 형태와 기능을 바꾸어서 경제적 가치를 높이는 산업이다. 또한 공업을 제2차 산업이라고도 하며, 인력이나 기계를 이용한 모든 가공활동을 말한다.

공업은 생산수단(기계 · 도구 · 장치)을 이용한 분업과 협업이 가능하고, 모든 생산공정에서 기계로 자동화를 실현할 수 있다는 점에서 다른 산업과 구분된다. 대표적인 공업관광 대상지로는 수출자유지역 · 수출산업공업단지 · 중화학공업기지 · 지역공업단지 · 민간공업단지 등이 있다.

독일의 공업관광은 주로 맥주공장 · 자동차공장 · 포도주공장 · 화학 및 제약공장 등이고, 벨기에는 다이아몬드공장 · 섬유공장 · 도자기 및 유리산업공장 등이며, 일본은 자동차공장 · 도금공장 등을 들 수 있다.

우리나라 공업관광의 대표업체는 ① 포스코, ② 현대하이스코, ③ 삼성전자, ④ LG전자, ⑤ 현대자동차공장, ⑥ 기아자동차공장, ⑦ OB맥주공장, ⑧ 하이트진로, ⑨ 삼양식품 등을 들 수 있다. 이들 회사는 물품을 구입하기 위하여 외국에서 온 무역업자(buyer)나 국내외의 관광객이 견학차 방문하기도 한다.

1) 철강

(1) 포스코

1968년 4월에 포항종합제철(주)로 설립되었다가, 2002년 3월에 (주)포스코로 상호를 변경하였다. 포스코는 열연 · 냉연 · 스테인리스 등 철강재를 포항제철소와 광양제철소에서 생산하는 철강산업 전문업체이다.

포항제철을 기반으로 한 포스코그룹 내 건설부문 회사들이 통합되어 출범하였으며, 주요 사업은 철강 · 무역 · 건설 · 에너지 · 화학 등이다. 특히 제철소 건설로 축적된 기술력을 바탕으로 고속도로 · 교량 · 철도 · 사업 등에 참여해 왔으며, 대형 토목 및 건설 분야에서 탁월한 경쟁력을 보유하고 있다.

(2) 현대하이스코

강관제품(Steel Pipe)을 생산하고 있는 현대하이스코는 철강기업으로 현대자동차그룹의 계열사이다. 현대와 기아자동차에 자동차용 강판을 공급하기 위하여 국외 스틸가공센터를 운영하고 있다.

1978년에는 울산 염포만 일대에 대규모 공장을 착공하여 대형 송유관, 유정용 강관, 가스관, 산업용 보일러관, 정밀기계구조용 강관, 자동차용 구조관 등의 제품을 생산 · 공급하고 있다.

2) 전자

(1) 삼성전자

1969년에 설립된 '삼성전자'는 전자 · 전기제품, 반도체통신기기의 제조업체이다. 당시에는 전자제품을 주로 생산하였으나, 현재는 전기제품과 반도체 관련제품 등이 다양하게 생산되고 있다.

특히 시장점유율 1위의 휴대전화(스마트폰, 피처폰) 제조사, 시장점유율 2위의 반도체 제조사이며, LCD TV, LED TV, 메모리 반도체는 매출액 기준 세계

1위, 비메모리 반도체는 세계 4위이다.

주요 사업은 전자전지기계 제조, 전자통신기 제조, 컴퓨터 제조, 반도체 제조 · 조립 등이다. 주요 제품은 컴퓨터, 디지털카메라, TV, 냉장고, 세탁기, 에어컨, DRAM, NAND Flash, 모바일 AP 등이다.

(2) LG전자

'LG전자'는 1958년 10월에 '금성사'라는 상호로 문을 열었고, 1959년 2월에 '주식회사 금성사'로 상호를 변경하였다. 그 후 여러 차례의 상호변경이 있었으며, 2002년 4월에 LG그룹사의 (주)LG전자로 변경하였다.

업종은 전자부품, 컴퓨터, 영상, 음향 및 통신장비 제조업 등이며, 취급품목은 디스플레이, 오디오 기기, 비디오 기기, PC, 보안 시스템, 스마트폰, 태블릿, 세탁기, 에어컨, 청소기 등이나.

국내 최초의 전자회사로서 최초 생산기록을 가지고 있고, 글로벌 전자산업의 중심으로 진입하기 시작하면서 세계 최초로 개발한 제품 또한 많이 보유하고 있다.

3) 자동차

(1) 현대자동차 울산공장

'현대자동차 울산공장'은 5개 공장에서 하루 평균 6천여 대의 자동차를 생산하는 세계 최대의 단일체제 공장이다. 15초에 한 대꼴로 자동차를 생산하는 셈이다. 15만 평의 공장부지(여의도 면적의 2.5배)에 5만 톤급 선박 3척이 동시에 접안할 수 있는 세계 유일의 수출 부두도 갖추고 있다.

견학이 가능한 제3공장은 유럽 전략형 모델인 i30, 아반떼 생산라인이다. 제3공장 안에는 프레스공장, 차체공장, 도장공장, 조립공장이 있다. 차체공장에서는 100%의 자동화시스템을 갖춘 산업용 로봇이 용접하는 모습을 관람할 수 있다.

(2) 기아자동차 광주공장

'기아자동차 광주공장'의 역사는 50여 년이 되었다. 현재 연간 50만 대의 양산능력을 갖추고, 북미 · 유럽 등 전 세계에 수출하고 있다. 광주공장의 견학 프로그램은 먼저 홍보전시관을 관람하고, 생산라인을 견학한다.

생산현장 견학은 프레스–차체–조립공장 순으로 진행된다. 자동차를 구성하는 패널을 찍어내는 프레스공정과 용접을 통해 차체의 구조를 구성하는 차체공장을 둘러본다. 특히 차체공장에서 로봇이 용접하는 광경을 볼 수 있다.

4) 주류

(1) OB맥주 이천공장

OB맥주㈜의 시초는 1933년에 설립된 일본계 맥주회사 소화기린맥주이다. 1948년 동양맥주(주)를 거쳐 1995년에 OB맥주㈜로 사명을 변경하였고, 현재는 세계 최대 맥주회사 AB인베브의 자회사이다.

현재 OB골든라거, 카스, 카스라이트, 카프리 등의 맥주를 생산하고 있고, 벡스 · 산토리 · 레페 등 국외 맥주를 수입 · 판매하고 있다. 국내 공장은 경기도 이천, 광주광역시, 충청북도 청주 등으로 총 3개의 생산공장이 있다.

이천공장(맥주박물관)에는 맥주의 모든 것이 있다. 50여 개국에서 수집한 800여 종의 맥주, 맥주병, 맥주잔 등이 전시되어 있다. 그리고 맥주영화 관람, 맥주생산 과정을 견학할 수 있다.

(2) 하이트진로

하이트진로(주)는 1933년에 설립된 주류 제조업체이다. 1945년 8월 광복 후에는 정부관리기업체로 운영되다가, 1952년 6월에 정부로부터 불하되어 민간 기업회사가 되었다. 1965년 12월에 국내 최초로 캔맥주 생산과 수출을 개시하였고, 1968년에 ICSP(국제식품심사위원회)로부터 3개 부문(병맥주 · 민수용 캔맥주 · 수출용 캔맥주)에서 금상을 수상하였다.

하이트진로는 하이트, 참이슬 등을 생산하고 있으며, 국내 최대의 맥주 및 소주 제조회사로서 자리매김하였다. 또한 해외법인 설립과 해외수출 증대에도 힘쓰고 있다. 현재 이천 · 전주 · 청주공장에서는 내부시설을 둘러보고, 시음할 수 있는 견학 프로그램을 운영하고 있다.

5) 식품

(1) 삼양식품

1963년 국내 최초로 라면을 생산하기 시작한 식품기업 '삼양식품공업주식회사'를 모체로 성장해 온 기업이다. 일본의 묘조식품(明星食品)과 기술을 제휴하여 국내 최초로 삼양라면을 선보였으며, 지금까지 라면을 비롯하여 스낵과 유제품 등의 식품류를 판매하고 있다.

창업 당시에는 식용유를 만드는 회사였지만, 삼양라면의 출시 후 라면 생산에 주력하여, 1960~70년대에 삼양라면 외에도 칼국수 · 쇠고기면 · 컵라면 등의 다양한 제품을 선보였다. 1980년 삼양유가공공장의 준공 이후로는 유제품도 생산하여 국내 최초로 요거트 제품을 출시했다. 2015년에는 냉동가공식품 시장으로 사업 영역을 확대하게 되었다.

2. 상업관광

상업이란 '재화 및 서비스의 교환 또는 매개에 의해 생산자와 소비자 간에 존재하는 인적 · 장소적 · 시간적 격리(隔離)의 연결을 목적으로 하는 영업'을

말한다. 상업은 생산 · 유통 · 소비의 경제순환과정 중에서 유통부문에 속한다. 또한 상업은 자급자족경제에서 교환경제로 발전하면서 발생했으며, 오랜 역사를 지니고 있다.

우리나라의 대표적인 상업관광 대상지는 지방의 특산시장인 ① 담양 죽세공품시장, ② 강화 화문석시장, ③ 금산 인삼시장, ④ 한산 모시시장 등을 들 수 있다. 도 · 소매시장으로는 ① 서울 남대문시장, ② 서울 동대문시장, ③ 서울 광장시장, ④ 대구 서문시장 등이 있다.

농 · 수산물시장은 ① 서울 경동시장 ② 서울 가락동 농수산물도매시장, ③ 서울 노량진 수산물도매시장, ④ 부산 자갈치시장 등이 유명하고, 약령시장으로는 ① 서울약령시장, ② 대구약령시장 등을 들 수 있다.

1) 특산품시장

(1) 담양 죽세공품시장

죽세공은 '대를 재료로 하는 제품'을 말한다. 즉 대나무를 재료로 이용하여 물건을 만드는 공예를 말한다. 죽세공은 가는 대를 물들이거나, 대의 표면을 달군 쇠붙이로 지져서 여러 모양을 그려 소품을 만들거나, 가늘고 얇게 쪼갠 대쪽으로는 발 · 상자 · 부채 · 갓양태 등을 만들기도 한다.

특히 전남 담양은 대나무에 알맞은 토양과 기후를 가지고 있어 대나무가 많고 또한 대나무를 이용한 음식과 죽세공품시장으로 유명하다. 대나무는 강하고 탄력성이 뛰어나 건축재료나 생활용품을 만드는 데 많이 이용되고 있다. 대나무로 만든 생활용품으로는 주로 광주리 · 바구니 · 모자 · 발 · 쟁반 · 상자 · 베개 · 대자리 · 죽부인 등이 있으며, 호남지방의 특산품으로 만들어지고 있다.

(2) 강화 화문석시장

화문석은 '꽃돗자리'를 말한다. 즉 꽃모양의 무늬를 놓아 짠 돗자리를 말한다. 실을 발이나 돗자리를 엮을 때 날을 감아서 매는 '고드랫돌'에 감아 가로 장목에 늘여놓고, 여기에 미리 손질해 놓은 왕골을 대어 엮다가 물들인 왕골을 겹쳐 엮어 무늬를 놓는다.

왕골은 사초과의 한해살이풀로 높이는 1~2m 정도 자라며, 껍질을 벗겨 방석 · 돗자리 · 베개 등을 만든다. 줄기 속은 끈 · 제지의 원료가 된다. 왕골은 겉이 매끄럽고 기름져서 물이 스미지 않고, 쉽게 상하지 않는다. 또 재배가 쉬워 왕골로 만든 화문석은 예부터 널리 애용되었다.

강화도 화문석은 고려시대부터 전수된 생활문화의 유산으로 흰 왕골로 짠 것을 제일로 치고 있다. 물감으로는 회색 · 검은색 · 붉은색 · 진황색 · 자색 · 남색 · 녹두색 등의 일곱 가지를 쓴다.

(3) 금산 인삼시장

인삼은 '두릅나뭇과의 여러해살이풀'이다. 깊은 산에 야생하거나 밭에서 기르는데, 높이는 60cm가량 자란다. 한방에서는 강장제의 약재로써 중히 여기며, 널리 재배하고 있다. 일반적으로 야생종은 '산삼', 재배종은 '가삼'이라고 한다.

또한 인삼은 '뿌리의 모양이 사람과 같다' 하여 붙여진 것으로 원래 한국 삼에만 적용되는 전통적인 이름이다. 인삼속(人蔘屬)을 나타내는 학명 'Panax'의 어원은 Pan(모든 · 汎) + acos(醫藥 · axos)이며, 이는 '만병통치약'이라는 뜻이다.

우리나라에서는 인천의 강화도, 경기의 포천시 · 철원군 · 연천군, 경북의 풍기읍, 전북의 익산군 등 많은 지역에서 인삼을 재배하지만, 특히 충남 남동부에 위치한 '금산'은 지역특산물인 인삼시장으로 유명한 곳이다.

(4) 한산 모시시장

모시는 '모시풀 껍질의 섬유로 짠 피륙'을 말한다. 특히 한산 모시는 충남

서천군 한산 지방에서 생산되는 모시를 말하는데, 1967년 1월에 '한산모시짜기'는 중요무형문화재14호로 지정되었다.

한산 모시는 '한산세모시'라는 고유명사가 생길 정도로 유명하며, 그 질과 색깔이 매우 뛰어나다. 조선시대에는 주로 충청도와 전라도 해안지방에서 모시가 생산되었는데, 한산 모시는 품질이 우수하면서 섬세한 것이 특징이다.

예로부터 섬세하고 단아하여 모시의 대명사로 불려온 이곳의 모시는 '밥그릇 하나에 모시 한 필이 다 들어간다'는 말이 있을 정도로 다른 지방의 모시보다 섬세하게 제작되었다. 2011년 11월에 유네스코 인류무형유산에 등재되었다.

2) 도 · 소매시장

(1) 남대문시장

국내에서 가장 다양한 품목을 취급하는 남대문시장은 대지면적 약 2만여 평으로 한국 최대의 전문종합시장이다. 가격이 매우 저렴하다는 것이 최대 장점인 남대문시장은 1414년에 개장하였다.

▲ 최기종 작

전통과 역사뿐만 아니라 국내외 관광객이 가장 많이 찾는 관광명소로서 규모와 거래에 있어서도 한국 최고를 자랑하는 대표적인 시장이다. '남대문에서 구할 수 없는 것은 한국 어디에도 없다'고 할 만큼 다양한 상품을 갖추고 있다.

남대문시장에서는 의류 · 그릇 · 식품 · 장신구 · 문구 · 꽃 · 인삼 · 귀금속 등 온갖 물건이 모두 거래되고 있으며, 약 1만여 개의 점포가 상품을 직접 생산 · 판매하는 독립된 기업체로서 생산자와 소비자를 직접 연결하는 유통구조를 가지고 있다.

새벽 2시에 남대문시장은 가장 활기를 띤다. 새벽시장을 열 만한 가게들은 모두 문을 열고 손님을 맞이한다. 새벽에 시장을 가면 새로 나온 상품을 먼저 살 수 있고, 새벽 5시쯤 찾아가면 조금은 여유 있게 원하는 물건을 살 수 있다.

(2) 동대문시장

동대문시장은 1904년에 개장하였다. 1970년 종로6가 맞은편에 기존의 동대문시장보다 훨씬 큰 규모로 개설된 동대문종합시장과 청계천이 복개되면서 인근에 생긴 평화시장까지를 아울러 동대문시장이라 한다.

▲ 최기종 작

도매를 주로 하고 있는 동대문시장은 남대문시장과 함께 국내 최대 규모의 종합시장이다. 일반 백화점이나 소매시장에 비해 가격이 저렴한 것이 장점이다. 상품은 어물전 · 건어물 · 포목 · 채소 등 백화점에서 취급하기 어려운 품목까지도 다양하게 취급하고 있다.

1998년부터 프레야타운 · 밀리오레 · 두산타워 등 대형 쇼핑매장이 들어섬으로써 동대문시장은 기존 재래시장의 이미지를 벗어나, 패션전문시장으로 변신하였다. 일본 · 중국 등 외국인이 연중 즐겨 찾는 관광명소로 자리매김하였다.

(3) 서울 광장시장

▲ 최기종 작

1905년에 개장한 서울 종로의 '광장시장'은 100년이 넘는 역사를 자랑하고 있다. 주변의 남대문시장이나 동대문시장처럼 유명한 곳은 아니지만, 최근 외국인 관광객에게 먹을거리로 주목을 끌고 있는 곳이다.

시장 안에서 가장 유명한 장소로 먹자골목을 들 수 있다. 좁다란 골목을 가득 메운 점포에는 각종 전, 만두와 칼국수, 육회비빔밥, 대구탕, 마약김밥, 녹두빈대떡, 순대국, 수수부꾸미, 떡볶이 등 싸고 다양한 음식들로 가득해 관광객으로 인산인해를 이루고 있다.

3) 농 · 수산물시장

(1) 경동시장

경동시장은 서울 동대문구 제기동과 청량리 사이에 위치하고 있다. 1960년대 후반부터 상업적 농업의 시작과 함께 경기 · 강원도의 농촌 주민들이 농산물 · 토산품 · 특산물 등을 팔면서 농산물 전문시장으로 발전하였다.

취급품목은 인삼 · 무 · 배추 · 고추 · 마늘 · 감자 · 고구마 등의 각종 밭작물을 중심으로 버섯 · 고사리 · 도라지 등의 산채류, 밤 · 대추 · 사과 · 배 등의 과일류, 건과류 · 건어물 · 농수산물 · 생필품 등을 취급하고 있다.

경동시장과 더불어 제기2동의 서울약령시장은 400여 개의 한의원과 건재상이 밀집한 한약재의 집산지로 널리 알려져 있다. 지금은 전국 약재의 80%를 공급하고 있고, 서울은 물론 전국을 대상으로 한 대규모 도소매시장으로 성장하였다.

(2) 농수산물도매시장

서울 송파구 가락동에 자리한 '농수산물도매시장'은 약칭하여 '가락시장'이라고도 부른다.

농수산물도매시장이란 '사업체 또는 중개업자가 농수산물을 소매업자나 기타의 중간상인, 산업적 · 직업적 · 사업적 수요자와 단체수용자에게 인도하는 판매시장'을 말한다.

1985년 6월에 수산시장을 개장하였고, 1986년 6월에는 축산시장을 개장하였다. 그후 1988년 5월에는 청과 직판시장을 개장하여 전체 상인의 입점이 완료되었다. 현재 가락시장은 농림축산식품부의 개설 승인을 받아 지방자치단체가 개설자가 되는 법정 도매시장으로서, 서울시 농수산식품공사가 관리하고 있다.

(3) 노량진수산물도매시장

서울 동작구 노량진동에 위치한 '노량진수산물도매시장(부지 : 6만 9,142m^2)'은 1927년 우리나라 최초로 서울역 근처 서대문구 의주로에 있던 '경성수산시장(주)'라는 명칭하에 경성부 수산물 중앙도매시장으로 개장되었다.

1945년 8 · 15해방 후에는 서울수산시장(주)로 다시 발족하였고, 그 후 여러 차례 경영권이 바뀌었다.

1983년에는 서울수산시장(주)에서 노량진수산(주)로, 1988년에는 삼호물산(주)로, 1988년에는 한국냉장(주)로, 2001년에는 수산업협동조합중앙회가 경영권을 인수하였다.

취급품목은 활어 · 선어 · 건어 · 패류 · 원양수산물 등이다. 주요 반입지는 부산 · 목포 · 삼천포 · 군산 · 마산 · 충무 · 속초 등이다.

(4) 자갈치시장

부산 남포동 남항의 바닷가에 위치한 '자갈치시장'은 1945년 광복 후에 시장이 형성되었고, 당시에는 '남포동시장'이라 불렸다. 부산의 대표적인 어시장인 자갈치시장은 인근에 도시철도 1호선의 자갈치역과 남포역이 있어 접근이 쉬운 편이다.

매년 10월에는 풍성하고 다양한 볼거리 · 먹을거리 · 살거리 등 한국 최대의 수산물 축제 한마당이 펼쳐진다. 특히 자갈치축제에서는 신선하고 특색 있는 수산문화와 오직 이곳의 이색적인 거리에서만 맛볼 수 있는 추억과 낭만, 즐거움을 한껏 누릴 수 있다.

4) 약령시장

(1) 서울약령시장

서울 제기동(지하철 1호선 제기역)에 위치한 '서울약령시장'은 1960년대에 한약재를 취급하는 상인들이 전국 각지에서 모여들기 시작하면서 자연적으로 생겨났다. 1995년에는 서울시에서 '경동약령시'로 승인받았다. 거래되는 한약재는 전국의 70% 이상을 차지하며, 시중 가격보다 30% 정도 저렴하게 판매한다.

국내 최대의 한의약 종합단지인 서울약령시장은 홍삼 · 수삼 · 미삼 · 대추 · 황기 · 꿀 등 전국의 약재는 모두 이곳에 모인다. 입점한 점포는 한의원 · 한약도매상 · 탕제원 등 한약 관련 점포만 무려 800개가 넘는다.

(2) 대구약령시장

현재 약령시는 민간요법 등 사회 · 경제적 추세에 따라 전국적으로 확산되었다. 약령시장은 서울을 비롯해서 원주 · 전주 · 공주 · 진주 · 청주 · 대전 · 개성 · 제천 등 각지에서 많이 열리고 있지만, 그중 '대구약령시장'이 가장 오래되었고 융성했었다.

최근 대구약령시의 '한방문화축제'는 조선시대의 약령시 개장행사를 현대적으로 승화시켜, 매년 5월 초 전통한의약축제로 대구의 약전골목 일원에서 개최된다. 이 축제는 2001년부터 문화관광축제로 지정되어 한방문화의 진수를 국내외에 널리 알리는 대표적인 한방축제로 알려졌다.

5) 백화점

쇼핑(shopping)은 '백화점이나 상점을 구경하고 돌아다니며 물건을 사는 일, 또는 장보기, 구매행위' 등을 뜻한다. 즉 '시장에서 생활필수품이나 상품 등을 구입하는 장보기로 대가를 지불하고, 재화를 취득하는 행위'를 말한다.

오늘날 여행 패턴은 다국에서 자신이 먹고 싶은 음식이나 소유하고 싶은 물건을 자유롭게 구매하는 등, 쇼핑은 관광 · 숙박 · 식사 등과 함께 여행의 주요 요소 가운데 하나로 관광의 필수 요건이 되었다.

▲ 최기종 작

쇼핑은 외화가득률이 높은 업종이며, 각국(지역)의 문화와 풍습 · 기술수준 등이 집약되어 있어 관광정책의 중요한 요소가 되고 있다. 백화점이나 쇼핑센터에 직접 방문해서 구매하기도 하지만, 인터넷 쇼핑이나, TV 앞에 앉아서 전화 한 통으로 홈쇼핑을 즐기는 경향도 증가하는 추세에 있다.

백화점(department store)은 '여러 가지 상품을 종류별로 나누어 진열 · 판매하는 대규모의 현대식 종합상점'을 말한다. 그러나 최근 백화점은 단순히 진열 · 판매 행위를 뛰어넘어 이벤트행사 개최, 문화센터 운영, 각종 전시회 개최, 교육 · 문화 강좌 등을 개설해 다양한 계층의 고객을 유치하고 있다.

세계 최초의 백화점은 19세기 초반 작은 상점에서 시작한 파리의 '봉마르세 백화점'이다. 우리나라는 1906년에 일본의 '미쓰코시 백화점'이 서울에 지점을 설립한 것이 효시이고, 국내 최초의 현대식 백화점은 1929년 서울 종로2가에 건립된 '화신백화점'이다.

1980년대 이전까지만 해도 백화점의 수는 그리 많지 않았고, 규모도 크지 않았다. 하지만 1980년대 이후부터 국민의 소득수준과 생활수준이 높아지고, 경제가 성장하면서 백화점도 대중화 · 보편화되었다.

현재 한국을 대표하는 백화점은 ① 롯데백화점, ② 현대백화점, ③ 신세계백화점, ④ 뉴코아, ⑤ 갤러리아백화점, ⑥ 그랜드백화점, ⑦ AK프라자 등이 있다.

6) 면세점

면세점(免稅店)은 한국을 방문하는 외국인, 외국으로 출입국하는 내국인, 또

▲ 최기종 작

는 제주도를 여행하는 국내외 여행자에게 부과되는 세금(소비세, 주세, 수입품의 관세 등)을 면제하여 판매하는 소매점을 말한다. 주로 공항 · 항만 · 대도시에 위치해 있다. 또한 국제선(제주선)의 항공기 내에서 이루어지는 면세품 판매도 면세점과 같은 역할을 한다.

한국의 면세점에는 〈표 5-2〉 시내 면세점, 〈표 5-3〉 공항 면세점, 〈표 5-4〉 항만 면세점, 〈표 5-5〉 제주 지정면세점 등이 있다.

〈표 5-2〉 시내 면세점 현황

지역	면세점
서울	롯데면세점 본점, 롯데면세점 코엑스점, 신라면세점 서울점, 신라면세점 명동점, 동화면세점 본점, HDC 신라면세점 서울점, 갤러리아63, 에스엠면세점 서울점, 두타면세점 본점
기타	롯데면세점 부산점(부산), 신세계면세점 부산점(부산), 엔타스면세점(인천), 그랜드면세점(대구), 신우면세점(대전), 진산면세점(울산), 앙코르면세점(경기), 중원면세점(충북), 대동면세점(경남), 롯데면세점 제주점(제주)

〈표 5-3〉 공항 면세점 현황

공항명	면세점
인천	롯데면세점 인천공항점, 신라면세점 인천공항점, 신세계면세점 인천공항점, 에스엠면세점 인천공항점, 시티면세점 인천공항점, 삼익면세점 인천공항점
김포	롯데면세점 김포공항점, 시티면세점 김포공항점
김해	롯데면세점 김해공항점, 듀프리토마스쥴리코리아 김해공항점
제주	갤러리아 듀티프리 제주공항점
대구	그랜드면세점 대구공항점
청주	시티면세점 청주공항점, MTAT 청주국제면세점 청주공항점

공항명	면세점
무안	(주)국민산업면세점 무안공항점
양양	제이에스 면세점 양양공항점

〈표 5-4〉 항만 면세점 현황

항만	면세점
인천	1터미널 : 엔타스 듀티프리 인천항점/ 2터미널 : 탑시디면세점 인천2항점
기타	하나면세점 평택항점(평택), 듀티프리원 부산항점(부산), GADF면세점 군산항점(군산)

〈표 5-5〉 제주 지정면세점 현황

장소	면세점
제주공항	JDC면세점 제주공항점
제주항	DC면세점 제주항 1면세점, DC면세점 제주항 2면세점, 제주관광공사 면세점 성산항점
제주시내	제주관광공사 면세점, 제주국제 컨벤션센터점

7) 쇼핑가

(1) 서울 인사동

▲▲ 최기종 작

서울 인사동 하면 전통의 거리, 문화 · 예술의 거리, 쇼핑의 거리, 관광의 거리가 떠오른다. 인사동 길은 삼청동에서 시작한 개천을 따라 관훈동 · 인사동 · 광교통으로 흐르면서, 그 개울을 따라 생긴 길가로 마을이 형성되면서 생겨났다.

인사동의 명칭은 일제강점기 때 행정구역명이었던 관인방 대사동에서 관인방과 대사동의 가운데 인(仁)자와 사(寺)자를 조합해 만든 것이라고 한다.

옛날 인사동 거리에는 유명한 가구점과 병원, 그리고 규모가 큰 한옥이 많았다. 그러나 6 · 25전쟁으로 생활이 어렵게 되자 인사동의 고급가구점들이 사양길로 접어들었고, 그 자리에 외부로부터 몇몇 골동품상과 필방, 쇼핑센터와 갤러리, 음식점 등이 들어오면서 새 거리로 변모하게 되었다.

지금은 1년에 한 번 전통문화축제가 개최되고, 1997년에 '차 없는 거리' 지정 이후 연중 국내외의 많은 관광객으로 붐빈다. 그러나 점점 전통상점이 줄거나 없어지고 상업화되고 있어 안타깝다.

(2) 서울 명동

서울의 대표적인 쇼핑타운 명동은 서울을 상징하는 번화가이면서, 유행을 창조하는 패션의 중심가이다. 특히 명동에는 백화점 · 아케이드 · 레스토랑 · 포장마차 · 바 등이 밀집해 있어 야간에는 불야성을 이룬다.

이곳 명동은 서울시민은 물론 국내 및 외국인 관광객에게도 매우 각광받는 곳이다. 하루 150만 명이 넘는 인파가 오가는 좁다란 골목길은 '화려한 쇼핑의 천국'이 된다.

조선시대의 명동은 명례방(明禮坊)이었다. 청일전쟁(1894)과 일제강점기를 거치면서 그야말로 근대 도시문화의 중심지가 되었다.

명동은 해방 이후 다양한 변화를 거치며, 서울의 관광 · 쇼핑 · 문화 · 예술 · 경제의 중심으로 국내외의 관광객에게는 쇼핑관광의 명소로 자리매김하고 있다.

▲▲ 최기종 작

(3) 서울 이태원

▲ 최재우 작

서울 용산구 이태원과 한남동 일대를 잇는 '이태원관광특구'에는 수많은 쇼핑센터 · 음식점 · 관광호텔 등 2천여 곳의 업소들이 밀집해 있다.

음식점 중에는 피자 · 파스타를 판매하는 음식업소가 가장 많이 자리하고 있다.

음식점을 대륙별로 보면, 아시아, 아메리카, 오세아니아, 아프리카 순이고, 국가별로는 총 34개국의 음식점이 영업 중인데, 이탈리아 음식점이 가장 많다. 그리고 일본과 터키 음식점이 많고, 그 밖에 노르웨이, 불가리아 등 잘 알려지지 않은 외국 음식점도 있다.

특히 무슬림의 음식세계를 엿볼 수 있는 할랄(halal) 음식점도 있다. 이태원은 광복 이후에 주로 미군이 주둔하였으나, 최근에는 다국적 문화공간으로 변모하게 되었다.

연습문제

01. 다음 설명에 해당하는 관광자원은?

> 농장, 농원, 목장, 관광목장, 관광어업, 농산물, 생산기술, 재배법, 농산물가공시설, 식수, 벌채, 제재, 채취, 삼림공간, 수산물, 어획법 등

① 사회적 관광자원
② 산업적 관광자원
③ 문화적 관광자원
④ 위락적 관광자원

02. 다음 설명에 해당하는 것은?

> 낙농과 축산 등 번식과 사육만을 목적으로 하는 목장에서, 목초지나 사육목장의 일부를 일반 관광객들에게 레크리에이션 공간으로 개방하는 것

① 관광농장
② 관광축산
③ 관광목장
④ 관광농원

03. 지방의 특산시장과 특산물이 잘못 연결된 것은?

① 담양–죽세공품시장
② 강화–화문석시장
③ 금산–인삼시장
④ 홍천–옥세공품시장

정답

01 ②, **02** ③, **03** ④

제6장

위락적 관광자원

제1절 테마파크 · 골프장
제2절 레저타운 · 카지노
제3절 스키장 · 아쿠아리움
제4절 승마장 · 캠프장
제5절 수렵장 · 스포츠
제6절 수영장 · 보트계류장

위락(recreation)의 사전적 의미는 '놀고 즐기는 것', '휴식이나 오락'을 뜻하고, 위락시설은 '인위적으로 만들어낸 놀이시설'을 말한다.

위락은 '레저의 일종으로 휴식 · 휴양 · 즐거움을 추구하기 위하여 자발적으로 이루어지는 활동'이며, 또한 '몸과 마음을 회복하고, 기분전환을 하여 자신을 재창조한다'는 뜻을 가지고 있다.

또한 레저(leisure)의 3요소는 ① 사상, ② 시간, ③ 활동으로 이루어진다. 그리고 정적인 문화 활동으로 독서 · 음악 · 연극 등을 들 수 있고, 동적인 것으로는 스포츠 활동이나 여행이 포함된다(德久球雄, 1999).

최근 개인이 지닌 가치관으로 지향된 라이프 스타일(life style)의 변화와 인간의 기본적인 욕구를 충족시킨다는 점에서 위락은 관광자원으로서 보다 높은 삶의 질을 추구하는 방향으로 다양화되고 있으며, 비중 또한 높아지고 있다.

특히 급속한 도시화 · 산업화로 인하여 여러 형태의 위락 관광상품이 개발되고 있는데, 이러한 위락 관광자원이 존재해야만 관광객을 유치할 수 있고, 관광수입도 증대시킬 수 있다. 학자들이 주장한 위락적 관광자원의 범위를 정리하면 〈표 6-1〉과 같다.

〈표 6-1〉 위락적 관광자원의 범위

분류	범위
위락적 관광자원	테마파크, 골프장, 레저타운, 카지노, 스키장, 아쿠아리움, 승마장, 캠프장, 수렵장, 스포츠, 수영장, 보트계류장, 마리나, 트롤링낚시, 트레킹, 번지점프, 자동차경주, 래프팅, 패러글라이딩, 경마, 카누, 사이클링, 패러세일링 등

제1절 테마파크 · 골프장

1. 테마파크

▲ 미국 la유니버설 스튜디오

테마파크(theme park)는 '특정한 테마(역사 · 자연 등)에 의한 비일상적인 공간의 창조를 목적으로 하고, 시설 · 운영이 그 테마에 의거하여 통일적이고도 배타적으로 이루어지는 일종의 어뮤즈먼트 파크(amusement park : 놀이기구 등 눈길을 끌 수 있는 기구 등을 설치하여 오락시설과 건축, 조경 등의 연출이 어우러지는 공원)'이다(根本, 1997).

또한 테마파크는 '유원지 · 박물관 · 미술관 · 동식물원 · 수족관 등의 시설이 종합된 것으로서, 테마를 갖추고 어느 한 장소에 펼쳐진 것'을 말한다(德久球雄, 1999), 즉 '일정한 테마 아래, 그 주제와 연속성을 가지는 환경조성 · 놀이시설 · 쇼나 이벤트 등을 한데 엮어서 공간 전체를 연출하여 기획하고, 구성함으로써 방문객에게 감동과 즐거움을 제공하는 비일상적인 레저공간'으로 정의된다.

테마파크는 1955년 미국 캘리포니아의 디즈니랜드에 그 기원을 두고 있으며, 단순한 형태의 공원에서 벗어나 혁신적인 레저공간으로 변모하게 되었다. 재래의 다양한 놀이시설, 환상 · 과학 등을 중심으로 한 테마 위락공원, 하나 또는 두 가지 이상의 뚜렷한 테마 아래 문화 · 교육 · 오락 · 여가선용 등의 목적을 달성하기 위해 조성된 공원이다.

테마파크는 그 개념이 고정화되어 있지 않은 것으로서, 주요 요소로는 ① 특정한 테마(주제)를 가져야 하고, ② 비일상적인 것이어야 하고, ③ 일정한 공간을 가져야 하고, ④ 시설이나 운영이 해당 테마와 연속성을 가져야 하고, ⑤ 기본체계가 통일적이고 배타적인 것이어야 하고, ⑥ 색다르고 차별화된 개성을 가져야 한다. 현재 영업 중인 테마파크는 〈표 6-2〉와 같다.

〈표 6-2〉 전국의 주요 테마파크 현황

지역	업체명
서울	서울랜드, 북서울 꿈의 숲, 롯데월드 어드벤처, 어린이대공원
기타	엑스포과학공원(대전), 에버랜드(경기), 프라자랜드(경기), 치악산드림랜드(경기), 경주월드(경북), 우방타워랜드(경북), 충무 마리나리조트(경남)

1) 서울랜드

서울랜드는 경기 과천시 막계동 청계산 기슭의 맑고 수려한 자연경관 속에 건전한 휴식과 위락의 기능을 갖춘 테마파크이다. 우리나라 최초의 테마파크로 한국의 디즈니랜드이며, 250여 가지의 각종 놀이시설을 갖추고 있다.

서울랜드는 국민의 건전한 여가 선용과 정신문화 창달에 기여하고자 1988년 5월에 개장하였다. 섬 지역에 위치한 '세계의 광장'에는 세계 각국의 고유 건축양식을 고려해서 지은 건축물이 들어서 있는데, 이곳에서는 각국의 풍물을 소개한다.

우리 민족의 얼과 풍부한 문화유산을 재현하는 '삼천리동산'에서는 한국의 정취가 물씬 풍기는 전통 건축물, 전국 각지에서 올라온 토산품, 향토음식을 즐길 수 있는 장터, 첨단과학기술을 동원한 이야기 나라, 그리고 국내 최고의 삼천리 야외극장에서는 다채로운 쇼를 즐길 수 있다.

어린이의 꿈을 키워주는 유쾌한 공간으로 꿈과 환상의 세계를 연출하는 '환상의 나라'는 유아에서부터 12세 어린이까지 모두가 안전하게 마음껏 뛰어 놀

수 있도록 고안되어 있다.

기타 블랙존, 우주유람선, 둥실비행기, 도레미 악단, 사슴벌레 등의 각종 놀이시설과 연극 · 영화 · 서커스 등의 공연 및 특별행사가 열린다.

2) 에버랜드

에버랜드(Everland)는 경기 용인시 향수산 자락에 있는 테마파크로 1976년 4월에 용인자연농원으로 문을 열었고, 1996년 3월에 에버랜드로 개칭되었다. 우리나라에서 가장 큰 규모를 자랑하는 대단위 자연놀이동산이자 인위적으로 만든 동양 최대의 관광지이다. 총면적은 14.88km^{2}에 이른다.

대자연 속에 잘 조성된 에버랜드는 위락시설이 풍부하고, 동식물이 함께 어우러져 적절한 조화를 이루고 있다. 여름에는 장미축제, 가을에는 튤립축제, 겨울에는 눈썰매장이 열리고, 야간개장을 하는 여름밤에는 다양한 라이브 콘서트가 개최된다.

1987년에 우리나라에서 처음 선보인 눈썰매장은 규모나 수용인원 면에서 세계 최고를 자랑한다. 특히 3만 평에 달하는 넓은 대지에 스키썰매장과 눈썰매장을 설치하였고, 4인승 리프트를 갖추고 있다.

자연동물원에는 200여 종 4,500여 마리의 동물이 있고, 식물원에는 150여 종의 장미와 베고니아를 비롯한 각종 희귀식물이 자생하고 있다. 물놀이 시설로는 캐리비안 베이와 국내 최대 규모의 자동차 경주시설인 에버랜드 스피드웨이, 종합 캠프장인 로그캐빈, 호암미술관 등 문화 · 체육시설도 고루 갖추고 있다.

3) 롯데월드 어드벤처

호텔롯데에서 운영하는 롯데월드 어드벤처(서울 송파구 올림픽로)는 종합휴양업체로서 서울의 균형적인 발전을 꾀하고, 민족문화의 전통을 계승 · 발전시키기 위하여 1989년 7월에 개원하였다.

실내 테마파크 중 세계 최대의 규모를 자랑하는 롯데월드는 기네스북에 오를 정도로 크다. 대지면적 128,246m², 연건평 581,645m², 면적은 올림픽 메인 스타디움의 2배, 연건평은 장충체육관의 60배에 이른다.

작은 지구마을을 주제로 한 '어드벤처'는 최첨단시설과 다양한 휴식시설, 공연 프로그램을 갖추고 있다. 특히 어트랙션에 40종이 넘는 놀이기구가 있으며, 계절에 따라 축제가 열리고, 다양한 캐릭터들이 등장하는 퍼레이드를 한다.

'매직 아일랜드'는 석촌호수 위에 위치하고 있으며, 어드벤처와 연결된 다양한 레저시설과 마법의 성을 중심으로 펼쳐진 옥외 호수공원이 있다. '민속박물관'은 역사전시관 · 모형촌 · 놀이마당 · 저자거리로 구성된 새로운 차원의 박물관으로써, 우리 선조들의 슬기와 전통문화를 한눈에 볼 수 있는 역사와 문화의 산 교육장이다.

유리 돔을 통하여 들어오는 자연광 아래서 4계절 스케이트를 즐길 수 있는 '아이스링크'는 실내 스케이트장을 비롯해서 약 5천 명을 동시에 수용할 수 있는 수영장을 갖추고 있다.

2009년 5월에 시공을 시작한 롯데월드타워는 2016년 10월에 완공하였다. 높이는 123층(555m)으로, 6성급 호텔 · 사무실 · 오피스텔 등이 입주해 있다. 주변의 3개 저층 빌딩에는 백화점 · 면세점 · 쇼핑몰 · 영화관 · 아쿠아리움 · 공연장 등의 문화시설이 있다.

4) 어린이대공원

약 22만여 평의 대지 위에 건설된 어린이대공원(서울 광진구 능동로)은 자연 속에 여러 가지 시설물을 갖추어 놓은 어린이 중심의 가족공원으로 숲과 잔디밭으로 이루어져 있다. 어린이의 교육 · 보건 · 정서발달과 학습을 위한 각종 시설을 갖추어 1973년 5월 5일 어린이날에 맞춰 개장하였다.

한꺼번에 5만 명을 수용할 수 있는 이곳에는 인공폭포 · 영농단지 · 운동시설 · 교양시설 · 조경시설 · 휴식시설 등이 있다. 정문은 2층으로 된 청기와 집으로 광화문과 비슷한 형태를 하고 있다. 공원 내의 팔각당과 2개의 육각정도 우리나라 고유의 건축양식으로 지어졌다.

또한 야외음악당은 조가비를 벌려놓은 모양으로 만들어졌다. 음악당 앞의 광장에는 5천 명 정도의 사람이 앉을 수 있도록 조성해 놓았다. 식물원은 열대식물관 · 선인장식물관 · 자연학습실로 나뉘어 있으며, 약 350종의 2,700그루의 식물이 서식하고 있다. 동물원에는 새를 비롯한 여러 가지 동물들이 있는데, 약 25종의 짐승과 70종의 조류가 있다.

5) 북서울 꿈의 숲

북서울 꿈의 숲(서울 강북구 월계로)은 종합휴양업체로 1987년 4월에 개장하였다. 야산과 숲이 어우러진 0.5km^2(14만 평)의 면적에 휴식 · 오락 · 교양 · 문화 · 체육시설을 포함한 종합위락 기능의 휴양시설을 갖추고 있다.

'만남의 광장'은 공원의 기능과 역할을 담당하는 곳이다. 또한 이곳에는 각종 편의시설과 스포츠시설이 갖추어진 식당가 · 실내수영장 · 기념관이 있어 만남의 장소로 이용되고 있다.

백색의 건물을 끼고 정문에 들어서면 르네상스식 스타일의 각종 건축물이 시야를 깨끗하게 해주는데, 이곳이 바로 '휴식광장'이다. 특히 야간에는 휘황찬란한 조명과 함께 물개 쇼가 진행된다.

'한국민속광장'에서는 순수한 한국 고유의 맛과 각 지방의 향토음식을 맛볼 수 있을 뿐만 아니라 각종 토산품과 공예품도 구입할 수가 있다. 또한 '스포츠프라자'에서는 카리브 해의 푸른 모래를 연상케 하는 분위기 속에서 수영과 운동 그리고 휴식을 즐길 수 있다.

'환상의 나라'에는 바이킹과 펀하우스 등을 비롯해서 아토믹코스타, 길이 1,100m의 제트코스타 등 총 26종의 각종 시설이 설치되어 있어, 동적인 관광활동을 경험할 수 있다.

2. 골프장

우리나라에 골프가 최초로 소개된 것은 1900년도이다. 당시 함경남도 세관에서 일하던 영국인들이 세관 내에 6홀의 골프코스를 만들어 경기를 한 것이 시초가 되었다. 이후 1919년에는 미국인이 현재의 효창공원 자리에 9홀의 골프장을 만들었다가, 다시 청량리로 옮겨 18홀의 코스를 새롭게 개장하였다.

골프장은 1924년에 창단된 '경성골프구락부'가 최초이다. 당시 골프를 한 사람은 고종황제의 아들인 영친왕과 연덕춘이라고 한다. 1929년에 영친왕은 현 어린이대공원 자리인 군자리 땅을 무상으로 대여해 길이 6,500야드, 18홀 규모의 '서울컨트리클럽'을 건설하였다.

이후 부산 · 평양 · 대구 등지에도 골프장이 생겨났으나, 제2차 세계대전이 발발하여 모두 폐쇄되었다. 해방 후 '군자리 골프장'이 다시 복구되었으나, 6 · 25전쟁으로 폐장되었다가, 1953년에 길이 6,750야드, 파 72의 국제규모 코스로 재개장하였다.

현재 전국의 골프장은 수도권 지역인 경기도에 가장 많이 분포하고 있고, 그 밖에 경남 · 강원 · 경북 · 충북 · 전북 순으로 분포되어 있다. 전국 주요 골프장 현황은 〈표 6-3〉과 같다.

〈표 6-3〉 전국 주요 골프장 현황

지역	업체명
경기	360도컨트리클럽 퍼블릭, 88CC실외골프연습장(용인), BA비스타CC(이천), SG덕평(이천), 가평베네스트골프클럽(가평), 강남 300컨트리클럽(광주), 고양컨트리클럽 퍼블릭(고양), 곤지암컨트리클럽(광주), 골드컨트리클럽(용인), 골프존카운티안성규(안성), 골프클럽안성H 퍼블릭(안성), 광릉포레스트컨트리클럽(남양주),

지역	업체명
경기	광릉포레스트컨트리클럽 퍼블릭(남양주), 그린힐컨트리클럽(광주), 글렌로스골프클럽 퍼블릭(용인), 금강컨트리클럽(여주), 기흥컨트리클럽(화성), 김포씨사이드CC(김포), 남부컨트리클럽(용인), 남서울컨트리클럽(성남), 남수원체력단련장(화성), 남양주컨트리클럽(남양주), 남여주골프클럽(여주), 남촌컨트리클럽(광주), 뉴서울컨트리클럽(광주), 뉴스프링빌컨트리클럽퍼블릭(이천), 뉴코리아컨트리클럽(고양), 덕산대체력단련장골프장(화성), 더반골프클럽 퍼블릭(이천), 더스타휴컨트리클럽(양평), 데니스골프클럽 퍼블릭(파주), 동여주컨트리클럽 퍼블릭(여주) 등
강원	강릉공군체력단련장(강릉), 골든비치골프리조트(양양), 남춘천컨트리클럽(춘천), 더플레이어스골프클럽 퍼블릭(춘천), 델피노골프앤리조트 퍼블릭(고성), 동강시스타컨트리클럽 퍼블릭(영월), 동서울레스피아GC(원주), 동원썬밸리컨트리클럽(횡성), 동해 체력단련장 골프장(동해) 등
충북	골드나인컨트리클럽(청주), 공사 체력단련장 골프장(청주), 그랜드컨트리클럽(청주), 금강센테리움CC(충주), 대영베이스컨트리클럽 퍼블릭(충주), 대영힐스컨트리클럽 퍼블릭(충주), 대호단양컨트리클럽 퍼블릭(단양), 동촌골프클럽(충주) 등
충남	계룡대충남(계룡), 골드리버컨트리클럽 퍼블릭(공주), 골든베이골프앤리조트(태안), 더힐컨트리클럽 퍼블릭(논산), 도고컨트리클럽(아산) 등
경북	경주신라CC(경주), 경주컨트리클럽(경주), 고령유니밸리컨트리클럽(고령), 골프존카운티 청통 퍼블릭(영천), 구미CC(구미), 군위오펠골프클럽 퍼블릭(군위), 그레이스컨트리클럽(청도), 남안동컨트리클럽(안동), 뉴스프링빌2컨트리클럽(상주), 대구컨트리클럽(경산) 등
경남	가야컨트리클럽(김해), 가야컨트리클럽 퍼블릭(김해), 거제뷰컨트리클럽 퍼블릭(거제), 고성노벨컨트리클럽(고성), 고성컨트리클럽(고성), 남해힐튼컨트리클럽 퍼블릭(남해), 다이아몬드컨트리클럽 퍼블릭(양산), 드비치골프클럽(거제), 동부산컨트리클럽(양산), 동훈힐마루컨트리클럽(창녕) 등
전북	OK컨트리클럽 퍼블릭(완주), 고창컨트리클럽(고창), 골프존 카운티 선운 퍼블릭(고창), 군산컨트리클럽 퍼블릭(군산), 남원상록골프장(남원), 더나인골프클럽(김제), 동전주써미트컨트리클럽 퍼블릭(진안), 드라곤레이크컨트리클럽(남원) 등

지역	업체명
전남	거명컨트리클럽 퍼블릭(광양), 골드레이크 컨트리클럽(나주), 골드레이크컨트리클럽퍼블릭(나주), 광주컨트리클럽(곡성), 나주컨트리클럽(나주), 나주힐스골프 클럽퍼블릭(나주) 등
제주	나인브릿지 컨트리클럽(서귀포), 더클래식(서귀포) 등
기타	골드그린컨트리클럽 퍼블릭(울산), 광주 체력단련장 골프장(광주), 금실대덕밸리CC(대전), 김해 체력단련장 골프장(부산), 대구 체력단련장 골프장(동구), 동래베네스트골프클럽(부산), 드림듄스골프코스 퍼블릭(인천), 드림파크컨트리클럽(인천) 등

제2절 레저타운 · 카지노

1. 레저타운

레저(leisure)의 기능은 ① 휴식, ② 기분전환, ③ 자기계발의 세 가지가 있다. 레저는 시대와 더불어 변화되어, 최근에는 휴식이나 기분전환보다는 자기계발에 더 비중을 두고 있다. 따라서 레저는 개인이나 사회에 큰 의미가 있는 사회활동(安村, 1997)으로서, 레저타운을 찾는 관광객이 점점 증가하고 있다.

국내의 레저타운은 업체의 규모에 따라 호텔 및 골프장, 테마파크, 수상스포츠 및 낚시, 야영 및 캠핑, 관람시설 및 식음, 가족단위 생태체험, 관광 및 종합레저공간, 방갈로, 온천 및 찜질방, 세미나실, 운동장 및 수영장, 눈썰매장 등의 특색 있고, 다양한 시설을 구비하여 관광객을 맞이하고 있다.

레저타운이 밀집된 지역은 주로 강 · 호수 · 계곡 등이 많은 경기도와 강원도에 널리 분포하고 있다. 전국의 주요 레저타운 현황은 〈표 6-4〉와 같다.

〈표 6-4〉 전국의 주요 레저타운 현황

지역	업체명
경기	유일레저타운, 신흥레저타운, VIP종합레저타운, 지구촌종합레저타운, 덕수레저타운, 광탄레저타운, 송추레저타운, 감악산레저타운, 마전낚시레저타운, 운악레저타운, 운악산레저타운, 포시즌레저타운, 대부도레저타운, 레이크수상레저타운, 퀸레저타운, 리버빌수상레저타운, 그린수상레저타운, 산정레저타운, 수중궁레저타운, 클럽에덴수상레저타운, 약속의섬레저타운, 도마치레저타운, 평택호레저타운, 춘천의암레저타운 등
강원	한화호텔앤리조트, 구룡레저타운야영장, 모곡레저타운, 한탄강레저타운, 한탄강푸른레저타운, 홍천강종합레저타운, 강산레저타운, 정선레저타운, 동방레저, 씨엔비레저, 강촌버기월드레저타운, 블루샤크레저타운 등
충북	충주호레저타운, 단일레포츠 등
충남	삼원레저타운캠핑장, 도고레저타운, 삼원레저타운, 금강수상레저타운 등
경북	울진종합레저타운, 임하호수상레저타운 등
경남	배내골레저타운, 칠천레저타운 등
전북	블루레저타운 등
전남	일일레저타운, 지리산수상레저타운, 영산호남악수상레저타운, 칠성레저타운 등

2. 카지노

▲ 미국 라스베이거스/ 최기종 작

카지노(casino)는 '댄스 · 음악 등의 설비가 있는 오락장 또는 도박장'을 뜻한다. 즉 '도박장과 도박설비가 있고, 오락 · 댄스 · 쇼 등에도 이용하는 건물 또는 큰 방'을 말한다(吉川, 1997).

처음에는 무도회 · 게임 등의 사교장으로 사용되었으나, 그 후에는 도시 및 해변 지역에 유사한 오락시설을 갖춘 사교시설로 건립하게 되었다(德久球雄, 1999). 경영형태는 주로 국영 · 공영이 많다.

카지노는 19세기 초반에 설립되었으나, 19세기 중반부터 전문적인 도박장을 지칭하는 말로 통용되었다.

세계에서 가장 명성을 떨쳐온 카지노는 1861년에 개장된 모나코의 몬테카를로(Monte-Carlo) 카지노인데, 1879년 카지노가 확장되면서 현대적인 시설을 갖추게 되었다.

오늘날 세계 대부분의 주요 국가에서 카지노산업을 합법화하여 첨단 관광산업으로 장려함으로써, 외화유출 방지와 세수 확보, 국가 및 지역경제 활성화를 주목적으로 하고 있는 실정이다.

옛날의 도박(gambling)이라는 의미는 점점 사라지고 카지노산업(casino industry), 또는 게임산업(gambling industry)이라고 하는 외화 가득률이 높은 서비스산업으로 간주해 가는 추세이다.

프랑스에는 칸 · 니스 · 디본레뱅 · 도빌레뱅 등이 있으며, 유럽 카지노의 절반 정도가 있다. 그 밖에 유럽에 카지노는 포르투갈의 에스투릴, 그리스의 코르푸, 독일의 바덴바덴 등을 들 수 있다.

미국에서는 네바다 주의 라스베이거스 · 리노 · 레이크타호, 뉴저지주의 애틀랜틱시티, 노스다코타주의 파고 등지에 합법적인 카지노가 있으며, 푸에르토리코에는 특별 허가를 받은 카지노가 운영되고 있다.

카지노산업의 특징은 ① 타 산업에 비해 경제적 파급효과 크다. ② 호텔업에 대한 의존도가 높다. ③ 주변국가의 정치 · 경제 · 사회 등에 민감하게 영향을 받는다. ④ 인적 및 물적 서비스에 대한 의존도가 높은 편이다. ⑤ 연중무휴 영업을 한다. ⑥ 고용창출 효과가 높다.

국내의 카지노업체 중 유일하게 내국인(외국인 포함)이 출입할 수 있는 곳은 강원랜드카지노이며, 나머지는 외국인 전용 카지노이다. 전국 카지노업체 현황은 〈표 6-5〉와 같다.

〈표 6-5〉 전국 카지노업체 현황

지역	업체명
서울	파라다이스 워커힐카지노, 세븐럭카지노 서울강남코엑스점, 세븐럭카지노 서울강북힐튼점
부산	세븐럭카지노 부산롯데호텔점, 파라다이스 부산카지노지점
인천	파라다이스세가사미 인천카지노
강원	알펜시아카지노, 강원랜드카지노(내 · 외국인)
경북	경주힐튼호텔카지노
제주	라마다카지노, 파라다이스카지노 제주롯데, 파라다이스제주 카지노지점, 제주썬카지노, 랜딩카지노, 로얄팔레스카지노, 마제스타카지노, 메가럭카지노 등

*제주지역 자료 : 제주특별자치도 카지노 감독과.

제3절 스키장 · 아쿠아리움

1. 스키장

스키장(ski resort)은 스키나 스노보드 등을 탈 수 있도록 슬로프나 리프트 등의 시설을 갖춘 곳이다. 리프트는 스키를 타기 위해 슬로프의 꼭대기로 올라갈 때 필요한 시설이다. 리프트를 탈 때는 자신의 수준에 맞는 슬로프의 리프트를 이용해야 한다.

슬로프는 초심자 · 초급자 · 중급자 · 상급자 · 최상급 등이 있으며, 최상급으로 올라갈수록 경사도가 높다. 우리나라의 지형상 동고서저(東高西低)로 인해 대부분의 스키장은 강원도와 경기도 지역에 밀집해 있다. 전국 스키장 현황은 〈표 6-6〉과 같다.

〈표 6-6〉 전국 스키장 현황

지역	업체명
경기	서울리조트(남양주), 양지파인리조트(용인), 지산포레스트리조트(이천), 곤지암리조트(광주)
강원	용평리조트(평창), 하이원리조트(정선), 알펜시아(평창), 보광휘닉스파크(평창), 비발디파크(홍천), 오투리조트(태백), 엘리시안 강촌(춘천), 웰리힐리파크(횡성), 한솔오크밸리(원주)
기타	사조리조트(충북 충주), 무주리조트(전북 무주), 에덴밸리리조트(경남 양산)

2. 아쿠아리움

아쿠아리움(aquarium : 수족관)은 1830년에 프랑스에서 맨 처음 만들어졌다. 수족관은 '물속에서 사는 물고기류 · 수생동물을 계통적으로 수집 · 사육하여 전시 · 공개하는 박물관시설이다. 즉 교육 · 레크리에이션을 위한 시설로서, 종합적으로 동물학의 실험 · 연구'를 한다(諸岡, 1997).

일반적으로 수족관에서 기르는 것은 새우 · 게 · 문어 · 성게 · 말미잘 · 해삼 등의 수중생물, 물개 · 바다표범 등의 바다짐승, 펭귄 등의 여러 가지 물새, 그리고 도롱뇽 · 악어 · 거북 등의 양서류와 파충류 등이 있다.

이들이 생활하는 환경이 물속이기 때문에 사는 모습을 그대로 관찰하기란 쉽지 않다. 그래서 마련된 것이 수족관인데, 수족관은 물에서 사는 생물의 생태 · 생리 · 어획 · 번식 등의 연구에 많은 도움이 된다.

수족관은 방식에 따라 개방식과 폐쇄순환식으로 구분된다. ① 개방식은 천연의 물을 퍼 올려서 사용한 뒤 흘려보내는 방식이고, ② 폐쇄순환식은 같은 물을 순환시키면서 사용하는 방식이다.

우리나라의 대표적인 수족관으로 서울 여의도의 '아쿠아플라넷63(Aqua Planet 63)'을 들 수 있다. 이곳은 63빌딩의 지하 1층에 있는 대형 수족관이다. 1985년 7월에 개관하였으며, 총 1,078평 규모에 400여 종, 2만여 마리의 해양생물을 보유하고 있다. 이곳은 펭귄 · 악어 · 곰치 · 수달 · 피라니아 · 철갑동어 · 물총고기 · 전기뱀장어 등이 있다.

2017년 정부는 '동물원 및 수족관의 관리에 관한 법률' 시행령안을 의결했다. 등록 대상 동물원의 범위는 야생동물 또는 가축을 총 10종 또는 50개체 이상 보유한 시설, 수족관의 범위는 해양(담수)생물을 총 수조용량 300m³ 또는 바닥면적 200m² 이상 수조에 전시하는 시설로 정해졌다.

따라서 동물원 또는 수족관을 운영하려는 자는 등록요건을 갖춰 등록신청서를 시 · 도지사에게 제출해야 하는 등으로 운영요건도 강화된다.

또 수의사 1인 이상(비상근직 포함) 및 전문사육사 1~3인 이상을 보유해야 동물원 또는 수족관을 운영할 수 있게 된다. 전국의 주요 아쿠아리움 현황은 〈표 6-7〉과 같다.

〈표 6-7〉 전국의 주요 아쿠아리움 현황

지역	업체명
서울	코엑스아쿠아리움(강남), 아쿠아플라넷63(영등포), 롯데월드아쿠아리움(송파구)
인천	매직아쿠아(계양)
부산	SEA LIFE 부산아쿠아리움(해운대)
대구	물속이야기수족관(동구)
대전	대전아쿠아리움(중구)
경기	아쿠아플라넷 일산(고양), 오대양수족관(성남), K아쿠아라인(남양주)
강원	경포아쿠아리움(강릉)
충북	단양다누리센터아쿠아리움(단양)

지역	업체명
경북	울진엑스포공원 울진아쿠아리움(울진)
전남	한화아쿠아플라넷 여수(여수)
제주	아쿠아플라넷 제주아쿠아리움(서귀포), 한화아쿠아플라넷(서귀포)

제4절 승마장 · 캠프장

1. 승마장

▲ 안후상 작

승마는 스포츠 종목 중 유일하게 동물과 함께하는 경기로 기수의 경우 남녀 구분을 하지 않는 것이 큰 특징이다.

1900년 파리 올림픽 때 정식 종목으로 채택되었는데, 당시에는 장애물비월(특별히 설계된 일련의 장애물을 말과 기수가 제한된 시간 안에 뛰어넘어야 하는 마술 경기종목)과 함께 높이뛰기와 멀리뛰기의 세부 종목이 있었다. 오늘날처럼 ① 장애물비월, ② 마장마술, ③ 종합마술 세 가지로 확립된 것은 1912년 5회 스톡홀름 올림픽 때부터이다.

이 중 마장마술은 마장에서 말을 다루는 경기로 말의 움직임과 기수와의 조화를 평가한다. 3라운드로 경기를 진행하는데, 1~2라운드는 속보와 구보, 평보, 전진과 후진, 옆걸음 등을 시연하며, 3라운드는 음악에 맞춰 안무를 하는 프리스타일로 진행된다. 올림픽에서는 개인전과 단체전에 각각 1개의 금메달이 걸려 있다. 전국 승마장 현황은 〈표 6-8〉과 같다.

〈표 6-8〉 전국 승마장 현황

지역	업체명
서울	승마훈련원(성동), 기가열승마클럽(송파구)
인천	나인승마클럽(계양)
경기	산음산악승마장(양평), 삼광승마장(포천), 김포승마클럽(김포), 마구간승마클럽(양주), 로얄승마클럽(파주), 보라월드(오산)
충남	비버리힐즈승마장(당진), 오케이목장(예산)
경북	동해승마장(포항), 문경호스랜드(문경)
경남	창원승마클럽(창원)
제주	제주관광승마장(북제주), 어승생승마장(제주), 서진관광승마장(북제주), 오케이승마장(남제주)

2. 캠프장

▲ 송지호오토캠핑장/ 사진제공 : 고성군청

캠프(camp)는 '일상 생활권을 떠나 임시 시설에서 숙박하는 것'을 말한다. 군대나 원정대 등의 야외기지라는 의미로도 사용되지만, 현대사회에서는 야외에서 원시적인 생활을 즐기면서 시간을 보내는 데 의의가 있다. 최근 캠프는 친구나 가족이 중심이 된 관광 레크리에이션의 한 형태가 되어 자동차에 의한 오토캠프(auto-camp)도 발달하였다.

오토캠프는 호텔이나 여관 등을 이용하지 않고 텐트나 자동차 내 또는 트레일러 등에서 숙박하면서 즐기는 자동차여행, 그리고 그것을 위한 시설을 말한다(德久, 1997). 유럽이나 북미에는 고속도로나 국립공원 등에 취사장, 화장실, 전기 및 가스시설, 수도시설을 갖춘 캠프장이 많이 있다.

국내의 캠핑 인구는 130만 명, 캠핑용품 시장은 매년 30% 정도 성장하는 추세이다(캠핑아웃도어진흥원, 2013). 이제는 캠핑이 평범한 가족들이 휴일을 보내는 전형적인 여가활동이 되었다. 전국 캠프장 현황은 〈표 6-9〉와 같다.

〈표 6-9〉 전국 캠프장 현황

지역	캠프장(오토캠프장)
경기	과천서울대공원자연캠프장, 가평산장관광지오토캠핑장, 가평무지개서는마을캠핑장, 청평대성리오토캠핑장, 연인산다목적오토캠핑장, 연인산오토캠핑장, 연인산경반분교캠핑장, 합소오토캠프장, 유명산자연휴양림오토캠프장, 퇴촌우산청소년야영장, 푸름유원지캠핑장, 서삼릉스카우트중앙훈련원야영장, 곤지암청소년야영장, 퇴촌도토리명가캠핑장, 파주쇠꼴마을캠프장, 파주반디캠프캠핑장, 감악산자연발생유원지캠프장, 포천산정캠프오토캠핑장, 연천군한탄강오토캠핑장, 포천청산농원캠프장, 포천백운계곡야영장, 축령산자연휴양림야영장, 남양주시팔현캠프장, 남양주수동물동네캠핑장, 양주씨알농장오토캠핑장, 장흥해일농장오토캠핑장, 용인레저야영장, 여주은모래유원지캠핑장, 여주호수산장캠핑장, 화성궁평리해솔마을오토캠핑장, 양평단월면소리산야영장, 양평중미산자연휴양림야영장, 양평산음자연휴양림, 양평용문산자연휴양림캠핑장 등
강원	태백고원자연휴양림야영장, 우리들캠프장, 양양솔밭캠프장, 영월호산잔디캠프장, 법흥계곡정든오토캠핑장, 엄둔계곡도원오토캠핑장, 영월법흥계곡남강캠프장, 속초설악산C지구야영장, 양양군바다캠프장, 양양오토캠핑장, 양양갈천솔밭가족캠핑장, 양양미천골자연휴양림오토캠프장, 강릉오대산소금강야영장, 평창오대산동피골야영장, 대관령자연휴양림캠핑장, 송지호오토캠핑장, 고성군도원유원지야영장, 고성군장신유원지야영장, 정선군가리왕산자연휴양림야영장, 정선군화암약수캠프장, 정선군졸드루오토캠핑장, 홍천모래소계곡야영장 모래소유원지, 홍천삼봉자연휴양림야영장, 홍천수다계곡오토캠핑장, 홍천화상대강변 오토캠핑장,

지역	캠프장(오토캠프장)
강원	홍천청소년야영장, 홍천강밤별유원지캠핑장, 홍천가리산자연휴양림야영장, 동해망상오토캠핑장, 동해무릉계곡야영장, 원주치악산금대리야영장, 원주간현관광지야영장, 원주치악산자연휴양림야영장, 평창봉평금당계곡솔섬캠프장, 평창계방산이승복생가야영장, 인제이조은 캠프장, 인제용대자연휴양림오토캠프장, 인제백담사오토캠핑장, 춘천중도유원지캠핑장, 춘천용화산자연휴양림야영장, 횡성병지방오토캠핑장, 횡성청태산자연휴양림야영장, 횡성화천광덕그린리조트캠핑장 등
충북	단양소백산남천계곡남천야영장, 옥천장령산자연휴양림캠핑장, 제천박달재자연휴양림캠핑장, 제천월악산송계오토캠핑장, 영동송호국민관광지야영장, 영동민주지산자연휴양림야영장, 보은속리산국립공원사내리야영장, 괴산속리산국립공원화양동야영장, 단양소선암자연휴양림야영장, 단양황정산자연휴양림야영장, 단양소백산다리안관광지야영장, 단양천동관광지자동차야영장, 괴산속리산화양동캠핑장, 사내리 캠핑장, 괴산조령산자연휴양림야영장, 충주하늘나무체험학교오도캠핑장, 청원옥화자연휴양림캠핑장, 청원금관숲오토캠핑장 청원금관숲오토캠핑장 등
충남	청양칠갑산자연휴양림야영장, 천안서곡오토캠핑장, 천안광덕산천연휴식공간오토캠핑장, 공주금강자연휴양림야영장, 공주계룡산동학사야영장, 공주이안숲속캠핑장, 아산배마을기쁨두배오토캠핑장, 서산용현자연휴양림오토캠핑장, 태안구례포해수욕장석갱이오토캠핑장, 태안몽산포해수욕장송림숲오토캠핑장, 태안연포해수욕장캠핑장, 태안백사장해수욕장오토캠핑장, 태안학암포해수욕장오토캠핑장, 태안청포대해수욕장오토캠핑장, 부여만수산자연휴양림야영장, 서천 희리산자연휴양림 캠핑장, 서천해오름관광농원캠핑장, 보령성주산자연휴양림캠핑장, 보령무창포해수욕장오토캠핑장, 금산적벽강오토캠핑장, 충주월악산오토캠핑장, 덕주야영장, 닷돈재야영장, 금산남이자연휴양림오토캠핑장 등
경북	예천학가산자연휴양림야영장, 청도운문산자연휴양림야영장, 청도운문산생금비리쉼터야영장, 청도운문사계곡건너야영장, 의성금봉자연휴양림야영장, 봉화청옥산자연휴양림캠핑장, 봉화마방오토캠핑장, 영양검마산자연휴양림야영장, 군위장곡자연휴양림야영장, 경주메타세쿼이아숲야영장, 경주감포전촌송림캠프장, 경주토함산자연휴양림야영장, 경주관성해수욕장야영장, 경주양남면하서리솔밭오토캠핑장, 경주OK그린목장캠핑장,

지역	캠프장(오토캠프장)
경북	경주국민청소년수련마을캠핑장, 영덕오천솔밭유원지캠핑장, 영덕대진해수욕장캠핑장, 영덕고래불해수욕장캠핑장, 영덕옥계계곡야영장, 영덕칠보산자연휴양림캠핑장, 문경소야솔밭오토캠핑장, 문경불정자연휴양림야영장, 칠곡팔공산가산산성야영장, 칠곡송정자연휴양림캠핑장, 청송주왕산상의캠핑장, 청송자연휴양림 캠핑장, 영주소백산삼가야영장, 영주소백산희방야영장, 영주소백산옥녀봉자연휴양림야영장, 울진구수곡자연휴양림캠핑장, 울진봉평해수욕장캠핑장, 울진통고산자연휴양림캠핑장, 안동계명산자연휴양림캠핑장, 상주성주봉자연휴양림야영장 등
경남	남해편백자연휴양림오토캠핑장, 산청황매산청소년수련원야영장, 양산내원사계곡야영장, 양산명사관광농원야영장, 밀양얼음골야영장, 밀양용두교유원지야영장, 밀양산외면기회송림야영장, 밀양표충사국민관광지야영장, 밀양댐 가는 길 야영장, 고성상족암공룡박물관오토캠핑장, 고성당항포국민관광지오토캠핑장, 김해장척계곡야영장, 거창금원산자연휴양림야영장, 거창주은자연휴양림야영장, 거창월성계곡야영장, 합천오도산자연휴양림야영장, 의령벽계야영장오토캠핑장, 함양용추계곡제2야영장, 함양용추자연휴양림야영장, 함양지리산자연휴양림야영장, 하동평사리공원야영장, 진해청소년야영장, 거제자연휴양림야영장, 밀양상동면빈지소유원지야영장 등
전북	정읍내장산야영장, 진안운장산자연휴양림야영장, 순창화문산자연휴양림야영장, 무주덕유산국립공원덕유대오토캠핑장, 무주덕유산자연휴양림야영장, 남원지리산달궁오토캠핑장, 남원지리산흥부골자연휴양림캠핑장, 장수방화동가족휴가촌오토캠핑장, 방화동자연휴양림, 장수와룡자연휴양림캠핑장, 완주대둔산도립공원야영장, 완주고산자연휴양림오토캠핑장, 고창선운산캠프장, 부안변산반도채석강야영장, 부안격포해수욕장격포야영장, 부안고사포해수욕장오토캠핑장, 고창구시포해수욕장해송숲오토캠핑장 등
전남	곡성청소년야영장, 곡성섬진강부엉이오토캠핑장, 강진만덕산석문공원야영장, 고흥팔영산자연휴양림야영장, 곡성섬진강자연학습원야영장, 해남송종오토캠핑장, 해남송호리해수욕장송림오토캠핑장, 순천낙안민속자연휴양림야영장, 장흥천관산자연휴양림야영장, 보성제암산자연휴양림야영장, 광양백운산자연휴양림야영장, 장성내장산백양사야영장, 장성방장산자연휴양림야영장, 구례지리산황전야영장, 태안안면도곰섬오토캠핑장 등

지역	캠프장(오토캠프장)
기타	서울한강공원난지캠핑장, 인천영흥도장경리야영장, 인천강화함허동천시범야영장, 대구달성비슬산자연휴양림야영장, 울주신불산자연휴양림야영장, 울산자연농원오토캠핑장, 울산간월자연휴양림 캠핑장 등

제5절 수렵장 · 스포츠

1. 수렵장

수렵(狩獵)은 '총이나 그 밖의 도구를 가지고 산이나 들에서 짐승을 잡는 일'을 말하고, 수렵장은 '야생동물의 보호와 국민의 건전한 수렵활동을 위하여 야생동물의 서식현황이나 유해야생동물로 인한 피해현황 등을 고려하여 일정한 지역에 대하여 수렵할 수 있도록 한 장소'를 말한다.

수렵장은 시장 · 군수 · 구청장이 야생동물의 보호와 국민의 건전한 수렵활동을 위하여 일정한 지역에 대하여 미리 토지소유자 등 이해관계인의 의견을 듣고, 환경부 장관의 승인을 얻어 설정 · 고시한다. 다만, 다음에 해당하는 지역은 수렵장으로 설정할 수 없다.

야생동 · 식물특별보호구역, 시 · 도 야생동 · 식물보호구역 및 야생동 · 식물보호구역, 생태 · 경관보전지역 및 시 · 도 생태 · 경관보전지역, 습지보호지역, 자연공원 및 도시공원 · 도시자연공원구역, 군사기지 및 군사시설 보호구역, 도시지역, 문화재가 있는 장소 및 보호구역, 관광지 및 관광단지, 자연휴양림 · 채종림(採種林 : 우량한 조림용 종자를 채취하기 위하여 지정된 산림) 및 산림유전자원보호구역의 산지, 수목원, 능묘 · 사찰 · 교회의 경내, 그 밖에 야생동물의 보호 등을 위하여 수렵장 설정자가 필요하다고 인정하는 지역수렵장 외의 장소에서는 수렵이 금지된다.

수렵장 안에서도 「도로법」에 의해 도로로부터 100m 이내 장소 등의 일정한 장소 또는 일몰 후부터 일출 전의 시간에는 수렵을 할 수 없다(토지이용 용어사전). 전국 수렵장소 현황은 〈표 6-10〉과 같다.

〈표 6-10〉 전국 수렵장소 현황

수렵장소
인제군(강원), 정선군(강원), 보은군(충북), 옥천군(충북), 영동군(충북), 공주시(충남), 김천시(경북), 구미시(경북), 상주시(경북), 고령군(경북), 칠곡군(경북), 영주(경북), 영양(경북), 밀양시(경남), 양산시(경남), 정읍시(전북), 남원시(전북), 완주군(전북), 부안군(전북), 강진군(전남), 제주시(제주), 서귀포시(제주)

2. 스포츠

▲ 안후상 작

스포츠 즐기는 것을 주된 목적으로 하는 관광형태를 '스포츠관광(sports tourism)'이라고 한다. 관광객에게 스포츠 즐길 수 있는 기회를 제공하는 스포츠관광은 세계적으로도 인기가 있으며, 고도성장이 기대되는 분야이다.

스포츠(sports)는 '몸을 단련하거나 건강을 위해 몸을 움직이는 일'로서, 오늘날의 스포츠는 생활의 질을 변화시키는 중요한 요소로 받아들여지고 있다.

최근 인기 있는 스포츠의 종류는 ① 트롤링낚시, ② 트레킹, ③ 번지점프, ④ 자동차경주, ⑤ 래프팅, ⑥ 패러글라이딩, ⑦ 경마, ⑧ 카누, ⑨ 사이클링, ⑩ 패러세일링 등이 있다. 스포츠의 종류를 정리하면 〈표 6-11〉과 같다.

〈표 6-11〉 스포츠의 종류

종류	업체명
트롤링낚시	-트롤링낚시(trolling)는 배를 멈춘 뒤 고기를 낚는 것이 아니라 배를 천천히 몰아가면서 미끼에 움직임을 준다. 주로 상어나 청새치, 다랑어 같은 대형어종을 노리는 낚시방법이다.
트레킹	-자연을 즐기며 산길을 걷는 산행의 한 방법이다. '트레킹(treckking)'이라는 말은 '우마차를 타고 느긋하게 여행하다'라는 말에서 유래하였으며(德久, 1997), 여행하다, 이주하다 등의 의미로 사용되었다. 즉 정상에 오르지 않고 산길을 따라 오래 걷는 행위를 말한다.
번지점프	-번지점프(bungee jump)는 로프 한쪽을 몸에 묶고, 높은 곳에서 뛰어내려 지상에 부딪히기 전에 다시 튀어 올라오며 즐기는 레포츠이다. 남태평양 펜타코스트 섬의 원주민들이 행하던 성인 축제에서 유래하였다. -뉴질랜드에서는 안전한 점프시설을 갖추고 극한의 스릴을 느낄 수 있도록 만들었는데, 이를 시작으로 오늘날 세계 각국에서 즐기는 인기 스포츠로 보급되었다. 우리나라에서는 1995년 대전 EXPO에서 첫 선을 보였다.
자동차경주	-자동차경주(auto racing, car racing)는 자동차를 이용해 경주를 하는 스포츠 중 하나이다. 자동차경주는 국내에서는 아직까지 크게 활성화되어 있지 않으나 세계적으로는 매우 인기 있는 스포츠 종목이고, 매우 상업화되어 있다.
래프팅	-래프팅(rafting)은 원시시대 사람들이 뗏목을 타고 다니며 수렵과 이동을 하던 것이 효시라 할 수 있다. 고무보트에 여러 명이 탑승하여 물살이 빠른 계곡을 헤쳐 나가는 레포츠이다. -조타수의 구령에 맞추어 일사분란하게 물살에 맞서야 하는데, 가장 중요한 것은 팀워크라 할 수 있다. 주로 계곡이나 물살이 빠른 소규모 강에서 행해진다. -우리나라에서는 1970년대 초 군용 고무보트가 보급되면서 소개되었고, 1990년대에 들어서야 활성화되기 시작하였다.

종류	업체명
패러글라이딩	–스카이다이빙용 낙하산으로 산의 경사면을 이용해 활공할 수 있도록 개량한 것이 시초가 되었다. 패러글라이더는 행글라이더에 비해 크기가 작고 가볍기 때문에 가지고 다니기 편리한 데다 비행조작도 비교적 간단해 애호가가 늘고 있다. –패러글라이딩을 미국에서는 슬로프 소어링(slope soaring : 경사활공)이라고 한다. 국내에는 1986년에 도입되어 동호회 및 패러글라이더 전문회사가 생겨나면서 여가활용 스포츠로 인기를 끌고 있다.
경마	–경마(horse racing)는 '말을 타고 달리면서 속도를 겨루는 경기'를 말한다. 기수가 서러브레드종의 말을 타고 벌이는 경주와 마부가 탄 마차를 스탠더드브레드종의 말이 끌고 달리는 경주가 주류를 이루는데, 이 두 종류의 경마를 각각 평지경마와 하니스 경마라고 부른다. 평지경마 가운데는 도약을 포함하는 경주도 있다. –많은 나라에서 평지경마와 하니스 경마는 모든 운동경기 가운데 관중이 가장 많은 경기이다.
카누	–카누(canoe)는 '선수 · 선미가 뾰족하고 1개 이상의 노로 움직이는 경량의 소형 선박'을 말한다. –카누에는 2개의 주요 형태가 있다. 하나는 현대의 여가용 또는 스포츠용 캐나다 카누처럼 윗부분이 개방되어 있고, 다른 하나는 구멍 또는 선미 좌석이 있는 갑판으로 윗부분이 덮여 있는 쌍날의 노가 꼭 맞게 달린 카약이다. –그 밖의 카누라고 불리는 소형 선박에는 통나무배인 마상이(노를 저어서 가게 만든 작은 배)가 있다. 카누장 또한 관광객에게는 매력 있는 관광대상이 될 수 있다.
사이클링	–사이클링(cycling)은 1시간부터 한나절 정도의 간단한 것부터, 자전거를 이용하여 여행하는 사이클 투어링, 사이클 캠핑이라 부르는 활동까지 광범위하다(海老澤, 1997).
패러세일링	–패러세일링(parasailing)은 미리 펼쳐진 낙하산을 자동차나 모터보트로 견인하여 떠오르게 한 다음 공중에서 유영(遊泳)을 즐기는 스포츠이다(小濱, 1997).

제6절 수영장 · 보트계류장

1. 수영장

수영장(水泳場)은 '수영하며 놀거나 수영 경기를 할 수 있는 시설'을 말한다. 즉 수영 같은 수중 레크리에이션을 즐기기 위해 인공적으로 물을 채운 시설이다. 고대 그리스와 로마제국에서는 레슬링 교습과 훈련을 위해 수영장을 만들었다. 로마시대의 목욕탕은 헬스시설 · 수영장 · 음식점이 함께 모여 있는 거대한 오락시설이었다.

근대적인 수영장은 19세기 중엽 유럽에서 세워지기 시작했다. 1837년 런던에서는 실내수영장 여섯 곳이 세워졌고, 방수 처리된 실내 온수 수영장은 1843년 빈에서 처음 개장되었다. 우리나라에 처음 세워진 실내수영장은 1967년에 완공된 YMCA 수영장이다.

수영장은 사용 목적에 따라 개인수영장, 공공수영장, 경기용 수영장으로 나뉜다. 여기서 ① 공공수영장은 스포츠센터같이 대중이 사용하도록 개방된 수영장이고, ② 경기용 수영장은 올림픽 경기와 같이 스포츠 경기를 치를 수 있도록 규격을 갖춰 건설된 수영장을 말한다.

2. 보트계류장

보트는 '노를 젓거나 모터에 의하여 추진하는 서양식의 작은 배'를 가리킨다. 또한 '갑판이 없는 작은 배를 통틀어 일컫는 말로 일명 단정'이라고도 한다. '보통 큰 배와 부두 사이에서 사람이나 짐을 나르는 배', '군함에 싣는 작은 배', '강이나 연못의 놀이터에서 흔히 볼 수 있는 작은 배', '경기용의 작은 배'를 가리킨다.

보트는 동력이 있고 없음에 따라 크게 '노를 젓는 보트'와 '동력 보트'로 나뉜다. ① 노를 젓는 보트에는 경기용 보트, 놀이용 보트, 고무보트 등이 있다. ② 동력 보트에는 돛을 달아서 바람의 힘으로 나아가는 요트, 증기기관에 의해 움직이는 기정, 내연기관으로 움직이는 모터보트 등이 있다.

경기용 보트는 폭이 좁으며, 1인승 · 2인승 · 4인승 · 8인승 등이 있다. 모터보트는 빨리 달릴 수 있어서 놀이뿐만 아니라 순찰용 · 구조용으로 많이 쓰인다. 고무보트는 주로 구명용으로 쓰인다.

계류는 '밧줄 등으로 배를 붙잡아 매어 놓거나, 보트 또는 배를 타고 내리거나, 물자를 운송하기 편리하게 만든 장소', '배를 계류하여 물건이나 사람이 이동하기 위한 시설'을 말한다.

연습문제

01. 다음 설명에 해당하는 관광자원은?

> 테마파크, 골프장, 레저타운, 카지노, 스키장, 아쿠아리움, 승마장, 캠프장, 수렵장, 스포츠, 보트계류장, 마리나, 트롤링낚시, 트레킹, 번지점프, 래프팅, 패러글라이딩, 경미, 기누 등

① 사회적 관광자원　② 산업적 관광자원
③ 문화적 관광자원　④ 위락적 관광자원

02. 우리나라 최초의 테마파크는?

① 서울랜드　② 에버랜드
③ 드림랜드　④ 롯데월드

03. 우리나라에서 가장 규모가 큰 자연놀이동산은?

① 롯데월드　② 에버랜드
③ 서울랜드　④ 어린이대공원

04. 레저의 기능으로 옳지 않은 것은?

① 기분전환　② 휴식
③ 매력성　④ 자기계발

05. 국내의 카지노업체 중 유일하게 내국인이 출입할 수 있는 곳은?

① 골든게이트카지노　② 강원랜드카지노
③ 세븐럭카지노　④ 엘베가스카지노

정답

01 ④, **02** ①, **03** ②, **04** ③, **05** ②

참고문헌

제1장 관광자원의 개념

-김정옥(2009). 『관광자원관리론』. 서울 : 대왕사.

-고동원 외(2015). 문화유산관광 해설사의 장소애착의 역할과 효과. 『관광학연구』. 39(2):152.

-김성태(1995). 정보화를 통한 지역관광자원 개발전략 : 대전광역시 유성구를 중심으로. 『사회과학논총』. 6:237~259.

-김진후(2017). 방한 외국인 관광객 재방문 의도 결정 요인. 『관광학연구』. 41(5):142.

-이경찬 외(2016). 지체장애인과 비장애인 간 관광심리 및 행동과정에 대한 모델 비교연구. 『관광학연구』. 40(3):36.

-이병직(1998). 사찰관광지 해설프로그램 개발에 관한 연구. 『관광레저연구』. 10(2):185~199.

-조명환 외(2012). 관광객의 가치와 공정관광 결과지각에 관한 연구. 『관광학연구』. 36(1):93.

-황금희 외(2013). 관광자원해설의 적정 수요규모와 영향에 관한 연구. 『관광학연구』. 37(7):240~241.

-長谷政弘(1997). 『觀光學辭典』. 東京 : 同文館.

-塩田正志 外(1999). 『觀光學』. 東京 : 同文舘.

-小谷達男(1998). 『觀光事業論』. 東京 : 學文社.

-津田昇(1969). 『國際觀光論』. 東京 : 東洋經濟新報社.

-末武直義(1984). 『觀光事業論』. 東京 : 法律文化社.

-前田勇(1986). 『觀光概論』』. 東京 : 學文社刊.

-小池洋一 外(1988). 『觀光學概論』. 東京 : ミネルヴァ書房.

–塩田正志(1991).『新觀光總論』. 東京：學術選書.

–田正志(1975).『觀光學研究Ⅰ』. 東京：學術選書.

–長谷政弘(1999).『觀光ビジネス論』. 東京：同文館.

–溝尾良隆(1990).『觀光事業と經營』. 東京：東洋經濟新報社.

–前田勇(1986).『觀光槪論』. 東京：學文社.

–鈴木忠義(1984).『現代觀光論』. 東京：有裴閣雙書.

–鈴木忠義(1974).『現代觀光論』. 東京：有裴閣.

–鹽田正志(1974).『觀光學硏究』. 東京：日本學術叢書.

–Pretes(1995). Postmodern tourism : The Santa Claus Industry. Annals of Tourism Research, Vol. 22(1):1–5.

–Rokeach(1973). The Nature of Human. New York : John Wiley.

제2장 지연적 관광자원

–김병문(1996).『관광자원학』. 서울：백산출판사.

–김원진(2009). 관광동굴의 재활성화에 대한 논의.『동굴』. 92:41–47.

–김홍운(1997).『한국관광지리』. 서울：형설출판사.

–전영우 외(1999).『숲 체험 프로그램』. 서울：수문출판사.

–최기종(2010).『한국의 관광자원』. 서울：기문사.

–박상수(2016).『해설관광법규』. 서울：백산출판사.

–한국관광공사(1995).『백제의 숨결』. 서울：한국관광공사.

–산림청(2010).『찾아가는 100대 명산』. 대전：산림청.

–국립공원관리공단(1994).『한국의 국립공원』. 국립공원관리공단.

–이진형 외(2012). 한국 국립공원의 자원 및 탐방객 관리 연구동향과 정책.『관광학연구』. 36(10):224.

–津田昇(1969).『國際觀光論』. 東京：東洋經濟新報社.

–小池洋 外(1988).『觀光學槪論』. 東京：ミネルヴァ書房.

–前田勇(1986).『觀光槪論』』. 東京：學文社刊.

–塩田正志 外(1999).『觀光學』. 東京：同文舘.

-末武直義(1984).『觀光事業論』. 東京 : 法律文化社.
-德久球雄(1999). キーワードで讀む『觀光』. 東京 : 學文社.
-세계타임즈(http://www.thesegye.com)

제3장 문화적 관광자원

-고연희(2014).『조선시대 산수화』. 경기 : 돌베개.
-김성진(2016).『한국미술사 조선을 빛낸 화원』. 경기 : 서림당.
-김성진(2016).『한국미술사 조선 후기의 천재화가들』. 경기 : 서림당.
-박온순(2010).『공재 윤도서』. 경기 : 돌베개.
-김한결(2015).『박물관의 탄생』. 경기 : 돌베개.
-이보아(200).『박물학개론』. 서울 : 김영사.
-안휘준(2011).『한국회화의 이해』. 서울 : ㈜시공사.
-윤병화(2016). 학예사를 위한『박물관학』. 경기 : 예문사.
-정진아(2017).『박물관 전시론』. 부산 : 세종출판사.
-지순임(2012).『한국회화의 美』. 서울 : 미술문화.
-최기종(2017).『문화관광』. 서울 : 백산출판사.
-김미숙(2006). 조선후기 진주검무 연구.『한국무용연구』. 24-1.
-이정화(2012). 진주검무의 지역 정체성에 대한 연구.『무용예술학연구』. 39.
-문화재청편(2017).『문화재연감』. 세종 : 문화재청.
-문화재청(2016).『문화재관계법령집』. 세종 : 문화재청.
-국립문화재연구소(1997).『태평무』. 국립문화재연구소.
-문화재관리국(1988).『무형문화재조사보고서』. 문화재관리국.
-internet 다음백과.
-internet 국립중앙박물관.
-internet 간송박물관.
-internet 한국학중앙연구원.
-internet 향토문화전자대전.
-internet 위키백과, 우리 모두의 백과사전.

-internet 한국민족문화대백과사전.
-internet 향토문화전자대전.
-internet Daum백과.
-chocrystal@newsis.com.

제4장 사회적 관광자원

-김영순 外(2014). 『문화산업과 문화콘텐츠』. 서울 : 북코리아.
-최기종(2010). 『한국의 관광자원』. 서울 : 기문사.
-최기종(2017). 『문화관광』. 서울 : 백산출판사.
-최기종(2002). 도시관광행동에 영향을 미치는 이미지, 환경단서, 가치지각 변수의 구조적 체계에 관한 연구, 세종대학교 대학원 박사학위논문.
-足場洋保(1997). 『觀光資源論』. 東京 : 中央經濟社.
-長谷政弘(1997). 『觀光學辭典』. 東京 : 同文館.
-長谷政弘(1999). 『觀光ビジネス論』. 東京 : 同文館.
-長谷政弘(1999). 『觀光マーケティング』. 東京 : 同文館.
-梅澤忠雄(1997). 都市開發に觀光視點 : 都市戰略に學ぶ. 『月刊觀光』. 1月號. 日本觀光協會.
-日本觀光協會編(1996). 『觀光魅力の創造』. 東京 : 日本觀光協會.
-日本イベント協會(1993). 『イベント・イノベション, イベント白書』. 東京 : 日本イベント協會.
Gets, D.(1991). Festivals, Special Events, and Tourism.
-internet 그림백과사전.
-internet 대한미국 구석구석.
-internet 위키백과, 우리 모두의 백과사전.
-internet 한국민족문화대백과사전.
-internet 한국학중앙연구원.
-internet 향토문화전자대전.
-서울특별시청(www.seoul.go.kr).

-부산광역시청(www.busan.go.kr).
-대구광역시청(www.daegu.go.kr).
-인천광역시청(www.incheon.go.kr).
-광주광역시청(www.gwangju.go.kr).
-대전광역시청(www.daejeon.go.kr).
-울산광역시청(www.ulsan.go.kr).
-세종특별자치시청(www.sejong.go.kr).
-경기도청(www.gg.go.kr).
-강원도청(www.provin.gangwon.kr).
-충북도청(www.chungbuk.go.kr).
-충남도청(www.chungnam.go.kr).
-전북도청(www.jeonbuk.go.kr).
-전남도청(www.jeonnam.go.kr).
-경북도청(www.gb.go.kr).
-경남도청(www.gyeongnam.go.kr).

제5장 산업적 관광자원

-長谷政弘(1997). 『觀光學辭典』. 東京 : 同文館.
-internet 그림백과사전.
-internet 대한미국 구석구석.
-internet 위키백과, 우리 모두의 백과사전.
-internet 한국민족문화대백과사전.
-internet 한국학중앙연구원.
-internet 향토문화전자대전.
-강화군시설관리공단(http://www.ghss.or.kr)
-안성팜랜드(http://www.nhasfarmland.com)

제6장 위락적 관광자원

-최기종(2010). 『한국의 관광자원』. 서울 : 기문사.

-민중서림편(2017). 『엣센스 국어사전』. 서울 : 민중서림.

-캠핑아웃도어진흥원(2013). 『2013년 캠핑아웃도어시장 전망심포지엄』. 강연자료.

-長谷政弘(1997). 『觀光學辭典』. 東京 : 同文館.

-德久球雄(1999). キーワードで讀む『觀光』. 東京 : 學文社.

-internet 다음백과.

-internet 위키백과.

-internet 학습그림백과.

-internet 토지이용 용어사전.

저자 소개

錦堂 최기종

최종학력

- 세종대학교 일반대학원 관광경영학과 졸업/ 경영학 박사

전문분야

- 국가·지방행정평가 및 컨설팅/ 국가문화관광정책 심의·의결

문단데뷔

- 월간 문학세계 '시' 등단, 월간 스토리문학 '수필' 등단

주요경력

- 1992-2011 경복대학교 관광학부 정교수/ 관광교육원 원장
- 2008-2010 대통령소속 지방분권촉진위원회 실무위원
- 2010-2010 국무총리실 정부업무평가위원회 평가위원
- 2010-2013 행정안전부 지방자치단체 합동평가단 위원
- 2011 - (현) 한국산업인력공단 국가자격시험 출제위원
- 2013-2015 안전행정부 지방자치단체 합동평가단 위원
- 2013-2017 행정자치부 지방규제개혁추진단 위원
- 2014-2016 숭실대학교 경영대학원 의료관광학과 겸임교수
- 2015 - (현) 한국기술교육대학교 직업능력심사평가원 위원
- 2015 - (현) 행정안전부 지방자치단체 합동평가단 TF위원
- 2015 - (현) 인사혁신처 국가인재 DB 등록
- 2016 - (현) 국가보훈처 자체평가위원회 위원
- 2016 - (현) 대구보건대학교 호텔외식산업학부 교수
- 2016 - (현) 지방정부연구소 소장
- 2017 - (현) J ACTORS소속 전속 모델

표창장·문학상

대통령표창, 국무총리표창, 부총리 겸 교육인적자원부장관표창
국제 PEN 대한민국 문화예술 명인대전 '詩' 부문 명인대상
국제문화예술 '詩' 부문 본상, 매월당문학 '詩' 부문 본상 外 다수

저서·시집

관광자원해설, 문화관광, 관광학개론, 관광정보론, 매너와 이미지메이킹, 포천문화탐방, 갯배, 어머니와 인절미 外 다수

저자와의
합의하에
인지첩부
생략

관광자원해설

2018년 1월 15일 초판 1쇄 인쇄
2018년 1월 20일 초판 1쇄 발행

지은이 최기종
펴낸이 진욱상
펴낸곳 (주)백산출판사
교　정 편집부
본문디자인 김윤진
표지디자인 오정은

등　록 2017년 5월 29일 제406-2017-000058호
주　소 경기도 파주시 회동길 370(백산빌딩 3층)
전　화 02-914-1621(代)
팩　스 031-955-9911
이메일 edit@ibaeksan.kr
홈페이지 www.ibaeksan.kr

ISBN 979-11-88892-04-4
값 28,000원